教育部人文社会科学重点研究基地
南京师范大学道德教育研究所资助

TIGAO

DEXINGSUYANG

XIANGSHOU

DAODE

RENSHENG

班 华 著

提高德性素养
享受道德人生

——班华德育原理文集

中国社会科学出版社

图书在版编目（CIP）数据

提高德性素养　享受道德人生：班华德育原理文集 / 班华著 . —北京：中国社会科学出版社，2020.2
ISBN 978 - 7 - 5203 - 5955 - 9

Ⅰ.①提… Ⅱ.①班… Ⅲ.①德育—教育理论—文集 Ⅳ.①G410 - 53

中国版本图书馆 CIP 数据核字（2020）第 022780 号

出 版 人	赵剑英
责任编辑	孔继萍
责任校对	王佳玉
责任印制	郝美娜

出　　版	中国社会科学出版社
社　　址	北京鼓楼西大街甲 158 号
邮　　编	100720
网　　址	http：//www.csspw.cn
发 行 部	010 - 84083685
门 市 部	010 - 84029450
经　　销	新华书店及其他书店
印　　刷	北京君升印刷有限公司
装　　订	廊坊市广阳区广增装订厂
版　　次	2020 年 2 月第 1 版
印　　次	2020 年 2 月第 1 次印刷
开　　本	710×1000　1/16
印　　张	31.5
插　　页	2
字　　数	500 千字
定　　价	178.00 元

凡购买中国社会科学出版社图书，如有质量问题请与本社营销中心联系调换
电话：010 - 84083683
版权所有　侵权必究

序：享受道德人生

　　文集的篇目是按出版时间排序的，没有分类。我对中国德育的想法大概概括为以下几个方面；每一方面列举文集中与其相关的若干篇目，以供阅读时思考。

　　学习做自觉道德教育者。道德自觉即理解道德本质，道德形成的规律、特点，自觉进行道德学习与修养。外部世界对道德的形成有显性影响与隐性影响，自觉学习者对隐性影响也能自觉地对待，能辨别其积极与消极、正面与反面。与此有关的文章有《探索隐性课程与个性品德形成》《青少年思想政治教育过程的规律》《思想品德教育过程》《德育要适应培养创造型人才的要求》《思想品德结构与新时期德育任务》《略论暗示在德育中的应用》《学会关心——一种重在道德学习的德育模式》《略论终身道德学习》《要我学——我要学》等。

　　享受道德人生。人的本质是精神生命，这里我们称作道德人生。以《享受道德人生》作为序的题目，是为了突出强调德育的根本目的或最终目的是为了享受精神人生。"助人为乐"表明了人的心态与道德有极为密切的关系！"仁者寿"说明有仁爱道德的人，心情积极快乐，能长寿。美国获诺贝尔奖的科学家研究认为，决定人的健康与寿命的百分之五十是人的心态。"文集"中与"享受道德人生"直接相关的文章篇目有《快乐学习 幸福成长》《学校教育实践中的"心理—道德教育"》《向幸福出发》《享受做自觉教育者的幸福》《十班史记给我们的启示》等。

　　德育在人的素质发展中的地位作用。"享受道德人生"从德育目标方面表明了德育的重要性。这里，我们再从德育在人的素质发展中的地位作用方面，说明德育的重要性。

　　我们常见到"德育首位"或"德育第一"的论断。这是为了强调德育的重要性，是为了让人们重视德育而提出的。但德育为什么重要，为什么必须重视？上述"享受道德人生"已表明了德育的根本性功能，即从根本上表明了德育地位作用的重要。这里我们再从其对人的各项素质发展的功能地位作用方面，作进一步具体解释。人的体、智、德、美各类素质，对人的发展，均有各自的重要作用。而德性素质对人的发展的特殊价值，决定了德育在素质发展中的特殊地位作用。在人的素质发展中，体是各项素质的生理基础即物质基础；智为各项素质发展的科学知识基础和智力基础；美是人的生命发展的最高境界。德性处于核心地位，德育的功能与作用是引导人心身发展的方向和内在动力。与此相关的文章有《实现德育与教学的融合》等。

重视道德能力的培养。我们要培养道德主体，道德主体具有道德自觉，能很好地理解道德本质和遵循道德准则，而且具有道德能力。文集中与培养道德能力相关的文章有《略论思想品德能力及其培养》《创造性的培养与现代德育》《品德能力和德育》《德育的重要任务之一是培养道德能力》等。

重视道德实践。德育既重视在实践中学习，又重视落实到实践中去。除读书、听报告等道德学习外，我更重视在实践中的道德学习，读无字的书。自觉学习者时时、处处、事事都可以进行道德学习。与重视实践相关的文章有《乡村生活道德文化智慧的"发现"及其意义》《在关心性关系中学会关心》《在关心性关系中学会关心（续）》《校园文化建设与学生的和谐发展》《确立社会主义荣辱观重在道德践行》《德育目标应有的要求：民族精神与世界精神统一》《追寻诗性德育》《师德：宝贵的教育资源（刊首语）》等。

德育现代化、德育对外开放。重视与各个国家、各个民族的道德文化交流，吸收其积极的优良的因素，在构建人类命运共同体中发挥作用。相关的篇目有《新时期德育要适应培养创造型人才的要求》《当前的德育改革与德育现代化》《近十年来德育思想现代化的进展》《创造性的培养与现代德育》《改进德育工作 为造就创造性人才做贡献》《新世纪德育人性化走向》《学会关心——一种重在道德学习的德育模式》《略论终身道德学习》《网童的特点与教育引导》《建设中国特色的现代德育学科——从德育原理教材建设看德育学科建设》《德育理念与德育改革》《享受和班主任朋友共同成长的快乐》《生态道德教育的意义与实施》《学校教育实践中的"心理—道德教育"》《道德教育的全球视野》《没有学生就没有教师》等。

学习做自觉道德学习者。自觉道德教育者，首先是自我道德学习者、自我道德修养者——终身道德学习与修养。上述重视道德实践中的一些相关篇目同样与做自觉道德学习者相关。此外，相关的文章还有《学会关心——一种重在道德学习的德育模式》《略论终身道德学习》《让道德生命自己成长》《在班级文化建设中实现师生共同成长》等。

对我而言，能有今天的这本文集，是学习的结果，是向我的老师学习、向同行朋友学习、向自己的学生学习、向书本学习、向实践学习的结果。

这本文集的形成，是老师的教育、指导，同行朋友的关心、帮助的结果。

这本文集的形成也是有关领导的关心、帮助的结果。他们对文集提出意见，做了帮助联系出版社等一系列具体工作。

对帮助、关心我的老师和朋友们我十分感谢！对文中不妥之处，希望指出，我愿继续听取意见接受帮助。

班华

2018 年 4 月 10 日

目 录

探索青少年思想政治教育过程的规律
　　——江苏省1980年教育理论讨论会纪要 …………………（1）
思想品德教育过程 ………………………………………………（10）
初中学生社交类型的研究 ………………………………………（21）
关于"德育过程"理论的回顾 …………………………………（29）
德育要适应培养创造型人才的要求 ……………………………（36）
思想品德结构与新时期德育任务 ………………………………（45）
略论暗示在德育中的应用 ………………………………………（53）
德育理论在科学化轨道上前进 …………………………………（62）
隐性课程与个性品德形成 ………………………………………（73）
"双序结合"三维结构思想品德教育方案 ……………………（85）
试论经济教育若干问题 …………………………………………（92）
对学校德育与市场经济关系几个问题的认识 …………………（99）
德育方法体系四题 ………………………………………………（106）
科学教育中的德育 ………………………………………………（116）
论经济教育中的金钱观教育 ……………………………………（124）
当前的德育改革与德育现代化 …………………………………（128）
个性发展与个性教育 ……………………………………………（132）
世纪之交论德育现代化建设 ……………………………………（141）
近十年来德育思想现代化的进展 ………………………………（150）
知识经济·科学教育·道德教育 ………………………………（160）

勤俭教育的反思与建构 ·· (163)
创造性的培养与现代德育 ·· (170)
追求卓越的教育
　　——评《我的教育理想》 ·· (180)
德育理念与德育改革
　　——21世纪德育人性化走向 ·· (182)
"学会关心"
　　——一种重在道德学习的德育模式 ································ (195)
乡村生活道德文化智慧的"发现"及其意义
　　——《乡村生活的道德文化智慧》中的文化与智慧 ············ (209)
略论终身道德学习 ··· (215)
德育教材编纂与德育"三论"思想 ······································ (228)
一所充满生命活力的学校
　　——我所看到的东洲小学 ·· (236)
充分发挥科技教育的育德功能 ·· (246)
在关心性关系中学会关心 ·· (250)
在关心性关系中学会关心（续） ··· (261)
网童的特点与教育引导 ··· (271)
确立社会主义荣辱观重在道德践行 ······································ (277)
校园文化建设与学生的和谐发展 ··· (283)
让教学成为道德事业 ·· (291)
略论德育论学科对象与任务的几个问题 ································ (301)
谈公民的诚信教育 ··· (312)
"以生命为本"的教育诗篇
　　——学习锦西外国语实验小学生命教育的思考 ·················· (324)
建设中国特色的现代德育学科
　　——从德育原理教材建设看德育学科建设 ······················· (333)

追寻诗性德育

——写在《中小学德育》首发之际 …………………………（368）

全新的办学理念独创的国旗下课程

——学习李唯《国旗下课程》 ……………………………（377）

特别的教育关怀给特别的你 ……………………………（386）

特别教育的教师道德修养 ………………………………（396）

让道德生命自己成长 ……………………………………（402）

德育目标应有的要求：民族精神与世界精神统一 ……（404）

提高小学品德课效果的有效方式 ………………………（413）

师德的特殊意义 …………………………………………（417）

生态道德教育的意义与实施 ……………………………（419）

《十班史记》给我们的启示 ……………………………（435）

学校教育实践中的"心理—道德教育" ………………（444）

实现德育与教学的融合 …………………………………（452）

礼赞国旗下课程 …………………………………………（454）

给特别学生以特别教育关爱

——优化心理机能，服务人生幸福 ………………………（460）

享受做自觉教育者的幸福 ………………………………（467）

道德教育的全球视野 ……………………………………（469）

没有学生就没有老师 ……………………………………（479）

德育的重要任务之一是培养道德能力 …………………（482）

师德：宝贵的教育资源 …………………………………（486）

后记 ………………………………………………………（488）

探索青少年思想政治教育过程的规律

——江苏省1980年教育理论讨论会纪要[*]

由江苏省高教局、教育局和江苏省教育学会委托江苏师范学院举办的教育理论讨论会于4月4日至4月9日在苏州举行。会议的主要内容是讨论中小学思想政治教育中的若干理论问题。

会议期间,代表们遵循百花齐放、百家争鸣的方针,各抒己见,畅所欲言,对思想政治教育过程的特点和规律以及目前中小学思想政治教育中的一系列问题开展了热烈的讨论,提出了许多新的见解。代表们普遍感到,这样理论联系实际地讨论问题,对于发展我国的教育科学和加强中小学思想政治教育工作都是十分有益的。

会议由江苏省教育学会副会长张焕庭同志主持,主要讨论了两方面问题:一是思想政治教育过程的规律特点;二是教育过程内部的关系。

一 关于思想政治教育过程的规律

参加会议的同志一致认为,要做好中小学的思想政治教育工作,正确而有效地完成德育任务,如同做其他任何工作一样,必须尊重客观规律,研究客观规律,照客观规律办事。那么,应当从哪些方面去研究思想政治教育的规律呢?在思想政治教育领域中究竟存在哪些规律呢?代表们围绕着这个问题展开了反复的讨论,提出了各种不同的见解。主要有以下三种意见。

(一)进行德育或思想政治教育,既要遵循社会主义教育的一般规

---

[*] 江苏省教育理论讨论会秘书组。

律，又要遵循德育过程特有的规律。只有以这两方面的规律为基础，才能制定正确的德育原则。

德育是社会主义教育的一个组成部分，要受到社会主义教育一般规律的制约。因此，我们学校的思想政治教育工作也必须适应社会主义社会发展的客观需要，必须符合受教育者身心发展的规律。在新时期，做学校思想政治教育工作首先就要考虑社会主义现代化建设的客观需要。我们所说的现代化，是社会主义的现代化。社会主义现代化要求学校培养的是德智体全面发展的又红又专的建设人才。因此，学校在抓紧抓好智育的同时，也要抓好德育，教育学生热爱社会主义祖国，努力为人民服务。要像邓小平同志说的那样，在坚持正确的政治方向的前提下，大力提高科学文化水平，而不是相反。更不是只讲提高科学文化，不讲正确的政治方向和道德要求，把社会主义学校混同于资本主义学校。

唯物辩证法认为，外因是变化的条件，内因是变化的根据。教育者要引导学生的身心向一定的方向发展，要遵循这一规律，在学生身心发展的内因和外因这两方面做工作：1. 调节学生的活动及其周围环境。在学生的活动和外界影响这两方面，扩大社会主义的、积极的因素，缩小非社会主义的、消极的因素；2. 促进学生内部矛盾的转化。因势利导，长善救失，依靠学生自己思想品德中的积极因素去克服消极因素。3. 掌握学生的年龄特点和个别特点。中小学的思想教育要采用青少年喜闻乐见的各种活动形式，防止成人化、单一化。同时还要注意学生的个别特点，因材施教。

学校的思想政治教育工作，除了要遵循教育的一般规律外，还要遵循思想政治教育过程中特有的规律和要求。例如，思想政治教育工作要把系统进行政治、理论基本知识的教学同及时解决学生的现实思想问题结合起来，要把认识和实践统一起来，反对知行脱节、言行不一，要特别强调建立良好的师生关系，等等。

（二）德育的规律主要是指德育过程中特有的规律。持这种意见的同志认为，教育规律是学校工作的各个领域都必须遵循的一般规律，它同德育过程的规律有所不同，不能用教育的一般规律代替德育的规律。德育是教育的一个特殊领域，有其矛盾的特殊性，如果忽视德育过程矛盾的特殊性，工作就会一般化，走弯路。我们研究德育的规律，就是研究德育过程矛盾的特殊性。

德育过程的特点是相对于一般教育过程而言的，也就是相对于智育过程和体育过程、美育过程而言的。以下我们主要与智育过程作些比较。

1. 德育过程和智育过程都必须知与行、理论与实践统一，但是，德育过程要着重于行。因为道德不同于知识，它是调节人们行为的规范，它的形成离不开活动与交往，即离不开实践。培养道德品质主要着眼于行，即由知转化为行。

2. 德育过程中情感因素起着十分重要的作用。在教育过程中，情感因素主要表现为学生的兴趣、爱好和好奇心等。这些虽然对学生掌握知识等有很大的影响，但是在许多场合并不起直接干预的作用。例如同学生关系不好的教师讲授知识，学生仍旧可以接受。可是，在德育过程中就不一样，如果师生关系不好，学生对教师反感，教师讲的东西即便是真理，学生也不易接受。

3. 学生掌握知识的过程一般没有个人与集体利益的冲突，而道德品质的形成，往往要克制自己某些欲望和冲动，这就有一个正确处理个人与集体、自己与别人的关系问题。因此要慎独，要自我修养，要克制。

4. 德育过程具有同时性和反复性。智育过程必须严格遵循科学知识的系统性，学生不掌握前面的知识就无法学习后面的知识。而在德育过程中几种道德品质的培养可以同时进行。还有，学生的道德品质并不是一次形成的，需要反复提高。这次讲了，下次还要讲，小学进行了，到高中还要进行。这是一个螺旋上升的过程。

主张这种意见的同志还提出德育过程有"多种开端""逐渐积累""学校与社会统一"等许多特点，认为这些特点也是德育过程中带有必然性的因素。

（三）德育的规律应该在具体分析德育过程中进行研究。所谓德育的过程，就是教育者把社会所要求的思想体系、政治观点和道德规范，有目的有计划有组织地影响学生，使之转化为学生的思想品德的过程。一个统一的过程包括两个方面：施加影响的方面和接受影响的方面。具体分析一下，总的德育过程可以有以下几种情况，表现了不同具体过程。

第一种情况，是教育者有目的有计划地以一定的社会要求的思想体系、政治观点和道德规范影响学生的过程。这个过程实际上是教育者创设的一种特殊环境，它的主要特点是可控制性。在这个过程中，影响学生的主要因素，都是教育者有目的有计划地选择和安排的、起积极作用的东西。社会环境对学生的许多影响，有些是同教育一致的，有些则不一致，即起消极作用。在这种情况下，可控制性就表现为：1. 以更强大的力量去战胜消极因素。2. 排除消极因素，即用隔离的办法。"孟母三迁"就是这个道理。3. 对消极因素进行干预，达到改造转化。如组织校外活动、进行家庭访问等。这样就使许多不可控制的影响转变为可以控制的影响。

这个过程的另一个特点，就是作用于受教育者的影响的多样性。各种各样的信息都可以成为影响学生思想品德的因素。例如，有时教师站在教室里，一句话不讲，也会对学生产生影响。校风、班风这些看不见的东西，无形中经常地对学生产生很大的影响。一个好班，差的学生进去了可以变好；一个差班，好的学生进去了也可能变坏。所以，进行思想政治教育不能单靠口头说教，而要采用多种多样的教育形式。根据具体情况，有时着重发挥理论教育的作用，有时着重发挥形象化教育的作用、榜样的作用等。

第二种情况或过程是受教育者在一定的活动和交往中接受外部影响的过程。用哲学的语言讲，就是在改造客观世界的过程中改造主观世界。学校工作的一条重要规律是以教学为主，这条规律也适用于德育领域，就是说，学生主要是通过学习活动接受德育影响。但是"为主"并不排斥其他，课外和校外的许多活动对于形成学生的思想品德同样是很重要的。

第三个过程是学生内部心理矛盾运动的过程。这里大致有三种矛盾：1. 知与不知的矛盾。德育过程中也有知与不知的问题，尤其是青少年。2. 正确与错误的矛盾。这种矛盾在智育过程中存在是属于认识问题，如形成错误概念。但是，德育过程中的正确与错误往往带有社会性或阶级性。我们不一定用"兴无灭资"来概括，但是要承认，确实存在着各种不同思想的。3. 各种心理因素，即知、行、情之间的矛盾。智育中也有知与行的关系问题，但是，德育过程中必须由"情"参加，才能由知转化为行。教 $1+1=2$ 并不一定涉及什么感情，而要培养某种思想品德，就必须使学生有内心情感体验。在学生思想品质的形成过程中，知与行的各种具体结构也不一样。例如培养文明行为，就可以从行为本身进行训练，并不需要有什么复杂的认识作为基础。政治观点的教育，就需要有长期认识的积累和提高，在这里知与行的联结不一定是直接的，所以不能立竿见影。

第四个过程，是内部道德环境的形成过程。道德品质的形成是外部影响下引起的，否定外部影响就成了唯心主义。但是，人们的道德一旦形成就有相对的独立性，这种相对独立性的具体表现是：（1）人们可以通过自我修养、思想斗争，提高自己的思想觉悟和道德水平。（2）可以不以外部环境为转移，而以自己的信念来调节行动。"富贵不能淫，威武不能屈"就是说的这种情形。（3）可以以自己的主观信念反作用于客观，改造环境。

二　关于德育的概念和德育过程中的几种关系

在这次会议中，大家还对"德育"这个概念所应反映的事物的范围，以及目前中小学思想政治教育工作中经常出现的几种关系（或几个问题）进行了讨论。

（一）德育概念的外延：由于历史的原因，我国教育界目前对"德育"这个概念的运用比较混乱。同时使用的概念有："德育""思想政治教育""政治思想教育""思想政治品德教育""共产主义道德教育"等等。有时运用同一个概念，有人主要指政治教育，有人主要指道德品质教育。这种状况给教育学研究和实际工作都带来了很大的不便。因此，大家普遍感到，需要经过讨论，确定这方面统一使用的概念，明确概念的外延。讨论中多数同志认为，根据我国的实际情况和大多数人的习惯，可以采用上海师范大学编写的《教育学》中使用的概念，即"德育"与"思想政治教育"通用，不论是德育或思想政治教育，都包括思想教育、政治教育和道德品质教育三方面的内容。也有一些同志主张恢复1958年以前教育学中使用的"共产主义道德教育"的概念。理由是一个人的道德行为也反映了他的世界观、人生观。共产主义者的大德和小德是不可分的。

（二）教学过程和德育过程：不少同志认为，弄清楚教学过程和德育过程的区别和联系，正确处理两者之间的关系，是当前加强中小学思想政治教育迫切需要解决的一个问题。前一段时期，针对林彪、"四人帮"对学校教育毁灭性的破坏，恢复学校工作以教学为主，强调教学工作同思想政治教育工作的密切联系，强调充分发挥教学的教育作用是完全必要的，也是完全正确的。这样做对于肃清那种把思想政治教育工作同教学工作对立起来，用思想政治教育工作冲击教学工作的极左路线流毒，对于提高中小学教育质量都是有好处的。可是近来，有些学校特别是有些学习成绩好的班级中，出现了一种以教学过程代替思想政治教育过程的情况，认为只要抓了教学工作，不仅可以完成智育的任务，也可以自然完成德育的任务。这种状况继续下去，就会削弱学校的思想政治教育。

教学过程同德育过程是既有密切联系、相互交叉，又有质的区别的两个过程，它们各有自己的目标任务特点和规律。教学过程的中心任务是使学生掌握知识、发展能力，各项教学活动都是围绕这个中心任务进行的。教学过程对于培养学生的思想品德有很大的作用，但是它不可能全面完成德育的任务。因为教学过程中的思想政治教育只能结合传授知识进行，它要受到知识体系的限制，有一定的局限性。德育过程的中心任务是要把社会所需要的思想体系、政治观点和道德规范转化为学生的思想品德。要实现这个转化，施加影响是一个方面，另一个方面要创造条件促使学生接受影响，这就需要根据学生的年龄特征和现实思想，有目的有计划地组织各种教育活动（包括教学过程中的一些活动），使学生在实践中提高认识，产生内心体验。所以，完成德育任务既要充分发挥教学过程中的教育作用，但是又不能局限于教学过程，还要依靠班主任工作、团队工作和其他各方面的配合。

（三）通过集体进行教育和个别教育：许多同志认为，目前中小学思想政治教育工作中存在着一种忽视通过集体进行教育的倾向。因此，要提倡通过集体进行教育，要把通过集体进行教育和个别教育结合起来；把苦干精神和科学态度结合起来，努力提高思想政治教育工作的效率。

在讨论中，有些同志根据中华人民共和国成立以来中小学教育的实践和苏联教育家马卡连柯的教育经验提出，通过集体进行教育是社会主义学校德育过程的一个特点。理由是：1. 社会主义社会要求培养集体主义者。集体主义要求人们摆正个人与集体、局部与全局的关系。如同个人主义是资本主义道德的核心一样，集体主义是共产主义道德的核心。列宁曾经指出："做一个青年团员，就要把自己的工作和能力都贡献给公共事业。这就是共产主义教育的实质。"① 2. 集体主义者只能在集体中才能得到培养。要形成一个人的道德品质、行为习惯，只是背诵道德的某些条文是无济于事的，重要的是要置身于一定的人与人的真实关系之中。我们社会主义的学校应当是有意识、有目的地组成的一种"特殊环境"，在这个特殊环境里，人们有共同的奋斗目标，有正确的社会舆论，有坚强的核心，有自觉的组织纪律，有团结互助的同志情谊，这就是我们所说的集体。让青少年生活、学习、工作和娱乐在这样的集体之中，他（她）们就会在集体的强大影响下，逐渐成为集体的自觉的成员。不论是苏联二十年代改造流浪儿童和少年违法者的经验，我国工读教育的经验，还是我国普通中小学优秀教师的经验都表明，组织和培养集体，并且通过集体进行教育，是对青少年进行社会主义的思想政治教育，大面积提高学生思想品德面貌的一条行之有效的途径。

在这次会议上，有的代表还提交论文，专题论述了普通中小学怎样组织和培养班集体。

（四）"爱"与"严"：教育者的爱在德育过程中的作用，是这次会议中讨论的又一个重要问题。许多同志指出，一九六四年对"母爱教育"的批判，特别是"文化大革命"期间，林彪、"四人帮"以所谓"阶级斗争为纲"，到处煽动人们之间也包括师生之间的对立和仇恨，是青少年教育的一场灾难。它所造成的恶果，至今还使人为之感到心痛欲裂！同志们说，我们不否认德育的阶级性，"爱"也有阶级内容。但是，纵观中外历史，几乎所有阶级在教育上的代表人物都无一例外地重视"爱"在德育过程中的作用。樊迟问仁，孔子回答说"爱人"，又说"君子学道则爱人"。《论语》记载孔子曾为学生伯牛重病而悲伤，为颜渊的死而恸哭。孔子的学生也非常崇敬老师，说"夫子循循善诱人"。孔子死后，许多学生为他服丧三年。资产阶级教育家如卢梭、裴斯泰洛奇、别林斯基等人的教育著作中，更是大量地论述了热爱学生的意义。有的教育家甚至认

---

① 《青年团的任务》，《列宁选集》第 4 卷，人民出版社 1972 年版，第 357 页。

为,"没有爱就没有教育"。为什么无产阶级的德育就不能有师生之间爱的情感交流呢?

一个孩子,从他出生时起,就在父母的爱护下成长,父母的爱是他的身心发展的必要环境因素。当他进入学校后,就常常会把同父母交往中的各种思想情感、期望和要求迁移到教师身上。因为教师是学校环境中对他最有影响的成年人。追求教师的爱,对年龄较小的儿童来说,可以成为他们在学校中一切思想和行为的中心动机。他们常常为了获得教师的赞扬、肯定和尊重而努力完成教师所提出的一切要求,服从规定的守则,履行自己的义务,使自己成为教师心目中的好孩子。对年龄较大一些的青少年来说,由于他们逐渐意识到,教师对他们的态度是反映社会评价的一面镜子,因而也十分重视教师对他们的感情。事实证明,一个被教师爱的青少年,由于感受到社会对于他们的肯定,常常会充满信心,朝气蓬勃,积极向上。相反,一个遭到教师厌弃的学生,则往往会从中感受到社会的否定和排斥,有时就会自暴自弃,消极无为,不思上进。它说明,教师的爱这种情感力量,能够转化为学生的心理动力,从而影响到个性发展的方向。

如同某些化学反应过程中,不加热或催化就不会发生反应一样,思想政治教育过程中没有情感因素的参与,同样不会发生作用。冷漠的道德说教绝不会产生教育效果。教师提出的一种要求和意见如果被学生认为是出于关怀和爱护,就会产生肯定的倾向而被愉快接受。相反,同样的要求和意见,如果被学生认为是教师故意非难,恶意打击,就会引起抵触情绪和行动上的抗拒。模范班主任刘纯朴在总结转变一名叫"马驴"的学生的经验时说:"他和我建立了感情,我的话他认真听了。"可见,教师的爱,是沟通师生之间相互信任的桥梁,通过这座桥梁,教师才能打开学生心灵的大门。许多优秀教师都有一个共同体会:只有对学生关心,师生之间才能知心、交心、贴心。教师的爱,也是学生产生积极的情感体验的一个重要源泉。当学生按照一定的道德要求办事,因此而得到了老师和集体的好评,特别是得到老师以情感的方式所表示的肯定时,他对某种道德要求的认识就会带上积极的情绪,内心的体验也会丰富起来,这就为形成某种信念打下了基础。

总之,教师的爱,是塑造儿童和青少年灵魂的一种伟大的力量!

但是，同志们在讨论中也指出，我们所说的教师的爱，并不是对学生的无原则的迁就，不是溺爱，而是体现了在社会主义社会中，党和人民对年青一代深切的关怀和期待。因此，在我们社会主义学校里，教师对学生的爱护和严格要求总是联系在一起的。我们教育的目的，是要把广大的儿童和青少年，培养成为实现社会主义四个现代化所需要的又红又专的建设人才。

会议期间，有些小组还讨论了"学校教育与社会教育影响的关系"和"发挥中学政治课的作用"等问题。（1980年4月12日）

（原文发表在《教育研究丛刊》1980年第2期）

思想品德教育过程

思想品德教育包括对学生的思想教育、政治教育、道德品质教育三个方面。

思想品德教育过程的理论，是揭示思想品德教育过程的本质和规律的。它是进行思想品德教育工作的科学依据。每个教育者，包括教师和家长，都应深刻理解思想品德教育过程的实质，掌握其规律，才能更自觉地遵循各项教育原则，运用多种多样方法，教育好我们的年青一代。

一 思想品德教育过程概述

思想品德教育过程是教育者有意识地影响受教育者思想品德形成的过程。思想品德教育过程和思想品德形成过程是两个不同的概念。

思想品德形成过程是指人们思想政治的、道德方面的认识、情感、行为等，从简单到复杂、从低级到高级、从旧质到新质的矛盾运动过程。

这是一个反映客观社会关系的过程。马克思说，人的本质在其现实性上是社会关系的总和。这为我们揭示了一条人们思想面貌、道德品质形成的根本规律。这一规律告诉我们，受教育者的思想品德是在人们相互间经济的、政治的、思想的、文化的关系中，在家庭、学校、社会各方面的综合影响下形成和发展的。其中有校内的和校外的，有正式的和非正式的，有自觉的和自发的。各种因素又互相交叉、互相制约。但是受教育者不是消极、被动地反映社会关系。它是作为积极的、能动的主体，在和外界环境的相互作用中，即在与外界的交往中，在影响、改变外界事物的实践中，产生心理内部矛盾运动，从而形成新的思想品德。

思想品德的形成发展的规律适用于教育过程，进行思想品德教育，应该把思想品德形成的规律运用于教育实践，以求更有效地培养学生的品德。但是思想品德教育过程不同于思想品德形成过程。影响思想品德形成的因素是极其广泛的，教育的因素只是其中的一部分（见图1）。教育过程是对受教育者自觉的影响过程。对思想品德的教育过程，我们可以作如下表述。

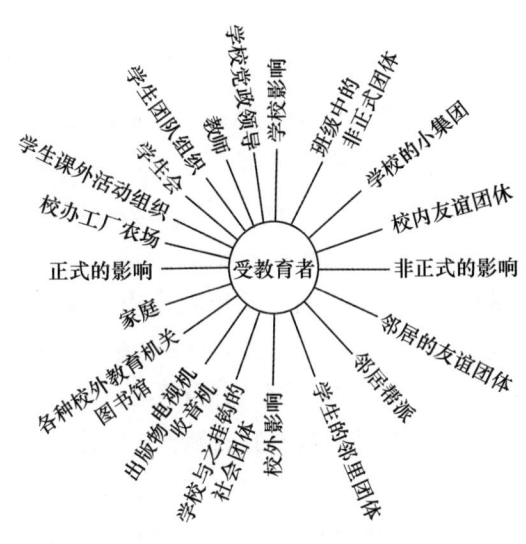

图1 影响受教育者的多方面因素

一般说，思想品德教育过程是教育者按一定社会的要求，对受教育者心理上（思想上）有意识地施加影响，以养成教育者所期望的思想品德的过程。

对学生的无产阶级思想品德教育过程，是教育者根据社会主义教育目的在德育方面的要求和受教育者思想品德形成、发展的规律，为培养学生具有无产阶级政治方向、辩证唯物主义世界观和共产主义道德品质，而对受教育者施以影响的过程。

这一概念可以大致反映思想品德教育过程的基本特点，包含了以下相互联结的几个意思。

1. 思想品德教育过程既然是教育者对受教育者施以影响的过程，因而就包括教育者和受教育者两个方面及其活动,是这两方面对立统一过程,缺少其中任何一方,都不能构成教育过程。没有对象的教育是不存在的。而没有教师的教导,"学生"独立进行的思想上、道德上的修养仅是自我教育的一种形式,它不同于教育过程中在教师指导下学生的自我教育。

2. 思想品德教育过程是为完成确定的教育任务(包括政治方向、世界观、道德品质方面)而有目的、有计划地进行的,因而它区别于环境对人的盲目的、自发的影响过程。一个人在教育者指导下思想品德的形成过程,不同于没有教育者指导下思想品德的形成过程。一般说教育过程中,影响学生思想品德的各种因素是可以控制的。教育过程中,可以使学生置于事先设计好的情景中,或者先经过选择的客观环境中,在活动的组织上,内容上,教育的措施、方法上,都考虑既定教育任务的实现。而教育过程以外的盲目的、自发的影响作用是难以控制的。这种自发作用与教育要求有一致的方面,也有相冲突、相矛盾的方面。

3. 思想品德教育过程既然是根据教育目的在德育方面的要求进行的,它就不同于教学过程。教学过程是要完成德、智、体、美几方面的任务。而思想品德教育过程,虽有知识的传授,但主要是形成学生思想政治品质和道德品质的过程。智育过程是学生掌握知识、技能、发展智力的过程,是解决认识世界、改造世界的能力问题。德育过程是教学生们掌握一定的社会思想和道德规范的过程,是解决个人和社会的关系,个人对待客观世界的主观态度问题。与此相联系的,教学过程主要是依据学生的认识规律进行的,而思想品德教育过程主要是依据学生思想和道德品质形成发展的规律进行的。道德品质的形成涉及知、情、行的问题,比认识发展规律复杂得多。

作为学校教育学的组成部分,思想品德教育过程的理论,主要研究在教育影响下,学生思想品德的形成规律。但是学生的思想品德总是在各种矛盾中形成的。它不仅在教育过程中得到发展,而且要受到教育过程以外各种因素的影响。因而教育过程以外的影响作用,也一定要渗透到教育过程中来。它或者促进,或者干扰、削弱、抵消教育的效果。教育学要研究学校教育如何利用外界的有利因素,排除、克服、战胜各种消极因素对教育过程的不良影响。本文主要试图说明受教育者在教育影响下形成新品质的过程和教育者如何组织教育活动的过程，研究这两方面的统一。

二 教育过程中学生思想品德的形成过程

学生思想品德的形成是一个过程，是在活动和交往的基础上，通过学生心理（思想）内部矛盾运动而形成新品质的过程。这是思想品德形成的一般规律。教育过程应自觉地遵循这些规律。

1. 活动和交往是教育过程的基础。

活动和交往是形成学生思想品德的源泉，是教育过程的基础。人脱离社会性的活动和交往就不可能成为社会的人。一个孩子生长在社会之外，那么他的心理只能停留在动物的心理水平上。作为人的政治的、道德的心理，只有在社会的活动和交往中产生。人们的活动形式是多种多样的，如游戏、学习、劳动以及其他的各种社会活动等等。交往就渗透在各种活动之中。教育过程以外的活动和交往对学生也产生影响，但带有盲目性、自发性，可能有积极的，也可能有消极的；只有教育过程中的活动和交往，对学生思想品德的形成、发展起着积极的作用。与一般的活动和交往不同，教育过程中的活动和交往是根据教育的目的任务组织起来的，具有正确的思想方向，因而保证受教育者的思想和道德品质得到健康的成长。学校教育过程中，学生的主要活动形式是学习，主要的交往对象是教师、学生。不论是学习还是其他有意组织起来的丰富多彩的活动，都是为实现一定教育任务的，因而都具有积极的教育意义。

教育过程中的活动和交往，与一般的活动和交往不同，还在于它是根据学生思想品德形成发展规律，按照教育学、心理学、教育社会学等科学原理组织起来的。因而教育过程中的活动和交往能更有效地影响学生。由于有目的地组织的活动和交往，对学生提出了明确而严格的要求，就能促使受教育者内心冲突的产生和解决，从而推动他们更好地沿着德育要求的方向发展。

教育过程中的活动和交往对学生的影响作用可以预先估计到。例如活动和交往的组织形式不同，对思想品德发生的作用也不同。个人单独执行任务的劳动和集体分工的生产劳动就有不同的教育效果。在教育过程中，教育者可以事先估计到这种不同的作用，因此能够及时、主动地采取相应的教育措施，以加强教育的效果。活动和交往的效果也取决于受教育者的动机和态度。在这方面，也有赖于教育者的指引。如仍以劳动活动来说，只有当受教育者具有正确的劳动动机，并持积极态度去劳动，才会具有我们所期望的教育效果。为个人劳动或是为完成教师指定的任务，被迫地参加劳动，是不能养成共产主义的劳动品质的。因此，在教育过程中，组织学生参加各种活动和交往，要配合以相应的思想教育，用正确的思想去引导、启发学生产生正确的活动动机，激发学生对活动的热情，这样活动就成为教育的有力手段。

教育过程中的活动和交往，主要是在学生集体中间进行的。这与教育过程以外的活动和交往是不同的。学生集体不是单个学生的机械相加。它是具有共同的努力目标，正确的集体舆论，集体的纪律和传统的有机整体。学生集体是学生思想品德成长的基本环境。学校中以学习任务为中心的班级集体是进行思想品德教育的基本条件和手段。通过活动和交往进行教育，和在集体中通过集体进行教育是一致的。教育过程中，应当自觉地、充分地运用学生集体这一教育力量。

学生的思想品德是在活动和交往中形成，又通过活动和交往表现出来。因此，教育过程中应重视组织多种活动和建立合理的交往。

但是在活动和交往基础上进行教育，丝毫不意味着要求学生在实际活动中独立地创立新的世界观体系和新的道德概念与行为准则，而是要求在活动和交往的基础上（通过活动和交往），用马克思主义世界观体系和共产主义道德思想去武装学生。因此，教育过程中必须重视系统的思想灌输和对道德品质的系统培养。正是这种有目的的、系统的教育，才能保证受教育者在较短的时间内较快地掌握人类社会长期以来形成的世界观体系和道德行为规范。这是教育过程中学生思想品德形成过程不同于受自发影响过程的一个根本特点。

2. 学生心理（思想）内部矛盾是思想品德发展的动力。

教育过程不是把社会的思想意识、道德规范简单地转化为个人的思想品德的过程。任何外界的教育影响，都要通过心理内部矛盾运动而起作用。外界的教育影响，作为思想品德形成发展的条件，是不可缺少的，但它必须通过受教育者早先形成的心理，即通过具体的人当时所具有的心理状态而发生作用。随着受教育者年龄的增长，他的政治的、道德的心理世界，对于他们反映外部关系的影响也越来越大。学生思想品德的形成应看作是学生自己对道德行为准则的理解和执行的过程，也即是学生自己心理内部矛盾运动的转化过程。这种内部矛盾，是多种多样的，但可以概括为当前对客观现实及其要求的反映，同原来的心理（思想）状态之间的矛盾。正是这样一些矛盾构成了思想品德发展的动力。这又一次说明，教育过程中，受教育者不是简单的教育的客体，它同时是一个积极的活动的主体。教育者的任务不是代替受教育者的内部矛盾运动，而是自觉地运用内部矛盾运动的规律启发、引导、促进、加速受教育者的自己运动，即充分发挥学生自我教育的作用。教育过程中，对学生的教育影响优于环境的自发影响，就在于它能自觉地根据受教育者内部矛盾，根据受教育者过去的经验、兴趣、情感、信念等，有计划地施以系统的影响。

第一，在教育过程中，教育者能够依据心理学原理，把握学生每一年龄阶段的心理（思想）上可能具有的一些基本矛盾或典型矛盾，使对学生的教育要求与教育措施，建立在学生已有矛盾的基础上，让学生自己去体验内部矛盾。启发、指导、促进学生自己去发现矛盾，自己分析矛盾，自己开展斗争，实现转化。

第二，教育者能对心理内部矛盾的性质和内容作具体分析、区别对待。心理发展的水平是多层次的，反映客观世界的思想矛盾是多方面的。有属于思想性质的，如无产阶级思想同资产阶级、封建主义思想的矛盾；有属于认识性质的，如正确与错误、是与非的矛盾；有心理机能方面的，如上课有遵守纪律的愿望和要求同自制力尚发展不够的矛盾。教育过程中，教育者的主导作用，也表现在能根据矛盾的不同性质和内容，而采取相应的教育措施，促进矛盾的转化。

第三，矛盾是贯穿教育过程始终的。按预定的教育计划，某一教育任务的实现，或某一矛盾的解决，可以理解为某一具体教育过程的终结。而新过程又包含着新的矛盾，开始它自己的矛盾发展史。但是思想内部的矛盾不是头脑中固有的，而是由外部矛盾转化来的。因此，教育过程的每一阶段以及从一个教育过程转入新的教育过程，教育者应善于组织新的活动和交往，提出新的教育要求，以不断地引起新的内部矛盾，推动学生思想品德的发展。

3. 思想品德的形成是长期的积累过程。

按预定要求，某一教育任务的实现，是一个具体教育过程的终结。但是从人的思想品德形成、发展来说，教育过程并未完结。人们思想品德的形成和发展，是通过活动和交往，产生心理内部矛盾运动，再通过活动和交往，产生心理内部矛盾运动的螺旋式上升过程，亦即经过不断的教育和自我教育，从量的积累到质的变化的无穷过程。

从政治的、道德的意识的形成来说，不仅依靠知识，而且要依靠个人生活经验和道德体验，这是在长期的生活实践中，不断积累新的获得因素的过程。

就学生的情感发展来说，也必须在长期的实践中不断得到丰富。当前的情感是以往情绪的概括。

把思想政治的、道德的观点转化为行动，养成道德的行为习惯，更需要经过长期的实践和练习。形成学生正确的思想、行为习惯要经过长期的努力。纠正错误的思想和不良的行为习惯往往更为困难。思想品德的形成就是要经历不断地培养好的思想、行为和不断地克服不良思想、行为的长期反复的过程。

既然思想品德的形成是长期的积累过程，教育工作就要持之以恒，做长期的、细致的工作。不能"毕其功于一役"，不能用"突击解决问题"的方法。思想教育、道德教育应贯穿于中小学各个阶段，贯穿在各科教学和各项活动之中。教育的要求和内容可以随着年龄的增长而提高和加深。但学生思想品德的形成又是一个完整的、统一的过程。因此教育的要求和内容又应保持其连续性、一贯性。从小学到中学的教育内容宜作圆周式的排列。

既然思想品德是点滴积累起来的，教育是在原有思想、道德品质基础上经过不断锻炼、巩固，形成新品质的过程，因此，在教育学生的工作中，要注意防微杜渐，不能忽略小事。

思想品德积累的过程是自幼就开始的。因此，在思想品德教育上，也应当重视早期教育，从小就要养成好的思想品德。有些最基本的行为准则，如讲卫生，有礼貌，团结友爱，敬老爱幼，遵守公共秩序，拾到东西交公等应当从小就培养，到了中学、大学在思想品德教育上应当有更高的、难度更大的要求。早期教育打下的烙印往往对人的一生都有影响。而早期一旦形成了不良的习惯，到后来再纠正就比较困难了。

既然思想品德的形成、发展是长期的，并且也不是一帆风顺的，因此，要正确地认识和对待学生思想上的反复。任何事物发展过程都是曲折的。青少年正在成长阶段，具有不稳定性，因此出现思想上的反复是正常的。学生犯过的错误也可能再犯。但是反复不是简单的重复，形式上反复是向旧东西的回复，但它是在高级阶段上重复低级阶段的某些特征、特性等等。学生重犯过去的错误，但在犯错误的原因、对错误的认识、对改正错误的态度和决心等与先前不同。当然，反复也会有向坏的方面转化的可能。教育者的责任是要充分了解学生，采取教育措施，反复抓紧教育，促使其向好的方面转化。

三　组织教育过程的基本环节

组织教育过程，这是为完成一定的教育任务，根据教育学的理论，特别是根据教育过程的客观规律而设计教育方案并进行具体实施。设计教育方案，通常包括规定教育的任务、要求，确定教育的内容，选择教育的方法，安排教育过程的阶段或程序，计划教育活动的组织形式等。教育过程就是按事先制定的方案实施教育影响的过程。

充分领会教育方针对青少年德育方面的要求，充分了解教育对象的实际，包括受教育者的思想现状、年龄特征、个别特征等，是组织好教育过程的前提。

但是教育过程是极复杂的，它涉及知、情、行各个方面，它受到教育学、心理学、社会学等各种因素的制约。它不仅具有不同的开端，应该说整个过程的组织都具有灵活性、多样性和变动性的特点，没有也不可能有固定的程式。但是根据学生思想品德形成的规律，在组织教育过程时可以考虑抓住以下几个基本环节，或者说，制定和实施教育方案时可以抓住的几项基本工作。

1. 形成学生政治的、道德的表象和概念，明辨是非，掌握行为标准。

这是在活动和交往基础上提高思想认识的过程，是思想品德教育中很重要的一环。思想品德的知、情、行三者是互相联系又互相独立的心理过程。在实际工作中，某一阶段可以着重培养某一方面的品质。但是一般来说，在品德教育中，起重要作用的是学生政治的、道德的认识。这是道德情感和道德行为的思想基础和内在动力。实践证明，学生中的许多错误言行、不道德的行为，常常是由于缺乏必要的是非观念，或由于道德上的无知造成的。不懂得是与非、善与恶、美与丑是品行不良学生的心理特点之一。

为了提高道德认识，必须给学生以有关的政治的、道德的知识，使他们的认识、情感、行为建立在坚实的科学基础上。因此，这里也有一个传授和学习科学知识的过程。也就是向学生传授有关政治的、道德的知识，帮助学生掌握无产阶级的思想和道德原则，据此来评价自己和别人。对学生来说，这是一个从不知到知、从知之不多到知之较多的学习过程。教学是进行这种教育活动的经常形式。此外，还应根据学生身心发展的特点和思想实际，采取多种形式进行教育。

在教育的内容上应当系统，又要有针对性。要注意学生对某些道德观点，可能有牢固的错误观点。因此，在以正确的思想观点教育学生的同时，要注意克服学生思想中实际存在着的错误观点，或肤浅幼稚的认识。也就是说，要抓住学生思想上对社会要求的反映与自己原来思想水平之间的矛盾，因势利导，予以解决。

2. 提出行动要求，指导学生实践。

这是从认识到实践、从道德意识到道德行为的过程，是思想品德教育过程中基本的一环。德育的基本问题，就是使学生政治的、道德的认识转化为相应的行为、习惯问题。思想品德教育不能离开对学生行为、习惯的培养。稳定的、始终贯穿道德信念的行为习惯的形成是一个人道德修养的重要标志。德育过程的许多具体工作受到由知转化为行这一基本要求所制约。儿童和青少年道德品质形成过程中经常碰到认识和行动脱节的现象。因此，教育过程中必须着力抓好由知到行的转化这一环。

（1）促使学生的道德观点转化为道德信念。信念是知转化为行的中间环节，只有在使学生政治的、道德的观点与其相应的情感体验发生共鸣时才能形成信念。因此，为了形成信念，必须增强与知识相应的情感体验。

（2）向受教育者提出行动要求，并促使其成为受教育者自己的内在要求，变成行动的动机。为此，应让受教育者通过实践，取得正确的经验和积极的体验，进一步了解某些道德要求的合理性和正确性，避免学生获得反面的经验与体验，否则会妨碍道德认识向动机的转化。

（3）指导学生的行为方式，锻炼学生的意志力。有了良好的行为动机和愿望，但缺乏完成任务的技能和方式、方法，还是不能顺利地使道德认识转化为行为。因此，需要对行为方式作必要的指导，使学生明确怎样控制和调节自己的行为。也就是说，要通过多种方法，提高学生道德的智力水平，培养他们独立地、创造性地选择行为方式的能力。

动机变为行动需要培养一定的意志力。意志在知转化为行的过程中，起着重要的作用。有的人有了认识，也有了行动的愿望，但由于意志力不够，不能作出相应的行动。有的虽然也能付诸实践，但由于缺乏毅力，不能一贯坚持。锻炼学生的道德意志，应该使学生获得道德意志的概念和榜样，产生意志锻炼的愿望，组织行为练习，针对不同的意志类型，采取不同的锻炼措施。

（4）通过练习和其他各种实践，培养学生道德的行为和习惯。当学生产生了行动愿望，明确了行为方式，应及时组织学生的行为练习，引导学生把自己的思想认识付诸实践，如更加刻苦地学好功课，更好地参加劳动，更自觉地遵守纪律，更积极地参加社会活动等。教师应注意通过反复实践，巩固道德行为，并逐步形成道德习惯，即养成学生自动的、愉快的行为。为了形成学生的道德习惯，应当创设良好行为的情景，不使其有重复不良行为的机会。在培养良好习惯的同时，还要注意根除不良习惯。

3. 总结检查，巩固提高。

从知的方面来说，这是在实践基础上进行再认识。从培养道德情感和道德行为习惯来说，这是巩固和加强已获得的新品质。通过总结检查可以系统地分析、整理思想品德方面的变化，肯定成绩和进步，看到缺点和不足，明确努力方向。

提高认识，包括纠正错误的或片面的认识，巩固提高已取得的成绩，包括纠正行为中某些不合理的因素。

总结检查的方式应该多种多样。可以通过评比先进，表扬好人好事；也可以利用周会、班会，由学生自己分析、总结；也可以用文艺的形式进行汇报、交流。总之，对于通过教育培养已经形成的新品质，要给予明确的肯定，采取不同的方式，予以强化。

上述仅是指教育过程中工作的几个方面，教育过程的正确组织应当是在教育科学理论指导下，从学生的实际出发进行安排。这是教育的艺术。它需要教育者充分发挥自己的聪明才智。

（原文发表在《教育研究》1980年第3期）

初中学生社交类型的研究

学生班级是一种社会团体。每个成员在这个团体中都占有一定地位，起着一定作用。而班级团体的结构、团体的心理氛围对每个成员的发展也会产生重要影响。因而探讨个人在团体中的地位问题，对有效地管理班级、有效地教育每个学生是有意义的。个人在班级团体中的地位，可通过社交测量作出估计。学生的社交类型是根据这种测量所得结果作出的分类。本文试就初中学生社交类型如何划分的问题、个人在团体中地位与自身的哪些品质有关的问题作一些初步分析。制约个人在团体中地位的因素很复杂，这篇短文只从性别、理解能力、品行等方面进行考察。

这个研究是在1981年、1982年调查了南京市两所一般中学十个班级的基础上进行的。其中，初一年级一个班，初二年级八个班，初三年级一个班。除初三年级是快班外，其余各班都是普通班。

调查中参照莫雷诺社交测量法对608名学生进行了测试。即向学生提出：如果班级今后以重新划分的小组为单位，开小组会、开展文体活动、外出游览，你愿意（或要求）和哪几个同学编为一组。由此得到各人被选择的次数。

学生的理解能力，用三梯度的评定量尺（Ⅰ、Ⅱ、Ⅲ，即好、中、差）由有关老师评定。具体做法是由各班主要任课教师（语文、数学老师）和班主任分别提供全班中理解能力明显好的和明显差的学生名单，其余归于理解能力一般。然后综合各个教师评定的结果，确定每个学生理解能力的等级。同样，学生的品行评定亦分Ⅰ、Ⅱ、Ⅲ三等。由班主任提供班级中品行上明显好的和明显差的学生，其余则归于一般。

一 社交水平的分类

莫雷诺的社交测量法在国外被许多人采用，它可提供社交水平方面较为客观的指标。但如何把社交水平进行分类，处理上不尽相同。如美国有人按被选择次数将社交水平分为四种类型，除把0次的称为"孤立"和把22次以上的称为"明星"外，把中间的还区分了两类水平。在日本有人把社交关系中地位高的成员叫做"人缘儿"，把未受选择也未受排斥的叫"孤立儿"，把受到选择少、受到排斥多的叫"嫌弃儿"。

根据被选择次数的多少，把社交水平分成四类或三类都是可行的。但什么是"人缘儿""明星""孤立儿""嫌弃儿"，要有较明确的数量界限。笼统说社交关系中地位高或被选择次数多等，是较难把握的。在人数较多的测试中，借助正态分布原理来划分社交关系类型是适宜的。正态曲线下横轴全距以6个标准单位计，若要分社交水平为四类，将六个单位划为四等分，即分四组，然后按每一部分（每一组）所包含的曲线下面积比例分配被试人数。从而明确划分类型的数量界限，表1是1981年测试的初二年级学生各被选次数的统计。

表1　　　　　　　　初二学生各被选择次数的统计

被选择次数	0	1	2	3	4	5	6	7	8	9	10
人数	25	42	54	62	70	60	41	43	30	17	11
被选择次数	11	12	13	14	15	16	17	18	19		
人数	12	8	2	3	1	2	1	1	3		

按正态分布原理，总人数488人与各组面积比例的乘积便是各组的理论人数。划分社交类型即按被选次数归类，力求各类的实际人数接近各组理论人数（参见表2）。这样，按社交水平划分成四种类型。各类型应包括的被选择次数是：

第Ⅰ类　11次以上
第Ⅱ类　5—10次
第Ⅲ类　1—4次

第Ⅳ类　0次

将各类型的实际人数与理论人数比较。归纳为表2。经 X^2 检验，差异不显著。表2表明，实际的人数分配呈正态性。若按此分法，对1982年所测量的初一、初三两班学生社交水平进行分类。其结果如表3。

表2　　　　　　　　初二学生各种社交类型的人数

组限	1.5—3σ	0—1.5σ	-1.5—0σ	-3—-1.5σ
社交类型	Ⅰ	Ⅱ	Ⅲ	Ⅳ
理论人数	32	212	212	32
实际人数	33	202	228	25

$X^2 = 3.242 < X^2(3) \cdot 10 = 6.251, P > 0.10$

表3　　　　　　　　初一、初三各类社交水平人数

班级	社交类型				合计
	Ⅰ	Ⅱ	Ⅲ	Ⅳ	（各班人数）
初一（三）	2	27	22	3	54
初三（五）	0	33	32	1	66
合计	2	60	54	4	120

若将该两班与初二年级各班的资料合并，其各类社交理论人数和实际人数如表4。经 X^2 检验 $P > 0.10$。表明三个年级实际人数的分布符合正态性。

表4　　　　　　　　十个班级各类社交水平的人数

	社交类型			
	Ⅰ	Ⅱ	Ⅲ	Ⅳ
理论人数	40	264	264	40
实际人数	35	262	282	29

$X^2 = 48.92 < X^2(3) \cdot 10, P > 0.10$

二 学生性别与社交类型的构成

不同性别的学生是否在社交水平上有显著差异，在某一个班级内，社交水平的性别差异可能存在，但往往带有偶然性（参见附录Ⅱ）。然而通过大量观测看，学生的社交类型与性别无关。从附录Ⅱ的资料构成表5可以看出男女学生社交类型的构成是极相近的。各类型男、女生人数的百分比相差甚微。可见初中学生的性别差异对社交水平无影响。从本资料看，对初中学生也很难说男生或女生更容易成为"人缘儿"或"孤立儿"。

表5　608名男女学生各种社交类型的人数和百分比

性别	合计人数	社交类型			
		Ⅰ	Ⅱ	Ⅲ	Ⅳ
男	335	5.07%（17）	43.8%（146）	45.97%（154）	5.37%（18）
女	273	6.59%（18）	42.49%（116）	46.89%（128）	4.03%（11）

$X^2 = 1.241 < X^2(3) \cdot 10 = 6.251, P > 0.10$

三 学生理解能力与社交类型

学生理解能力高低可以作为智力发展水平的一个方面的标志。它对学生的社交水平是否有影响，我们可对表6的资料（取自附录Ⅲ）进行分析。

表6　初二学生理解能力与社交类型的关系

理解能力	合计人数	社交类型			
		Ⅰ	Ⅱ	Ⅲ	Ⅳ
Ⅰ	99	20.20%（20）	57.57%（57）	22.22%（22）	（0）
Ⅱ	307	4.23%（13）	41.04%（126）	49.83%（153）	4.89%（15）
Ⅲ	82	（0）	23.17%（19）	64.63%（53）	12.20%（10）

$X^2 = 79.839 > X^2(6) \cdot 01 = 16.812, P < 0.01$

上表资料经 X^2 检验表明理解能力不同,其社交水平有极显著差异[①]。理解水平Ⅰ类的 99 人中社交Ⅰ类的占 20.20%,理解水平Ⅱ类的 307 人中社交Ⅰ类的仅占 4.23%。理解水平Ⅲ类的 82 人中竟无一人达到社交Ⅰ类的水平。理解水平不同的学生在社交Ⅱ类中的人数百分比也有差异:即分别为 57.57%、41.04% 和 23.17%,即理解力水平越高,其在社交Ⅱ类中的人数比例越大。而社交水平低的Ⅲ类、Ⅳ类中的人数百分比则呈现了相反情况,即理解能力越低,其在社交Ⅲ类、Ⅳ类的人数百分比越高。以上情况比较充分地说明学生理解能力的发展水平是制约其社交水平的重要因素之一。初一和初三学生的理解力水平和社交水平也存在着类似的情况。

表7　　　　　　初一、初三学生理解水平与社交类型的关心

班级	理解水平	社交类型			
		Ⅰ	Ⅱ	Ⅲ	Ⅳ
初一 (3)	Ⅰ	1	8	0	1
	Ⅱ	1	14	15	1
	Ⅲ		5	7	1
初三 (5)	Ⅰ		4	4	
	Ⅱ		27	25	1
	Ⅲ		2	3	

学生社交水平反映了个人在团体中的适应性,因而社交水平与学生智力发展、知识水平有一定关系。这里我们没有将社交水平和学习成绩作比较。但据笔者已掌握的材料分析,理解能力与学习成绩之间存在着较高的正相关。

四　学生的品行与社交类型

学生的品行是否影响个人在团体中的地位,也许是人们最关心的。

---

① 按统计要求,理论数小于 5 的组数不应多于全部组数的 1/10,该例稍有违背。但所得 X^2 值远大于理论 X^2 值,对结论无影响。以下类似情况,不另说明。

表8的资料是对初中三个年级10个班学生调查的结果（详见附录Ⅳ）。

表8　608名品行不同学生的各种社交类型人数和百分比

品行等级	合计人数	社交类型			
		Ⅰ	Ⅱ	Ⅲ	Ⅳ
Ⅰ	273	9.89%（27）	49.45%（135）	38.83%（106）	1.83%（5）
Ⅱ	289	2.77%（8）	39.79%（115）	51.21%（148）	6.23%（18）
Ⅲ	46	（0）	26.09%（12）	60.87%（28）	13.04%（6）

$X^2 = 41.339 < X^2(6) \cdot 01 = 16.812$, $P < 0.10$

上表资料经 X^2 检验表明：不同品行等级的学生的社交水平有极显著的差异。品行等级越高，其社交水平高的人数百分比越大，社交水平低的人数百分比越少；反之，品行等级越低，其社交水平高的人数百分比越少乃至到"0"，而社交水平低的人数百分比越高。可见学生的品行是影响社交水平的又一重要因素。

五　学生承担社会工作与否同社交类型的关系

学生担任社会工作，是指担任班委、少先队、学生会和团组织的干部。该研究中的10个班级共有75名学生干部。他们和一般学生的社交类型构成如表9（详见附录Ⅴ）。

表9　一般学生和学生干部各类社交水平的人数和百分比

	总计人数	社交类型			
		Ⅰ	Ⅱ	Ⅲ	Ⅳ
一般学生	533	2.81%（15）	41.46%（221）	50.47%（269）	5.25%（28）
学生干部	75	26.67%（20）	54.67%（41）	17.33%（18）	1.33%（1）

$X^2 = 85.32 > X^2(3) \cdot 01 = 11.341$, $P < 0.01$

统计检验表明，学生干部的社交水平极显著地高于一般学生的社交水平。在学生干部75人中，社交Ⅰ类的占26.67%，只有1人属第Ⅳ类；

而一般学生 533 人中，社交 I 类的人数只占 2.81%，而第 IV 类的占 5.25%。承担社会工作与否同社交水平是相互关联的。社交水平较高者易于当选为学生干部，而当选为学生干部的又多为理解水平较高、学习成绩以及品行等级等方面均较优者，加之学生干部因工作需要，与其他同学的联系较为广泛和密切，因而学生干部 75 人中社交水平达 I、II 类的共 61 人，占 81.33%。而一般学生共 533 人中，达到 I、II 类社交水平的仅有 44.28%。

讨 论

（1）从以上分析看，初中学生的智力、品行以及担任社会工作与否，都与社交水平有密切关系。当然，和社交水平相互关联的，还有其他多种因素。

（2）初中学生性别对社交水平无影响。但在十个班级的测试中发现，男女同学间没有彼此选择的。这表明初中学生的交往受到男女界限的限制。这与年龄特点有关，与团体的心理氛围或风气有关。这一现象告诉我们在班级人际关系中，教育学生建立正常的、健康的男女同学关系是必要的。

（3）从测验的几个班级看，学生干部社交类型普遍较高，这反映了正式组织在班级中的主导地位。学生干部在班级中的地位与其社交类型的高度一致，以及品行等级与社交水平等级的一致，表明班级生活是正常的，表明班级的凝聚力和稳定性，表明集体对个体的影响力。因此可以把社交测量作为考察学生干部和一般同学关系、考察班级集体发展水平的一种方法。

（4）学生中理解能力强的、行为表现好的以及担任社会工作的学生骨干，其社交类型大多为 I、II 类，这种地位对其能力的发挥、心理健康、优良品德的形成都可能产生积极的影响。而 III、IV 类学生，特别是"孤立儿"的地位对他们的发展可能不利。班主任和教师可以通过适当的工作，帮助他们改变在班级中的地位，如思想上给予关心，给予应有的信任或者委以一定的班级工作等。

在班级工作中，要考虑按照各人的意愿组织小组，以满足学生寻找朋友的精神需要。这对促进班级气氛的融洽、愉快，提高工作和学习的效率是有利的。

因为研究对象的数量有限，上述问题有待继续研究。

参考文献

［日］大桥正夫：《教育心理学》，钟启泉译，上海教育出版社1980年版。

［美］怀特：《教育统计》，叶佩华译，人民教育出版社1980年版。

（原文发表在《教育研究》1984年第7期）

关于"德育过程"理论的回顾

有关"德育过程"的本质问题和规律问题，是德育理论中的基本问题。"德育过程"，有的论著称作"思想政治教育过程"，有的称作"道德教育过程"等，具体含义不尽相同。这里我们把它作为同一意义的概念使用，都理解为"思想品德教育的过程"，简称"德育过程"。

在开创社会主义文明建设特别是精神文明建设新局面中，要充分发挥学校德育工作的作用，使德育工作科学化，必须加强对德育过程的研究，为此简要回顾一下我国教育理论工作者对这一问题的研究是不无益处的。

一 "文化大革命"前对德育过程的研究

在历史上的教育著作中，涉及德育过程的论述是不少的。但作为专门的理论研究，起步较晚。在我国，1957年史国雅发表了《建立在马列主义认识论基础上的德育过程》一文（《山西师院学报》1957年第4期）。这是中华人民共和国成立后我国学者研究德育过程公开发表的第一篇论文。该论文主要是以认识论为指导分析德育过程，认为"德育过程的发展和认识过程一样，也要经过实践、认识、再实践、再认识等阶段，循环往复以至无穷地发展下去"。1958年华师大和上海师院合编的《教育学讲义》（内部教材）开始把德育过程的理论列成专节论述，即"第十一章 思想政治教育的原则和方法"中的"第一节 思想政治教育过程"。编者认为思想政治教育过程和教学过程都是以马克思主义认识论为基础，受认识论一般规律指导，同时着重强调了思想政治教育过程有它自己的特征。这方面编者的一些观点是值得我们重视的。1. 思想政治教育过程是复杂的、多方面的，即是知、情、意、行统一的过程，而重心是在养成学生社会主义的思想道德行为习惯。2. 政治和道德概念的形成，要依靠学生生活经验和道德经验，要重视组织学生参加各种实践活动，对学生的教育影响要和学生参加实践活动相结合。3. 学生集体是完成思想政治教育任务的重要因素之一，教育过程的中心环节就是组织和培养学生集体。4. 思想政治教育过程有反复性。5. 教育过程在课内课外、校内校外同时实施，各种思想、道德品质同时形成。6. 受教育者具有主观能动性。

1963年华东师范大学编辑的《教育学》（讨论稿）把"思想教育的过程和原则"列为专章论述，对德育过程的探讨，在其广度和深度上比1959年的又有了进展。该教材把德育过程问题分为三个方面论述。其一是"社会主义思想教育过程的性质"。该书认为社会主义思想教育过程，同剥削阶级的思想教育过程有两个重要的不同点：一是剥削阶级思想教育过程往往是压服的强制的过程，社会主义思想教育过程则是自觉的、说服教育的过程；二是剥削阶级的思想品德具有很大的虚伪性和欺骗性，思想教育过程是理论脱离实际的过程，而无产阶级革命的任务是改造世界，同时改造自己，因而思想教育过程必然是理论与实践结合的过程。其二是对思想教育过程本身作了初步分析，认为思想教育过程是在实践中进行教育，开展思想斗争，通过说服教育，提高思想认识，再回到实践中去。与此相应的，思想教育过程大致有几个环节，即了解与分析学生情况，说服教育和启发自觉，提出行动要求和指导学生实践，总结与检查行动结果。其三是该书将思想教育过程和教学过程作了较全面的比较，提出了思想教育过程的主要特点是：思想上正确与不正确的斗争，思想教育主要是在实践中进行，主要是在集体中进行，不仅影响人的认识，而且还影响人的情感、态度、立场，思想教育是长期、反复、逐步提高的过程和多方面影响的过程。

由以上可见，1963年的《教育学》对德育过程作了很系统的阐述，但由于"左"的干扰，特别是十年动乱，使得已有的研究成果未能及时广泛传播，研究工作也未能继续深入下去。经过了十五个春秋的漫长岁月，直到1979年这项研究成果才随着《教育学》的出版与广大读者见面，中断了十多年的德育过程的理论研究才又开始恢复起来。

二　近几年来关于德育过程的理论研究

新的历史时期向全国人民，包括青少年一代在思想品德上提出了新的更高的要求，促使我国教育理论工作者加强了德育原理的研究。除了在教科书汇总专门论述德育过程外，在报刊上也发表了一批论文，仅以我国主要的教育理论刊物《教育研究》来说，从1979年创刊以来到1983年止，先后发表了有关德育过程的论文（包括间接论述的）达10—30篇之多。

对近几年的研究情况，我们从以下几方面作简要回顾。

（一）关于德育过程的概念。在研究的论文中，有些作者认为德育无时不有，无所不在，社会生活的各方面，一切领域及一切实际关系中，均渗透着德育影响，因而德育因素具有无法估量的不可全面控制的广泛性。这就没有区分德育过程和受环境影响的过程。有些作者则将德育过程和受环境影响的过程区别开来，前者是教育者自觉地、有目的地施加的教育影响的过程，是可控制的，而后者是自发的、盲目的影响过程，它不属于德育过程。与此相联系，有的作者明确提出思想品德的形成过程和思想品德的教育过程是两个既有联系又有区别的概念，应当把思想品德形成的规律用于思想品德教育过程，就有目的的德育过程本身来说也有几种理解：（1）指从幼儿到青少年这整个时期的道德教育过程；（2）指从提出某具体德育任务到这一任务的实现过程；（3）按某教育任务的实现说是一个德育过程的终结，但从人的思想品德形成发展说，德育过程并未完结。

（二）德育过程的性质。德育具有鲜明的阶级性、历史性，因而要分清德育过程的性质，区分出社会主义德育过程与以往的阶级社会的德育过程。对这一问题除少数论著作了专门论述外，没有更多的讨论，但文章作者们的思想上是明确的，认识上较为一致的。有的论著除对德育过程作一般的定义外，同时对无产阶级的德育过程或共产主义的德育过程作了不同表述，有的论文则在标题上直接标明"共产主义道德教育的过程和规律"。此外，还有人具体提出了我国社会主义制度下德育过程的特殊规律：共产主义德育的方向性、实践性、自觉性。

（三）德育过程的特点。德育过程有自己的特点，这几乎为所有人承认。但从什么角度去认识德育过程的特点，究竟有哪些特点，人们的认识便不完全一致了。大多数人是相对教学过程而论述德育过程特点的。近几年在这一方面的论述大致提到以下几种特点：复杂性、广泛性、社会性、实践性、多端性、长期性、渐进性、反复性等。

在将德育过程和智育过程相比较时，主要是从二者的任务上区别，认为智育是掌握知识、技能，发展智力的过程，是解决认识世界、改造世界的能力问题。德育过程则是要求学生掌握一定社会的思想和道德规范的过程，主要解决个人和社会的关系，个人对待客观世界的态度问题。此外，还有人相对环境因素对人们品德的自发影响来说明德育过程，认为德育过程具有自觉性、目的性。

（四）关于列举德育过程的规律。这是人们普遍重视的问题，这几年来，对规律的提法很多，不一一列举，就其主要的，归纳为几个方面。

1. 关于德育过程受多方面影响的规律。这一规律的基本思想是：人们的思想品德是受家庭、学校、社会各方面影响形成和发展的，因而德育过程是受多方面教育影响的过程。除了直接德育过程是"多方面教育影响过程"外，大体还有这几种表述：德育因素的广泛性和德育过程的社会性；德育过程的社会性与可控性的辩证统一；德育过程是受教育者与外界影响相互作用的过程；等等。

2. 关于思想品德各要素相互促进与提高的规律。这方面，大多数作者是从品德的心理结构诸要素关系阐述自己观点的。究竟有几个要素，看法不一致。有的提道德的知、情、行三要素，有的提四要素（加上意）、五要素（加上信念），甚至更多。但在各要素相互作用，促进发展这一点认识上是一致的。在表述上，有的提德育过程是受教育者知、情、意、行的培养过程，有的提"同时性与多端性辩证统一"。"同时性"，有的从各要素角度讲同时培养，有的指各种道德品质的同时形成。"多端性"则大多是指知、情、意、行其中任一要素的培养均可作为教育的开始。

有的作者论证了德育过程是学生内部道德环境形成过程。

3. 关于活动和交往在品德形成中作用的规律。从这方面提出德育规律的日益增多了，虽然在具体理解上不尽相同。有人基于活动和交往是思想品德形成的源泉，因而把它当作德育过程的基础。有的提在活动和交往中接受多方面教育影响。有些作者没有提交往，但强调了活动或实践，德育具有强烈的实践性等。

4. 关于受教育者心理内部矛盾运动的规律。对这方面规律论述者较多，从不同角度理解的也较多。有的作者从思想品德发展动力角度理解，强调发展是内部矛盾转化，从内因与外因方面理解，强调外界教育影响通过学生内部矛盾起作用。基于这一原理，提出要重视受教育者的主观能动性，要重视自我教育的作用。有的作者十分重视内部矛盾，认为德育过程就是受教育者内部矛盾运动过程。此外，有的作者从思想品德中积极因素与消极因素的矛盾斗争提出，德育过程中，对受教者思想品德的塑造与改造都是必不可少的。有相当一部分作者把内外因素的作用结合起来考察德育过程。教育和自我教育相结合；师生双方统一活动，等等。

5. 关于德育过程长期性、反复性的规律。相当多的人把这方面内容作为德育过程特点论述，同样有相当多的人作为规律论述。提法各异，有的提长期性，有的提反复性，有的并提。此外还有人提德育"具有重复性"，"德育过程圆周式发展"。有些作者认为德育过程是长期反复逐步提高的过程，因而也有人用"渐进性"表示这一思想。

6. 有少数同志从心理学角度，按知情行意的顺序来确定德育过程规律：动之以情是转化教育的前提和开端；晓之以理是转化学生的思想基础；导之以行是转化学生的思想品德的必要途径；持之以恒是转化学生的思想品德的基本原则。

以上情况表明，对德育过程的规律，认识上还很不一致。1. 某一论断是否属于德育过程的规律，看法上不一致。2. 究竟有哪些规律，有的提两条，有的提四条，有的提六条甚至更多。3. 对"规律"和"特点"没有分化，同样一个内容，有的作为规律提出，有的作为特点提出，有的规律与特点不分。

（五）组织德育过程的阶段。关于德育过程，大多数论著是从在有目的的教育影响下学生品德如何形成这方面来论述的，即从实施教育影响形成学生思想品德的机制方面来论述的。关于德育过程还可以从另一角度来说明，即从进行德育工作的阶段方面来说明。

这方面的论述不多，大体上是一致的，认为德育工作可以分了解学生，制定计划阶段，开展教育活动、提高认识、指导学生实践阶段和总结检查、评比阶段等。

这些表明我们在德育过程规律的认识上还不成熟；同时表明人们正在积极探索中。对事物的认识总是从不知到知、从知之较少到知之较多，从不甚深刻到比较深刻、比较确切。只要坚持不懈，就会不断接近真理。

三　几点启示

以上是回顾以往德育过程研究的大体情况，并没有全面地、准确地反映各方面成果。20世纪50年代以来的研究，许多有益的思想见解，对探讨德育过程本质和规律，起了积极的推动作用。虽然有的问题尚待进一步研究，但已有成果为今后德育过程的理论发展提供了基础。这是就研究成果本身来说的。此外，从这几年的理论研究中，我们还可以从研究工作方面得到以下几点启示。

（一）对德育过程的研究必须加强。不论在国外或在国内，人们对教学过程的研究是很多的，对德育过程的研究较少。虽然近几年这方面研究有所加强，但与教学过程的研究相比，德育过程的研究仍然是个很薄弱的环节。这是应当引起我们重视的，从教育理论研究的现状说，从对做好当前中小学品德教育工作的迫切要求说，都应当充分重视对德育过程的研究，加强这方面的工作。

（二）德育过程很复杂，研究难度大，但是可以认识的。德育过程是很复杂的，对它的认识难度大。德育过程涉及的面很广，德育工作千变万化，具有很大的变异性，这给研究增加了困难。但德育过程的变化绝不是杂乱无章的，不是无规律可循的。变异性和规律性是统一的。这几年的研究成果、理论水平的提高，充分说明了德育过程是可以认识的。德育科学的任务之一就在于从变异的现象中，揭示其稳定的本质，寻找出规律性。

（三）重视研究方法的改进。德育过程的研究是一种理论性的研究，不能离开抽象思维的方法。当然要注意从德育实践中吸取所需要的东西，这几年除用"抽象"的方法外，还从不同角度用不同方法对德育过程进行了研究，这对今后的工作也是有借鉴意义的。例如：

1. 从研究当前的现实的经验着手。如有不少论文分析学生道德认识发展过程，有的从总结成功的经验中作出概括。这些都是联系实际进行研究的好方法。

2. 从研究历史上的德育思想着手。我国古代教育史上有着丰富的德育工作经验。古代教育家有不少关于德育过程的论述，在这方面进行探讨的文章虽然不多，却启示我们研究德育过程应该考虑到历史方面的问题。但是如何总结我们党在思想政治工作方面的经验，总结中华人民共和国成立三十五年来的德育工作经验，以探索德育过程规律，这方面是做得不够的，是今后研究工作应当注意的。

3. 介绍外国的德育思想概论，促进国内德育过程理论的发展。这几年来，陆续介绍了国外的德育思想理论，这对于开阔眼界、促进德育过程的研究是有积极作用的。这也是今后研究德育过程应当重视的。

4. 用系统科学的方法研究德育过程。

有一些论文是把整个德育过程当作一个系统对其组成的各要素进行分析，有的论文从分析当代信息渠道增多来论证德育过程的复杂性，有的论文把德育过程看作就是对学生思想品德形成发展的控制过程。诸如德育过程究竟有哪些要素，已有的分析是否正确等，虽然还可以进一步讨论，但重要的是在研究的方法论上有了新的进展，以系统科学（包括信息论、控制论）提供的方法论，是我们研究工作应当重视的。

总之，以往的研究工作情况表明，必须加强对德育过程理论的研究，而只要有决心、有信心，又采用多种方法进行研究，德育过程的理论必将日益走向科学化。

[原文发表在《南京师范大学学报》（增刊）1985年第5期]

德育要适应培养创造型
人才的要求

思想品德教育如何适应新时期的任务，这是德育改革的一个重要问题。本文从思想品德教育与培养年青一代创造性的关系方面谈一些认识。

一 德育目标要转到培养创造型人才上来

新时期德育工作的重点是什么，德育的目标是什么？这是德育改革的首要问题，是德育沿着什么方向改革的问题。20世纪50年代后期开始，在"左"的思想影响下，德育是以"阶级斗争为纲"，即以政治运动为重点的，德育的主要目标是为培养"反帝反修的战士"服务。今天，德育工作必须转移到为实现新时期总任务、总目标服务的轨道上来，德育的目标主要是为"四化"建设培养德智体美全面发展的开拓型、创造型人才服务。创造性是新时期对人才素质提出的新的更高的要求。《中共中央关于教育体制改革的决定》指出："教育体制改革的根本目的是提高民族素质，多出人才，出好人才。"这里所讲的"民族素质"，当然包含身心各个方面，其中包括"实事求是，独立思考，勇于创造的科学精神"。我们的共产主义事业本身就是人类历史上最伟大的开创性事业。创造性事业需要创造型人才，艰巨的"四化"建设任务需要造就一大批开拓进取、锐意革新的一代新人。

德育目标转移到培养创造型人才上来，是时代的要求，是新的科技革命的要求，是顺应世界历史发展的潮流。近年来世界各国德育出现了一种共同的趋势，即从单纯要求个人道德完善转变到注重适应现代社会和生产需要的基本品德素质上来，把德育的实施和能力的培养结合起来。

创造性包括创造志向、创造热情、创造能力，既是重要的个性品质、道德品质，也是适应现代科学和现代生产需要的学习品质、劳动品质。而且，随着现代科学技术和社会生产的迅猛发展，对人的创造性要求越来越高，培养创造性越来越受到广泛的重视。未来的社会，从其技术形态说是"知识的社会""智力的社会"。为了适应未来社会的要求，必须改革我们的教育工作，其中包括改革我们的德育工作，以利培养出开创21世纪的大军，造就工作能力和创造能力很强的一代新人，由他们来迎接世界范围内的"知识战""智力战"。这是关系到我们国家前途的大事。

二 德育要保证创造型人才正确的思想政治方向

保证人才成长的坚定正确的思想政治方向，是新时期德育的一项重要任务。创造型人才成长的基本要素，包括德、识、才、学各个方面。其中的德就是指政治觉悟、世界观和道德品质。这是创造型人才不可缺少的重要素质。而德方面素质的培养主要是通过德育进行。

坚持正确的思想政治方向是社会主义创造型人才的本质特征。国外很重视创造能力的培养，有的提出"现代化要先化人后化物"，有的提出要实现由"传统的人"到"现代化的人"的转变等。他们所说的现代化或现代化的人，其中很重要的一点，就是要具备创新精神、标新立异的素质。这是很值得我们重视的。但我们搞的现代化是社会主义的现代化。我们要培养的创造型人才是建设社会主义的人才，正如中央《关于教育体制改革的决定》所指出的，"他们应该是有理想、有道德、有文化、有纪律，热爱社会主义祖国和社会主义事业，具有为国家富强和人民富裕而艰苦奋斗的献身精神，他们不断追求新知，具有实事求是、独立思考、勇于创造的科学精神"。这样的创造型人才，明确创造性活动的社会价值，具有为促进社会主义的物质文明和精神文明建设而创造的志向。

我们培养的创造型人才，在思想素质上应当具有积极进取和忘我献身的精神。他们为了改革，为了事业，能够不畏险阻，忘我献身。历史上有不少大科学家为了坚持科学真理献出了生命。现代，在"智力密集"的时代，在改革与创业都非常艰难的情况下，在竞争异常激烈的条件下，要开拓、要创新，同样必须具有这种积极进取、忘我牺牲的精神。在竞争中赢得胜利，要靠智力、靠创造能力，又要靠信心、靠顽强拼搏的精神。

新时期德育还应当培养创造型人才的集体意识和团结协作的精神。作为开拓者和创造者应当正确认识和处理好个人与集体、自己与他人的关系。任何创造型人才的成长，离不开当时的社会条件，任何个人的成功与创造，也离不开集体的、他人的智慧和力量。特别是现代科技和生产的发展对群体意识的要求空前提高。个人单独进行科研和发明创造的可能已越来越少。20世纪60年代开始的阿波罗登月计划是由二万多家公司、工厂，一百二十多所大学、科研机构，共四十二万人协同合作完成的。20世纪70年代以来科研出现国家间合作的新形式，如1977年一百四十四个国家联合举行了全球大气测量等。可见，在现代大科学、大生产的发展中，科学上的发明、技术上的革命都是集体合作的产物。

由以上可见，社会主义建设，现代科学技术的发展，对人才素质的思想品德方面的要求是多方面的，德育应当起思想保障的作用。

三　德育在培育创造意识创造情感创造意志方面的任务

有人说，培养创造性是智育方面的任务，这个看法是不全面的。创造性作为个性特点，不单单是创造能力的表现，而是创造意识、创造情感、创造意志和创造能力的统一。何况实际教育工作中，各"育"的功能是互相渗透，相互交织在一起的。倘若为了研究问题的需要，把培养创造能力主要看作是智育的任务，那么培养学生具有创造意识、创造情感、创造意志则主要应是德育的任务。

培养创造意识，即培养学生具有创造的志向，力求改革，有创新的欲望、要求等。安于现状，不思进取，无事业心，无责任感，无使命感，就根本谈不上创造。德育在造就创造型人才方面，应当担负起培养人才的开拓精神、创造意识的任务，使创造者明确创造的目的、创造的价值，并激发其创造的欲求。

创造感是一种高级情感，是对人的创造活动的情绪态度，是从实践感中分出的，与创造性劳动有关的情感形式。人们在创造活动过程中总要产生一定的情绪体验，当探索失败时，可能产生不安、紧张、沮丧、失望等体验。对创造过程的进行和创造活动的成功，则可能得到心理上的安慰、愉悦，精神上的振奋，以及欢欣鼓舞的体验等等，这些都是创造感。贝弗里奇曾这样描述创造的欢乐：新的科学发现是"人生最大的乐趣之一。它产生一种巨大的感情上的鼓舞和极大的幸福与满足。……正如克鲁泡特金所写'一个人只要一生中体验过一次科学创造的欢乐，就会终生难忘'"[1]。德育过程中，应当使学生把创造活动体验为一种复杂而又必要的事，体验为在遇到困难时焕发朝气的源泉，以开拓和创造为快乐。

创造性活动也是高度复杂的意志活动。在创造性活动中，意志表现为目的性、顽强性、独立性、自制性等。创造性活动的目的性表现得很强烈、很鲜明。在创造过程中存在着大量的障碍与困难，人的心理处在高度紧张的状态，只有培养起目的性、坚持性等意志品质，才能使一个人长时间地毫不懈怠地保持精神紧张状态，不被困难所吓倒，不屈不挠地向着既定的目标前进。法国化学家巴斯德有句名言："告诉你使我达到目的的奥秘吧，我唯一的力量就是我的坚持精神。"[2] 此外，还应培养学生独立性、自制性等意志品质。独立性的实质在于，一个人不屈从于周围人们的压力，不受传统束缚，不受成规的暗示，不被权威所吓倒，从而才可能有所创造。而自制性与独立性有联系，它不受外界的干扰，善于控制自己，正确处理创造活动与生活、娱乐的关系等等。

四 德育工作要注意发展创造性的个性

任何创造活动，包括集体的创造，都是建立在个人活动的基础上的。因此，为了适应培养创造型人才的要求，德育的改革必须注意学生个性的发展。

个性，有其思想性的方面，包括理想、人生观、世界观等，这在前

---

[1] [英] W. I. B. 贝弗里奇：《科学研究的艺术》，陈捷译，科学出版社1978年版。

[2] 同上。

面已论及。同时,个性有其心理品质方面的特点,创造型人才有其创造性的个性特点。有的学者认为:个性、动机本身就是创造力的组成部分。正是基于这一点,国外的一些心理学家编制了各种创造性个性量表,用以测量创造性的个性品质、动机因素,借以评价、鉴别人的创造潜力。新时期的德育要为培养人才的创造性服务,就应当培养和发展学生的创造性个性。

(1) 首先要善于识别什么是创造性的个性。在科学、文艺、建筑等不同的领域,创造型人才的个性特点可能不同。例如心理学家巴伦1967年研究了作家的个性,列出了12项特点,研究科学家的个性,列出了10项特点,等等[1]。但是各个领域的创造型人才,又有其共同性的特点。D. 麦金农对包括作家、艺术家、建筑师、科学家共400多人的研究,列举了达到总体半数以上的个性品质有六个方面:智力,独创性,坦率,直觉性,理论的和美学的兴趣,掌握自己命运的感觉[2]。研究表明,情感、乐趣、求知欲、好奇心、进攻性等都可能成为创造的动机。勇敢、甘愿冒险、幽默感、自信心、自尊心、怀疑态度、恒心以及精力旺盛、反应敏捷、思维灵活、富于想象等,都是创造性的个性特点。而胆怯、缺乏信心、性格片面狭隘、兴趣狭窄等,都是妨碍创造性的因素。从众性、偏狭性、刻板性,也是同创造性存在着负相关的个性特点[3]。识别创造性的个性品质,区分出阻碍创造性发展的因素,从而使我们明确,在思想品德教育中,应当提倡、培养什么样的个性品质,应当防止、克服什么样的个性品质。明确了这一点,对德育工作应该采取什么方式方法也是有指导意义的。

(2) 改变我们的教育观点和教育行为,鼓励和发展创造性的个性。

首先,要改变实际中存在的对学生的主动性和能力、特别是创造能力估计不足的倾向。要充分相信学生,把学生看作具有主动性、创造性的人。

要正确理解"三好生"的标准。"三好"不单单看知识方面,还应当

---

[1] 郭有遹:《创造心理学》,台北正中书局1973年版。
[2] [美] A. C. 奥恩斯坦:《美国教育学基础》,刘付忱译,人民教育出版社1984年版。
[3] 郭有遹:《创造心理学》,台北正中书局1973年版。

看能力方面，看创造性水平。"三好生"要全面发展，但不是平均发展，要允许学生有自己的兴趣、爱好，要发展学生独特的长处。然而现实生活中，如同美国的一位教育家所指出的，"能够被认为具有创造性的学生常常被他们的教师看作是不努力、无进取心，不能令人满意的学生"①。一个小学六年级的学生小胥是具有创造才能的。但他曾经被停课，被看作"差生"，当他的小论文《离开身体的心脏还能够跳动吗?》在全国获奖后，仍然有人说他是"差生"，这还不值得我们深思吗？

此外，要谨慎地对待"淘气""调皮"的学生。有人研究，创造力高、智力也高的学生容易成为班级中的捣乱者，而创造力高、智力低的学生，也爱表现出破坏性行为。所以对"淘气""调皮"这一类现象要具体分析，不要简单地混同一般"问题行为"并采取不适当的教育方式。教育心理学研究认为，一些低年级有创造力的儿童，"在他们的同伴当中往往以愚蠢和顽皮的想法而著名，他们被教师看成野孩子"。对青年的研究也有同样的结论。创造力强的青年，"具有许多不令教师喜爱的个人特征。他们可能精力过剩，独立性强，性情倔强和情绪外露"②。对这类学生，不要烦恼，要积极引导，给他们表现和运用自己创造才能的机会。

还应当改变传统教育思想中重男轻女的观点，相信女生的创造能力。国外的跨文化比较研究认为：在鼓励独立性、创造精神、主张男女平等的开放性社会中，男女创造力的水平都较高，男女差异仅表现在创造方式上。而在专制、服从、男女地位悬殊较大的封闭性社会中，儿童的创造力普遍较低，男女差异也较大。

（3）思想品德教育要有统一要求，又要发展学生个性，不要管得太死太严。爱祖国、走社会主义道路等是统一要求并严格做到。有些细节就不要管得过多过死，以至阻滞学生的创造性。罗杰斯1956年的研究认为，有利于创造活动的心理条件是"心理安全"和"心理自由"③，只有心理上有安全感，才能保证心理健康和心理自由，才能发展和表现发散性思想。当然，对于思想上还幼稚的学生，应当教育他们懂得，创造常

---

① ［美］A.C. 奥恩斯坦：《美国教育学基础》，刘付忱译，人民教育出版社1984年版。
② ［美］索里等：《教育心理学》，高觉敷等译，人民教育出版社1983年版。
③ 同上。

常是别出心裁的,不受旧的传统束缚的,但创造本身意味着对社会有益,为社会所承认。不能把凡是与众不同的都看作是创造,也不能把不受纪律约束就叫作创造。对于应当严格要求做到的要善于疏导,不能采取"压"的方式,否定教育的基本原理,把学生放在被动挨训斥的地位,以为只有"压"和"狠"才见效果是不对的。这种"效果"是虚假的"效果",并非教育期望的"效果"。压的结果,不仅有损学生心理健康,也压抑了创造性的个性。

五 建立一个鼓励创造性的教育环境

美国创造教育家托伦斯1964年对小学生的研究认为,智力和创造力的相关性不是很大。巴伦1965年的研究认为,智力和创造力两种变量之间只存在低的正相关[①]。与智力比较,创造力的发展受环境因素影响较大。托伦斯认为"完善与宽容的环境"有利于创造力的发展。美国创造学家史密斯主张培养创造型人才,教师的第一个作用就是"设定开发创造性的条件,创造性所需要的生理、心理、社会及知识环境"[②]。教育,作为有目的地培养人的过程具有可控性,应当建立起适宜于鼓励开拓性、创造性的教育环境,把妨碍创造力的因素减少到最低程度。为此,应当注意以下几个方面。

(1)建立友善的鼓励创造性的学生集体。学生集体是学生主要的教育环境,托伦斯认为要促进创造力发展,需要提供一个友善的、对创造性有奖赏的环境。因此学生集体应当是相互友爱、和善相处的集体,是学生有表达自己意见自由的集体。这样的集体,鼓励独立性,容忍个性的发展,"形成一种宽容的互相理解的空气"[③]。在这个集体中,男女同学间能正常交往,没有任何歧视女生的偏见。

(2)热爱学生,建立民主平等的师生关系。要热爱与尊重学生,按托伦斯的主张,要多夸奖儿童提出的意见,欣赏儿童表现出的具有想象

---

① [美]索里等:《教育心理学》,高觉敷等译,人民教育出版社1983年版。
② 徐方启:《外国创造学家论创造型教师》,《上海教育》1985年第3期。
③ 同上。

与创造的观念。不要以为学生有了不同的意见,就是和自己唱反调。日本创造学家恩田彰认为,教师本人应是创造型的,[①] 教师应当乐于接受和鼓励不墨守成规的、新奇的答案和行为。

（3）要避免封闭式的教育,实施开放式的教育。对学生的思想品德教育不能限于学校,要引导学生接触社会,投入实践。特别是我国实行对外开放政策,国家间交往日益频繁,信息渠道增多,信息资源丰富,这对开阔眼界、发展创造力是有利的。教育者在引导学生识别、抵制某些消极因素的同时,更应自觉地、充分地利用这种有利的环境。

（4）要由保姆式的管教方式转为学生自主的教育方式。这对于发展学生创造性至关重要。开起班会,班主任从头到尾包场,节日活动都是老师出面组织,不利于发挥学生的主动性、积极性,也不能培养起创造能力。而有经验的班主任和学校领导,开展校或班的活动,首先让学生班委会、队委会拿出方案；全校的运动会开幕式由学生设计,让学生组织。他们在实践中创造的"最佳活动方案设计"竞赛,"主题班会""假如我是……"的演讲比赛等等,都是充分发挥学生主动性、培养学生创造能力的好形式,值得提倡,值得推广和发扬。

（5）由注入方式变为启发方式。德育上的注入方式,如同教学上的注入式,都是阻碍学生创造性发展的。一定要改变只要求学生"听话",改变那种简单的道德说教方式。而要多启发疏导,鼓励学生独立思考,允许学生提出不同观点,允许学生有多向思维。这并不是要降低应当坚持的思想要求、道德规范,而是通过疏导和启发思考来评价教育要求,并从更多的方面来领会思想道德规范,把传授式教育与评价式教育结合起来。

（6）要由刻板的模式化的教育转变为生动活泼的多样化的教育。要改变教育方式上的标准化、程式化、八股化的格局。"团的活动＝开会＝书记讲话",或者"听报告—讨论—表态"。这类简单化的刻板的单训的模式,不仅收不到预期效果并引起学生反感,而且也阻碍创造,抑制学生创造才能的发挥。应当采用多种形式的教育活动,让学生过上丰富多彩的课外文化生活。要寓教于乐,寓教于活动。活动要有正确的方向,

---

① 徐方启：《外国创造学家论创造型教师》,《上海教育》1985 年第 3 期。

既注意思想性、方向性，又要讲知识性、趣味性、多样性。托伦斯曾认为把儿童的游戏和作业截然划分，使工作的情景过分严肃，人为造成过分紧张，不能从工作中培养创造思考的习惯。

以上是围绕培养人才的创造性问题，所作的德育理论思考。我们的时代是需要创造型人才的时代，也是必定产生大批创造型人才的时代。但在人才成长的过程中，如何充分发挥德育功能，我们却了解得很少，它有待于我们今后去研究、去探索。

［原文发表在《南京师大学报》（社会科学版）1986年第1期］

思想品德结构与新时期德育任务[*]

关于思想品德的心理结构和德育任务这两个问题，近几年的德育论著都作过很多论述。这些论述对于我们认识这两方面问题是很有意义的。但这两个问题之间是否有些什么联系，究竟应当怎样比较全面地认识思想品德的心理结构，特别是应当怎样认识新时期的德育任务问题，是德育工作科学化，更好地适应新时期培养全面发展的创造性的"四化"建设者所必须认真探讨的问题。本文试就此发表一些个人浅见，希望得到指正。

一 思想品德的三维结构

对思想品德的心理结构如何认识，在很大程度上影响着我们对整个德育工作规律的认识，因为德育工作的真正对象是人们思想品德心理结构（以下简称品德结构）。在这一意义上可以说，德育的实质就在于形成一定社会所要求的品德结构。

德育是对人的心理施加影响，一切思想品德的形成都通过人的心理活动，任何一种思想品德都是心理内容、心理形式与心理能力三者的有机统一体。把品德结构看作是知、情、意、行诸要素及其相互联系，从一个侧面揭示了品德的心理实质。思想品德完整的心理结构应当是三维结构，即由品德的心理形式维、品德的心理内容维和品德的心理能力维三个方面有机结合，每一维又都有自己的亚结构，形成多方面、多层次的统一。

---

[*] 本文初稿承鲁洁同志以及钱孝册、令狐昌毅同志提出过宝贵意见，在此特致谢意。

思想品德的心理形式维包括通常所说的知、情、意、行四者。也有同志认为品德的心理形式结构有五个要素，即除上述四者外，还包括道德信念。也有同志提出三要素，即知、情、行三者，意表现行为，行体现意。如潘菽主编的《教育心理学》即认为是知、情、行三个方面。究竟应当提几要素是可以继续探讨的问题。但不论几个，这里我们只应把它看作是品德结构中的一维。

思想品德的心理内容维，包括有关思想、世界观、道德方面的内容，有关政治观点、政治态度方面的内容，以及有关伦理道德方面的内容。这三方面内容与相应的心理形式维、心理能力维的结合，表现为人们的思想品质、政治品质、道德品质。品德的心理内容是由社会和教育的影响决定的，归根到底是一定社会关系的反映。

思想品德的心理能力维，即有关思想品德方面的智能结构。品德能力是个体完成品德活动的本领，包括完成一定品德活动的心理特征和实现一定品德活动的方式。品德能力是通过掌握政治知识、道德知识和实际锻炼而得到发展，可以表现在很多方面。这里我们仅概括出几个基本的方面：思想品德的认识能力、思想品德的践行能力、自我教育的能力。

同掌握一定的知识、技能、技巧，需要以一定的能力为前提一样，形成一定的思想品德也必须以一定的能力（包括道德智力）为其心理前提。思想品德的形成、发展，不仅与知识水平、文化教养有关，而且与人们的道德智力、道德思维水平有关。没有一定的智力不能形成概括性的品德。不可想象，没有起码的道德智力，能具有一定的品德。因此，品德能力是品德结构中不可缺少的组成部分。但是品德的心理能力不等于思想品德。品德能力对思想品德来说，是一种可能性，某种思想、某种道德品质是现实性。[1]

思想品德的完整结构是由上述三维组成，当然，它并非这三个方面的机械相加，而是按一定的关系与联系组合而成的有机整体。三方面互相制约、互相包含。从心理形式说，知、情、意、行每一种形式都包含具体的内容。王极盛所著的《青年心理学》，较系统地阐明了道德认识、

---

[1] ［苏联］彼得罗夫斯基主编：《普通心理学》（中文版），人民教育出版社1981年版，第484—486页。

道德情感、道德行为等各方面所包含的心理内容。[①] 并且，知、情、意、行每一形式所包含的心理内容，不仅仅限于道德方面的，也包含着思想的、政治的内容。例如对道德情感的理解，苏联彼得罗夫斯基主编的《普通心理学》认为："在道德感中可以分出道德政治感。凡是与我们对社会制度、国家、某一阶级、组织、政党等所抱的情绪态度有关的一切都属于这种情感。"[②] 所以我们所说的知、情、意、行不单单是指道德方面的，也包括思想方面和政治方面的，正因为如此，我们所说的德，不仅指道德品质，也包括思想政治品质。

从心理内容维度看，不仅道德的心理内容具有知、情、意、行的形式，思想方面、政治方面的心理内容也具有知、情、意、行诸形式。如世界观，不仅仅是一种知的形式，苏联巴拉诺夫在《教育学》中指出："世界观的心理结构包括认识的情感的与意志的成分。"[③] 同样，政治品质的心理内容，也表现为知、情、意、行诸种形式。其知，指对阶级、政党、国家、社会等等的认识；其情，指阶级感情，爱党、爱国、爱社会主义的感情，以及政治责任感、公民义务，等等；其行和意，即表现为关心国家大事，积极参与社会政治活动等。因此，通常讲道德认识、道德情感、道德意志、道德行为等，不能看作仅仅是道德品质的要素。既然任何品质的形成都要通过心理活动，那么政治品质、思想品质也都有知、情、意、行诸要素。

在思想品德的心理内容与心理形式中，也必然包含有品德能力的因素。例如和政治品质的心理内容相应的能力因素，有思想政治鉴别力，和道德方面心理内容相应的能力因素有道德判断、道德推理能力。在品德能力维中，也表现出知、情、意、行等心理形式。例如，在自我教育的能力中，其知，表现为自我意识、自我评价；其情表现为自我体验，自我悔恨；其意表现为自我激励、自我命令、自我禁约；其行表现为自我检点、自我训练等。

---

① 王极盛：《青年心理学》，中国社会科学出版社1983年版，第205—208页。

② [苏联] 彼得罗夫斯基主编：《普通心理学》（中文版），朱智贤等译，人民教育出版社1981年版，第416页。

③ [苏联] 巴拉诺夫主编：《教育学》（中文版），李子卓等译，人民教育出版社1979年中文版，第261页。

为了简明地表示完整的品德结构是心理形式、心理内容、心理能力三方面相互渗透的关系，我们试以下图示意。

人们的思想品德呈现出差异性，从其结构方面说，正是由于构成思想品德的各要素有其特殊性，或者各要素的组合关系有其特殊性。

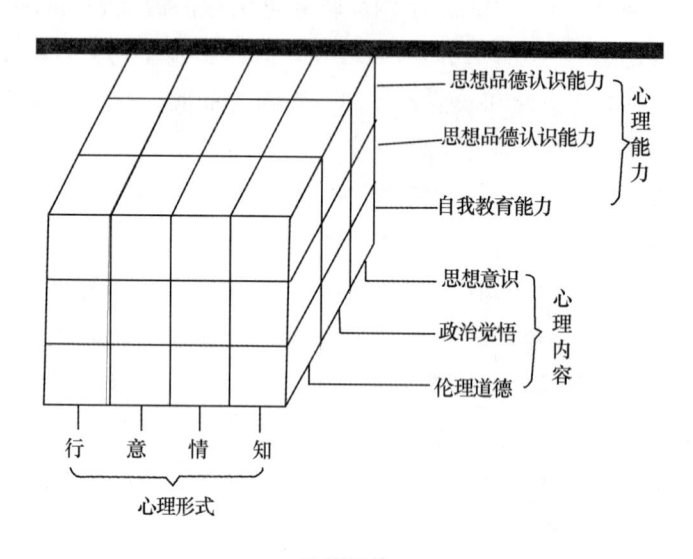

```
                   ┌─ 思想品德认识能力 ┐
                   ├─ 思想品德认识能力 ├ 心理能力
                   └─ 自我教育能力   ┘
                   ┌─ 思想意识 ┐
                   ├─ 政治觉悟 ├ 心理内容
                   └─ 伦理道德 ┘
         行  意  情  知
         └──心理形式──┘
```

品德结构

作为品德的整体结构，虽然是由各要素组成，但却具有组成它的各个单独要素所没有的性质。完整的品德结构是各要素共同作用、相互结合而成的，因此不能从其中单独抽出某一要素，把它看作决定人们品德的东西。例如不能抽取其中的智力因素，认为智力好品德就高尚等。

二　品德结构的复杂性与德育任务的多样性

德育目标是教育目的中的重要组成部分，是教育目的对人在思想品德方面总的规格要求。德育任务是德育目标的组成部分，是对人在德方面的较为具体的规格要求。各级学校的德育目标和任务归根结底是由社会发展的要求和教育对象身心发展的年龄特点来确定。然而德育任务既然是由人所制定的，因此它还要受到人们认识发展的制约，既受到人们对社会要求和对教育对象特点认识的制约，也受到人们对品德结构认识的制约。中华人民共和国成立以来，我国在德育任务的提法上有过许多变化。中华人民共和国成立初期曾提出过"树立社会主义的政治方向，培养辩证唯物主义世界观基础和共产主义道德"。[①] 但由于受到苏联教育思想的影响，教育学教材对德育任务的提法是培养共产主义的道德意识（知）、道德情感、道德行为习惯、道德意志性格。前一提法与品德的心理内容结构相联系，后者是从品德的心理形式的结构提出的。可见德育任务的制定与人们从不同侧面对品德结构的认识有关系。1958年曾把"四个观点"——阶级观点、劳动观点、群众观点和辩证唯物主义观点——作为德育的任务。此后又曾把"兴无灭资"作为普遍适用于各级学校的德育任务。这些提法显得简单化、不确切、不科学。这与当时对社会的认识、对教育对象的认识有关。在教育对象问题上，不但忽略了各年龄阶段的差别，按一个模式要求，而且完全忽视了品德结构的特点。对学生的德育要求，仅限于思想认识方面的提高，既无对情、意、行方面的要求，更谈不上对品德能力的培养与发展，因而不符合形成学生完整的品德结构的要求。近若干年来，有关德育的论著在德育任务的提法上，大多是从品德的心理内容角度即从世界观、政治方向、道德品质三个方面提出。这与中华人民共和国成立初期政务院所提的几个方面一致，当然具体内容有所发展。中华人民共和国成立以来德育任务的提法几经反复，并非是我国的社会性质有什么根本改变，主要是因为我们对社会的认识，对考虑教育对象特点重要性的认识，特别是对教育对象品德结构特点的认识发生了变化。可见要正确地确定德育的任务，既要正确地反映社会的要求，又应正确地反映教育对象的特点，包括品德结构的特点。这二者是一致的。不仅仅社会要求的复杂性决定了德育任务的多样性，教育对象及其品德结构的复杂性也决定了德育任务的多样性。忽视德育任务受品德结构的制约是不对的。通常说学校德育的对象是青少年，其实更确切地说是青少年的品德结构。这正是德育不同于智育、体育、美育的地方。比较全面地认识品德结构，有助于比较全面地理解德育任务问题。实施德育就是要形成受教育者完整的品德结构。因此德育任务的提法应当更全面些。既然品德结构中包含了品德的心理内容与心理形式，那么德育任务不仅

---

① 《政务院关于改进和发展中学教育的指示》，1954年4月8日通过。

要考虑思想、政治、道德方面的内容，还应当把发展品德的知情意行等也作为德育的任务。既然品德结构中包含能力因素，那么德育任务中也必须包括培养和提高品德能力的任务。这也正是符合当今社会发展的要求的。可见从品德的完整结构来理解德育任务同从社会要求来理解德育任务，不仅是一致的，而且为德育任务的制定提供了更全面依据。

三 新时期在德育任务上的新要求

新时期，教育必须为实现党的总任务、总目标服务。新时期对德育任务提出了新的、更高的要求，它必须具有中国特色，符合时代精神，合乎科学原理。也就是说，德育任务的确定，应当根据建设具有中国特色的、现代化的社会主义的要求，根据现代化社会生活急速变化、科学技术迅速发展的时代要求，同时应考虑教育对象的特点，包括品德结构的特点。这些表明，新时期的德育特别在观念更新即实现思想观念现代化和品德能力培养方面提出了新的、更高的要求。国外德育发展的趋势之一就是在注重现代思想观念、道德规范灌输与培养的同时，注重品德能力的培养。

结合我国的情况，从品德的内容结构看，新时期德育任务的要求可以考虑有以下的几个主要之点。

（1）在政治上要求青年一代在国内搞活经济实行体制改革、对外开放以及将来实行"一国两制"情况下，在政治、经济、军事、文化的交往和斗争的复杂的环境里，永不迷失社会主义方向，在党的领导下，坚持以马克思主义思想为指导，为建设中国式的社会主义坚决奋斗。

（2）在思想方面，在形成辩证唯物主义世界观基础方面，新时期的德育任务也应有所发展，不能停留在过去的水平上。过去曾提出过的要学生树立阶级观点、劳动观点、实践观点、群众观点、辩证唯物主义观点等，今天应作新的理解，应有新的发展。应当教育学生树立正确的人生观，具有时代特点的科学观、学习观、时间观、效率观等。要培养学生热爱科学，善于思考，勇于创新，立志改革，献身"四化"等优良的思想品质。

（3）关于共产主义道德品质方面的内容，除了通常提到的要求以外，随着社会的发展、科技革命的发展，要相应地改变伦理观念。在开放的条件下，要特别着重民族自尊心、自信心的培养教育，把爱国主义的教育和国际主义的教育结合起来使学生具有振兴中华、为人民服务的高尚品德。

随着时代的发展，科学的德育功能越来越重要。新时期无论在政治上、思想上、道德上的各种观点、信念、理想都应当建立在深刻的科学基础上，使之具有更高的自觉性和时代精神。

关于培养和发展学生品德能力，主要有以下几个方面。

（1）首先应当重视培养和发展学生以道德思维为主的思想品德认识能力，包括对各种人际关系、思想关系、道德关系进行观察、比较、理解的能力，以及进行道德判断和道德推理的能力。各种品德认识能力在实际生活中又具体表现为思想政治鉴别力、道德评价能力等。

关于思想政治鉴别力，由于对外开放，面向世界，由于现代通信手段的发达，国际性的交往范围扩大，交往频率增加，交往水平提高，不同的国家，不同社会制度下的文明，包括人们的物质生活、文化生活、伦理生活、价位观念等等，都以前所未有的速度传播着、交流着、渗透着、竞争着，从而造成了形成青年一代思想品德的新的"社会生活环境"。这种新的环境，对年青一代思想上、政治上的成长，既有积极作用的一面，也会有消极影响的一面。必须使我们的年青一代具有敏锐的思想政治鉴别力，自觉地抵制那些腐朽的、没落的东西。开放和改革，必然引起人们生活方式、精神状态的重大变化，要使青年们有能力在纷繁复杂的生活式样、思想式样中，选择那些进步的、文明的、健康的生活方式，接受那些科学的、辩证的、先进的思想观念。

新时期还应当培养和发展学生的道德评价能力，也就是要发展学生依据正确的道德准则，通过自己的道德思维，对各种道德观念和道德行为的是非、善恶、美丑进行判断的能力。只有培养道德评价能力，才能提高学生对各种错误的、愚昧的、落后的道德思想、道德行为的识别和抵制能力，使他们在复杂的社会道德现象中观察、分析、比较，辩证地思考，自觉地做一个有道德的人。

（2）培养学生思想品德的践行能力，即培养学生把道德认识、道德情感转化为道德行为的能力。品德行为是思想品德水平的具体表现和客观标志。忽视品德的践行性，忽视品德践行能力的培养，德育势必停留在认识和情感的阶段上。因此应当引导学生发挥坚强的意志的作用，战胜各种困难与障碍，将知与情转化为行。在这过程中，还应培养学生具有正确地选择行为方式的能力，从而使品德认识能力和品德践行能力得到统一的、和谐的发展，具有适应现代社会发展需要的较高的知行水平。

(3) 必须足够重视培养学生自我教育的能力和习惯。

把培养学生自我教育的能力和习惯作为德育的一项重要任务，是符合德育过程规律的，学生思想品德的形成和发展是通过教育和自我教育实现的。同时，我们更应当看到，自我教育能力和习惯的培养，更是新的历史时期对德育的要求。新的时期，要求人们具有不断自我更新与自我完善的时代精神与时代意识。信息渠道的增多，人们交往的发展，年青一代要经常接触各种思潮，观看电视、电影、戏剧，听取各种文学、艺术讲座，参加各种社会活动，进行更加广泛的交往。因此青少年进行自我教育与修养，提高自觉性、独立性显得更加重要，他们必须严格要求自己。善于自我调节，自我监督，自我校正，善于对生活活动作出预计或计划。要使年青一代必须有一个终身学习的观念，如同在文化科学知识方面要不断学习、不断更新一样，在思想上、道德上也要不断地自我学习与修养，养成终身进行道德修养的习惯。教是为了不教，品德教育也是如此。教育者应当把自我教育、自我修养的方法教给学生，教会他们自我学习，自我改造，自我陶冶。

总之，对德育的任务，不能只作平面的理解。我们的社会生活日益复杂化，对人的德的要求也日益复杂化，人们的品德结构是复杂的统一体，德育任务的各个方面也应当相互联系，构成一个整体。

[原文发表在《华东师范大学学报》(教育科学版) 1986年第2期]

略论暗示在德育中的应用

本文拟在德育方法方面提出一种设想：把心理学中的暗示机制用到德育中来，使明示教育与暗示教育结合起来。明示教育是直接的、外显的教育影响，是通过有意识心理活动起作用。暗示教育是间接的、内隐的教育影响，是通过无意识心理活动实现。将二者结合起来，可充分发挥教育作用，以提高德育效果。长期以来人们对明示教育作了大量的研究，而暗示教育被忽视，本文拟对此作一些初步探讨。

一 暗示及其对德育的意义

心理学中所说的暗示是指人与人之间、人与环境之间未意识到的刺激影响作用。颜色、声音、语言、气味都可能有暗示作用，使人不知不觉地形成一种观念，转化为某种行动或产生某种效应。个人许多道德观念、道德规范的形成，并非都是经过有意识教育的结果，也是长期地、不知不觉地受到环境影响的结果。这就是环境的暗示、感染作用。懂得这个道理，我们可以有意识地、自觉地把暗示原理用到德育中来，这就是按教育的期望，以多种多样含蓄、间接的方式影响教育对象的心理和行为。在这里，教育者即暗示者，受教育者即被暗示者。

人接受暗示的能力不同，但都具有可暗示性。暗示学家 H. 伯恩海姆说：可暗示性"是大脑接受或唤起观念的能力，它倾向于使这些观念实现，使之化为行动"。他把这个原理称作"观念动力学的规律"[1]。洛柴

---

[1] [法] H. 伯恩海姆：《论暗示》（1916），转引自霜氅《暗示学的理论根据和它的原则》，《外国教育资料》1981 年第 2 期。

诺夫认为："这是人类个体之中一种普遍的品质，由于它，才使人和环境间的无意识关系发生作用。"① 当然，观念也可能对运动、感觉、想象、情绪起抑制作用。一个平时爱自由自在地唱歌的人，倘若登台表演，想到面对那么多人，这一观念可能抑制他歌唱能力的发挥。

暗示对思想品德形成可能有积极的作用，也可能有消极的作用。我们称前者为积极暗示，后者为消极暗示。父亲在儿子面前常常说些不文明的话，对孩子就会起一种消极暗示作用。环境对人的暗示也有积极的、消极的。把暗示原理自觉地用到教育中来，就能利用积极的暗示，发挥暗示的积极作用，防止和克服消极的暗示，避免暗示的消极作用。这是有自觉地应用暗示和自发的暗示影响不同之处。

暗示教育对提高德育效果，改变单纯灌输的教育方式，融洽师生关系，避免受教育者心理抵抗，促进个性和谐发展都具有一定的意义，实属改革教育方法的一项值得重视的措施。暗示教育能具有这类好处是由其自身特点和理论基础所决定的。

（1）开发性。暗示教育能激发无意识心理活动，充分发挥人脑接受教育影响的潜能。

暗示是刺激通过无意识心理活动而发生影响作用的。乌兹纳采夫说："无意识心理倾向的机制显然是暗示现象的基础。"② 人和环境保持平衡，人的日常活动是在高级神经活动无意识形态控制下实现的。感情、想象是无意识活动的组成部分，态度、动机、期待、兴趣、需要也是这个基础的组成部分。人脑的潜力是无穷的，问题是如何开发。恩格斯能用二十多种语言和人对话，数学家普恩加莱的数学运算都是通过心算解决。但一般人潜藏着的能力都远未发挥出来。而暗示的最终效应是个人的一定潜力的活化。通过暗示，人脑接受教育的潜能有可能被激活，从而得到运用。教育总是通过心理活动才能实现。心理活动分有意识和无意识的。一切有意识活动都建立在无意识组合之上。在德育中运用暗示方法，使明示教育与暗示教育结合，有意识和无意识活动统一，从而使人脑接

---

① ［保加利亚］洛柴诺夫：《暗示学的基础》，《教育研究》1988年第4期。
② 乌兹纳采夫1966年语，转引自霜奄《暗示学的理论根据和它的原则》，《外国教育资料》1981年第3期。

受外界信息的潜能得以发挥，也就增强了人脑接受教育的可能性。

（2）易接受性。暗示相互作用原理符合青少年特点，使教育易于被接受。

青少年在本性上不喜欢"赤裸裸"的教育形式。他们不愿老处在受教育、被管束地位。尤其少年期学生，他们把自己看作"大人"，希望得到成人的尊重，平等地对待他们。他们对老师、父母的唠唠叨叨说教表现出反感、抗拒。他们对师长有益的教导无动于衷，听不进去，有人形容这种现象为"刀枪不入"。苏霍姆林斯基指出："造成教育少年的困难的最重要的原因在于，教育实践在他们面前以赤裸裸的形式进行，而处于这种年龄期的人按其本性来说是不愿意感到有人在教育他的。"① 运用暗示教育有利于改变这一状况。暗示相互作用原理是指暗示教育在暗示者、受暗示者相互尊重、相互信任条件下实施的。如时蓉华所说，"暗示，乃是在无对抗条件下"②影响人的心理和行为。因而它符合青少年要求自尊、独立等心理特点，绝不会引起受教育者对教育产生反感、对立，以至离家出走等。

（3）愉悦性。暗示教育是愉快而轻松的，为受教育者所乐意接受。

带强制性的灌输式、命令式教育，容易使受教育者产生不愉快情绪，也易于引起他们心理紧张，而"不愉快的事往往不经意识就为知觉所抵制"③。这也是对教育产生抗药性的一种表现。暗示教育不是强制性的，它运用优美的环境、艺术的熏陶等各种方式在和谐、自然的气氛中进行，受教育者不会紧张、疲劳，教育是个愉快的过程，为受教育者所乐于接受，因而可以产生良好的教育效果。

（4）多方面性。暗示教育影响是多方面的，适合形成完整品德结构的要求。

德育要形成受教育者完整的品德结构，促进和谐的人格建构。完整的品德结构应是思想品德的心理内容、心理形式和心理能力的有机统一。

---

① ［苏联］苏霍姆林斯基：《教育的艺术》，湖南教育出版社1983年版，第255页。
② 时蓉华：《社会心理学》，上海人民出版社1986年版，第218页。
③ ［法］勒什兰：《心理学》，转引自霜凫《暗示教学法的实践和结果》，《外国教育资料》1981年第4期。

它包括观点、信念、理想、动机、需要以及知、情、意、行等。暗示方式多种多样，对心理的影响遍及感觉、知觉、记忆、思维、想象、情感、意志等各个方面。暗示不同于单纯的理性灌输，灌输的道德规范不过是一种道德知识，不能成为调节行为的自觉力量，不能内化为个性品质的组成部分。暗示教育注意诗意、想象在德育中的陶冶作用。它不仅相信理性的力量，相信有意识的能力，同时相信感情、意志等非理性因素的力量，相信无意识的能力。暗示教育能控制非特定知觉（无意识的、模糊的、非理性的知觉）质量，使之与特定知觉（有意识的、清醒的、理性的知觉）协调，使受教育者接受有意识和无意识的综合影响。在德育过程中使理性传授和性情陶冶结合，这必将有利于个性知、情、意、行各方面的和谐发展。

二　运用多种形式进行暗示教育

暗示的形式是多种多样的，只要加以改造，均可应用到教育工作中来。

（1）语言暗示：这是通过语言形式进行的。有的小学生晚间贪看电视，不肯睡觉，家长不是直接命令他就寝，而是说"我的孩子真懂事，他知道时间不早了，就准备马上去睡觉"。孩子完成一项学习任务感到困难时，对他说："你的能力很强，能够学得很好。"老师带领学生把教室和周围环境打扫得干干净净，有些学生感到累了，老师说："今天大伙儿用自己的汗水换来了清洁的环境，流了汗也很累，但大家都很开心。"在德育工作中要多用暗示性鼓励，如"你将会""你能够"。

（2）榜样暗示：又称行为暗示。大家在会场上听报告，一个人回头看，其余的人也跟着回头向后看，这就是行为暗示。智慧要靠智慧来培养，良心要靠良心来熏陶。行为有暗示作用表明教育者必须注意自己的一言一行。苏霍姆林斯基说："真正的教育很少对受教育者说，'要做一个好人'。受教育者从教育者大有深义的实话和诚挚的态度中感觉到他有一颗善良的心。"[①]

[①] 参见《教育研究》1988 年第 4 期。

（3）权威暗示：又叫信誉暗示。声望高、有地位的权威，其暗示作用大。有这样一个心理实验：要求大学生对两段文学作品作出评价，告诉学生第一段作品是英国大文豪狄更斯所写，第二段作品是个普通作家所写。结果前一作品得到热情的赞扬，后一作品受到苛刻而严厉的挑剔。其实两段文字均出自狄更斯之手。在教育活动中，邀请有名望的专家、学者作报告，与英雄模范人物对话，和优秀学生一起座谈都可期望取得较好的效果。教师在日常教育、教学工作中坚持正确的思想原则，出色完成教学工作任务，便能提高自己的威信，从而也就可能提高自己的教育效果。

（4）艺术暗示："艺术性不仅仅以逻辑和理性方法，而且以感情手段产生影响，它还带有暗示的性质，运用人的感情体验和丰富联想，不时触发人的种种激情和向往，也就是经常利用心理感染和暗示的机制。"[①] 洛柴诺夫认为"艺术是最有力的暗示"[②]。艺术暗示效果来自形式、色彩、韵律、节奏、语调等。听《江南好》《春风得意》等乐曲使人舒心；《喜洋洋》《春天来了》《啊，莫愁》等乐曲可解除忧郁；而《步步高》《狂欢》《娱乐生平》等乐曲则能振奋人的精神[③]。

（5）情境暗示：在空气新鲜、阳光充足、美丽清静的校园里，不用写"注意保持清洁"的标语牌，人们是不忍心随意扔弃瓜皮果壳的。学生生日那天，把教室布置得如同迎接喜庆的节日，让学生畅所欲言，以各种方式交流思想、抒发感情，构成自然的生活交际情境，他们便可受到热爱祖国、热爱生活的教育。各种教育活动，除运用语言因素的作用外，均可创设情境。

如同演戏，灯光、色彩、音响、布景、化妆等因素都有激发情感的综合作用。如教育学生爱自己的祖国，可播放录音、录像，再现中国女排夺得世界冠军、国际体坛升起五星红旗的情境。

（6）气氛暗示：有人认为，暗示的效果就是氛围的作用。在一个班

---

① ［苏联］谢苗诺夫主编：《个性道德教育中的社会心理学问题》，社会科学文献出版社1986年版，第139页。

② ［保加利亚］洛柴诺夫：《教学法的革命》，参见《教育研究》1988年第4期。

③ 《中国青年报》1987年10月23日。

级中，形成团结、活泼、和谐的气氛无疑将使学生产生爱他所在集体的感情。学校或班级同学间、师生间关系融洽，相互关心，相互帮助，听不到教师训斥学生，也听不到学生污言秽语，这种文明道德的气氛对人的影响是看不见、摸不着的，但客观上在起着潜移默化的作用，影响人的情感和行为。

（7）活动暗示：苏霍姆林斯基引用了富有哲理的名言："不要号召清洁，而要打扫。"[①] 教育学生尊敬国旗、国歌，不是靠说教，而是要建立制度，让学生参加庄严的活动：立正、行礼、唱国歌、升国旗。我国自古就有人通过书法绘画等活动陶冶情操，修身养性，摒除杂念。苏霍姆林斯基主张，在德育中，要将道德标准"物化"，从"物品、事物、关系"中体现出来，避免空洞的说教。要把伦理教育和道德行动结合起来，爱祖国要从爱父母做起，而爱父母要体现在行动上。他主张孩子在宅边种植果树，把它叫做母亲树或父亲树，年复一年悉心照护，果树结果子了，把果子奉献给长辈。这给父母带来喜悦，自己也快乐，在这种劳动活动中丰富了爱父母的感情。

上面介绍的各种暗示方式，其暗示信息都是来自他人的，称作他人暗示。

（8）自我暗示：暗示信息来自本人的，叫自我暗示。

法国有名的医生肖维，曾要病人每天起床后诵念这样几句话："我今天的病比昨天好一些，明天一定会比今天更好些，我的病不久就会痊愈的。"[②] 肖维利用这种自我暗示疗法在短短的两年里治好了上万名官能症和一些心身疾病患者。自我暗示也可用到自我教育中来，是指导学生自我教育的一种方法。"自信心，就是一种自我暗示。当一个人面临挑战性的任务时，如能看到自己的力量，有足够的勇气来承担这一任务，那么他定能很好地完成任务。"苏联奥运会冠军鲍尔佐夫谈到他如何对待竞赛的经验时说："赛前我尽量不想可能影响我情绪的一切。"他尽量去想那些哪怕稍许有利自己的情况。"譬如说，有迎面风，太好了，我的体重

[①] 《湖南教育》编辑部编：《苏霍姆林斯基教育思想概述》，湖南教育出版社 1983 年版，第 79 页。

[②] 王林等：《心理健康的钥匙》，山东科学技术出版社 1987 年版，第 146 页。

大,就是说,我比任何对手都更容易克服风的阻力,风越强,对我就越有利。如果是顺风呢?那就更好了。顺风对我这样体重的人比任何对手都有帮助,这是最起码的物理学!"[1] 他就是用这种办法来控制和稳定自己的情绪。学生临场考试暗诵:"沉着应考""功夫不负有心人"等都是提高自信心的方法。

三 重视隐性课程的作用

学校教育中有各种不同类型的课程。按其影响的方式可以分为显性课程和隐性课程两大类。所谓显性课程,其影响是外显的、直接的,包括课内的和课外的。所谓隐性课程,大多译作潜在课程或隐蔽课程,其影响方式是隐蔽的、间接的,也包括课内的、课外的。国内外学者有人把隐性课程看作只存在于教学计划之外的非正式课程。笔者以为隐性课程实质在于其不自觉地、无意识地发生了教育影响,具有隐蔽性、潜在性。在这个意义上说,隐性课程不仅存在于课外(包括校外),也蕴含于课内,蕴含于正式的教育教学活动之中。在德育工作中,不但要重视显性课程作用,而且也应重视隐性课程的作用。把显性、隐性结合起来,形成完整的知、情、意、行结合的综合影响。

隐性课程是现代课程论的术语,但在古代人们早已认识到它对人的影响作用。我国自古就重视"居必择乡,游必就士",重视文化环境的陶冶作用,用现代观点看,这就是重视隐性课程的作用。今天我们应当更加自觉地运用陶冶方法。心理学所说的感染、暗示为陶冶提供了理论依据。为了充分发挥隐性课程作用,应做好几个基本方面的工作。

第一,各科教学中的隐性课程。教学是正式的、计划内的课程,若从德育观点看,各科教学所要传授的知识内容、科学原理是学生注意的中心,称为交流第一水平。对知识内容,学生用理性知觉分析它,其意识是清醒的,以内容为目标作出特定的心理反应。教学内容中所蕴含的教育性,教师的态度和语调、教学方法、组织形式、教室环境的布置、座位的排列、课堂的气氛等等因素是交流的第二个水平。它们处在注意

---

[1] 王林等:《心理健康的钥匙》,山东科学技术出版社1987年版,第131、132页。

中心之外，只对它作无意识的模糊的非理性的影响反应，没有特定目标，故称作非特定性反应。但这些都对学习者有着潜移默化的影响。教育者把教学作为德育的经常途径，不仅要注意交流的第一水平，而且应注意交流的第二水平。

第二，各育中的隐性课程。各育均有自己特殊的教育内容，这些是交流的第一个水平，但同样也包括隐性的、内容丰富的德育因素，是交流的第二个水平。德育应渗透到体、智、美各育，寓德育于其中，避免"赤裸裸"的德育。苏共二十五大提出的综合教育方法，主张道德教育与思想政治教育、劳动教育综合施行。这是基于系统论的整体观点，把个性看作一个完整的系统提出的。我们认为综合教育方法还有暗示心理学根据。有的学校把体育运动会改为体育节活动。围绕体育这一主题开展了多种形式的文艺、体育活动，整个学校充满热烈、愉快、和谐的气氛。学生在一天中参加了各种活动，感到从未有过的快乐。在这当中他们受到了理想教育、爱国主义教育、集体荣誉感的教育，但他们未意识到学校举办的各种活动是为了要教育他们。他们说这一天的活动"如果是教育，我们愿天天受这样的教育"。

第三，校园文化中的隐性课程。校园文化包括物质文化和精神文化两个大的方面。二者都潜在地影响着受教育者的心理世界、价值观、审美观和行为方式。这种影响的特点是非强制的、多渠道的、综合的、持久的。校园内物质文化建设应符合教育学、学校卫生学、美学的原理，讲究实用效果，同时讲究艺术效果，要寓情于物，寓情于景，寓教育于景物之中，"努力使学校的墙壁也讲话"（苏霍姆林斯基语）。学校的精神文化建设应造成求学做人的环境，还应形成一个有利于个性和谐发展的人际关系。应十分重视校风建设，它是教育成果凝聚成的精神结晶，是已消耗的人力、物力、财力、时间等转化来的精神力量。

第四，校外的隐性课程。学生的家庭、社会环境等，时时处处给受教育者以潜移默化的影响，也是隐性课程。随着现代信息的发展，校外的影响越发显得重要。校外的许多影响因素，学校是难以控制的。但学校要主动地与家庭和社会有关方面联系，建立学校、家庭、社会三结合的教育网络。这几年，人们强调学校与家庭、社会的联系，主要为的是共同配合做好明示教育，对暗示教育并未注意到或很少注意到。现在强调校外隐性课程作用,就是要在搞好暗示教育的同时,自觉地运用暗示教育原理,发挥校外隐性课程的积极作用,防止和克服其消极作用。

如同物体有阳面和阴面一样,教育也是由明示教育和暗示教育构成的不可分割的统一体。本文着重讨论暗示教育,希望引起人们的重视,看到暗示教育的潜在作用,利用它的非强制性、易接受性、愉悦性、多方面性,开发脑的无意识心理活动接受教育的潜能,使人的可教育性得到充分的发挥。暗示教育对于建立民主和谐的师生关系,改进教育方法,充分调动各种教育手段促进和谐人格建构有一定的作用。但也不可夸大它的作用。暗示教育有它的局限性。暗示作用通过无意识活动,就其发挥脑的潜能说是优点。但它的局限也正在于仅仅通过无意识活动,"它是在人脑中关于世界的局部的,不完整的相应的反映"[①]。因此,要把暗示和明示结合起来,使无意识向有意识转化。当然在德育过程中也要使意识到的道德行动向无意识转化。"以前曾经是意识的行动,……由于不断重复而自动化了,因而日益变成非意识的。"[②]

不少国家将暗示用之于教学已取得显著的成就,但人们对它的评价褒贬不一。把暗示用到德育中是否可行呢?我想用胡克英同志的话作为本文的结束:"'暗示学'原理(作为心理学范畴)有可能越出教学法,而被延伸运用于德育原理、美育论乃至儿童个性形成的教育原理中去。这当然只是假设。"[③]

(原文发表于《教育研究》1988年第4期)

---

① [苏联]彼得罗夫斯基主编:《普通心理学》,人民教育出版社1981年版,第33页。
② 同上。
③ 胡克英:《洛柴诺夫的"暗示学"值得研究》,《外国教育》1985年第3期。

德育理论在科学化轨道上前进

党的十一届三中全会召开已有十年了，再过几个月，亦即1989年4月又是我国最重要的教育理论刊物《教育研究》创刊十周年。这十年，是祖国社会主义建设取得巨大成就的十年，也是我国教育理论，包括德育理论沿着科学化轨道不断前进的十年。作为德育理论工作者，我们为德育理论的前进感到十分高兴。

在一篇短文里，要全面阐述十年来德育理论的进展是困难的，现只就几个方面谈谈我们的看法。

德育价值观的转折

德育在学校教育中，在社会发展中，究竟有什么意义，起什么作用，是德育的价值观问题，是我们正确地对待德育，摆正德育位置，处理好德育与智育、体育、美育关系的思想基础。

随着"以阶级斗争为纲"的"左"的指导思想的被否定，从而德育价值观也发生了根本性的转变，德育由"为阶级斗争服务"转变为为社会主义现代化建设服务，即为实现党在新时期的基本路线服务。这是一个带方向性的、极为重要的转变，它促进了德育中其他许多方面的变化。

如果以十一届三中全会为标志，党的工作重点的转移促进了德育价值的根本转变，那么党的十三大提出的生产力标准、发展商品经济，则进一步促使人们对德育经济价值的探讨。生产力标准是考虑一切问题的出发点和检验一切工作的根本标准。从对社会发展关系上说，德育的价值也应当有一个客观的标准，即生产力标准。这不是说德育可以直接作用于生产，而是说德育通过生产力的主体因素——人而起的影响生产力的作用。人是生产力中的重要因素，德育能够提高人的思想政治素质、道德素质，激发人对生产的自觉性、主动性、积极性从而促进了生产力发展。正是在这个意义上，一些发达国家已把"德育投资"看作是能很快地得到"经济偿还"的投资了。这为我们确认德育的经济价值提供了有益的启示。

德育的经济价值从另一个侧面表现为促进社会主义商品经济发展。商品经济的发展对德育提出了新的要求，德育对商品经济的促进作用，主要表现在两个方面：一是教育学生认识社会主义初级阶段发展社会主义商品经济的必然性，破除"商品经济是资本主义固有属性"的观念，破除苏联模式"产品经济"超越历史发展的"左"的观念，认识商品经济的发展是社会经济发展不可逾越的阶段，是实现生产社会化、现代化必不可少的基本条件。二是教育学生区别社会主义商品经济和资本主义商品经济，确立起适应社会主义商品经济发展需要的新思想、新观念，如：经济效益与社会效益结合的效益观；符合个人利益、集体利益、国家利益结合的利益观；符合国家法纪和职业道德的竞争精神；适应竞争需要的进取思想、开拓精神，时间观念、效率观念、诚实劳动、艰苦创业精神，为发展商品经济作贡献等。

德育对社会的价值通过对人的教育、培养来体现。针对"以智代德"的观点，我国学者再次肯定德育是一个独立的实体，确认德育对人的发展的价值。通过智育与德育，政治与业务，思想觉悟与物质利益，社会大环境与学校德育小环境，德育效果的有与无、正与负的思考与探索，肯定了德育的地位。在否定"政治挂帅""德育占首位"的过程中，把德和德育区别开来，把德育重要性和德育要占大量时间区别开来，从而明确了德育与智育在人的发展中的作用、地位，不是简单地排列孰为第一、孰为第二的问题，它们的关系不能简单地说哪个更重要，而是各具不同的性质，发挥不同的作用。德育和智育、体育、美育互相渗透，又互相独立，不可互相代替。

德育与个性发展

由于"左"的思想影响，德育被"政治化"了，其表现之一是片面强调德育为当前的政治服务，德育的价值似乎仅仅在于政治说教，而忽视人自身发展的需要。多年来，我们的教育为国家培养了一批人才，但出类拔萃的并不多，至今也还没有一个诺贝尔奖获得者。这当然有着多种原因，但对德育的反思不难看出，忽视人的个性发展，忽视人的价值，忽视良好心理品质的培养，不能不是原因之一。由于思想的解放，划清了个性发展、合理的需要同"个人主义""资产阶级自由化"的界限，从而重视人的价值，重视个性的发展。

在教育中忽视人的需要，忽视人的自由、和谐的发展，是与德育理论的深度不够相联系的。心理、个性、品德之间关系的理论为德育和人的发展关系奠定了科学理论基础。

这些年来，在个性发展与社会的关系问题上，我们明确了以下观点。

（一）在社会主义社会，人的发展与社会发展是一致的，德育的个人价值与社会价值是一致的，没有理由把二者对立起来。德育按一定社会要求培养人，并不是限制个性发展；而个性的发展又是依一定社会条件为转移的。个性发展客观地反映了一定历史阶段发展水平，是人类解放程度的一种标志。没有人的个性发展，社会就不会有活力；只有个性的充分发展，时代精神才能发扬光大。个性充分、健康的发展是形成各方面良好素质的基础，这样我们的民族素质才能提高，众多的人才方可脱颖而出。

（二）学校教育对学生整体共同的教育要求，统一的教育内容体现了对人的社会化要求，这种要求落实到每个人身上应当被个性化。这是共性和个性的关系，社会化和个性化的关系。我们的德育在考虑社会要求，用符合社会要求的思想、道德规范去教育人的同时，要把德育看作每个个体自身发展的要求。

（三）社会主义社会的性质和现代化建设，既对人的发展有共同要求，也为个性发展提供了极大的可能性和必要性。社会主义建设的千千万万行业需要有适合它们特点的人才，重个性发展有助于使人适其职、职得其人。

（四）个性差异是教育的结果，也是教育的依据，重视个性的培养是符合人的发展内在规律的。

毋庸讳言，从个性发展的要求看，当前学校的德育现状还亟待改善。

学校德育改革的深化，应以造就和谐、健康的个性为最终目标。

德育目标的理论探讨

德育目标是什么？这是德育的首要命题，它决定着德育的任务、内容、方法、形式等等，对整个德育过程起着指导、调节、控制作用。

近几年来，德育理论界围绕德育目标问题，在以下几方面已经进行和正在进行着认真的理论探讨：

对党的十一届三中全会以前德育目标的反思；

德育目标与教育目标的关系；

德育目标在德育中的地位与作用，对德育活动的意义；

确立德育目标依据的多样性；

德育目标的层次性；

德育目标体系——全面的目标与分项目标，总体目标与各类学校具体目标，教育全过程的目标与教育各阶段的目标，德育的长远目标与近期目标等；

德育目标的结构——德育目标内部各层面包括思想的、政治的、道德的相互关系和联系；品德内容规范，知、情、意、行诸要素和品德能力的有机统一；

德育目标的实现，德育目标与德育任务、德育内容的关系等等。

其中尤其值得我们注意的有以下几方面。

一是关于确立德育目标的依据问题。由于"左"的思想，"斗争哲学"，目标取向从"兴无灭资"到"防修反修"都是"以阶级斗争为纲"的政治思想教育，政治代替了德育，德育成了政治"宣传机"。

不可否认，德育目标具有历史性、社会性。但确立德育目标不能仅仅依据社会的政治因素。社会发展还包括经济、文化等，它最终是人的发展，不能忽视人的因素，降低人的价值。德育的对象是人，不能无视人的思想、心理，特别是品德心理发展的规律。由于解放思想，经过更深入的探讨，使德育目标的确立置于科学的基础上，认识到制约德育目标的因素是多方面的、复杂的：

1. 社会发展的要求；实现党在社会主义初级阶段的基本路线，坚持以经济建设为中心、坚持四项基本原则、实行改革开放对人的思想品德要求。

2. 世界范围内新技术革命的发展及其所带来的整个社会生活，特别是人们的精神生活、伦理生活的变化；社会现代化进程中对人的现代化的要求。

3. 教育对象的思想、心理，特别是品德心理发展的规律、特点。

4. 思想品德的心理结构。

只有科学地综合考虑各个方面的因素，才能使我们所确立的德育目标，既体现社会主义方向性，又富有时代感和符合科学原理。

二是关于德育目标的层次性。多年来，德育目标上的"高、大、全""齐步走"，使德育威信和德育的效果受到了损害。从我国社会主义初级阶段经济发展现状和多种道德的同时并存，以及教育对象发展的差异性看，德育目标应该是多层次、多规格的，既具有社会主义初级阶段的现实性，又体现共产主义的方向性，现实性与方向性统一。

现实性包含着适时性、基础性、规范性，从社会主义初级阶段社会经济发展现状，思想、道德发展现状出发提出具体要求，不能超越社会发展阶段，不把将来可以达到的水准，要求在今天就达到；不把对少数先进的、优秀分子的高标准随意扩大为对所有学生的普遍要求；不把号召提倡的东西随意作为规定的东西。

方向性表现德育目标的引导性、前瞻性，但不是脱离现实的"高"和"空"。要立足于现实，面向未来，教育青少年懂得共产主义是一种运动过程，懂得今天的事业就是共产主义事业的组成部分，共产主义是我们的最终目标，今天要提倡树立和发扬共产主义道德风尚，青少年要勇于站在时代前列，奋力开发，公而忘私。

三是提出了将思想品德能力的培养作为德育目标的一个方面。德育目标可依思想品德结构的不同方面提出。从思想品德内容这方面提要求，包括道德的、政治觉悟的、世界观的。从心理形式这方面提要求，应包括知、情、意、行诸要素。从思想品德能力这一方面说，包括培养和发展以道德思维为主的道德判断能力、自我教育能力等。从适应开放改革的要求，从今后社会生活的发展，从完整品德结构的建构，从终生德育和个人道德完善的需要说，培养和发展品德能力都应是我们给予高度重视的目标。今年六月召开的全国中小学德育工作会议，国家教委领导人把培养中小学生具有初步的道德判断能力和自觉教育能力列为中小学德育任务，可见实现这一目标的意义。

道德过程论的进展

历史上的德育著作涉及德育过程的论述不少，但作为专门的理论研究，起步是较晚的。1957年史国雅发表的《建立在马列主义认识论基础上的道德过程》是我国学者公开发表的德育过程的第一篇论文。20世纪60年代初期教育学教材开始有专章论述。"文化大革命"中断了对德育过程的研究。十一届三中全会后，才又恢复了对这个问题的理论探讨，除教科书中有专门论述外，还发表了一批研究论文，仅以《教育研究》上所发表的篇目看，从1979年创刊到1988年6月止，共有30—35篇之多，从各种刊物已发表的论文看大体有三种类型：

（一）论述我国历史上有关德育过程的思想、理论；

（二）介绍国外的主要是苏联的有关德育过程的理论；

（三）作者本人对德育过程的理论阐述。

其中第一、二类型的篇目较少，大多数篇目属第三种型类。

由于吸取了哲学、心理学、社会心理学、教育社会学等学科的成果，应用于德育过程研究，使德育过程获得了较坚实的理论基础。

以下两个方面的进展，使人们更好地把思考集中于德育过程本体。

一是在把人的品德和德育区别开来的同时，把人的思想品德教育过程和思想品德形成过程区别了开来，明确了二者的关系是教育与发展的关系。

二是把德育过程和思想品德形成过程区别开来的同时，把德育影响和环境影响（不包括德育影响在内的环境）区别开来；是否具有目的性是区别两种影响的根本标志。

德育过程究竟是什么样的过程，从德育影响所达到的结果说，大体有以下四种理解。

（一）知情义行形成说，德育过程是教育者有目的地施加影响，使受教育者知情意行相互作用、互相促进的过程。

（二）德育过程阶段说：按年龄分阶段地施予不同内容和要求的德育影响。

（三）内部道德环境形成说：在外部教育和道德环境影响下，形成相对独立的内部道德环境。

（四）完整的思想品德结构形成说：德育过程是有目的地形成受教育者包括思想品德的心理内容、心理形式、心理能力在内的完整品德结构的过程。

上述各种理论从不同侧面描述了德育过程，互相补充，有助于从不同角度认识德育过程。

各类论文大多对德育过程的特点和规律都作了探讨，关于德育过程的特点，大体上有：德育过程的多端性，德育影响的广泛性、社会性，各种品德形成的同时性、渐进性、长期性、反复性等。

对德育过程的规律，大多数论文有所论述的是：

（一）德育过程中学生思想品德知情意行相互促进与提高；

（二）学生思想品德是在教育性活动和交往基础上形成、发展的；

（三）德育过程中，学生思想品德形成必须通过思想（心理）内部矛盾运动；

（四）必须使教育和学生的自我教育相结合；

（五）德育过程中，学生思想品德的形成是长期的由量的积累到质的变化过程；

（六）德育过程中，思想品德的塑造和改造或教育和再教育是相互联系、相互促进的。

上述有关德育过程特点与规律的论述虽然不是十分成熟的理论，但对深化认识德育过程无疑是有益的。此外，在近几年德育过程的理论探讨中，以下几点尤其值得我们注意。

（一）关于德育过程的结构，即德育过程中诸要素相互关系、相互作用的方式。

（二）关于德育过程的基本矛盾，即德育过程中诸要素的既对立又统一的关系，德育过程有区别于体育过程、智育过程、美育过程的特殊矛盾。

（三）德育过程是个体道德社会化和社会道德个体化的运动过程。

（四）德育过程的理论不同于德育工作过程，前者是通过教育形成一定思想品德的理论，后者是依据前者组织德育活动的具体工作过程。

德育内容趋向科学化、序列化

随着德育价值观的更新和对德育目标的反思，德育内容也趋于科学化和序列化。

在"阶级斗争为纲"的影响下，德育内容的基本特点是"政治化""成人化"，不仅不符合社会主义建设对人才素质的要求，而且违反了人的思想品德形成规律，违反科学性，特别表现在以下几方面。

（一）片面强调政治教育、思想教育，忽视道德教育，甚至以政治思想的说教代替道德教育，代替基本行为规范的培养。

（二）具有限制性、改造性。为了"防修反修"，防止青少年被"和平演变"，在德育内容上必须是一种观点、一种思想，没有独立思考的余地，更不容许"异端邪说"。为达到"兴无灭资"要求，必须改造"资产阶级世界观"。

（三）落后于时代发展，不能回答现实生活中出现的新情况、新问题。

究竟怎样确定中小学生德育的内容？人们认识了原有德育内容必须改革，于是寻找改革的出路，提出了如下种种设想。

一种是"全面包容"的设想，将所有思想、道德准则规范逐条排列，全部作为德育内容。这是不可取的：首先，要把所有的思想道德规范都一一排列是一件极困难的工作；其次是将所有规范没有选择地都作为德育内容，抹杀了一般社会规范和德育内容的区别。

一种是"核心品质作基础"的设想，在众多的品德内容中寻找一种最核心的、能作为的品质，培养起这种最基础的品质，其余的品质便很容易形成。

还有一种是"品质结构迁移"设想，寻找各种品质之间的相互关系，培养起一些基本的品质，由于这些基本品质的形成对与其相关的品质有迁移作用。

上述几种设想是以品德结构自身的分析作为依据的，这可以说是确定德育内容的一种甚至是重要的一种依据，但目前尚缺乏对其具体研究。制约德育内容的不是某一单方面因素，而应是有多方面因素的，且各种因素对内容的制约，其性质和作用也是各异的。人们已经从理论上阐明：德育目标、任务主要决定着德育内容的性质；教育对象的年龄特征主要制约着德育内容的广度与深度；当前的社会生活实际、学生的思想实际制约着德育内容的针对性。可见各种因素从不同方面影响着德育内容。只有从多种角度考虑，才能在内容的选择和组织上趋于科学化。

为了使德育内容配置科学化，20世纪60年代初我国学者已开始德育内容大纲的研制和实验，因为政治运动的冲击而停止。十一届三中全会后才又恢复了这项研究。1983年原教育部把该课题作为"六五"期间重点教育科研项目，并委托三所高师进行研制和实验，经过两年多努力工作，运用螺旋式排列（同时反复法）兼直接式排列方法（阶段形成法）配置内容，制定了从幼儿园、小学、中学到大学的德育内容大纲。使各种年龄阶段的德育内容从简单到复杂，由低级到高级配置，形成了完整的序列。同时各地、各校也纷纷进行类似的实验和研究。制定全国统一的德育大纲已作为"七五"期间教育科研项目德育内容序列化，使学校德育工作更加有目的、有计划、有系统地进行。

德育方法的不断完善

与"为阶级斗争服务"和限制性、改造性的德育内容相适应，在德育方法上主要是强制性地灌输，简单化，一刀切。随着社会的变化，德育目标和内容的变化，德育方法和形式也在不断地完善。

近几年来，我国理论工作者在德育方法科学化上作了多方面的理论概括：

变保姆式管教为受教育者的自主；

变封闭式为开放式；

变单一的信息灌输为灵活的信息调节；

变刻板的模式化为多层次多样化；

变学校的单渠道为学校、家庭、社会整合一致的多渠道等。

学者们对以上诸方面都已作过不少的论述。这里我们要提出尚未作出更多论证的或尚未引起足够注意，但却值得我们重视的几方面的进展。

（一）在重视理性传授的同时，重视性情陶冶的方法。陶冶法本是我国自古有之的德育方法，但在"左"的思想影响下，多年来说理教育多，忽视了情感性教育，忽视了运用多种形式，特别是运用艺术的、美育的方法进行情感的陶冶。近几年在已有的德育原理教材中，在不少的德育论文中已将陶冶作为独立的方法进行了论述。

（二）提出了德育的隐性课程问题，把显性课程与隐性课程结合起来；重视暗示在德育中的运用，把明示教育与暗示教育结合起来。

（三）重视培养与发展品德能力的方法，例如在培养学生道德评价能力方面，重视提供道德评价的仿效榜样，有目的的道德评价训练活动和进行道德评价的实践等。在培养思想品德能力方法方面还提出了受教育者要学习有关知识，掌握行为方式，养成道德行为技能和习惯等。

（四）在品德评定上，进行了品德量化的探讨。注意了把定性的分析与定量的分析结合起来。

上述方法的提出和实施，其意义不限于方法本身，它对改善和加强整个学校德育工作，促进德育工作科学化，提高德育效果和效率，都可能产生积极影响。

重视方法论，争取更大成绩

以上对德育理论的回顾当然是不全面的。十年来，我国的德育理论进展是显著的。但从我国德育实践的要求说也还是有距离的。

如何适应我国教育实践要求，进一步搞好德育理论研究，要做很多工作，我们在这里仅从改进方法论的角度提几点想法。

（一）要有迎接时代挑战的意识。十年来，德育理论的进展是迎接时代挑战所作努力的结果。70年代中国进入新的历史时期，中国学校德育工作现实迫切要求德育理论对其进行描述、解释并找出改革的办法。时代在前进，社会在发展，思想准则、道德规范不断更新，青少年一代身心不断变化发展，如何使我们的德育和德育理论适应新的情况，德育理论工作者首先在思想上要有一种使命感、紧迫感，具有迎接挑战的意识。

（二）开放式探索。把德育问题和社会、文化、经济联系起来思考、探索。"家长学校"的诞生,"社区教育委员会"的出现,是开放式探索的成果。德育研究不能仅仅局限于学校,局限于德育自身。

(三)重视实证性研究。十年来,有不少的实证性研究,但总的来说,理论的探讨多于观察、调查与实验,而德育是一种复杂多变的社会工程,需要实证性的设计和建构。

我们相信经过广大德育理论工作者的继续努力,重视方法论的改进,德育理论研究必定会取得更大的成绩。

(原文发表在《教育研究》1988年第12期)

隐性课程与个性品德形成

隐性课程，大多称潜在课程、隐蔽课程等，是由美国学者首先提出并研究的。当前在一些西方国家中隐性课程不仅仅是课程论的研究课题，而且教育哲学、社会学、心理学、人类学等学科也在研究它。近年来，国内学者也开始从课程论角度关注隐性课程。由于隐性课程对人的个性品质包括思想品德的形成具有重要影响，是实施德育和个性教育的一种方式，因此我们还应当从德育学的角度研究它。关于隐性课程及其在德育中的作用，拙文《略论暗示在德育中的应用》[1] 有所涉及，本文试就隐性课程的性质、特点、功能、理论依据，以及对隐性课程的教育设计发表一些粗浅看法，希望隐性课程能得到重视。

显性课程与隐性课程概述

影响人的思想品德和整个个性形成的教育因素很多，从其存在形式和影响方式来说，我们把它们分为两个部分：显性课程和隐性课程。

对什么是隐性课程，学者们的理解不一致，至今尚无公认的准确定义。国内学者们也有不同看法。有的认为隐性课程是"第三类课程"，是校园文化建设，它既不是课内学科，也不是课外活动，而是潜在课程，它是通过整个学校的环境、气氛、学校的风气所施加给学生的影响起到教育作用的。[2] 有的认为隐性课程是整体经验的学习，是非计划的

---

[1] 班华：《略论暗示在德育中的应用》，《教育研究》1988 年第 4 期。
[2] 《中学教育》，1987 年第 3 期。

学习活动①。也有的认为隐性课程是学生在学校情境中无意识地获得的经验②等。

笔者认为隐性课程是相对于显性课程而言的。显性课程是课内外直接的、外显的,是通过受教育者有意识的特定心理反应起作用的教育影响因素;隐性课程是课内外间接的、内隐的,通过受教育者无意识的、非特定心理反应发生作用的教育影响因素。隐性课程的根本特点在于其具有隐蔽性、潜在性,通过无意识发生作用。如教育、教学活动中的人际关系,学校的环境、心理气氛、校风、班风、奖惩方式等。为了更具体地理解隐性课程,特作以下几点说明。

(1)隐性课程是属于教育影响因素。制约人的思想品德和个性心理发展的因素很多,有的属于教育影响,有的属于非教育影响。不能把所有间接的、内隐的,通过无意识作用的影响因素都作为隐性课程。作为"课程",其外延不超出上位概念"教育",因此隐性课程是一种教育的影响因素,有人认为隐性课程无所不在,像空气一样包围着我们。这就把它的外延无限地扩大了。把那些不属于教育范围内的影响因素也包括到"课程"里面了。教育范围以外的影响因素,不是"课程",是环境自发的影响因素。

(2)隐性课程是潜藏在课内外、校内外教育活动中的教育因素。将隐性课程范围任意扩大,认为无所不在,是过于宽泛了。但若认为它只存在于课外的"非计划""非正规"学习中,或仅仅将其局限于学校范围之内则又过于狭窄了。它可以存在于课内,是课内有计划的、正规的教学过程中的非正式影响因素。也可以存在于校外,是校外有意识、有目的教育活动中潜藏着的非正式影响因素。隐性课程与其说包括整个学校的环境、气氛、学校风气的潜在影响因素,不如说包括学校教育、家庭教育、社会教育在内的环境、气氛和风气的潜在影响因素。

(3)隐性课程对学生说是一种无意识影响因素。隐性课程作为学生品德和个性发展的影响源,是学生未意识到的,其作用方式和效应也都

---

① 《教育研究》,1987年第11期,第48页。
② 《外国教育动态》,1989年第1期,第46页。

是学生未意识到的，正因为如此，所以说它是隐蔽的、间接的、内隐的。接受隐性课程的学习是一种"副学习"，其效果是一种"副产品"，也就是说，学生是在不知不觉中受到潜移默化的影响的。至于对教育者，隐性课程作为一种教育因素，可能未意识到，也可能意识到了，随着对隐性课程的研究，人们对其认识逐渐清楚。正因为如此，我们才可能对其作有计划的研究，探讨其特点、结构、功能，从而自觉地应用它。有的学者认为隐性课程的特点之一是"非预期性"。[①] 这在一定情况下是对的。但如果教育者对其已经具有一定的认识，就能事先加以有意安排并预料到它可能产生的影响作用。因此，把"非预期性"作为特点，就否定了"可预期性"，这无异于否认研究隐性课程的必要与可能。

显性课程与隐性课程一起构成了完整的教育课程，但以往对显性课程的研究多，而隐性课程被忽视了，所以本文着重探讨隐性课程问题。

隐性课程的功能与效果

（一）隐性课程的个性发展功能

隐性课程具有促进个性品质发展的功能。应用隐性课程是符合人的思想品德和个性心理品质形成和发展规律的教育方式。日本岩桥文吉在论到美国道德教育时，认为隐性课程是"学生生活经验的全部结构"，道德教育如不关心隐性课程，"期望得到满意的效果是不可能的"。[②] 在日本的道德教育中，把隐性课程作为德育的重要途径与道德课、课外专门的道德教育活动相并列。[③] 美国心理学家索里等在其所著《教育心理学》中肯定隐性课程"产生了一套对学习有巨大影响的复杂而微妙的个人价值

---

① 《外国教育动态》，1989年第1期，第47页。
② ［日］岩桥文吉：《世界一些国家道德教育的动向》，张举译，《教育研究通讯》（北师大科研所），1986年第2期。
③ 杨桦：《日本中小学道德教育途径简介》，《教育研究通讯》（北师大科研所），1986年第2期。

观、信念、态度和行为模式"。①

有人认为人的思想品德和个性的某些品质是不能直接传授的,例如人们的态度、意向、风格等,只能靠学生间接地获得。因此,要真正形成学生的良好品质,不能只靠说教方式,而要借助隐性课程潜移默化的影响,借助于长期的陶冶作用。如果说道德认识可以通过传授道德知识获得,那么隐性课程对道德情感的培养更具有特殊的意义。同样,美感的培养也要靠长期的、细腻的熏陶,而良好的美感有利于确立积极的人生观,促进各项素质的改进与提高。

隐性课程功能的发挥依赖于教育情境中的各方面因素,并依赖于整个社会条件,包括社会的经济关系、政治关系、思想文化关系、道德关系以及民风、民俗、民德等;隐性课程也依赖于学生内在的心理世界,其功能不是无限制的。

隐性课程的功能具有两面性:正向功能和负向功能。前者对思想品德形成、个性的发展起积极的作用,后者起消极作用。根据教育要求和科学原理,经过设计有意配置的隐性课程,一般说具有正向功能,但并不排斥在某种情况下可能具有负向功能。至于教育活动中未被意识到的影响因素则更可能具有两种性质的功能。与隐性课程的正向功能和负向功能相对应的,会产生两种教育效果:正向效果和负向效果。

(二) 隐性课程的效果

(1) 正向效果和负向效果。

从对社会的意义说,隐性课程的教育效果可分为正向效果和负向效果。正向效果是符合德育要求和个性健康发展要求的,具有正向社会性,即符合社会思想与道德规范要求,有利于人的思想、个性的健康发展,对社会生活起积极的促进作用。负向效果是不符合德育和个性健康发展的要求,具有反社会性,与社会思想道德规范相违背,不利于人的思想、个性的健康发展,对社会生活起消极的阻碍作用。无论显性课程或隐性课程都可能产生这两种效果。一般来说,显性课程效果是正向的。因为

---

① [美] J. M. 索里等:《教育心理学》,高觉敷等译,人民教育出版社 1982 年版,第 74 页。

显性课程是完全按教育目的的要求安排的，但不排斥在某种情况下，对某种教育对象可能产生负向效果。隐性课程，当其按照教育要求设计、配置时，一般来说是具有正向效果的，但也不排斥可能产生负向效果。对隐性课程中具有正向功能产生正向效果的教育因素，我们称作积极影响因素，对其具有负向功能、产生负向效果的教育影响因素，则称为消极影响因素。要取得符合教育要求的理想效果，就要自觉利用这两类课程中的积极因素，控制其消极因素。

（2）显性效果和隐性效果。

从两类课程效果的显现来说，有显性效果和隐性效果。所谓显性效果是直接获得的，并即时显现的效果，易于观察和测量，隐性效果则是间接获得的、潜藏的，不易被觉察、被检验的。显性课程具有显性效果，也可能含有看不见的隐性效果。隐性课程则具有隐性效果。隐性效果具有以下特点。

①积累性：从隐性效果的产生来说是逐渐的量变过程，因而不易察觉，只有经过一定量的积累才产生质变。

②迟效性：这是从效果显现的时间来说的。量的积累需要经过较长的时间，甚至经过多少年以后，才能达到质变，效果才能显现。

③稳定性：这是从效果是否会发生变化来说的。由于隐性效果是长期积累的，也具有稳定性，不易变化。

④持久性：这是从效果保持的时间来说的。有的学习内容也许考过就忘了，但学习中获得的态度、价值观、行为方式等有可能长期保持下来，甚至贯穿人的一生。

（3）教育所应当追求的效果。

若从教育效果的性质和显现两个方面综合起来看，可以将教育效果分为四个类型：

Ⅰ 正向显性效果；

Ⅱ 负向显性效果；

Ⅲ 正向隐性效果；

Ⅳ 负向隐性效果。

教育者应当追求上述的第Ⅰ、第Ⅲ两类效果：追求正向显性效果与正向隐性效果。但在我们日常教育工作中存在着两种值得注意的倾向。

一种是重视正向显性效果，忽视正向隐性效果。当前中学生中（小学生也有）有一些人出现厌学、逃学、出走、早恋、抽烟、酗酒等不良现象，学校领导和教师急于寻找一种能立即使问题得到解决的教育措施，这是可以理解的。但他们对那些需要经过长期陶冶才能发生作用的教育改革的设想和措施不感兴趣，表现在实际工作中，就是注重短期教育行为。事实上，对于上述问题能收到立竿见影效果的教育措施是很少的。因此，在注重解决今天的问题的同时，也要注重寻求那些在今天看来似乎不起作用，但从长远看坚持下去必有好处的种种教育措施。

另一种是重视了防止负向显性效果，忽视了避免负向隐性效果，因为前者的危险显而易见，易于引起警惕，而那些暗含的负向隐性效果却不易被察觉，因而被忽视。其实今天的厌学等问题原因之一，就是以往长期不当的教育方式造成的。例如写错了一个字，就罚写十遍、二十遍。所以，如果今天的教育措施只考虑眼前的需要，忽视了可能产生的负向隐性效果，那么，这种隐性效果势必在今后显现出来，对我们的教育影响更大。

隐性课程的理论基础

隐性课程成为许多学科的课题，同时许多学科也为它提供了理论基础，本文仅从几个方面，作一些简要阐述。

（一）教育人类学基础

隐性课程能对人的形成和发展产生影响，与人自身的特点有关。教育人类学告诉我们，人的特点之一是具有可塑性，这是人可以接受外界文化影响的内在基础。人是自然的一部分，它来自自然，但又超越自然而进入人类文化境界，并接受人类已有的文化、道德，从而改变自身。中国古代就有许多思想家认为人性可以改变，也就是承认人具有可塑性。"性相近，习相远""化性起伪"等都是肯定人的可塑性。但每个人的可塑性有差异，所以即使受同样的文化环境陶冶，每个人的个性品质都有自己的独特之处。可塑性也是有一定限度的，并非如圣经上所说人是泥做成的，可以任意塑造。教育不是万能的。可塑造也不能简单地理解为单纯的外界影响作用，隐性课程以及其他任何外界影响都必须通过人自身的因素起作用。除了人的可塑性外，教育人类学中关于人的本质的理论，人格形成的理论等都为研究隐性课程提供了理论基础。

（二）教育社会学基础

个性品质的形成、发展过程，也就是人的政治、道德、法律、民族的社会化过程。学生的社会化是在与他人交往中，在各种环境、社会因素影响下逐渐完成的。"社会化是通过个人和与之有关的其他个人和团体的相互作用而形成的，有时是有意识、有目的地进行的，有时是无意识、无目的潜移默化地进行的。总之，社会化是在一定社会环境影响下，不管个人喜欢不喜欢，总是在他身上实现的。"① 社会文化、伦理道德等对学生的陶冶，许多都是通过无意识、无目的、潜在的方式进行的。作为隐性课程，在校内和校外社会关系和结构中蕴含着再生产更广泛的社会关系和结构的因素，供个体与所在群体保持协调一致，形成遵守社会规范、服从道德要求和法令承担公民义务和责任，产生正向社会行为，显示出隐性课程的正向功能和效果。如果不了解不遵守社会规范，形成错误的价值观、信念，产生不道德行为甚至违法的反社会行为，则是社会化不完善或有缺陷表现在教育领域，就是显示出负向效果。教育社会学中关于社会文化、学校教育、家庭教育、大众传播在社会化中作用的理论，关于人的社会化发展阶段的理论，关于社会化包括社会外化和自我内化双重结构的理论，关于受化者与教化者互动的理论等，对探讨隐性课程的范围、功能，发生作用的机制，以及隐性课程的教育设计等都具有理论指导意义。

（三）隐性课程的心理学基础

隐性课程对受教育者影响的心理方式有感染、暗示、模仿等，心理学有关这方面的原理能很好地说明隐性课程作用于人的机制和过程。

作为隐性课程，不论是以何种方式影响受教育者，都通过无意识发生作用。人在作为隐性课程的文化环境、道德环境中生活就会不知不觉

---

① 南京师大教育系编：《社会化研究资料》第一批。

地受其感染、暗示，或对其进行模仿，实现着文化心理积淀。也就是说，外界环境刺激通过人的无意识发生作用，使心理从量变到质变形成文化无意识。心理积淀的过程和结果都是人所未觉察到的。文化无意识包括个人文化无意识和集体文化无意识。前者是个人后天生活史中的心理积淀由量变到质变而形成；集体文化无意识则是通过集体（部落、民族等）生活史上的心理积淀而形成，或者说是个人无意识在人类进化过程中的量变达到质变的结果。[①] 无论个人文化无意识或集体文化无意识，归根结底是对客观环境的反映。它潜在地支配着人的行为，影响着人的道德判断、道德选择、道德评价。文化环境的性质和内容不同，文化无意识心理活动不同，对道德判断、道德选择的潜在影响和对道德行为的驱动也有不同，这也许是隐性课程具有不同性质功能和效果的内在根据。

隐性课程与德育改革

隐性课程的理论，应是德育改革的理论依据之一。上述关于隐性课程的特点、结构、功能、效果的探讨可以为德育改革提供一些有益的启示，简述如下：

（一）重视隐性课程的作用，显性课程与隐性课程结合

人的思想品德和个性品质的形成、发展，不仅是接受显性课程影响的结果，也是在隐性课程影响下实现的，但以往我们忽视了后一方面。因此在德育改革中应当改变这一情况，充分重视隐性课程的作用。

德育整体改革应当包括隐性课程和显性课程两个方面，因为隐性课程与显性课程构成了统一的、完整的教育课程。如果只考虑其中的一个方面，只是问题的一半。对什么叫整体改革，人们的理解可能不尽一致。但对德育整体改革的范围无论理解得多么广，涉及的方面无论多么全，例如涉及学校、家庭、社会教育工作、教育活动的各个方面，如果只是从显性课程方面考虑改革，而忽视发挥隐性课程的作用，这样的改革仍

---

① 杨宏飞：《也谈本能无意识与文化无意识》，《哲学研究》1988 年第 6 期。

然是不完全的。只有两类课程互补，才能取得理想的教育效果。

显性课程和隐性课程结合，也可更好地调动人接受教育的可能性。人接受外界教育影响时，包括通过人的有意识心理活动和无意识心理活动两个方面、两类课程的结合，既发挥了有意识心理活动作用，又发挥了无意识心理活动的作用，使大脑接受教育信息的潜能得以更充分发挥，从而也使人接受教育的可能性被更多地运用。显性课程、隐性课程结合，有利于改变片面的、强制的灌输方式，重视教育活动中的情感因素，重视美的熏陶，重视教师情感的感染、感化作用，使理性传授和性情陶冶结合起来。

（二）隐性课程的教育设计

在德育改革中，不可忽视隐性课程的作用，然而如何有意识地安排或配置隐性课程呢？这就是关于隐性课程的教育设计问题。这方面的研究甚少。这里先提出一些思路，作为对隐性课程设计的总要求。

一是学校、家庭、社会三结合，创造充满文明、智慧、道德、艺术的教育环境，即我们日常所说的"优化教育环境"。社会大环境中消极因素越多，对教育的干扰越大，优化教育的环境便越重要，尽管困难重重，优化教育环境的要求应当坚持。

二是要充分发挥隐性课程的正向功能，防止与克服隐性课程的消极作用；重视隐性课程的作用应包括这两个方面。有形的"文化垃圾"对年青一代的消极影响易为我们所注意并防止和抵制，但对各种潜藏着产生负向效果的影响因素却往往缺乏警惕。

以下对隐性课程的配置提出若干具体设想。

（1）因校制宜搞好校园的教育设计：校园文化包括物质文化和精神文化，对学生的情感、态度、价值观等均有重要影响，宜根据学校条件进行规划，考虑一些具体要求，如：

有条件的学校尽可能保持有一个适宜宽广的校园以利形成学生开朗的胸怀。不论校园大小都尽可能做到校容、校貌整洁、优美，充满生机，使学生心理上感到安适、安全。

学校建筑物实用、美观，体现学校优良传统的物质设备和环境，尽量保护好。赋予设备、用具以教育象征意义。

在可能条件下进行绿化、美化、知识化，使一砖一瓦、一草一木都可能起陶冶性情、激发美感，热爱学校、热爱知识、热爱生活的作用。

制定校训，培养反映自己特色的良好校风、班风。

举办艺术节、读书节或知识节等。

举行仪式，开学典礼、毕业典礼、校庆、授奖、升旗、少先队集会、学生入团仪式，以发挥其感染、暗示作用。

（2）课堂内的隐性课程设想举例。

教学是教育的基本途径，学生在校的大部分时间是在课堂内度过的。通常人们关注的是课堂内的显性课程影响，对学生思想、心理的潜在影响因素往往是忽略了的。发挥课堂内隐性课程的德育功能，需考虑的因素很多，举其主要的方面及要求如下。

教学思想：教师应有全面的教学观点，重智又重德，教书又育人。片面追求升学率，不适当地强调自己学科的重要性，同其他学科争时间，搞题海战术等都会对学生产生这样或那样的消极影响。

教态：教师衣着仪表宜整齐、朴素、美观大方；态度亲切、诚恳认真；感情真挚、热烈、冷静；举止庄重、从容、恰当。防止不修边幅、态度生硬、感情冷漠、不拘小节等。

表达方式：课堂内以至各种教育活动中，教师说话语调和身体姿势中隐含了大量信息。马卡连柯认为可以用五十种不同方法来说"你可以走了"。同样的说"你好"，用冷静沉着的口气和安详温和的口气包含有不同的意义。教师可以动怒，但不能采取任何违反教育学的方式，动怒应是出色的教师的情感表现。[①] 教师的语气、面部表情、手势动作、身体姿势都应注意教育分寸。

教室内环境的布置：墙壁的颜色、通风、光线、温度等都应考虑心理卫生学、环境卫生学要求。门窗完好、桌椅整洁、墙壁作简朴素雅的装饰，使之具有智、德、美的气氛。如果桌椅不整、痰迹遍地、四周墙壁装饰东倒西歪，势必引起学生心理浮躁，久而久之形成思想懈怠、纪律松弛。

座位排列：此为影响人际关系和课堂气氛的因素之一。座位排列不

---

① 参见邱国樑编《马卡连柯论青少年教育》，中国青年出版社 1984 年版，第 32、33 页。

仅应考虑身高、照顾近视等因素，还应考虑性格、气质等心理因素，某些情况下照顾特征类似性。另一情况下，又宜注意需求互补性。对留级生、生理有缺陷学生的座位安排要有利于克服"自卑感"等心理。座位排列的空间形态，潜在地影响着师生之间交往和学生之间交往，影响着整个课堂气氛。按不同的情况采用"马蹄形""半圆形""圆桌会议形"等空间形态将有利于人际交往和学生的发展。而传统的"秧田形"排列"极不利于课堂教学中的学生人际交往，对于学生的个性发展，能力的培养以及知识的掌握都难以起到积极的促进作用"。[①]

(3) 形成良好人际关系的若干要求。

人际关系是学生成长的环境因素，也是一种隐性课程。和谐、亲密、友好、合作的人际关系具有正向功能，不仅可以满足学生交往的需要，且有利于发展学生的安全感、友谊感，培养同情心、怜悯心、合作精神，形成朝气蓬勃、积极向上的性格。不良的人际关系则具有负向功能，产生消极的情绪体验，会严重影响人格的健全发展。

人际关系有很多方面。这里主要指学生在学校中的人际关系，而其中的师生关系，同学关系，学生与学校领导、职工的关系，对学生的影响尤其重要。形成良好人际关系有一系列要求，如：

师生员工在共同的教育活动中尽可能取得相互认同，保持情感相容，力求行为相近。

保持适当的交往频率。增加交往次数可能提高人际关系的亲切程度，但超过一定界限也会减弱彼此的吸引力。

沟通信息。保持上行、下行、平行沟通渠道畅通，有助于增进了解，消除偏见与隔阂。

互换心理位置。又称"角色扮演法"，学生、教师各站在对方立场上设身处地为对方着想。

改变角色地位。学生在团体中角色地位对其心理和思想影响很大，不善交际、性格内向者倘若给予一定集体委托，有助于改变其性格，促进交往能力的发展，培养其自尊自信的品质。

---

① 李宁玉等：《改变"秧田型"课堂教学空间形态》，《光明日报》1988年2月10日。

(4) 教育态度与方式的改进。

教师的教育态度和方式对于学生的学习态度,特别是对学生的社会态度、价值观的形成有深刻的影响。勒温等人的研究表明,民主的、专断的、放任的三种不同的教育态度和教育方式,可能导致学生学习成绩、品德、人格发展的差异。日本有学者研究表明,双亲对其子女采取保护的、非干涉性的、合理的、民主的、宽大的教育态度与方式,儿童就显示出领导能力、积极性、态度友好、情绪安定。而采取拒绝的、干涉的、溺爱的、支配的、独裁的、压迫的态度与方式,则导致儿童适应力差、神经质、依赖性、情绪不安等。①

苏联教育改革家阿莫纳什维利的研究认为:学生学习成绩的分数成为学生在班级中地位的象征,成为学生个性的象征,而不只是知识水平的标志,分数作为分等的工具决定了学生的一切,不利于形成和发展学生的个性,不利于培养和发展学生的道德品质。

苏联合作教育学主张的教育民主化、人道化、教育个性化,是我们改革教育态度、教育方式时应当借鉴的。例如采取激发学生学习的内在动力,重视培养学生对知识的兴趣,使学生愉快地学习的教育方式,有利于促进学生的心理机能、学习能力和优良品质的发展。而采用强制的、施加压力的教育方式强迫学生学习,或者学习负担过重,都会使学生学习兴趣下降,甚至厌学。采用学生讨论、辩论的方式(包括引导学生和教师辩论)有利于培养学生独立自主精神、探索精神和创造精神。学生做些什么题目在可能情况下采取让学生自由选择的方式,有利于培养学生的自主性、创造性。学生团队组织的会议、文娱晚会、生产劳动、集体活动,采取由活动参加者进行分析的方式,有助于形成学生关心集体、为集体事情操心的习惯。合作教育学的这类具体做法还有很多,可以作为我们改变教育方式的参考。

(原文发表在《教育研究》1989 年第 12 期)

---

① [日] 崛内敏:《儿童心理学》,谢安群译,湖南人民出版社 1980 年版,第 126 页。

"双序结合"三维结构思想品德教育方案

我国学校德育取得了一定成绩。但多年来，德育效果不佳，效率也不高。造成这一情况有多方面原因。从德育自身说，强调德育的社会要求，忽视和脱离德育对象实际，致使德育目标过高，内容空泛，方法单调等是其原因之一。为了改变这一情况，充分发挥德育在培养、提高人的思想、道德素质方面的作用，以适应社会现代化要求，特提出以下设想：重视教育对象自主性，从其思想品德最近发展区出发，提出德育要求，把德育目标、内容序列和受教育者思想品德及其心理发展序列结合起来，从思想品德心理的内容、形式、能力三个方面着眼，科学地实施教育。故本方案暂命名为"双序结合三维结构思想品德教育方案"，简称"双序结合品德教育方案"。

一 理论依据

本方案的指导思想是：以系统论整体性思想为指导，根据我国社会主义初级阶段发展的要求，依据受教育者思想品德及其心理发展序列和思想品德三维结构的设想，结合学生实际规划德育目标、内容，综合运用各种措施和方法，建立合理的德育体制，强化德育效果，提高德育效率。方案的制定与实施必须依据教育学、德育心理学、教育社会学等学科的理论指导，特别是以下述两个方面为其直接的理论依据。

（一）双序结合

即德育目标、内容序列与学生品德及其心理发展序列结合。德育目标、内容,其方向、性质受社会因素制约,但在其要求的层次水平上,内容的广度、深度上又受学生发展水平制约。因此,德育目标、内容序列的设计与实施在反映社会要求的同时,应结合受教育者思想品德及其心理发展序列进行。各阶段德育具体要求以受教育者思想品德及其心理发展现状为教育起点,德育目标内容的规定,既高于受教育者现有发展水平,体现德育的引导性,以利促进其思想品德及其心理的发展,又是建立在现实的、可靠的品德与心理发展的基础上,使引导性与现实性结合起来。德育的方法、形式等方面,也要充分考虑各年龄阶段教育对象的特点,克服成人化、一刀切。

(二) 思想品德三维结构

完整的思想品德心理结构,包括相关的心理内容、心理形式、心理能力三个维度的设想。也就是说,任何一种思想品德,在心理上都有其相应的内容、形式、能力三维,每一维又都有自己的亚结构;三维及其亚结构相互制约,按一定方式组合,形成一个多方面、多层次统一体,即构成个体的思想品德。思想品德的心理内容包括与伦理道德、人生观、世界观、政治观等方面相应的内容,其性质是由社会和教育影响决定的。思想品德心理形式包括知、情、意、行诸要素。思想品德的心理能力,属思想品德方面的智能结构,是个体顺利完成一定社会的道德活动的本领。上述三个方面相互对应,相互联系构成思想品德。德育目标内容要求的多样性,不仅由社会要求的复杂性决定,也由思想品德结构的复杂性所决定。

二 实验目标

德育目标是学校对受教育者思想品德方面的规格要求。为了实现既定的德育目标必须有相应的德育内容、方法、管理等。在这里我们把建立一定的德育目标体系作为实验所要达到的目标理解;与此相关的,我们把建立相应的德育内容体系、德育方法体系、德育管理体系也作为实验所要达到的目标。

（一）目标体系

多年来德育目标单纯从社会政治要求出发制定，致使其要求单一化，忽视个性心理品质的培养，忽视品德能力的发展，既不符合现代社会的要求，也不符合人自身思想品德和个性心理发展的要求，不符合思想品德结构的特点，因此必须设置一个既反映社会发展要求、又反映人自身发展要求的德育目标体系。就九年一贯制的实验学校说，德育目标是：小学毕业生和初中毕业生在思想品德规范、准则方面达到同类非实验学校毕业生水准，在思想品德能力和自我教育方面高于同类非实验学校毕业生水准。包括实现下述三方面任务：

①在思想品德心理内容方面，包括道德的、思想的、政治三个方面的规范、准则；

②与上述内容相应的知、情、意、行诸要素的和谐发展；

③培养与发展相应的思想品德能力，包括道德评价能力、思想政治辨析能力、思想品德践行能力、自我教育能力。

德育目标三方面任务相互制约、相互促进，形成横向的内在联系，各年级德育目标由低到高，分层推进，形成纵向的内在联系，从而构成纵横交错的完整的德育目标体系。

（二）内容体系

德育内容随年级升高而逐步加深，与其目标体系相应的，包括三个序列，从而形成一个内容体系。

①思想品德内容规范序列：依据国家教委颁布的中小学生行为规范和德育大纲要求，结合实验班实际，突出三个方面：对待学习和劳动，对待他人和集体，对待自己。其中包括热爱学习、热爱劳动、关心别人、爱护集体、热爱祖国、民主、法制以及自我教育。

②培养良好心理品质序列，即与上述内容相应的知、情、意、行诸心理要素。尤其着重情感教育，包括义务感、责任感、宽厚、仁爱、自尊。

③培养和发展思想品德心理能力序列，随着受教育者心理发展水平的提高，逐步培养以下几方面品德能力：

品德认识能力：以道德思维为主，包括对人们之间思想关系、政治关系、道德关系的观察、比较、分析、综合、抽象、概括的能力以及道德判断、道德推理能力。在实际生活中表现为道德评价能力，对社会思潮的辨析能力，政治定向能力，对行为后果的预测能力等。表现在对自己思想品德认识上便是自我道德认识能力。

情感能力：对客观道德情境的情感体验能力，从他人观点感知某种现象或体验他人感情的共感能力（移情能力），体验自己情感需要的自我体验能力，控制、调节自己情感的能力。

品德践行能力：把知、情转化为行的能力，对不同的思想道德体系或同一思想、道德体系中不同规范作出选择的能力，按某种规范完成道德活动选择最佳行为方式的能力，适应社会生活变革，对反社会倾向诱因的抵制能力，调节控制自己行为的能力。

在上述几方面能力中，包括了自我教育能力，即道德上的自我认识、情感上的自我体验、行为上的自我调控等方面的能力。

（三）方法体系

根据双序结合三维结构思想品德教育目标和内容要求的多种多样方法，构成了德育方法体系。其基本精神是确立受教育者自主性思想，改变单纯的、强制的灌输方法。为此要做到五个重视、五个结合。五个重视是：重视自我教育方法，重视心理品质培养方法，重视培养品德能力方法，重视品德践行方法，重视应用隐性课程方法。在德育方法的指导思想上要体现五个结合。

①教育与自我教育结合，充分发挥学生自主性。发扬教育民主，引导学生积极参与教育活动过程。培养学生集体的自主意识和自主能力，根据不同年级情况，实行班干部的民主选举制，值周（值日）班长制，人人有服务岗位制，同学参与制定班级努力目标，轮流编写出刊情报（黑板报），轮流主持班会活动，参与班级活动的讨论和设计，参与班级重要事情的讨论或表决，参与同学的品德评定等。对集体中的个人也充分发挥其自我教育的作用，按不同年级提出不同要求，逐步使学生具有自我教育的要求，学会自我教育的方法，具有自我教育能力，养成自我教育习惯。如使学生学会仿效榜样，自立守则，格言激励，积善成德，

艺术熏陶，增知促德等自我教育方法。学生根据自己的特点，选择不同的自我教育方式：从最简单的听从师长教导，接受同龄人规劝到运用日记、周记进行自我认识、自我勉励、自我检验等。

②思想品德教育与个性心理品质培养结合，重视学生良好心理品质的培养和个性和谐发展，如诚实、正直、积极进取、坚毅勇敢、惜时守信、创造性等。按照培养优良心理品质序列，通过思想品德课、思想政治课、班会、队会、晨会、周会等途径讲明道理，并通过其情感性学习、审美教育、日常的学习和生活以及参与各种实践锻炼和训练，培养各种优良的心理品质，发展自己的个性。

③掌握思想品德规范和发展思想品德能力相结合，充分重视学生品德能力的发展。学习有关伦理、政治、哲学、美学等知识，懂得有关的行为规范要求，形成观点、信念，为品德能力形成奠定认识基础；提供道德评价和自我教育的榜样供学生仿效，如教材中的模范人物，班级中的好学生、好队员，教师自己对事物的评价和自己的言行举止等；指导学生学习自我调节、控制情绪和行为的方法；通过思想品德课、班会、队会、晨会、周会等组织学生讨论、辩论等进行道德评价的训练和实践。

④说理教育与品德践行结合，注重品德践行，借以提高认识，丰富情感，锻炼意志，培养能力。践行包括日常的学习、生活、待人处事，遵守作息制度，参加卫生值日，完成集体委托的任务，定期参加公益劳动，定期参加一种社会实践，等等。此外有计划地进行行为训练，为此要讲明道理—提出要求—榜样示范—具体指导—督促检查—反复训练；受教育者则应懂得道理—明确要求—模仿学习—自我检查—反复练习—形成习惯。

⑤显性课程与隐性课程结合，重视隐性课程的影响作用。把德育渗透到各育和教学中去，渗透到课内、课外、校内、校外各项工作和各种活动中去；使明示教育与暗示教育结合，理性的传授和情感的陶冶结合，学校和家庭、社会结合，充分发挥一切积极因素的作用，防止、克服消极因素的作用，提高整体教育效应。改变忽视隐性课程，忽视暗示教育、情感陶冶的状况。

（甲）在课堂教学中不仅关注显性课程作用，教师还应注意自己的教学态度、说话语调、体态姿势、教学方法、组织形式、教室布置、座位排列、课堂气氛等因素的潜在影响。

（乙）在各种教育工作、教育活动中，不仅在德育活动中关注其功能的发挥，而且要把德育渗透到智育、体育、美育、劳动教育中去，充分发挥各种教育中诸因素对思想品德的潜在影响作用。

（丙）重视校园文化建设，根据学校具体条件进行规划与实施，具体要求：

校容校貌整洁、优美、充满生机，校园内物质文化环境、精神文化环境符合教育学、卫生学、美学要求。力争做到净化、绿化、美化、知识化；赋予一草一木、一砖一瓦以陶冶教育作用。

制定校训：如尚礼、好学、活泼、力行等；根据校训精神谱写校歌，培养良好校风、班风，形成优良传统。

建立艺术节、读书节，分别在五月份、九月份举办，与国家教委提出的"缅怀中华英烈，继承爱国传统"和"居安思危、振兴中华"的教育活动结合进行。

重视仪式活动的暗示、感染作用。认真做好开学典礼、毕业典礼、校庆、升旗、授奖、少先队集会、入团仪式等方面工作。

建立和谐的人际关系，包括师生关系、同学关系、师生与学校职工关系。

（丁）重视大众传播的影响以及社区文化、民俗、家庭环境的潜移默化影响，建立学校、家庭、社会三结合的教育网络。

（四）管理体系

逐步形成合理的德育管理体制。做到服务育人，管理育人，逐步实现校内外教育管理一体化，逐步探索合理的品德评定方法和德育工作评估方法。

三 实验的实施

该实验是"双序结合整体教改实验"的一个分项目。因此有关实验对象的选择，整个实验工作安排按统一要求部署。这里着重就以下问题作一些说明。

1. 实验方法：采取自然实验法。

2. 实验周期：三种划分：小学阶段（五年），初中阶段（四年），小学—初中阶段（九年）。每学期和每学年作阶段实验结果分析总结。

3. 注意：

在实验期间，教师除做观察记录、整理材料，学生参加必要的、少量的测试外，不增加师生额外负担，不开新课，不另外安排教育活动，一切在学校正常的教育、教学计划规定的时间进行。

对改革实验结果的成败，以事实为依据，作实事求是的分析、评价。

不把学生测试结果、品德评定结果、试行改革的成败作为考核教师工作态度和业务水平的依据。对教师的考核以对待实验的态度、责任感、积极性、科学性、创造性为其依据。

（原文发表在《山东教育科研》1989年第1期）

试论经济教育若干问题

经济教育是有目的地形成受教育者正确的经济意识、经济行为，促使个体经济社会化。青少年教育和个体社会化包含多方面内容，正如一些著述论到社会化时指出的，有政治社会化、民族社会化、法律社会化、性别角色社会化、道德社会化等；但这些著述中，很少论述经济社会化问题，也很少直接、明确地把经济教育作为一项教育内容，当然更缺少这方面的专门研究。然而，从当代社会的发展和青少年、儿童的全面社会化来说，经济教育是有重要意义的。本文试对经济教育的一些问题作一点初步的探讨。

一

从现代社会生活的发展和我国以经济建设为中心来看，应当把青少年、儿童的经济教育和经济教育的研究提到日程上来。

当今时代是以和平与发展为主题的时代，同时是充满挑战的时代，是经济、技术、综合国力竞争的时代。正是在这一广阔背景上，我们全党、全国人民在实践着建设有中国特色的社会主义的伟大事业，建立社会主义市场经济体制。学校教育特别是学校德育如何主动适应当今的社会发展，这是新时期向教育学、德育学提出的重要课题。经济教育是其中的一个方面。不少国家对年轻一代的经济教育和经济社会化问题给予相当的重视。例如法国中学高年级公民课主要内容就是关于世界重大经济问题、关于经济机制的基本概念等。在英国，有人主张德育中应列入商品社会的内容，帮助学生理解他所在社会的性质。正确地认识赚钱和花钱、攒钱和用钱的关系。① 苏联也曾把经济教育作为对青少年学生教育的一项重要内容。不少国家围绕经济教育和儿童、青少年经济社会化问题进行了一系列研究。例如，20世纪50年代，西方一些国家对儿童经济心理发展进行了广泛的研究，并认为学校教育可以大大推动儿童经济心理的发展。② 近几年国外经济学界对青少年经济社会化也广为重视，1991年9月在法国巴黎召开了"青年消费方式和消费模式"国际研讨会；1992年3月在美国加利福尼亚大学召开的经济学国际讨论会，把探讨青少年经济社会化作为一个专门问题列入了议程。③ 在我国，青少年学生的经济生活、消费方式问题开始引起人们关注，有关人士对青少年的金钱观和物质要求方面的现状也作过一些调查，有的学校也进行了一定的相应的教育活动，但就其总体情况说，对经济教育尚未引起应有的、足够的重视，当然更缺乏对这一问题的研究。当前随着我国经济生活的发展，应当重视对年轻一代的经济教育和经济教育的研究。以经济建设为中心，丝毫不意味着学校德育可以削弱和淡化。相反，学校德育应主动适应经济发展要求，培养迎接挑战、参与竞争的现代人的精神素质，从而使新时期德育获得崭新的意义。不能把经济教育归之为德育，但经济教育与德育结合，德育中引入经济教育，无疑是学校德育拓宽内容、改进方法、提高效果的一个重要方面。

二

实行经济教育、促进青少年学生经济社会化正常发展也是他们思想道德素质健康成长的需要。儿童、青少年所必然生活于其中的现实经济生活环境和他们自身的生活方式，是他们经济心理发展的最重要的变量，学校德育和经济教育结合，应自觉地利用经济生活环境中的积极因素，控制、消除其消极因素，促进儿童、青少年的健康成长。

市场经济的建立和发展，对青少年经济社会化产生了积极影响；市

---

① 参见张志义主编《八国两地区德育比较》，福建教育出版社1992年版，第46、70页。
② 参见胡学云编译《西方有关儿童经济心理的研究》，《心理发展与教育》1992年第2期。
③ 参见苏颂兴《论当代中国青少年的经济社会化》，《社会科学》1992年第4期。

场经济对人的素质包括思想素质、道德素质提出新的要求，为广大青少年奋发进取带来新的动力；市场经济也震荡着人们的思想观念、道德观念，旧的价值体系受到冲击，新的观念、新的社会规范将逐步形成，并将渗透到学校生活中去，这就为青少年的社会化提供了有益的、健康的经济生活环境。我们应当自觉适应这种积极的环境因素，强化学校德育。另一方面，学校德育应当防止、排除经济环境中某些消极的、不健康的影响，这种不健康的、消极的影响在社会经济环境和家庭经济环境中都存在。从社会方面说，市场经济固有的价值规律作用盲目扩展，对金钱的狂热追求导致负面效应。例如等价交换原则侵入非经济的学校正常生活领域。此外，现实生活中损人利己、损公肥私、贪污受贿、以权谋私、权钱交易、欺诈勒索等丑恶现象也具有腐蚀作用，致使学生中出现对政治淡漠，不关心集体，有的只想为自己挣钱，或弃学经商，或以挣钱多工作轻松作为升学或择业的唯一准则，不懂得个人利益与国家利益、集体利益的关系，缺乏参加国家经济建设的责任感等等现象。不仅如此，少数儿童、青少年在"一切向钱看"的影响下发生了某些不正当的经济行为，如丢弃公德搞转手倒卖、短斤少两、以次充好、见利忘义，有的甚至犯有偷盗、拦路搜身等违法行为。家庭中不健康的经济生活环境，主要由于养育方式的失误，对青少年和儿童物质需求上的过分满足而引发了家庭成员经济关系、伦理关系的变化。例如，有的家庭子女的消费超过家庭正常收入，独生子女日常消费远远超过父母的生活消费支出。正如有人所说，除吃穿用的固定消费外，小学生一天花几块钱，老人几天花一块钱。当然问题不完全在于花多少钱，而在于把儿童和青少年推上了一个特殊化的位置上，影响了家庭伦理关系和儿童自身的健康成长。家庭不健康的经济生活环境造成了不良的个人经济品质，使他们只知贪图安逸和享受，害怕艰苦、害怕劳动，不思节约、不懂得父母辛劳、不懂得报酬来之不易，不懂得自立、不懂得当家理财，也不懂得在物质生活中关心父母、不懂得对家庭应当承担经济义务。这些都表明，自觉地防止、限制、克服消极因素对儿童和青少年的影响，是学校德育必须重视的问题。

三

经济教育的内容是很广泛的。本文所说的经济教育并非专业的经济理论教育，而是普通教育中对中小学生的经济教育。经济教育内容的确定应考虑国际经济发展和国内经济体制转型的需要，也应考虑当代儿童、青少年的特点。由于我国的经济改革和进一步开放，儿童、青少年的眼界开阔了，他们看到现代生产、现代科技的巨大进步和社会生活的急速变化。他们的自我意识增强，希望自己的兴趣、才能得到发挥。经济教育的内容以至德育的内容都应当反映这个特定时代、特定社会的要求，反映这个特定条件下的年轻一代的需要。因此，目前的经济教育内容可以考虑有以下几方面。

——我国社会主义经济建设的目标。通过目标教育，使学生了解党在社会主义初级阶段的基本路线，我国的经济建设要在抓物质文明的同时，抓好社会主义精神文明建设。

——市场经济知识。其中要使学生懂得社会主义市场经济是以公有制为主体，多种经济成分共同发展；以按劳分配为主体，多种分配方式并存；体现效率优先、兼顾公平的政策和这一基本国情。

——党和国家的经济政策和经济法规知识。教育学生懂得以经济建设为中心，改革开放、发展经济和社会稳定是相互促进、相互统一的；懂得正确处理国家利益、集体利益与个人利益的关系；懂得应当依据国家法规参加经济活动，依靠法律保护公民的一切合法收入和财产。在商品交换中运用法律保护自己的合法权益。

——培养经济意识和经济思维，使之具有准备参加社会主义经济建设的愿望，以及独立创业的志向和能力。

——培养个人经济品质，如积极的劳动态度，以主人翁态度对待公共财产，遵守劳动纪律，创造性地从事劳动的能力，勤俭节约，生产过程中杜绝浪费，杜绝无意义地耗费人力、时间、能源，提高经济效益。

——进行生活和消费行为指导，提倡文明、健康的生活方式，科学、合理地安排消费，改变不适当的消费现象，如讲排场、比阔气、消费标准上与人攀比和超前消费等。

——进行金钱观、人生观教育，等等。

四

经济教育的实施应当在实践中多加探索。把经济教育和德育结合起来，无疑是实施的一个重要方面。把培养现代人应具有的市场意识同爱祖国、爱集体、爱社会主义的教育有机结合起来，会使学校德育更富时代特色。

——竞争意识的培养，是新时期爱国主义、集体主义、社会主义教育必须赋予的德育新内容。竞争是现代市场经济的重大原则之一，国内市场有竞争，国际市场也有竞争；当前有激烈的竞争，21世纪仍有激烈的竞争。我们的社会主义市场经济要在竞争中得到发展与完善，社会主义中国要在竞争中得到振兴，爱祖国、爱社会主义教育就必须注入竞争意识这一新内容。

——将科技意识的培养纳入爱国主义、社会主义教育，就是要使学生懂得经济发展、社会进步、民族振兴必须依靠现代科学技术。科技意识是现代人的精神素质，国际竞争归根结底集中表现在科技竞争、人才素质竞争。确立科技意识就要使学生不但懂得科技的重要性，而且要热爱科学，抵制"读书无用"思想，努力学习，立志掌握科学技术，把投入经济建设、参与竞争和当前的学习联系起来。

——关于时间观念的教育。我国有"寸金难买寸光阴"的古训，在经济竞争和科技发展的今天，惜时不是个人的私事。惜时作为现代人的宝贵品质是基于对时间的新认识。当代经济竞争在某种意义上已衍化为时间争夺战，谁赢得更多的时间，谁就能发展更多的新产品，创造更高的经济效益，拥有更大的经济实力。而随着信息化社会的发展，时间将加速增值。

——培养创业精神和创业能力，是新时期集体主义教育、理想教育应当充实的新内容，要教育学生有追求、有理想，勇于开拓，积极进取，自立自强，独立创业，不消极依赖社会与他人而又善于协调自己和集体的关系，具有把投身社会主义建设、振兴中华与实现自我价值结合起来的志气。

——协调相融的品质。这也是适应当前和未来发展所应培养的品质。

现代经济发展除了激烈竞争的一面，还有相互依存和合作的一面。随着通信技术的发展，国际交往的扩大，世界经济发展趋向全球化，科学技术、文化艺术也将真正成为全人类的财富。要使我们的社会主义祖国富强、繁荣，在竞争中取胜，就应当能吸纳各种信息、各种文化和协调多种关系。

除上述几方面，效益观念、信誉观念、质量观念、风险意识、健康心理、法制观念等都是市场经济对其行为主体精神素质的崭新要求。把这些方面的教育与爱国主义、社会主义教育结合起来，是学校德育实际化的有效措施。

五

在经济教育中，当前最迫切也是最应注重的是金钱观教育，是把金钱观教育和人生观教育结合起来。

金钱观教育是经济教育的核心内容。时下，捞钱是一些人的热门话题，金钱拜物教固然直接指向钱，而当家理财也是指向钱；日常生活消费需要钱，而国家建设、事业发展也需要钱。金钱能使你办很多事，可以用作赈灾，支援国家建设，提高生活质量，享受现代健康的文明生活；金钱也能驱使一个人去诈骗、盗窃、抢劫、赌博、花天酒地、挥霍浪费等，危害社会，危害自己。究竟怎样认识和对待金钱是金钱观问题，也是人生观问题。因此，把金钱观教育作为经济教育的重要内容，把金钱观教育和人生观教育结合起来，十分必要。

确立正确的人生观是思想道德教育的最高目标。但和低年级儿童、少年谈人生观不易被理解和接受，而通过金钱观教育可使人生观教育实际化。在现实生活中，不少儿童、少年参与了用钱、挣钱，他们大都拥有一定数量的钱，金钱观教育与他们最具切身关系，是促进青少年经济社会化的重要组成部分。国外研究表明，儿童对经济关系的最初认识是通过钱的使用而实现的，[①] 对经济心理发展起主要影响作用的就是用钱、挣钱的个人经验。我们在日常生活中观察到四五岁的孩子已开始懂得钱的用途，已经有了"买"的观念；再大一点，他们也参与货币交换活动。因此，金钱观教

---

① 参见胡学云编译《西方有关儿童经济心理的研究》，《心理发展与教育》1992年第2期。

育最容易使人生观教育贴近实际。在金钱观教育中，不必抽象地谈论人生观问题，但却集中地反映了人生观问题。英国一位心理学家说："研究儿童对经济概念和经济规律的理解，能比研究儿童对无切身关系的自然规律的理解获得关于儿童思维过程更为实际的信息。"① 而使儿童和青少年懂得金钱的性质和功能，懂得正确地对待金钱，就是帮助他们懂得人生哲理。金钱观教育就是一种人生观教育。金钱观教育的内容很丰富，在实践中也积累了一定的经验，这里因篇幅限制不详述。

六

经济教育应采取何种手段、方式，这是需要探索的问题。苏联将经济教育手段概括为五个方面：思想手段、组织手段、社会手段、法律手段、社会心理手段。② 这是对包括中小学生也包括成人实施经济教育的做法。他们还使经济教育和劳动教育紧密结合，有的理论著述把劳动教育与经济教育列为专章论述。③ 学生的经济社会化显然不是生物性成熟过程。但在内容要求方面应随年级的升高体现由易到难，从日常家庭生活到社会经济建设逐步实施，其中国际经济问题教育宜安排在高年级实施。台湾小学中关于"节俭"教育的内容要目的安排从一至六年级分别是：不浪费东西—不浪费金钱—养成储蓄习惯—爱惜物力—力求节约—利用废物。这种安排体现了由易到难。

个体经济社会化的发展主要取决于经济生活的经验积累，有目的地组织学生参与一定的经济生活是经济教育的重要途径。

（原文发表在《中国教育学刊》1994年第4期）

---

① 参见胡学云编译《西方有关儿童经济心理的研究》，《心理发展与教育》1992年第2期。
② 参见［苏联］波诺马廖夫等主编《共产主义教育辞典》，谢洪思等译，四川社会科学院出版社1986年版，第484—485页。
③ 参见［苏联］托先科《共产主义教育概论》，李元立、关怀译，中国工人出版社1986年版，第174—185页。

对学校德育与市场经济关系几个问题的认识

继1992年初邓小平南方谈话后，同年10月党的十四大决定把建立社会主义市场经济体制作为经济改革目标。1993年11月党中央又作出关于建立社会主义市场经济体制若干问题的决定。我国的改革进入了新的发展时期，学校德育开创了新的历程。关于学校德育与市场经济关系问题，许多学者做了很多探讨，本文拟就其中的几个问题发表一点粗浅的看法。

一 对德育的"市场经济环境"要作整体把握

当前的学校德育是市场经济环境下的德育。这一点是人们的共识。但对"市场经济环境"作如何理解是值得探讨的。我认为要从整体上去把握。这点很重要。它直接关系到我们对市场与德育关系的认识。"市场经济环境下的德育"，这里的"环境"应当是市场经济条件下整个社会大环境。市场经济与学校德育是社会大系统中两个子系统。学校德育与市场经济关系应当包括这两个子系统与社会大系统的关系以及两个子系统之间的相互关系。

学校德育是社会生活的一个相对独立领域，有其自身规律。作为一种有机结构体系，其存在发展又依赖于一定生态环境即社会大系统。这首先是指个人的道德生活和社会道德生活和社会道德氛围，包括：社会一般道德价值取向、社会道德风尚、社会思想、社会道德状况和道德评价、道德舆论状况；社会思想、道德示范状况包括父母、教师的思想道德行为表现，特别是社会道德理想人格和具有较高社会地位的领导层的示范状况。但是道德氛围远不是社会环境的全部，人的思想、道德行为远不止是道德氛围影响的结果。而且，这种社会道德氛围本身的形成也是有其复杂的社会因素。因此，个体思想品德和整个道德教育的环境应当是包括社会经济在内的，由政治、法律、文化、教育、艺术、宗教、科技以及道德氛围等因素构成的有机统一体。个体思想道德的形成、学校道德教育的发展是这种社会大系统各要素综合作用的结果。系统中各要素的作用集中表现为经济、政治、文化这样一些基本要素的作用。经济是社会大系统中组成部分，当然也是德育的环境因素。为什么要特别突出经济因素？经济因素不同于环境因素中其他的成分。经济是整个社会生活的基础。政治、文化等等，归根到底是由经济决定的，随经济的变迁而变迁。因此，市场经济因素是影响整个社会环境中各方面因素的。当我们说"市场经济环境的德育"决不应止于讲"市场经济"这一种因素，而是指市场经济影响下形成的整个社会环境。因此，我们讲德育要适应市场经济，也应当是指适应市场经济条件下的整个社会大环境。

二　德育在市场经济环境下开始新的历程

德育开始新的历程，是随着计划经济转向市场经济机制而出现的新情况，由于市场经济问题的提出，有一个长期的艰辛探索过程，因而德育新历程的开始也有一个逐渐转变与发展的过程。这种转变与发展过程主要表现为对德育社会功能的认识与发展，实质上也是对社会主义学校德育性质、德育地位、作用的认识与发展。党的十一届三中全会以前，"以阶级斗争为纲"制约着整个社会生活，也制约着整个学校德育，对德育的性质、作用主要从"阶级斗争工具"方面理解，片面地突出德育的政治功能，因而产生了种种不良后果，如：使学校德育政治化，忽视了道德教育和基本规范养成，德育内容围绕政治运动转，缺乏相对稳定性、系统性，德育中形式主义多，空话、大话多，无实效；强调社会需要，忽视个体发展需要；等等。总之，德育不能按其自身规律运行，当然，德育的理论研究更是无从谈起。党的十一届三中全会全面开始思想上拨乱反正，党的工作重点转到经济建设上来，制定了改革开放政策，从而实现了伟大的历史转折，开始了社会主义事业的新时期。随之，德育的社会功能开始转折，德育开始为培养社会主义建设人才、为社会主义经济建设服务。十二届三中全会提出发展社会主义商品经济问题和十三大突出发展社会主义商品经济，必然采取计划与市场内在统一的运行机制后，人们开始探讨发展社会主义商品经济对学校德育的影响作用，并明确提出德育的经济功能问题，探讨德育在生产领域的作用，德育与商品及市场的关系，对社会主义学校德育性质认识上有重要进展，德育社会功能有重大转变。党的十四大以后，进一步明确认识德育受经济制约，德育应主动适应社会主义市场经济问题，对德育的性质、功能认识上进一步深化的市场问题的提出，市场经济体制的建立与发展，国内、国际市场接轨、统一，整个社会各个领域的改革与发展，赋予德育以崭新的意义，对德育提出了更新、更高的要求，德育开始了适应市场环境，培养社会主义新人，为社会主义现代化服务的新历程。德育的目标、内容、方法、形式、体制等方面的改进势在必行，这是市场经济条件下，整个社会发展的客观的、必然的要求。

三　正确看待德育为市场经济服务中的几个关系

现在提德育为市场经济服务，是否重复了单纯强调德育跟着政治形势转？产生整个问题有社会根源、认识根源，它是长期以来教育包括德育跟着政治运动转，并经过多次反复所形成的"思维定式"。对教育与政治的关系问题，尤其是德育为政治服务的问题，应当全面看待。德育有其自身规律和特点，因而有其相对独立性。否定其相对独立性，单纯地强调其为政治服务，甚至把服务政治曲解为就是为阶级斗争服务是错误的。但不能因此否定德育受政治制约；为政治服务，是其规律性表现。强调德育的经济功能，决不应忘掉德育的政治功能，把发挥经济功能与发挥政治功能对立起来也是错误的。我们当前说德育要为市场经济服务，决非重复以往"左"的片面性，当然也要汲取以往的教训，以使德育更好地为社会主义建设服务，当前，在德育为市场经济服务过程中，应当认识与处理好以下几方面关系。

（一）德育为市场经济服务与德育自身建设的关系。德育为市场经济服务，既是建立和发展社会主义市场经济的客观要求，也是德育自身发展的要求，二者是在统一的社会运动过程中实现的。

加强和改进德育工作是发展社会主义市场经济的客观要求。市场经济是商品经济运行总体，它主要是以市场为基本手段配置社会资源的一种经济运行机制，我们所要建立和发展的是社会主义市场经济，也就是在社会主义国家宏观计划调控下的，以公有制为基础的，主要运用市场手段配置社会资源的经济运行机制。因此加强和改进德育，是正确地引导人们投入市场经济建设，促使市场经济更好地为社会主义事业服务的需要。在社会主义市场经济条件下，要进行社会主义精神文明建设，要处理好社会主义伦理道德与发展市场经济关系，这一切都要求德育为其服务，加强和改进学校德育是顺利完成上述各方面任务的保证。

德育为市场经济服务，也是德育实践和德育理论自身发展的需要。第一，当前市场经济体制的建立和发展，以及由此而发生的整个社会生活的变化，都是德育的环境因素。这是既存的，不可选择和回避的社会大环境、大背景。任何德育都不能脱离这个大环境、大背景。脱离这个大环境、大背景是最大的脱离实际。受教育者是生活于这个社会大环境的"社会人"。学习德育要取得预期效果，必须改变封闭状态，实行开放，面向经济，面向社会，面向教育对象这个"社会人"。德育要符合受教育者自身的需要，要回答受教育者所关心的问题。第二，德育理论研究，也必须联系社会实际，不能孤立地就德育研究德育。在为市场经济服务中，研究、探讨经济体制改革条件下的德育，实际上也就是要以邓小平建设有中国特色的社会主义理论为指导，研究整个社会改革与德育的关系。这是德育科学的历史性任务，是形成具有中国特色的社会主义德育理论的必由之路。科学无国界，德育科学所揭示的德育规律具有普遍性，但是德育作为社会现象，其客观规律是在一定社会的经济、政治、文化背景下发生作用的。例如西方一些国家的市场经济是以私有制和社会分工为前提自然发育起来的。而我国现在所要发展的市场经济，是在原先排斥商品货币关系的计划经济向现代化市场经济转化中产生的。这是一个伴随着改革旧体制，而有意识地培育市场经济主体，建立、健全市场体系，规范市场行为规则的过程。在这样背景条件下的德育必然带有特殊性。而人们依据德育规律所制定的德育目标、课程、原则、方法以及德育的指导思想、德育体制的建构等，更具有不同时期、不同民族的特色。我们的德育理论研究，必须在探讨普遍的共同的规律中，探明德育规律在我国社会主义市场经济条件下的特殊表现。第三，德育实践和德育理论的发展必须在长期坚持为市场经济服务过程中得以实现。德育为市场经济服务，绝不是"图新颖""一阵风"，"运动"一下子。"市场经济与德育关系问题"是长期的、历史性的课题。如十四大报告指出的，市场经济体制，作为我国经济改革的目标，"这是一个长期发展的过程，是一个艰巨的社会系统工程"。因此，探讨中国社会主义市场经济条件下的德育原理，也是一个长期的、艰巨的过程。

（二）德育为市场经济服务与其发挥整体社会功能的关系。德育应在全面发挥其社会整体功能过程中，主动积极地为发展社会主义市场经济服务。为市场经济服务，是德育重要的社会功能，但不是德育社会功能的全部，甚至也不是德育经济功能的全部。德育的社会功能应当包括经济的、政治的、文化的等方面。就德育的经济功能说，包括对生产活动的功能，对建立和发展社会主义市场经济体制的功能，对巩固、发展社会主义所有制的功能，对指导社会生活消费领域的功能，等等。德育全面地发挥社会功能，体现德育的独立性，才能避免发生类似于以往由于"左"的影响，使德育完全从属于政治，使学校德育等同于政治教育的问题。

讲全面发挥德育功能，并不意味着忽视、削弱德育为市场经济服务的功能。因为第一，德育工作的改进，首先要考虑发展市场经济的需要，例如，对学生进行经济教育，即有目的地形成受教育者正确的经济意识，形成个体经济品质，促使个体经济社会化。其内容包括我国社会主义经济建设目标的教育，市场经济知识的教育，培养学生的经济意识、经济思维，养成个人良好的经济品质，进行生活和消费行为的指导，以及进行正确的金钱观——人生观教育等。第二，市场经济自身的发展需要相应的生态环境，德育只有全面地发挥其社会功能，才能为市场经济的发育，在创造适宜的经济环境、政治环境、文化环境、伦理道德环境方面起应有的作用。可见德育充分发挥其整体社会功能是有效地为市场经济服务的前提。当然德育经济功能发挥得好，推动市场经济发展，从而也促进社会各个领域的改革和整体社会的进步。

（三）德育为市场经济服务与培养社会主义新人的关系。德育必须通过培养社会主义新人为市场经济服务。在为市场经济服务中培育社会主义新人。这二者的关系，是德育的社会功能和德育本体的关系，是德育的社会价值和德育内在价值的关系。

德育的内在价值在培养人的德性，在促进人的完善与发展。德育为市场经济服务，但德育活动本身并非经济活动。德育只有通过培养人，参与经济活动才能为经济服务。培养人、促进人的发展，是社会主义学校德育的宗旨。资本主义社会，物统治人，特别是无个性的货币成为人的主宰。而我们的德育就是要促进人的全面发展，培养人的主动性，成为有理想、有道德、有文化、有纪律的社会主义新人。邓小平同志认为改革经济体制，最重要的也是他最关心的，是人才问题。

德育的真谛就是育德育人。坚持育德育人，充分体现德育的独立性，才使德育更有效地按道德心理发展的规律运行，按德育自身的规律运行。忽视育人，忽视人，必然忽视人的内在需要，忽视人的道德发展规律，忽视道德教育规律。

通过培养社会主义新人为社会主义市场经济服务，应当根据社会主义初级阶段的历史任务和教育要面向现代化、面向世界、面向未来的指导思想。遵循受教育者身心发展规律，努力改善德育工作，进行以邓小平建设有中国特色的社会主义理论为主要内容的马克思主义基本理论教育和党的基本路线教育。加强爱国主义、集体主义、社会主义教育，加强我国优秀文化传统、革命传统教育、民主和法制教育，重视基础文明行为和良好道德品质的培养。

在培养社会主义新人方面，应重视以现代德育原理为指导，改进学校德育。对此，本文只提出以下几点。

一是把道德教育和心理素质的培养结合起来。心理素质是其他各方面素质，包括理想、道德素质的基础。建立、发展社会主义市场经济这个艰巨而复杂的社会系统工程，要求加强、改进道德教育的同时，也必然要求提高人的心理素质。在市场上，人们创业求职、竞争、成功、破产、失败所构成的市场经济优胜劣汰，从低级向高级发展的动态过程，必然要求人们具备优良心理素质，即提高主体意识，培养开拓进取、平等竞争、自主自律、艰苦创业、克服困难、承受挫折、惜时守信等这样一些为建立和发展社会主义市场经济所迫切需要的心理品质。

二是在进行思想道德准则教育的同时，注重思想品德能力的培养。在社会转型、价值多元化的情况下，注重培养、发展学生的思想政治辨析能力、道德判断能力、道德选择能力，以便在纷繁复杂的社会生活中，能自觉地识别、抵制拜金主义、享受主义、利己主义，以及各种腐朽的生活方式，使德育不停留在现成的思想道德准则灌输上，而是把现成的思想道德与培养品德能力结合起来。这是新形势下改进德育的又一重要措施。

三是要把受教育者当作实践主体，使他们在积极参与社会实践中，在沸腾的社会活动中，成为自主选择、自我负责的积极的能动主体。在社会活动和交往中，激发他们自我教育要求，学会自我教育方法，养成自我教育习惯，使他们终身受益。受教育者参加社会实践的程度，自我教育积极性的高低，直接影响着德育的实际效果。当前情况下，改进学校德育，就应该改变德育中学生的被动地位，改变单方面说理教育的状况，使受教育者自主参与，把说服教育与参与实践结合起来，把教育和自我教育结合起来。这是提高德育实效所必须考虑的。

（本文发表在《教育改革》1994 年第 6 期）

德育方法体系四题[*]

为了适应培养社会主义现代化建设者的需要，使年青一代健康地成长，德育必须改革，德育方法体系的改革是其中重要的一环。

多年来学校德育效果不尽如人意，因为德育工作，包括德育方法体系未能适应变化了的客观条件，从德育自身说德育效果是个复合函数。影响德育效果的变量（教育因素）很多：教育者、受教育者、德育目标、德育内容方法、德育活动中人际关系德育生态环境等。这种函数关系表明：任何一个变量包括德育方法变量在内，其特点、状况有变化，都会导致德育效果的变化；德育方法是诸变量中的一个。它的性质、特点不仅仅直接影响德育效果，同时还通过和其他诸变量的关系，间接地影响着德育效果。因此，改革德育必须重视德育方法体系的改革。以为德育改革主要是改革德育目标、德育内容，把德育方法体系改革看作无足轻重，显然是不妥当的。事实上我国学校德育方法体系中存在的形式主义、虐待型教育方式等等已严重地影响着德育效果，危害着年青一代的身心健康。本文试就德育方法体系中几个问题，谈一点个人看法，希望得到指正。

一　良好德育方法体系的特征

本文所说德育方法体系是指为实现确定的德育目标，在一定方法论指导下所采用的与德育目标、内容等变量（教育要素）相适应的一系列相互联系的方法。这就是说：(1) 德育方法体系是为实现一定的德育目

---

[*] 本文系 1990 年提交全国德育年会的论文，发表时个别地方作了修改。

标，即为培养符合一定社会思想、道德要求的人服务的，因而具有社会性、历史性。（2）德育方法体系是反映一定德育思想、德育理论的，是以一定的哲学、心理学、伦理学、社会学的理论为其方法论基础的。（3）德育方法体系是由不同层次的方法和每一层次相互并列的各种具体方法构成的。因而，作为方法体系，不是孤立的一个个方法，也不是互不相干的各种方法的简单相加，而是受到德育目标、德育内容、教育者、受教育者、德育的条件等诸多教育因素制约的，又是彼此相互联系的。

德育方法的优劣，只有在德育工作，在与德育过程诸要素相互联系、相互作用中才能显现和被确认，因此离开德育的整个体系孤立地评价某一方法的高低是没有意义的。如同马卡连柯所说："任何的教育方法，甚至像暗示、解释、谈话和公众影响等我们通常认为最通行的方法，也不能说是永远绝对有益的。最好的方法，在若干情况下，必然成为最坏的方法。"① "没有任何十全十美的方法，也没有一定有害的方法。"② 因此，我们要正确地运用方法取得预期教育效果，最重要的不是通过方法的选择，而是通过方法的配合，通过它们相互关系的安排形式体系。良好德育方法体系是各种方法辩证的合乎教育逻辑的配合。

首先是处理好各个方法之间的关系。任何个别方法必须和整个方法体系合理地联系。任何方法，如果它的作用不受和它一起运用的其他方法的约束，就不能设想为良好的方法。关键是要处理好各个方法之间的关系，使各种方法按教育原理协调地组织起来。

其次就是要处理好方法和制约方法的各种因素之间的关系。使方法与德育目标、内容、条件、受教育者、教育者诸要素实现现代化的结合。"使用这种或那种方法的范围，可以扩大到十分普遍的程度，或者可以缩小到完全否定的状态。——这要看环境、时间、个人和集体的特点，要看执行者的才能和修养，要看最近期间要达到的目的，要看全部的情势如何而定。"③ 以下我们将具体说明之。

---

① ［苏联］马卡连柯：《论共产主义教育》，刘长松等译，人民教育出版社1962年版，第237页。

② 同上书，第125页。

③ 同上。

（1）德育目标是德育的预期结果。方法是为了实现目标服务的，即把预期结果转化为实际结果。马卡连柯说："方法和目的的关系应当是检查教育逻辑的正确性的试验场所。从这种逻辑出发，我们就不能允许有不去实现我们既定目的的任何方法。"[①] 因此要分析目标的性质、特点，从中寻求对方法的要求，而我们实际工作中所使用的某些不恰当的方法，会给德育带来负效应或者反德育的。这一现象虽然常常可见，但未被引起应有的重视，良好配合的方法特征之一应是最有效地实现既定德育目标的。

（2）德育内容规定着德育方法的特定要求。不同的内容，要求有不同的方法与之配合，因此要很好地分析德育内容的结构、性质、特点、形式，以确定它们对方法的要求。因此良好的德育方法应是与德育内容相协调的。

（3）受教育者是制约方法的又一极其重要的因素。受教育者的心理年龄特点、思想品德发展现状、知识结构等均是影响德育方法的因素。因此要认真分析受教育者的情况，使所使用的方法对受教育者有激励作用，也就是要使方法具有知识性、活动性、竞争性、新异性。良好的德育方法应是与受教育者特点相适合的。

（4）教育者的个性也是制约德育方法的因素。教育者个人的知识经验、兴趣爱好、能力、气质、性格各不相同，教育者正确地认识自己的特点，在选择、运用德育方法时要能充分发挥自己的长处。因此良好的德育方法应是教育者适应的方法。

（5）德育活动条件也是制约德育方法的条件。德育活动的客观环境条件，包括社会政治、经济、文化、思想、道德以及微观的德育工作条件如团体气氛、人际关系等。这些是影响德育目标、内容效果的重要因素，也是制约德育方法的重要因素。因此良好的德育方法是同德育条件和谐一致的方法。

由上述可见，如何使用各种方法合理地配合使用是一种教育艺术，它受到多方面因素制约，要符合多方面要求。

---

① ［苏联］马卡连柯：《论共产主义教育》，刘长松等译，人民教育出版社1962年版，第125—226页。

二　配合德育方法的基本要求

作为指导思想的德育方法即德育原则，无疑是我们组合德育方法的基本要求。而上面已说明的德育方法受到制约的因素、良好德育方法的特征，也是我们在协调组合德育方法时应当考虑的基本要求。

为了适应社会现代化的要求，提高德育效率，我们对德育方法的组合提出以下意见。这也是我们对改革德育方法的要求。

（一）重视受教育者的自主性，教育和自我教育相结合

德育过程是教育者与受教育者共同参与的教育活动过程，是教育者的活动与受教育者的活动统一的过程，但我们以往的德育对受教育者的自主性，即对它在德育过程的主体地位，对指导自我教育有所忽视，或没有给予足够的重视。改革德育方法，组织德育活动，非常重要的是要充分尊重教育对象的自主性。也就是说：受教育者具有与教育者平等的独立人格，受教育者和教育者都是积极的能动体，都是自己意识和行为的承担者，他们共同参与教育活动，是履行教育的主体，受教者是接受教育的主体，教育影响必须通过受教育者意识发生作用。教育和自我教育结合，必须发展受教育者的自主意识，促进受教育者的自我教育，激发其自我教育的要求，教给自我教育方法，培养自我教育的能力和习惯。

（二）重视心理素质发展，品德教育与心理教育结合

心理品质和思想品德是有区别又密切联系的。德育在心理品质培养中有着特殊的地位和作用。心理教育对德育来说也很重要，任何教育影响都是在一定的心理背景下发生的；健康的心理、良好的心理品质是顺利进行思想品德教育的心理基础。但以往我们对培养优良心理品质，提高人们心理素质是不大重视的，没有看到心理教育的重要，或者把心理问题当做思想问题、道德问题来处理，或者把心理教育与道德教育完全混为一谈。要结合德育进行心育，培养智慧、情感、意志、兴趣、能力、性格等方面优良心理品质，充分发展各种心理潜能，同时防止心理疾病，但不能把心育仅仅归结为德育，改革德育方法是要把德育和心育结合起

来。在贯彻中小学德育大纲中把培养学生思想道德品质和大纲中所列的诸如诚实、正直、谦虚、宽容、有同情心、活泼开朗、勇敢、坚强、有毅力、不怕困难、不任性、不骄傲、惜时守信、负责任、自尊自强、积极进取、讲效率、重质量、意志品格、敢于创新等个性心理品质结合起来，这些品质既是道德的也是心理的，是道德心理在德育方法中，就是把说理教育和心理疏导结合起来，把道德行为习惯养成和心理训练结合起来。

（三）重视品德能力培养，把品德规范教育与品德能力培养结合起来

品德能力是顺利完成一定社会政治道德活动的本领，对中小学生主要是培养他们的思想政治辨析能力、道德评价能力和自我教育能力。重视品德能力发展是适应我国改革开放条件下实现社会现代化要求的，也是终身德育和合理建构完美品德结构需要的。但以往的德育工作中，几乎没有发展"品德能力"的地位，对某种社会政治或社会道德现象如何认识，怎样对待，只重教给现成观点和结论，或者有意回避现实、不重视培养学生对现实生活、政治、思想文化等等的辨析能力，不重视提高他们自己的判断是非、美丑、善恶的能力。改革德育方法，在传授有关思想道德观点的同时，要为发展学生运用这些思想道德观念去分析、评价问题的能力，在提供道德行为榜样的同时，要提供道德评价的榜样，在运用思想品德课、班会、队会、周会、晨会等进行思想道德教育时，要组织讨论、辩论，进行道德判断能力的训练。

（四）重视品德践行，说理教育与品德践行结合

践行，具有实践、实行、行动、做等意思。品德践行即道德实践，是把学到的思想、道德观念、准则贯彻到实际行动中去，品德结构具有内在统一性，在一定意义上说，品德主要是道德认识、道德动机和道德行为的统一，德育方法的组合应该注意把说理教育和品德践行结合起来。但在以往的德育工作中，往往对提高品德认识很重视，却较少组织品德践行。但思想品德的形成，归根结底应表现在行动上，通过品德践行可以提高认识，丰富情感，锻炼意志，培养能力。因此一定要把践行组织好，把讲解、报告、谈话、讨论、辩论、阅读等教育方式与组织学生自

觉地搞好学习，遵守学校规章制度，完成集体委任的工作，参加劳动，参加各种社会实践等结合起来。

（五）重视暗示教育，明示教育与暗示教育结合

明示法与暗示法只有互相结合，才能充分发挥大脑接受教育的可能性，产生好的教育效果。但过去我们研究和运用明示法多，却忽略了暗示法，其实运用暗示的场合和机会极广泛。德育作为实体有自己独立的目标、内容、方法、形式，同时又借助明示和暗示的结合，渗透到课内、课外、校内、校外、各项工作和各项活动中去，提高整体教育效应。

从以上所述掌握德育方法的艺术，科学地组织德育活动，是富有创造性的劳动，教育者的教育理论修养水平越高，实践经验越丰富，便能越好地驾驭它。

三　克服德育中的形式主义

（一）德育中形式主义的表现

德育中形式主义是片面注重和追求德育的表面形式，而不按德育的客观规律办事，不顾及德育过程中受教育者接受教育的可能性，不注意德育实际效果的工作方法和工作作风。在我们学习的德育方法体系中，不容许任何形式主义的东西，令人遗憾的是德育形式主义往往以正常的、必要的德育形式出现，不容易被人们所识别，它的消极影响作用也不为人们所立即感受到，因而往往被人们所忽视，其实这种形式主义的东西，是相当普遍地存在着，现举例如下。

（1）脱离实际制订学校或班级德育计划。不从本校、本班实际出发制订德育计划，德育目标要求脱离实际，不考虑其实现的可能性；面面俱到，罗列了方方面面，但不分主次，不得要领，既缺少具体的措施，又无法评估测量，好像是为订计划而订计划，例行公事，订了但没有认真按计划去做，没有检查，也没有总结。

（2）组织德育活动包办代替。德育活动无视学生的主体性，不顾学生兴趣、需要，全校统一时间、统一内容，开班会班主任从头到尾包场，有的主题活动由老师定调子、画框框，活动设计、发言草稿均由老师承包，老师当导演，学生当演员。

（3）爱作空洞说教。不顾教育对象的实际，唠唠叨叨，苦口婆心，实际是强加于人；作长篇报告，不考虑听众兴趣需要，说者津津有味、口若悬河，听者或心猿意马，或昏昏欲睡，或交头接耳。

（4）生搬硬套，牵强附会。什么事都要提到纲上分析，或人为加上政治标签，或有意赋予思想内容。

（5）装门面，搞花架子。有的学校对德育说起来重要，做起来次要，忙起来不要。平时围绕升学考试指挥棒转，但为了装门面，在工作计划中也排一些德育活动，或迫于形势应付上级检查，而突出搞活动、办展览、造声势，使人看了轰轰烈烈，热热闹闹。

（6）机械搬用别人的经验。学习先进经验时，不是学其精神实质，不研究别人经验中包含的内在规律，而只重具体做法，不问自己学校、班级的特点，生搬硬套。

（7）没有完全摆脱"运动式"的工作方法。一个时期对各个班提出统一要求，搞几个有声势的活动，但"一阵风"过去，又恢复"平静"。

（8）在德育评估上，着重看搞了几次活动，有过几次竞赛，班主任工作有没有订计划，至于学生品德现状似不要紧，写学生操行评语必须为保证升学率服务，其优点，竭力拔高，其缺点，尽量缩小。

（二）德育中形式主义的危害、根源和克服方法

德育中形式主义的危害很大，虽然它常常不被人们意识到，但给德育工作带来的损失却是客观存在着的。

从德育的效果看，搞形式主义：（1）违反教育影响必须通过受教育者内在积极性发生作用的规律，徒费大量人力、时间，而得不到预期效果；（2）导致德育负效应，为了狭隘的小团体利益，做表面文章，自欺欺人。

从德育工作过程看，形式主义不仅忽视了学生的自主性、积极性，也束缚教育者的创造性。形式主义，还造成师生关系的不协调，因此增加了德育工作难度。

德育中存在形式主义有深刻的社会根源、思想根源，多年来"左"的思想影响极大，社会政治运动也冲击学校，学校思想教育中运动式、假大空的影响并未完全消除。

在办学思想上，受到升学指挥棒的影响，重智轻德，从平时思想政治课教育到学生毕业操行评语，都从升学需要出发，在思想上并没有把提高学生思想、道德素质作为一件大事扎扎实实地抓起来。

为了克服德育中的形式主义，需要理论工作者、实际工作者和教育行政部门共同合作，密切配合，要端正办学指导思想，宣传、学习德育原理，充分认识德育在人的全面发展中的重要地位，把德育落到实处，自觉按德育规律办事。

四　摒弃虐待型教育方式

（一）虐待型教育方式的普遍性

虐待型教育方式是对受教育者采用肉体惩罚和精神惩罚，是一种严重摧残儿童身心的教育方式。肉体惩罚不仅使对象身体上受到痛苦和摧残，也使对象精神上承受痛苦。教育中的虐待方式一向是世界性的问题，20世纪80年代对旧金山93名妇女的调查表明，16%的人诉说13岁以前至少受到过一次家庭成员的性虐待。加拿大虐童发生率为0.25%，在安大略的调查中，女性受性虐待发生率达20%。丹麦、瑞士、澳大利亚等均有虐待儿童的事件发生[1]。在我国虐待儿童也许没有像某些国家那样严重，但是在我们教育工作中，体罚学生的现象却相当普遍，形式多种多样，罚站、罚跪、罚跑、罚静坐、关禁闭、罚扫地、罚拔草、打嘴巴、敲脑袋、拧嘴皮、揪耳朵等等。某小学的一个班40人，某生仅因上课吃东西，课后老师让学生轮流打该生嘴巴，有的教师感到自己打学生不好，便故意做"家访"，通过家长的手惩治学生，真是花样百出，无奇不有。此类情况农村学校尤甚。

精神虐待的方式五花八门：强迫反省、写检查、侮辱人格、恐吓、无休止唠叨、关精神禁闭（令其他学生不与之交往）、强行摘除红领巾、少先队长标志，剥夺参加集体活动机会，等等。

我国德育目标、内容的性质，德育过程中教育者与受教育者的民主

---

[1]　参见崔新佳《虐童行为需加防范》，《大众医学》1990年第6期。

平等关系决定了在我们的德育方法体系中，必须摒弃虐待型方式。

（二）虐待型教育方式的危害、根源和消除的办法

虐待型教育方式造成了严重不良后果。1961 年美国儿科医生肯浦教授便提出"毒打儿童综合征"，即儿童受虐待出现骨折，皮下出血，生长迟缓，软组织肿痛，皮肤擦伤，严重的发生猝死，不同程度、不同类型的与病史相符合的外伤。20 世纪 80 年代的美国，受虐待是青少年需治疗的第五位原因，1973—1982 年十年间，有 5 万名儿童因此死亡，30 万儿童留下终身残疾。① 二十世纪六十年代初的心理疾病称之为"学校病"。苏霍姆林斯基把学校病归为八大类，即过度激动，受委屈受迫害的多疑症，儿童激怒症，假装不在乎，无能为力，恐惧，矫揉造作和故作丑态，残酷无情等。② 我国中小学生中时有发生的厌学、逃学、偷窃、乱交朋友、犯性罪错、离家出走、自杀等现象，其重要原因之一就是肉体上或精神上受虐待所致。

虐待型教育方式是有其社会历史根源的。古希腊亚里士多德就把父子关系比作主奴关系，依此哲理，父母可以抛弃、杀伤孩子。古代罗马的"十二圆桌"法案规定禁止抚养有缺陷的孩子。在我国"棍棒底下出孝子""不打不成才"等封建社会传统的德育方法，现在信奉此法的仍大有人在，加之长期的重男轻女思想的存在，女孩（女生）受虐待的情况更为严重，小学和中学比，小学情况更严重，农村与城市比，农村情况更严重。有人统计，儿童受毒打造成颅脑损伤的发生率，农村为 2.7%—16.7%，城市为 2.5%—8.1%，有的甚至把孩子毒打致死。我国的经济文化落后，教育水准低，年轻父母和相当多的教师缺乏教育理论指导，缺乏教育年青一代的经验，因此在我国要废止虐待型教育方式是很艰苦的任务。为了防止、克服虐待型教育方式，特提出以下建议。

（1）加强法制观念，向家庭和教师普及"宪法""未成年人保护法"以及其他法律中有关青少年教育发展的规定，并认真实施，使青少年的

---

① 参见崔新佳《虐童行为需加防范》，《大众医学》1990 年第 6 期。

② 湖南教育编辑部编：《苏霍姆林斯基教育思想概述》，湖南教育出版社 1983 年版，第 83—93 页。

正当权益得到切实保护。

（2）教育界、司法界、新闻界以及社会学家、心理学家共同配合宣传，普及教育学、德育学、心理学知识，使教师和父母了解不同年龄期学生心理生理发展的特点，普及正确的教育方法，加强保护青少年意识和责任感、义务感。

（3）对严重摧残学生身心的重大恶性事件要依法处置，以防止类似事件再发生。

（原文发表在《江西教育科研》1994 年第 1 期）

科学教育中的德育

一　全面的科学教育应兼施德育职能

20世纪80年代以来，科学教育的发展呈现了从片面的科学教育向全面的科学教育的发展趋势。从18世纪中叶以来，随着历次产业革命的发生，科学教育也经历了三次革命。斯宾塞的实科教育思想导致了第一次科学教育革命。19世纪末20世纪初，杜威的以实用主义为核心的科学教育理论体系为第二次科学教育革命奠定了理论基础，提出科学教育的任务不单是传授知识，而且应着重在培养学生解决问题的能力。20世纪四五十年代以后，布鲁纳、赞可夫以科学教育哲学为核心的科学教育理论，首先在美、苏掀起教育改革，不久兴起了第三次世界范围的科学教育革命，强调科学教育的理性化、结构化，强调创造力的培养。在一些国家兴起的科学、技术、社会相互关系教育即STS教育，是对科学技术教育的新探索。

进入20世纪80年代以来，重视科学教育中的价值观教育，包括科学道德教育，已成为国际教育改革的一个热点问题。1989年10月联合国教科文APEID组织在马来西亚召开的关于科学技术教育中的伦理、价值、道德教育研讨会表明：各国普遍高度重视道德教育。同年11月底12月初在北京召开的面向21世纪教育国际研讨会，为迎接21世纪的挑战提出"学会关心"，提出21世纪的伦理，要求"关心他人""关心社会和国家的社会、经济和生态利益""关心地球上的生存条件""从为私利而学习转变到强调为公众利益而学习"①。确实，进入 80 年代，情况有了变化。五六十年代美国的一项受美国国家科学基金会资助的生物课程研究计划，明确规定研究活动不得插入探讨有争论的科学价值问题。70 年代初期，科学价值教育只被编入少数课程之中，但进入 80 年代，科学教育的目标有了大幅度修改，注意教育与人类政治、经济、社区环境及伦理道德配合，经过美国科学教师协会大力提倡，科学教育兼顾到认识、技能、情意和社会四大目标。科学教育的社会目标包括了认知、技能、情意，而社会目标所涉及的问题包括伦理道德、价值判断、决策能力，这是改革科学教育的一个重大突破。

1980 年科学教育目标以下图示之②。

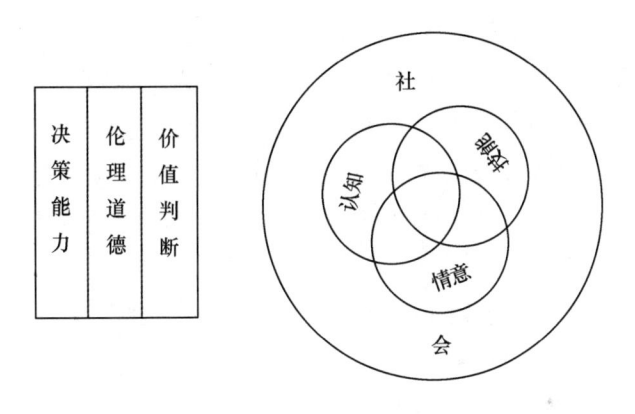

1980 年科学教育目标

我国台湾地区的科学教育目标，也经历了如下变化：20 世纪 60 年代前是科学知识学习；60 年代重科学概念的学习，科学态度和科学方法是副学习；70 年代发现式学习逐渐被重视，科学概念、科学态度、科学方法的学习三位一体；进入 80 年代，重创造性教学，科学态度的培养重于科学概念和科学方法的学习③。

---

① 王一兵译：《学会关心：21 世纪的教育——圆桌会议的报告》，《教育研究》1990 年第 2 期。
② 欧阳钟仁：《科学教育概论》，台湾五南图书公司 1986 年版，第 77—79 页。
③ 同上书，第 34—35 页。

以上这些均表明：80年代以来科学教育目标重价值观教育、重科学态度教育。

科学教育和科学价值观教育、科学道德教育本来就是有着内在联系的。科学技术的进步，对掌握和运用科学技术的人在价值观、道德精神素质方面提出新的要求；而人的思想、品德的形成需要有科学教育为其提供必要的科学知识基础和智力基础。今天我们应当坚持全面的科学教育，要在理性教育中进行情意教育，在科学知识教育中进行思想道德教育，进行完美人格的培养。

二 "爱科学"的国民公德教育

"爱科学"是我国全体国民的公德。《中国教育改革和发展纲要》指出，世界范围综合国力的大竞争"实质上是科学技术的竞争和民族素质的竞争"。[①] 因此"爱科学"不是私事，爱科学是现代人必须具备的道德素质，作为公德对提高全民族素质，提高整个民族的文明程度非常重要，而只有掌握了现代生产和科学的前沿，我们的民族才可能在综合国力竞争中占据优势地位。

STS教育把科学技术和社会生产、社会生活紧密联系起来，重视科学价值的教育，既表明"爱科学"是一种道德素质，也表明科学教育、STS教育与培养"爱科学"品质是内在地联系着的。

对中小学生来说，培养爱科学情感就应当在科学教育中维护、培养、发展他们的好奇心和求知欲，使他们爱好学习、喜欢思考，具有积极进取、不断探索的热情，崇敬科学家，尊重老师，具有不怕困难、顽强、刻苦的学习精神。

三 培养"爱祖国"的公德

"爱祖国"也是我国根本大法规定的国民公德。1983年中共中央宣传

---

① 国家教委办公厅：《中国教育改革和发展文献汇编》，人民教育出版社1993年版，第4页。

部曾发布爱国主义教育的意见。中小学德育大纲都把爱祖国列为第一条教育内容。当前，我们坚持把爱国主义—集体主义—社会主义教育作为德育的主旋律。可见在科学教育中进行爱祖国教育何等重要！在科学教育中如何进行爱国主义教育？多年来，在教育改革实践中已积累了丰富的经验，主要做法有以下几方面。

（一）结合科学教育的有关内容，向学生介绍我国科学史上光辉的成就，及其对世界文明的贡献，以促进受教育者树立民族自尊心、自豪感。如数学教学可以结合介绍我国西汉《九章算术》中分数四则运算法则、比例和比例分配算法、开方术、盈不足术、线性方程组解法、正负数加减法则、解勾股形方法等。也可结合勾股定律教学介绍《周髀算经》，结合圆周率教学介绍刘徽、祖冲之。同样，在理、化、生、地等学科教学中介绍我国古代科学家的杰出成就，增强学生热爱祖国科学文化的感情。

（二）结合科学教育有关内容介绍中华人民共和国成立后，我国科学技术上的伟大成就，培养学生对社会主义祖国的热爱。例如，化学中讲水泥、石油时可介绍中华人民共和国成立前后有关数据对比，物理教学可介绍我国原子弹、氢弹、洲际导弹的试验、人造地球卫星的发射、回收，以及对超导材料的研究，正负电子对撞机的研究，生物教学可讲"杂交水稻""结晶牛胰岛素合成"方面的重大成就等。

（三）结合科学教育内容，用科学家的感人事例激发学生爱祖国的情感。例如我国著名物理学家钱学森，1935年到美国，在美国生活了20年，中华人民共和国成立使他萌发了为祖国贡献智慧和力量的强烈愿望，他宁愿放弃在国外的丰厚待遇，经过5年的斗争终于在1955年回到祖国。又如介绍数学家苏步青，以及其他许多科学家热爱祖国的高贵品质，都是生动的具体的爱祖国教育。

当然爱祖国教育并不限于只讲科学上的成就、对世界的贡献这一方面，也应如实地向学生讲明，我国在科学技术发展方面的问题、困难和与世界先进水平比较存在的差距等，以激发他们发愤图强，立志为祖国经济建设掌握科学技术，为综合国力竞争作贡献。

爱祖国教育要与爱科学教育结合，引导学生认识经济建设、社会进步、民族振兴依靠科学，培养为建设祖国而学习的动机。

四　为建立科学世界观奠定基础

世界观教育是学校德育的重要组成部分。科学的特点即客观性、可证实性、实践性、逻辑性、创造性等，表明科学知识的学习和科学世界观的形成，有着内在的一致性。科学知识的教育也就是唯物论和辩证法的思想教育，各门学科的教材也是科学世界观的教育的素材。

在物理、化学教学中，"世界是物质构成的""物质是无限可分的"，分子、原子、离子的组成结构、性质，物理现象，分子运动等的教学，均可帮助学生确立辩证唯物主义物质观，即使高度抽象的数学问题，都能在现实中找到其原型，从而证明客观世界的物质性。

各门学科均充满辩证法。数学中分数与整数、负数与正数、有理数和无理数、虚数和实数、直线和曲线、整体与部分、已知与未知、等与不等，均体现了对立统一关系。物理学中作用与反作用、引力与斥力、正电与负电；化学中氧化与还原、化合与分解；植物学中的吸水与失水、光合与呼吸、同化与异化、遗传与变异等等，均是对立统一规律教育的好教材。

体现量变与质变的内容也很多，例如梯形上底逐步缩成一点而变为三角形，球的截面圆中的小圆随着它与球心距离的变化，或衍化为一点，或变成经过球心的大圆。至于化学更是研究物质质变规律的科学。

各科教材均可教学生懂得否定之否定的规律。数学中的 $a—(-a)—a^2$，物理学中的机械能—能—机械能，植物学中的种子—植株—种子等，都是实例。

至于对光的本质的认识，从粒子经波动再到"波粒二象性"，则能帮助学生领会认识发展的辩证法。对学生的科学世界观教育要和科学无神论教育结合，识别、抵制当前存在着的各种唯心主义和形而上学世界观的影响，反对各种封建迷信活动。

五　培养学生的科学精神

科学精神是在科学活动和科学教育活动中反映科学基本特点的思想、

作风。这是科学技术工作者应具备的品质，也是每个现代人应具有的素质。其基本内容大体有如下方面。

1. 尊重客观现实，从实际出发。科学具有客观性，科学的对象是客观存在着的事物及其运动规律。所谓客观性，就是独立于人的意识之外的存在。培养学生科学精神要让他们懂得这个道理，反对弄虚作假、浮夸、作弊这样一些反科学现象。

2. 具有实证精神，倾听实践的声音。要把科学实验作为检验理论和学说的依据。坚持以实践作为检验真理的标准。伽利略已用演绎推理否定了亚里士多德的落体的速度与重量成正比"定理"，但他坚持用实验推翻这一"定理"。要让学生懂得，衡量一个问题，一件事情的是非，要倾听实践的声音，不凭自己的体会感想，不依传统的观念，不看权威的态度，也不根据书本教条。

3. 锐意进取，勇于创新。科学知识浩如烟海，学习没有止境。科学是不断发展，不断创新的。史丰收有创新精神才发明了速算法。对中小学生，要培养他们积极向上，不断进取，独立思考，敢于怀疑，勇于探索的品质。防止自满自足，安于现状，墨守成规，停滞不前。

4. 具有准确性、严密性。称得上是科学的东西应该具有准确性、精确性、严密性的特征。门捷列夫祝贺德国一位化学家发现了"镓"的同时指出"镓"的比重在 5.9—6 之间，而不是他宣布的 4.7。后来事实证明门捷列夫以高度准确性、严密性，根据元素周期率所作预言是正确的。现代科学技术尤其讲究准确、精确、严密，这就要求人具有相应的素质。对中小学生的学习应从严要求，要求他们严谨、细心、精益求精。不能搞"差不多""大概""粗枝大叶""马马虎虎"。

5. 具有理智性、逻辑性。科学是理论体系，科学理论具有内在联系。李四光预见我国有丰富石油资源，与他善于辩证地思考问题分不开。门捷列夫熟练地运用分析与综合思维方法而发现了"元素周期律"。科学精神要求人具有理性的、逻辑的思考能力，能客观地理智地对待各种问题。科学教育要求学生认真学习理论，善于思考问题，提高理智水平。不人云亦云、意气用事、我行我素。

除上述几个基本方面外，谦虚谨慎、严谨求实、勤奋刻苦等科学作风也是科学精神的体现。科学教育应结合有关内容培养上述各种品质。

六 科学道德的教育

科学道德是科学教育中德育的主要内容。这是进一步涉及科学活动、教育活动中应当遵循的人与人、个人与集体、个人与社会关系的准则规范。这里结合中小学生学习活动提出以下几方面科学道德的教育内容。

1. 为振兴中华而读书。让学生逐步认识"科学技术是第一生产力"的道理。振兴经济，首先要振兴科技。认识学习是学生的主要任务。识别、抵制"读书无用"思想，立志为振兴中华而读书。

2. 科学为人类造福。科学技术对社会作用有二重性：它能给人类带来巨大利益，但对科学技术盲目地、错误地使用，它也可能成为异己力量，损害人类利益。要教育学生树立正确的价值观，遵循马克思的教导：有幸致力于科学的人，应该拿自己的学识为人类服务。

3. 追求科学真理，勇敢探索真理，勇于坚持真理，修正错误。意大利科学家布鲁诺反对"地心说"，受到宗教势力迫害，被囚禁、拷打多年，面对火刑，宁死坚持"日心说"。

4. 刻苦学习，勤奋不懈。科学史表明许多科学成果往往是通过艰苦创业，经过百折不回、勤奋探索得到的。如居里夫人以破旧厂棚作实验室。爱迪生一生有1328项发明，为发明电灯试验过1600多种材料。学习是艰苦的劳动，只有在学习中培养起刻苦学习、勤奋不懈的品质，才能为今后形成开拓、探索等所必需的品质奠定基础。

5. 虚心好学，互相帮助。我国著名化学家何鹰曾批评他的一个学生"成绩不错，但不虚心"。他说："在科学上你和我一样，永远都是小学生。"科学，尤其现代科学互相渗透，一个课题涉及许多方面，这就要求发挥集体智慧，协作攻关。要引导中小学生虚心好学，关心他人学习，在学习生活中，正确处理个人与他人、与集体的关系，防止、克服由于学习竞争而嫉妒他人、不关心他人和集体的现象。

七 科学教育中实施德育的方式

在科学教育中如何实施德育，笔者提出以下设想和建议，供参考。

1. 把"科学性与思想性统一"的教育原则作为科学教育中实施德育的基本指导思想。这就是说要发挥科学教育内容中蕴含的德育因素，使观点和材料统一，思想教育和传授知识结合，寓德育于知识教学之中，而不是把思想教育作为外加的东西硬塞给学生。要防止牵强附会，或使知识传授和思想教育割裂开来，"油水分离"。

2. 在教给学生科学结论的同时，说明结论形成的过程。以使学生在接受知识的同时受到科学方法、科学思想的训练，受到艰苦奋斗、不怕挫折的教育，培养探索的兴趣、爱科学的感情和独立获取知识的能力。

3. 为学生"参与"科学活动提供各种可能。学生是学习主体，STS教育要求让学生多参与。其方式多样：

（1）在自然科学教育中，可以提出与价值观有关的社会疑难问题，引导其对公众利益的关心，如组织学生调查本地河水污染情况，讨论为什么受污染，给公众带来哪些危害，对如何处理问题向环保部门提出建议。（2）研究与自己有切身关系的问题和自己的体验。如个人卫生、保护视力、防止近视、抽烟、在家中和学校受到噪声干扰问题等，让学生思考、研究、组织交流，体验自己的感受。另一类的问题如电视机、录音机、电冰箱、洗衣机的使用与保养等，让学生认识、体会现代科学技术与自己的日常生活，与自己健康、学习的关系。（3）组织多种课外学科活动小组，鼓励学生参与多种多样的活动，培养对科学的兴趣爱好及小组成员间的友好合作关系，锻炼自己的思考力，提高自己分析、解决问题的能力。

4. 利用社区教育力量，建立校外教育基地，组织学生参与社区生活。创设良好校内的、社区的文化环境，使学生生活在一个智力的、艺术的、道德的氛围之中，受到智力的、审美的、道德的感染、熏陶。

以上是一些设想与建议。相信广大一线教育工作者能有很多的创造，为在科学教育中实施德育提供更多更好的办法，从而使我们的科学教育真正成为培养完美人格的完整的科学教育。

（原文发表在《辽宁教育学院学报》1994年第2期）

论经济教育中的金钱观教育

经济教育是为有目的地形成受教育者正确的经济意识、经济行为，促使个体经济社会化。不少国家对年青一代的经济教育和积极社会化问题给予相当的重视。在我国，青少年学生的经济生活、消费方式问题开始引起人们的关注，对青少年的金钱观和物质要求方面现状也作过一些调查，有的学校也进行了一定的相应的教育活动，但就其总体情况来说，对经济教育尚未引起应有的、足够的重视，当然更缺乏对这一问题的研究。当前随着我国经济生活的发展，应当把青少年一代的经济教育和经济教育的研究提到日程上来。以经济建设为中心，丝毫不意味着学校德育可以削弱，可以淡化，相反学校德育因主动适应经济发展要求，培养迎接挑战、参与竞争的现代人的精神素质，而使新时期德育获得了崭新的意义，引入经济教育无疑是学校德育拓宽内容，改进方法提高效果的一个重要方面。

在经济教育中，当前最迫切，也是最应注重的是把金钱观教育和人生观教育结合起来，确立正确的人生观是思想教育的最高目标，确立正确金钱观是经济教育的核心内容。现在"向钱看"的思潮横溢，捞钱是社会的热门话题。享乐思想、高消费、超前消费等等无不与钱直接联系着。讲排场、摆阔气、显示有钱。"下海"为了捞钱。贪污受贿、盗窃等经济犯罪，也都是为了一个"钱"字。钱体现了人们的实际利益。因此，把金钱观教育作为当前经济教育的主要内容是十分重要的。金钱观是人生观的具体表现，金钱观教育使人生观教育现实化。英国一位心理学家说："研究儿童对经济概念和经济规律的理解能比研究儿童对无切身关系的自然规律的理解会获得关于儿童思维过程更为实际的信息。"对学生的金钱观教育与他们最具切身关系，因而也最容易使人生观教育贴近实际。

当前在现实生活中，不少青少年学生已参与了挣钱和用钱。即使小学生也常拥有一笔相当可观的钱。

金钱观教育是促进青少年经济社会化的重要组成部分。国外研究表明，儿童对经济关系的最初认识是通过钱的使用而实现的，对经济心理发展起主要影响作用的就是用钱、挣钱的个人经验。我们在日常生活中观察到四五岁的孩子已开始懂得钱的用途，已经有了"买"的观念。例如有的四五岁孩子说，他的爸爸喜欢他，因为爸爸挣钱养活他。再大一点，他们也参与货币交换活动。可见及时地认真地进行金钱观教育是何等重要！

金钱观教育就是一种人生观教育。人生观教育通过金钱观教育实施。教儿童和青少年懂得金钱的性质和功能，就是帮助他们懂得人生哲理。

金钱是商品交换过程中产生的货币。没有钱不能生存，大到国家建设，各项事业的发展，小到个人的生活、接受教育、建立家庭等都离不开钱。应当改变那种"耻言利"或"谈钱色变"的状况，要使学生懂得日后挣钱的重要，为国家挣钱，为集体挣钱，为家庭挣钱，当然要善于挣钱，即凭自己的才智和诚实的劳动挣钱，遵纪守法，保持道德和良心。

金钱是一种商品，在商品交换领域里，不能没有钱，但钱的威力终究有一定局限。要抵制"金钱万能""有钱就有一切"的思想侵蚀。金钱拜物教是对钱的一种迷信。世间许多东西不是商品，许多社会关系不是商品交换关系。许多东西是无价的，不能用金钱衡量和交换。用钱可以"开后门拉关系"，但买不到真正的友情。有钱可以上大学，可以买文凭，但买不到真才实学。有钱可以买最新、最美的时装，把自己包裹得最漂亮，但买不到内在的心灵美，等等。尽管实际生活中人们把某些非商品的东西商品化了，把某些人际关系变成了商品交换关系，但终究是少数非主要的、非正常的例外情形，而且只要商品经济发展成熟了，走上了规范化，这种不正常的情形还会减少。

钱既然是一种商品，应让青少年学会交换，即学会花钱。为了发展生产、发展事业要学会花钱，为了安排好生活，为了享受现代健康的文明生活，也应学会花钱，善于把钱用在"刀刃上"。

钱是中性的。要教育青少年懂得钱可以成为恶魔，也可以成为善仆，关键是确立正确的人生观指导下的金钱观。没有正确的人生观，金钱可能成为恶魔，它会驱使一个人去贪污、受贿、诈骗、盗窃、抢劫、卖淫甚至杀人谋财，挣了钱也可能去吸毒、赌博、嫖娼，危害社会、危害自己。而有了正确的人生追求，你就会做金钱的主人，金钱能帮你办成许多事，你可以用钱赈灾，支援国家建设，用钱提高生活质量，帮助你享受现代文明幸福，等等。

经济教育应采取何种手段、方式，这是需要探索的问题。苏联将经济教育手段概括成五个方面：思想手段、组织手段、社会手段、法律手段、社会心理手段。这是对包括中小学生也包括成人实施经济教育的做法，我们应更多地考虑学生的特点。但在内容要求方面应随年级的升高体现由易到难，从日常家庭生活到社会经济建设逐步实施，国际经济问题教育宜安排在高年级实施。台湾小学中关于"节俭"教育的内容要目安排从一至六年级分别是："不浪费东西—不浪费金钱—养成储蓄习惯—爱惜物力—力求节约—利用废物"，围绕"节俭"每个年级有教育重点，又体现了由易到难，个体的经济社会化发展主要取决于货币交换的经验积累，因而有目的地组织学生参与经济生活应是经济教育的重要途径。概括已有的做法有以下几点。

参与经济生活，组织学生参观工厂、商店、集市，用对经济繁荣的事实来感受市场经济对国强民富的作用，通过访问优秀企业家，了解他们的创业史，以真人真事教育学生。

参与包括教会学生合理地用钱。随着学生年龄的增长，拥有的钱会增多，更有可能接触经济，也能更好地掌握钱的功能。家长可以定期地给他们一定零花钱，同时给予消费指导，使学生懂得把钱用到该用的方面，同时教给学生必要的消费知识和购物技巧。

学校与家长配合，让学生了解家庭经济情况和市场物价。参与当家理财，从中懂得经济上如何治家。

学校开办"小银行"鼓励学生储蓄，指导他们计划用钱。

鼓励学生以合适的方式挣钱，用以支付自己的学习费用，是参与经济生活的又一方式。英国教育心理学家汤姆·克雷布特里主张"要鼓励孩子去挣钱来支付自己的费用。如果能够为邻居干活（扫树叶、给花园除杂草、带孩子或送报纸）都是些很好的事情"。这是国外的做法。在我国，学校开展勤工俭学为学生挣钱创造了良好条件，近几年大学生、中学生利用暑期"打工"也是靠自己劳动获取报酬的一种做法。这对于增强经济上自立、锻炼自己是有好处的。

[原文发表在《德育信息（内刊）》1994年第4期]

当前的德育改革与德育现代化

社会是个系统整体，社会现代化是整体中各要素的全面进步。现代化包括社会现代化，人的现代化，当然也包括德育现代化。德育现代化是现代化的一个组成部分，既能保证现代化的社会主义方向，又是推动整个现代化的力量。德育的现代化要求德育改革，德育现代化与德育改革是同一过程的不同方面。德育要现代化必须改革德育，改革就是按德育现代化的方向、要求去改革，改革就是为了德育现代化。

我国社会主义市场经济体制的确立，开辟了社会主义现代化发展的新阶段，我们的德育（包括德育学科）发展也开始了新的历程。现在的德育已经不是计划经济体制下的德育了，而是市场经济体制下的，以市场经济为中心，由政治、科技、文化、教育等诸方面要素共同构成的社会环境中的德育，特别是现代社会中经济体制的转变、科技的迅猛发展、教育现代化的实施，绝不能误以为可以淡化德育，恰恰相反，这一切赋予了德育以崭新的意义，并向德育改革、德育现代化提出了更新、更高的要求。它必然要求德育思想的转变，必定引起德育地位、德育功能、德育价值的变化；德育目标、德育内容和课程、德育方法和形式，以至整个德育体制的改革也势在必行。这也是现代经济、现代科技发展对德育研究提出的一系列新课题。而现代经济发展、科学技术发展，也为德育改革和德育现代化提供了必要的物质基础，科学理论和现代技术基础。努力实现德育现代化，加紧德育理论现代化建设已成为时代赋予德育工作者的历史性任务。

从德育实践和德育理论自身发展说，也要求德育作进一步改革，并为德育改革、实现德育现代化提供现实基础。现有的德育，投入的人力、物力、时间很多，但未收到预想的效果。这里的原因很复杂，需要联系整体社会大系统及系统的各个要素加以分析，才可能有较清楚的认识。但就德育自身说，其原因也是很复杂的。在总体上说，现有德育模式不适应以市场经济为中心的社会发展，这是根本性的矛盾。具体说，我认为原因表现在多方面，如：(1) 德育观念不适应，突出表现为德育目标要求、德育内容等方面的观念不能适应社会主义市场经济体制要求，不能适应当代青少年发展的要求。(2) 德育实践没有以德育理论为指导，违反德育规律的现象到处可见。这里说的是"没有以德育理论"来指导，而不是说"没有德育理论"。平日经常有一种议论，说"德育理论脱离实际"或"德育理论滞后不能指导德育实践"这类问题也确实存在，但是对已有理论没有运用的情况也是存在的。(3) 德育理论和德育理论研究的科学水平不高，因而不能适应德育改革实现德育现代化的需要。前面提到的一系列课题，还是有待研究的，有许多问题，例如，适应时代发展要求的道德准则、市场伦理规范究竟有哪些？这类问题的解决有赖于相关学科的发展。在社会现代化过程中，受教育者思想道德素质发展的时代特征是什么？现代化发展对一般社会成员思想道德素质要求如何转化为对青少年学生德育要求，如何使这些要求在受教育者身上得到实现等等，这些是需要社会学、伦理学、德育心理学、德育哲学、德育论等多学科综合研究的。而从德育科学研究的现状看，现在主要是各学科独自作战，而德育现代化发展则迫切要求我们联合攻关、综合研究。

  以上是对德育和德育研究现状中存在的一些问题所作的一些分析，但并不否认我们在德育和德育研究中取得的成绩。我认为德育实践和理论的发展已为进一步德育改革和实现德育现代化提供了一定的现实基础。从中华人民共和国成立到 20 世纪 60 年代中期德育取得了一定成绩和经验。10 年"文化大革命"，学校教育受到摧残，德育完全沦为"阶级斗争工具"。1978 年经过拨乱反正，学校德育走上正轨，德育理论研究逐步正常开展，德育实践中也出现了许多新鲜经验，形成了一些符合时代要求的新的思想、理论，为德育学科的现代化建设提供了丰富的实践基础，是现代德育理论的源泉，应予高度重视。现将德育改革已取得的成绩初步归纳为以下几方面。

  (1) 20 世纪 80 年代初开始，高等师范院校在总结以往学校德育和高师教育学科教学的基础上，根据当时的需要开设了"德育原理"课程。

这对把"德育原理"作为独立学科建设来说是个重要开端，对推动德育理论研究具有重要意义。

（2）1983年开始编写、1985年正式出版了中华人民共和国成立后第一本《德育原理》教材，在八院校合作的"德育原理编写组"会议上，原教育部部长董纯才提出编写出"中国的社会主义的德育原理"。

德育理论研究得到顺利的开展。"文化大革命"以后，"六五"以来，中经"七五""八五"，德育研究项目一直被列入全国教育科学规划，成为国家教育科学规划中的重要组成部分。各地方、学校的研究也有一定的计划。由于统一规划，使研究经费的投入有一定保证，研究力量得到有效的组织，陆续出了一批研究成果，为今后的德育学科建设提供了很重要的思想理论。

（3）20世纪80年代中期开始，在全国布设了德育原理硕士研究生授权点，经过十余年的研究生教学实践，培养了德育原理专业教学和科研人才，促进了德育研究和德育论学科建设的发展。

（4）编辑出版了一定数量的全国性、地方性的德育理论期刊和报纸，在传播德育理论、普及德育原理教育、交流德育信息等方面发挥了积极作用。这些也是德育学科现代化建设所必需的资料。

（5）建立了德育原理学术团体和研究机构。全国性的德育学术团体有：全国教育学研究会德育专业委员会、全国高校思想政治教育研究会、全国中学德育研究会、全国小学德育研究会。地方上的学术团体更多，至1995年，全国80%的省市成立有德育研究会。在研究机构方面，1991年中央教科所成立了"德育研究中心"，至1995年，全国1/3的省教科所先后建立了德育研究室。

（6）在全国大、中、小学分别开设了政治课、德育课、思想政治课、思想品德课。经过多年教学改革和实验研究，积累了一定的经验，形成了一系列教学原则、教学方法和课堂教学模式。

（7）经过多年的理论探讨和"六五""七五"以及"文化大革命"前较长时间的实验研究，研制出全国性的《中学德育大纲》、《小学德育纲要》和《普通高等学校德育大纲（试行）》，并分别于1993年、1995年正式公布实施。在"六五""七五"大纲研制期间，大大推动了有关学校的德育改革和德育研究工作，并形成了一支德育研究队伍。"大纲"的研究和贯彻实施，为各级学校有计划、有系统地开展德育工作提供了依据。

（8）社会主义精神文明建设的开展和社会德育网络逐步形成，促进了教育社会化和社会教育化的发展。多年来，广大实际工作者创造了一系列新鲜的德育经验。例如：创建各种类型的德育基地；建立校外辅导员制度，扩大德育队伍；建立家长委员会，开办家长学校；建立学校、家庭、社会三结合教育的各种组织，开展相关的教育活动；开展校园文化建设，开发德育环境课程；德育与心理教育、心理咨询结合；等等。

（9）德育研究的范围大大拓宽。重视德育的调查研究、实验研究与中小学教育整体改革研究相结合，出了一批研究成果。重视德育史的研究，出版了中国德育思想史、中国小学思想品德教育史等方面的著作。重视当代国外德育现状和德育理论研究，翻译编写出版了苏联及西方国家一批德育著作和比较德育研究著作。由于开展了德育学和其他学术的交叉研究，出现了一系列新的学科交叉研究态势，如德育心理研究、德育哲学研究、德育评价研究、德育与文化的研究、德育艺术研究、德育工艺学研究、德育社会学研究等，并且在这些方面取得了一定的成果。

（10）由于社会的发展，由于德育理论研究和德育实践的发展，促进了人们德育思想的重大转变，在一系列德育理论问题上均有所开拓、有所突破、有所进展。例如关于德育本质和德育过程方面的研究，德育的功能与价值的研究，在德育目标内容方面关于个性发展的研究，关于培养思想品德能力等问题的研究，在德育课程方面开始重视隐性课程和活动课程的研究，关于建立德育网络和德育管理的研究，以及德育评价问题的研究等等，都有显著进展。

中华人民共和国成立以来，特别是近十几年来社会发展和德育自身发展都向我们表明：现在是需要也有可能从"现代化"视角对其加以分析、研究了。为了建设有中国特色的社会主义现代化的德育，当前应当对自己国家已有的经验、思想理论作系统的调查、整理，对其进行哲学的思考，促使其进一步提升。对历史上的外国的德育，也要进行系统的研究。

（原文发表在《现代教育论丛》1997年第1期）

个性发展与个性教育[*]

人的个性具有社会性、主体性、独特性。这里所说的个性是积极的个性,个性发展是指个性品质的不断完善,包括积极个性品质的形成、发展和不良个性品质的矫正。

个性教育是有意识地形成受教育者积极的个性品质,防止与克服消极的个性品质。提出个性教育是为了自觉地、有意识地培养学生良好的个性品质,使受教育者积极的个性在当前条件下得到自由发展;也就是说在促进学生个性发展方面,做得更自觉、更有效。事实上,不提个性教育,每个教育活动都影响着学生的个性。在这个意义上说,每个教育者都在进行某种个性教育。或者说,在教育活动中每个教育者都在对学生个性施予影响,不是自觉的影响,就是不自觉的影响,不是积极的影响,就是消极的影响。提出个性教育意在更自觉地施以积极影响,防止盲目的、消极的影响。

个性教育是相对于单一的模式化的教育而言的。提出个性教育,并非是要在学校日常教育、教学活动之外,单独地、专门地组织教育活动,而是以促进学生良好的个性品质发展为指导思想,在学校各种教育、教学活动中,有意识地培育、发展积极的个性。

个性教育并非只限于学校教育,它也应是终身教育的一个方面。个性具有相对稳定性,但并非一成不变,由于各种因素和各方面的影响,个性是不断变化发展的。有人把社会对个性的影响分为三类:(1)常规年龄级影响(即与年龄相关的环境影响);(2)常规历史级影响(不同历史时期的环境影响);(3)非常规生活事件影响(个人生活中经历的意

---

[*] 本文的作者为班华、李太平。

外事件、偶然事件影响）。① 个性修养是终身性的，个性教育应是终身教育的一个方面。

个性教育是社会发展的需要，是建立社会主义市场经济体制的需要，是改革开放的需要，同时是教育自身改革、实现教育现代化的需要，而教育改革、教育现代化发展又是个性发展与个性教育的基础工程。

个性通过教育形成，但不是任何教育都能促进良好个性的形成，个性教育通过各种教育、教学活动实施，但不是任何的教育、教学活动都是良好的个性教育。只有自觉地有意识地培养积极个性品质的教育、教学活动才是我们所要求的个性教育。教育个性化是根据受教育者特点施教，使课堂教学、课外教育系统中的各种教育影响转化为学生个性发展的内在因素。关于"教育的个性化"，保加利亚伦理哲学家莫穆夫曾说："我们把'教育的个性化'理解为一个复杂而矛盾的过程，这是一个足以使个人行为社会化和受到调节的知识内容，同足以形成人的个性形式的那些不同类型的心理意识、思想过程以及种种特征和态度（需要、兴趣、信念、价值标准、意向）之间相互作用的过程。""人的社会化的心理机制，就其完整形式来说，是内化和外化两者统一的过程，这两者统一的过程可能概括为'教育的个性化'这一范畴。"② 我们理解，个性化是人的社会化的内部机制，教育个性化是使教育影响成为受教育者可以接受的，从而促进个性发展的教育，因而有两层意思：把受教育者可接受的教育影响转化为受教育者内部动因；通过受教育者"自己运动"而发展积极的个性品质。

根据以上对个性和教育个性化的理解，我们认为个性教育特别注重培养受教育者的主体性、独特性、创造性，这是个性教育的必然要求，也是使教育成为个性教育应当采取的策略或措施，以及教育成为个性教育应当遵循的原则。

如果说培养主体性、独特性、创造性是个性教育的目标要求，那么实现上述要求，还应根据个性发展特点使教育活动多样化和充分利用闲

---

① 车文博主编：《心理学原理》，黑龙江人民出版社1986年版，第197页。
② 转引自［苏联］哈尔拉莫夫《道德教育理论的方法论问题》，《外国教育资料选译》1979年第2期。

暇教育。这既是实施个性教育的策略、措施，也是教育个性化的体现，因为个性具有完整性、多样性，相应的教育活动也应是丰富多样的；个性发展不仅是学校正式教育的结果，也是闲暇生活中接受各方面影响的结果，因此，根据个性形成的特点，也应把闲暇教育作为个性教育的重要组成部分。以下就上述各问题分别说明之。

主体性的弘扬与教育的主体性

主体性是个性的本质特征之一。一个人只有作为主体独立自主地支配自己的意识和活动，才可能是有个性的个人。弘扬人的主体性，就是在社会主义现代化建设过程中发扬人的自觉性、积极性、独特性、创造性。个性教育就是要培养这种主体精神。不能把个性教育归结为就是发展个人的兴趣、爱好，个性教育的主旨在发展人的主体性。但并非任意一种教育活动都能使受教育者的主体性得到发展，只有这样一种性质的教育活动即受教育者把它作为自己发展的方式，因而自觉、主动地、积极地参与其中的教育活动，才是促进其主体性发展的教育活动。在这样性质的教育活动中，受教育者是教育的主体，发展的主体，他参与教育活动，不是被迫的、强制的，而是作为自主发展的活动主体自觉主动参与的，这样的教育活动是他自我教育、自我发展的内在机制。这就是主体性、发展性教育，或称主体—发展性教育。主体—发展性教育的基本含义是：（1）以培养主体性、发展主体性为目标；（2）在教育活动中，确立受教育者的主体地位，发挥其主体作用；（3）主体—发展性作为根本的思想，贯穿于教育活动的始终，体现在教育活动的各个方面。一种教育活动能否成为主体—发展性教育，从受教育者说，关键取决于他对待教育的态度，即主体的积极地对待。但这种主动性不是自然地自发地产生的，而是需要教育者主体发挥其主导作用，给予积极的引导，这里的关键是要培养受教育者对活动的欲求、兴趣、行为动机和定式。对此，苏联学者哈尔拉莫夫提出的主张可供参考：

①深入阐明所要安排的活动有什么社会政治意义，以及它对学生个性的形成有什么作用；

②不断地把每个学生进一步成长和发展的任务具体化、确切化和复

杂化，并对完成这些任务进行有效的帮助；

③无论教师还是学生集体都对学生的工作进行恰如其分的教育检查；

④使集体生活充满丰富的知识内容和精神内容；

⑤适当地显示出整个整体以及个别学生在学习、劳动和社会活动中所取得的成绩。①

在我国的学校教育实践中，广大教育工作者所创造的学生代表会议制、班级干部轮换制、值周班长制、人人接受社会工作制等，都是培养、发展学生主体性的教育形式，都可看作是主体—发展性教育的具体形式。

个人独特性的发展与因材施教

个性是不可重复的，个性与独特性相联系。独特性，可能表现在智能方面，如思维敏捷、记忆力强；也可能表现在思想道德方面，如原则性强，道德信念坚定、诚实、真挚，热爱祖国、热爱集体等；也可能表现在审美方面，如特别喜爱某种艺术，特别易受某种艺术的感染等。只有发展学生独特性的教育，才是个性教育。这样培养独特性的教育应当是有特色的教育。因而，这里所说的因材施教，不能仅仅看作一般的教育原则，它首先是一种教育思想，一种培养学生独特性的教育思想，一种个性教育观。以这一教育思想为指导，在培养目标上有特色，即在目标要求上将社会现代化需要和个性发展需要结合起来，这种培养目标具有统一性，又有多样性。因此，因材施教与统一要求是一致的。因材施教是根据学生特点，以不同的教育要求和教育方式，使学生既达到统一要求，又能发展其个性。我国有些学校概括出的"合格加特长"，就是独特性教育目标的一种模式。

作为个性教育，因材施教不等于个别指导，个别指导是师生一对一的指导，个性化的教育是根据学生的个性特点和他接受教育的独特方式而采取的相应的教育，帮助他们"在无数的生活道路中，找到一条最能鲜明地发挥他个人的创造性和个性才能的生活道路"。"要在每一个人身

---

① ［苏联］哈尔拉莫夫：《教育学教程》，西西成等译，教育科学出版社1983年版，第291页。

上发现和找出能使他在为社会谋福利的劳动中给他带来创造的欢乐的那条'含金的矿脉'……我们的任务就在于，在学校里不要使任何一个学生成为毫无个性、没有任何兴趣的人，每一个学生都应当从事一件他自己感兴趣的事，每一个学生都应当有一个进行心爱的劳动的角落。"[1] 每一个学生都有一门特别喜爱的学科，每一个学生都有自己最爱阅读的书籍。总之，使每一个学生在某一个领域、在某一个方面得到充分的发展，充分显示其个性。

要促进学生独特性发展，就要深入了解学生的个性，俄国教育家乌申斯基讲过，"如果教育学希望从一切方面教育人，那么就必须首先也从一切方面去了解人"[2]。苏霍姆林斯基在其教育实践中十分重视了解和研究学生，他一生中研究过3700个学生，而且给学生做详细的记录，了解学生的个性是培养良好个性的前提。

创造性的发展与创造性教育

创造性发展是个性发展的极重要方面，是个性主体发展的最高形式，或者说是人的能动性的最高形式。在现代科技发展中，创造性具有极重要的意义。创造性是现代人必备的素质。[3]

创造性既是重要的个性品质、道德品质，也是适应科学和现代生产需要的学习品质、劳动品质。创造性发展程度是个性发展的尺度，培养创造性是个性教育的重要目标、发挥人的创造性并不是放任人性的自由表现，发明和发现也要遵守一种为人们自由接受的纪律，也要模仿别人所选择的模式，尤其要反对那些矛盾的模式。否定纪律的作用和拒绝遵守一切规则，都是不可能的，虽然，从长远来看，有些纪律和规则在一个人自己的运用中会日益完善，而这样的纪律和规则同发明创造的本能是最相一致的。

---

[1] ［苏联］苏霍姆林斯基：《给教师的建议》，教育科学出版社1984年版，第503—504页。
[2] ［苏联］乌申斯基：《人是教育的对象》第1卷，科学出版社1959年版，第11页。
[3] 联合国教科文组织国际教育发展委员会编著：《学会生存》，上海译文出版社1979年版，第203页。

创造性教育应是把所有人类意识的一切创造潜能都释放出来，但并非任何教育都能做到这一点。教育既有培养创造精神的力量，也有压制创造精神的力量，教育在这个范围内有它复杂的任务。这些任务有：保持一个人的首创精神和创造力量而不放弃把他放在真实生活中的需要；传递文化而不用现成的模式去压抑他；鼓励他发挥他的天才、能力和个人的表达方式，而不助长他的个人主义；密切注意每一个人的独特性，而不忽视创造也是一种集体活动。认清这些任务乃是现代心理教育学研究最有成果的智力成就之一。①

陶行知先生1933年就倡导创造教育。创造性作为个性特点，不仅仅是创造力的表现，而且是创造意识、创造情感、创造的意志、创造能力的统一，因而创造教育是个性教育的重要方面，是个性教育的有机组成部分，不能把培养创造性仅仅作为智育的任务，事实上，它是整个教育的任务。创造意识是出自对社会的责任感而形成的创造意向、创造欲望、要求，创造情感是一种高级社会情感，它以开拓创新为快乐，创造意志是创造过程中表现出的目的性、顽强性、独立性、自制性。

实施创造性教育，要创设、营造鼓励创造性的教育环境，美国创造学家史密斯主张在培养创造性的个性中，"教育者的第一个作用就是设定开发创造性的条件，创造性所需要的生理心理、社会及知识环境"。② 我们理解，创设这样的环境就是：建立友善的、鼓励创造性的学生集体。在这个集体中，宽容、理解、男女生正常交往；热爱学生，形成民主、平等的师生关系，教师乐于接受和鼓励不墨守成规的、新奇的答案和行为；实施开放式教育，让学生接触社会，投入实践，开阔眼界；由保姆式管教方式转为学生自主教育方式，充分发挥学生的主动性。教学由注入式变为启发式；由刻板划一的模式化教育转变为生动活泼的多样化教育，改变教育方式的标准化、程式化、八股式，代之以灵活性、多样性、趣味性的教育方式。

---

① 联合国教科文组织国际教育发展委员会编著：《学会生存》，上海译文出版社1979年版，第205页。

② 徐方启：《外国创造学家论创造型教师》，《上海教育》1985年第3期。

个性的完整性和教育活动的多样化

个性具有社会性，个性反映人的本质，是社会关系总和，个性的形成发展是其精神力量和思想、情感、意志、性格、情绪、才能等等因素作为整体发生变化的过程。如苏联心理学家列昂节夫所说，"个性的概念表现着生活主体的整体性"，"它是一种特殊的整体形成物"[①]。个性中的一切特征、品质共处于统一体中，在相互联系中发展。马卡连柯曾说过，个性发展不是一部分、一部分进行的，个性成长具有它的完整性和多面性。个体的完整性、多面性要求教育活动的丰富性和多样性。这里包含两层意思：一是个性发展必须通过教育活动，二是这种活动要丰富多样。

个性是在活动基础上形成的，"个性在任何方面都不是先于人的活动而存在的；个性也和人的意识一样，产生于活动"[②]。内部心理活动是外部对象性活动内化的结果，外部的对象性活动是内部心理活动的外化，这种内化、外化的无数次交替形成相对稳定的个性。

个性的整体性多面性要求教育的多模式、多功能，作为个性教育的活动应是有着内在丰富性和多样性。片面追求升学率、单调刻板的学习生活，枯燥无味的教育教学方式是极不利于个性和谐发展的。必须全面贯彻教育方针、全面提高教育质量，在教育的目标要求方面既统一又要多样，在教育内容、方法、教育活动的形成方面也都应当是多样的，只有多种多样的教育活动，才能使个性的各个方面有效地活动起来，从而使作为整体的个性得到有效的发展，也就是说，让学生在参与一定的社会政治活动、群众性文化生活、公益劳动、体育运动等这类丰富多样的活动中"学会做人、学会求知、学会劳动、学会生活、学会健体、学会审美"[③]。

研究表明，多种形式的新颖的活动能激起受教育者的积极情绪，引

---

① ［苏联］列昂节夫：《活动意识个性》，苏沂等译，上海译文出版社 1980 年版。第 127、128 页。

② 同上书，第 125 页。

③ 李岚清：《基础教育是提高国民素质和培养跨世纪人才的奠基工程》，《中国教育报》1996 年 4 月 12 日。

起他们的兴趣，从而激发他们自主的积极地参与，使教育活动成为他们自主发展的活动。实际工作者创造的、在实践中形成的愉快教育、成功教育都是有利于个性发展的教育模式。当然，作为发展个性的愉快教育模式，主要不在于追求感性的快乐，而在于获得内在精神的愉悦，在于促使其生动活泼的主动地得到发展，因而它并非不要受教育者付出艰苦劳动和具有刻苦精神，只是当教育活动成为受教育者自主发展的活动时，有着对实现目标的强烈愿望、学习的艰苦性和乐趣性，苦与乐便同时并存，当经过苦学、有所收获，目标达成便能享受成功的快乐。

社会主义社会里，集体主义是个性发展的基本特征，是个性倾向性的基本内容，组织个人参加集体性的活动是发展个性的基本途径。个人生活于其中的集体，就是个性发展的基本环境，个人在集体中所处的地位、自我感觉、别人的评价、自我评价等等都是个性形成的基础，在健全的集体中，社会助长作用、社会比较作用等促进积极个性发展的机制。

个性自由发展与闲暇教育

马克思、恩格斯在论述人的发展时，常常提到人的自由发展，自由发展是从主体与客体关系说的。人的发展总要打上社会的、时代的、阶级的烙印，因此自由发展绝不是不受任何约束的放纵、无秩序、无责任、无纪律。自由是对客观世界必然性的认识与改造。自由发展是自觉遵循客观规律、正确利用客观条件前提下自主地发展积极的个性，包括发展兴趣、才能、意志、性格等方面的品质。自由是相对的，自由发展的程度也是相对的，总的说，随着社会的进步，人的自由发展的可能性逐步增加，当前我们所说的自由发展在程度上相对而言要低一些，即在当前社会条件下的自由发展。马克思把人的发展时间分为两部分：劳动时间和自由时间，我们可以把教育活动和闲暇时间看作两大类活动。对学生来说，闲暇时间是完成学校规定的教育、教学任务的学习时间之外的属个人支配的空闲时间，随着社会的发展，闲暇时间日益增多，在我国实行新的工时制度后，学生的闲暇时间更多起来，（因为片面追求升学率现象的存在，闲暇时间往往被侵占，随着教育改革的继续发展，最终要改变这一状况）。闲暇时间应当是学生自由支配的时间，也是最好的个性自由发展的时间，然而面对大量的自由时间，有的用作补课或布置额外的作业，有的无所适从，不知如何过好闲暇生活，以致浪费了大量宝贵时间，因此要进行闲暇生活指导，实施闲暇教育。闲暇教育是个性教育的一个组成部分，要通过闲暇教育使学生学会生活，提高闲暇生活质量，使个性得到自由发展。闲暇教育包括闲暇生活价值观教育，培养正确闲暇生活态度以及有关闲暇生活的知识、技能教育，指导学生过文明、健康、科学的闲暇生活，通过各种闲暇活动丰富精神生活，扩大视野、增长知识使自己的个性道德品质、社会技能、创造才能等得到充分的自由的发展。

（原文发表在《江西教育科研》1997年第1期）

世纪之交论德育现代化建设[*]

我们日益走近2000年。

2000年,是人类历史上的重要时刻!它不仅是21世纪的开始,而且是新的千年纪元的起点。不论过去和未来,不是每个世纪的人们都能遇上千年转换时刻的;而我们这些在当代生活着的人,却有幸遇上这千年轮一回的时机。

2000年,作为未来的象征,它影响着人们的心态,激发着人们对它积极的思考、谋划,引发人们对它美好的憧憬与向往。

对我们国家来说,从现在到2010年,正是建设有中国特色的社会主义事业承前启后、继往开来的重要时期。党和国家制定的经济和社会发展"九五"计划和2010年远景目标纲要,为我国社会主义现代化描绘了宏伟蓝图;《中国教育改革和发展纲要》为我们实现教育现代化设计了远景目标;中共十四届六中全会决议,为我们制定了新时期社会主义精神文明建设的行动纲领。在这样的背景下,让我们来回顾一下特别是近十几年来我国德育的发展,思考德育改革和德育现代化问题,认识它的意义,谋划它当前的改革,设想它未来的发展,是很有必要的。

一 迎接未来要做的最好的准备

迎接未来世纪要做什么样的准备?科教兴国,教育为本。迎接未来不抓科技不行,抓科技不抓教育不行。抓好教育,要抓好科技教育,又要抓好思想道德教育,保证正确的思想政治方向。邓小平早已指出,社

---

[*] 本文载入《中国教育家展望21世纪》,山西教育出版社1997年版。

会主义现代化，科技是关键，教育是基础。回顾历史与现实，展望未来的发展，我们将能更好地理解邓小平这一论断的深刻含义和深远意义。以往的国际竞争主要是战争形式，强国以炮舰手段掠夺弱国。未来世界范围内，仍有竞争，但主要是经济竞争、综合国力竞争。市场就是"战场"，商品就是"武器"。要在竞争中取得主动地位，就要提高人的素质，生产出精良的"武器"。为此就要提高民族的思想道德素质和科学文化素质。这就必须要依靠教育，依靠道德教育、依靠科技教育。正因为如此，"世界各国几乎不约而同地将注意力集中在教育改革上"[1]，也正是在这个意义上，教育改革与发展"纲要"作出论断：谁掌握了21世纪的教育，谁就能在21世纪的国际竞争中处于战略主动地位。也正是在这个意义上说，迎接未来要做的最好准备，就是抓好教育，包括科学技术教育和思想道德教育。

对科技和教育（包括德育）作用要重新估计，不能静止地停留在当前的视野内去认识，而应以发展的眼光，从未来的视角去认识。我们既要看到当前条件下科技和教育在生产中的巨大作用，更要看清它的作用随着时间推移与日俱增的发展趋势，既要看到当前，更要看到21世纪。21世纪，一个"全新文明"即知识社会的文明，或信息时代的文明，在世界范围内将或迟或早地展现在各国人民面前。未来学家托夫勒认为"第二次浪潮体力型经济"将过渡到"第三次浪潮智力型经济""超级符号性经济"。"知识的作用、意义和本质发生根本变化。"知识（广义的知识包括数据、信息、意象符号、文化意识形态以及价值观）成为"经济的主要资源"，最重要的财富形式不再是"物"而是知识，高科技工业中机器和产品，其作用的有效性"以月或星期来计算"，"速度经济"将取代"规模经济"，知识信息的发展和分配，将成为人类主要的生产活动和权力活动。[2] "知识的重要性将随着时间的每十亿分之一秒的推移而增加。"[3] 与此相关的，教育的价值日益重要。美国学者刘易斯在论到21世

---

[1] 袁运开：《"科学技术社会辞典"》序，浙江教育出版社1992年版。

[2] ［美］阿尔温·托夫勒、海蒂·托夫勒：《创造一个新的文明》，陈峰译，上海三联书店1996年版，第14、19、20、31、44、74、38页。

[3] ［美］阿尔温·托夫勒：《力量转移》，刘炳章等译，新华出版社1996年版，第493页。

纪教育时指出:"工业时代的推动力是能量(石油、煤、原子能),信息时代的推动力是信息;教育在工业时代是陪衬,在信息时代是基础。"①但我们不能把教育仅仅理解为科学技术教育,还应包括思想道德教育。连托夫勒也认为,广义的知识包括"文化、意识形态以及价值观","金钱万能",将被"知识就是力量"所代替,轻视知识作用,对财富的"物质至上主义","除了职业教育外,其他教育都是浪费","文科和生意成功毫不相干"等观点都是错误的。② 21 世纪的竞争,不仅表现在知识、智力方面,也表现在理想、道德方面。我国的现代化是社会主义中国的现代化,不是"西化",尤须重视思想道德教育,因此,我们认为只重科学知识教育,轻视思想道德教育,只重视科学素质教育,忽视人文素质教育等,都是错误的。

重视德育已是世界各国教育发展的趋势。1989 年面向 21 世纪教育国际研讨会,就提出了"学会关心",会议总报告的题目就是《学会关心:面向 21 世纪的教育》。面对当代经济和科技发展中带来的种种全球性问题,会议认为:教育的使命是要培养未来一代又一代新人,使他们关心这些全球性问题,具有面对这些问题的责任感、意志、信心、素质和能力,使他们从只关心自我的圈子里跳出来,"关心社会和国家的社会经济和生态利益""关心地球的生活条件""关心他人""关心自己的家庭、朋友和同行""关心其他物种""关心真理、知识和学习",也"关心自己和自己的健康","从为私人利益而学习转变到强调为公众利益学习",因此绝不能误以为到 21 世纪,只要科技教育,德育就不那么重要了,也不要误以为只有我们才重视德育。各国人民都"需要一个与 21 世纪相适应的教育哲学。这包括一个新知识观和学习观,一个与 21 世纪相适应的伦理规范和一个对待 21 世纪教育的地位和新的政治和经济道路"。③

---

① [美] 刘易斯:《21 世纪的教育》,施良方译,瞿葆奎主编《国际教育展望》,人民教育出版社 1993 年版,第 332 页。

② [巴西] 保罗·弗莱雷:《被压迫者教育学》,顾建新等译,华东师范大学出版社 2001 年版,第 31、50 页。

③ 以上参见面向 21 世纪教育国际研讨会《学会关心:21 世纪的教育——圆桌会议的报告》,王一兵译,《教育研究》1990 年第 7 期。

二 对"德育现代化"的理解

上文已提出,当前德育改革的目标是实现德育现代化,已有的德育思想、理论中有的就是现代化的德育思想、理论,要以"现代化"为参照来对已有的成果、经验作哲学思考等等。那么究竟怎样理解"德育现代化"的含义呢?德育现代化是德育改革和德育发展所要达到的一种状态、一种目标,同时是德育改革发展的一种过程、一种实践活动。作为所要达到的目标的实现,即是现代化运动结果,就是现代化了的德育即现代德育。

现代德育或德育现代化是适应社会现代化、人的现代化发展要求,在社会现代化、人的现代化过程中实现的。现代德育是以现时代社会发展、人的发展为基础,以促进受教育者思想道德现代化为中心,以促进社会现代化发展的德育。这里最核心的思想是"促进人的思想道德现代化"。这是现代德育区别于古代德育的根本标志。现代德育是从历史上德育发展来的,是历史与时代的共存体,德育作为一个相对独立的实体,其发展是过去—现在—未来的连续体。但现代德育不是对历史上德育简单的承袭,而是在现代社会基础上发展的,带有时代特质的。现代德育与历史上的德育因有共同的属性而相联系,又以其根本不同的特质而相区别,这种特质就是"现代性"。简单地说,现代德育是具有"现代性"特质的德育。"现代性"是一种社会—文化结构,是现代人的社会属性和现代社会人的属性。"现代性"是对现代德育特质的高度概括,具有丰富的内涵。对德育"现代性"的理解,有以下几点:德育的"现代性"集中表现在德育目标、德育本体功能和德育的内在价值方面,成为现代德育区别于古代德育的根本标志;"现代性"作为德育的整体特质,还表现为现代德育所具有的其他许多特征,如全民性、发展性、科学性、民主性、世界性、革命性等方面;现代德育的这些属性是从整体上全面地反映了现代德育特质,而不是仅指德育的某一个部分或某一个方面的属性;所有这些属性不同程度地存在于当前的德育中,随着德育现代化的发展,这些属性愈益显著;德育现代化的过程就是这些属性不断增长、发展,日益显著化的过程,现代德育是这些属性高度发展的结果。德育现代化是一个运动过程,现代德育是这些属性高度发展的结果。德育现代化是一个运动过程,又是运动的结果。作为运动过程来说,现代性具有相对性,作为结果是达到一定规格标准的产物,具有绝对性。德育现代化是这种相对性与绝对性的统一。现就现代德育各个属性分别作简要说明。

全民性:德育对象不再限于学校学生,而应扩展到每个社会成员,学习化社会每个人都接受不同形式与内容的教育,同时相互教育。当前,作为社会成员,要接受社会公德教育、职业道德教育、家庭美德教育,我们将逐步实现教育社会化、社会教育化,目前已开始形成社区德育网络,全国形成大的德育网络。

发展性:德育由过去的限制性、规范性的德育转变为主体—发展性德育。主体—发展性德育是以培养现代道德主体,促使主体德性发展为中心。发展包括发展思想品德心理、道德能力、"自我教育力"等;[①] 在德育活动中,确立教育者、受教育者主体地位,在教育者组织引导下双方共同参与;主体—发展性作为根本指导原则,贯穿德育过程的始终和过程。受教育者的理想、信念、价值观的确立,不再是建立在对年长一代教育者的信任上,而是以理性的思考为依据,以科学理论为基础。现代科学,包括现代哲学、现代伦理学、现代德育心理学、德育社会学等学科,从不同方面揭示了德育规律,促使德育实施的科学化。

民主性:每个社会公民都有接受教育参与教育的基本权利、义务、责任。在现代德育过程中,不应是"道德权威"或"教育者"居高临下的说教;在教育者组织、启发、引导下,教育者、受教育者共同参与德育活动,在民主、平等、和谐的关系中,相互教育,教学相长,品德共进。

终身性:社会每个成员不仅仅是儿童、少年、青年时期接受教育,而是终身受教育;随着社会生活发展,每个人都要具有"自我教育力",都要自主地学习,自我教育。

世界性:德育的现代性,作为一种社会—文化结构,也表现为德育是民族文化产物,具有民族精神,同时,现代德育是开放的德育,面向世界。既把优秀的民族的德育文化汇入世界现代化大潮,又在世界性现

---

① "自我教育力",不限于自我教育能力,包括自我教育的愿望、需要、方法、习质等。

代化中得到更新和再生。民族性与世界性统一，也就是民族精神与时代精神的统一。

革命性：现代社会中，德育不是保守的因素，现代社会的革命性，决定了现代德育的不断变革，德育的变革又推动着社会的前进。

上述各属性都是德育"现代性"的表现，认识这一点很重要，因为当前的德育改革，总的说，就是要向"现代性"的方向改，也就是向德育现代化迈进。我国是社会主义国家，我国德育是社会主义性质的，同时是具有中国特点的。因此，我们的德育现代化是有中国特色的社会主义的德育现代化。

三　对德育论学科建设的设想

为了说明对德育论学科建设的设想，先回顾一下该学科发展的状况。近十几年来出版的德育论学科教材和编著，名称多为《德育原理》《德育学》《德育论》之类，或称《德育学教程》《德育论教程》等。其内容大多是德育的应用性理论和方法，有少量的内容是关于德育哲学的。中华人民共和国成立前，1944年国内学者姜琦著《德育原理》，主要论述道德体系，道德实行的程度，道德的目的等。1948年吴俊升著《德育原理》，主要内容是德育的意义、构成，与智、体关系；品格的意义、结构、分类、价值与改变理论；道德论，包括道德哲学基础和社会基础；德育实施的方法、途径、学校教育的组织。1976年台湾龚宝善编著《德育原理》分两篇：上篇"学理之探讨"，从儒家三纲八目出发论述道德含义，德育与哲学的关系，德育任务，实施途径等；下篇"德行的实践"，主要论述内修与善群，以求合乎"八目"。20世纪80年代中期台湾学者欧阳教出版了《德育原理》一书，该书对德育作了多学科的分析以建立德育原理的学术基础，试图将理论分析应用与实际评价兼顾，以建立适切可行的德育原理。由上述可见书名为《德育原理》的颇多，但人们对其内涵理解并不一致。中华人民共和国成立后"德育原理"内容的主要部分是德育的应用理论和方法，对伦理、哲学虽涉及，但分量很少。中华人民共和国成立前以及70年代后台湾学者的德育原理编著，伦理或道德行学的内容多，这与开设"德育原理"课程的目的有关系。"大学教育系开设德育原理的目的有二，一是学生本身对道德的知与行的修习涵泳；二是学生日后有关德育课程或活动的教学与指导的专业训练"①，70年代前较偏向于前者，1970年后，偏向于第二种目的。

德育原理作为一门学科是怎样形成的，有三种看法：（1）从教育学中分化出来的；（2）从伦理原理、教育原理交集组合出来的；（3）是多种学科如教育学、品德心理学、教育心理学、教育哲学、伦理学、社会学等学科分化与综合的产物。笔者认为从现象看是从教育学"分解"或"细化"的结果。但若从深层的原因看，即从学科发展内在规律看，则是当代学科发生分化与综合的产物。理解这个问题，对认识研究方法是必要的。既然是多种学科分化综合的结果，在研究方法上，就不能单纯用演绎方法，即将教育学原理演绎为德育原理。演绎的方法与把德育论视为从教育学分化出来的观点相关。德育既是多种学科交叉整合而产生，因此宜用多学科整合方法加以研究；以学科基础理论为指导，用归纳方法对德育实践中的经验、事实进行理性思考，由经验上升到理论。

当前为了建设好德育论学科，我认为有三点值得注意。

第一，要区分伦理与德育，从而区分道德哲学与德育哲学，区分伦理学对象和德育学对象。伦理原理、道德哲学应是伦理学对象或道德哲学的对象；德育学的对象主要是道德教育问题。

第二，就德育学科内容说，缺乏结构性的状况要改变，从现在的内容范围可以将其分为三个层次，从发展看可能形成三个分支学科。三个层次或三个分支学科是：

德育哲学：是高层次的德育原理或"德育解析原理"，研究德育本质，社会、德育、人三者关系，德育的目的论、功能论、价值论（这些从不同侧面反映了德育本质）；德育过程论，这是从动态方面在总体上研究德育的一个层面，包括过程的要素；德育论学科性质与方法论研究；德育学范畴研究；德育论学科发展的动力和机制的研究等。

德育原理：相对于德育哲学说，这是"德育应用原理"。主要研究德育目标，德育内容与课程、德育原理与方法论，德育体制。应用原理是对德育哲学理论选择、分解、综合的结果，是由抽象回到具体的结果，

---

① 欧阳教：《德育原理》，文景出版社1986年版，第34页。

是在理性综合中把握现实,是连接理论与实践的中介。

德育工艺:这是在现代教育技术基础上发展起来的教育科学和工艺学的统一,在综合运用多种相关学科原理基础上,对德育流程中各可操作因素进行分析、选择、组合、控制,以便取得理想的效果。

第三,要重视对德育基本理论的研究。这并非否定应用研究的重要性。有关"德育理论脱离实际"问题无形中成为理论研究的一种思想障碍。对此,前文有所涉及,但要消除这种障碍,一要对"理论"的应用价值抱有合理的期望,二要充分认识理论研究的作用、价值。所谓对"理论的应用价值抱合理的期望",就是要根据德育哲学、德育原理、德育工艺三个层次理论的内容性质不同,在发挥三者对德育的指导作用方面,有合理的要求,德育工艺是研究德育操作体系的,对德育活动具有直接的具体操作指导功能。德育原理是实施德育的规范体系,是一种"思想上的规定"①,对德育活动具有思想准则上的指导功能,德育哲学是德育的形而上学,是超越感性的抽象理论,是"脱离"实际的根本性原理,具有理论上的或哲学层次上的指导功能,德育哲学本身不具有直接的操作指导功能,因此要求它如同德育工艺那样,直接具体地指导德育操作就是不合理的,如同要求德育工艺学作德育哲学层次指导一样,是不合理的。因此合理的期望,是依据不同层次的理论,充分发挥其各自的指导作用。

德育哲学既是"脱离"实际的,重视研究它有何意义呢?这里说的"脱离"是从科学的抽象意义上说的。一切科学来自实践,归根结底又服务于实践,指导实践,回归实践。但在人们对世界的科学认识发展到一定阶段时,必然"脱离"实际。如恩格斯所说:数学"正如同在其他一切思维领域中一样,从现实世界抽象出来的规律,在一定的发展阶段上就和现实世界脱离,并且作为某种独立的东西,作为世界必须适应的外来的规律而与现实世界相对立"②。列宁认为,"一切科学的(正确的、郑重的、不是荒唐的)抽象,都是更深刻、更正确、更完全地反映着自

---

① [德]恩格斯:《自然辩证法》,于光远等译,人民出版社1971年版,第235页。
② 《马克思恩格斯选集》第3卷,人民出版社1972年版,第78页。

然"①。日常的观点认为这种抽象的理论脱离实际，没有价值，但如果我们经过理性的思考便能理解抽象理论有着不可替代的指导作用；它不是直接、具体指导德育的实施、操作；但是它帮助人们形成一定的教育世界观和方法论，从根本上全面地指导着整个德育，包括对德育的方向目标价值观、德育过程的组织等作理论指导。

以上是我对德育现代化几个问题的认识，是对过去的回顾，也是对未来的展望、希望。既然现代教育是"在历史上第一次为一个尚未存在的社会培养着新人"，② 那么它的任务必然是开拓性的，也是艰巨的。为了完成这任务，必然要求教育包括德育的现代化，也必然要求教育工作者包括德育工作者的现代化，这样才能为培养新人而承担起促进德育现代化的重任。我们只有以不断提高自身素质和努力的工作，来迎接 21 世纪的到来。

（原文发表在《现代教育论丛》1997 年第 1 期）

---

① ［俄］列宁：《哲学笔记》，人民出版社 1956 年版，第 181 页。
② 联合国教科文组织国际教育发展委员会编著：《学会生存》，华东师范大学比较教育研究所译，上海译文出版社 1979 年版，第 38 页。

近十年来德育思想现代化的进展

教育要现代化，德育也要现代化。十年前鲁洁和我发表过《德育理论在科学化轨道上前进》（见《教育研究》1988年第12期）一文，对党的十一届三中全会后的十年德育理论发展作了较系统的概括，所以本文只就近十年来德育思想的现代化作一个回顾。按自己对德育思想现代化的理解和所掌握的资料，来阐述自己的观点，与同行朋友们交流。因为是论近十年来德育思想现代化进展的，并不涉及更为广泛的德育理论，因此望读者从"德育思想现代化进展"的视角来审视它。

一　有关现代德育思想理论的著述

现代德育思想具体体现在有关著述中。由于思想解放和对外开放，在德育思想建设方面冲破了原来的"封闭"状态，出版了一批西方国家德育理论的译著和国内学者有关现代德育思想的编著，归纳为三个方面。第一，翻译出版了当代西方德育论著作，除20世纪80年代初傅统先、陆有铨翻译出版了皮亚杰的《儿童的道德判断》（1984）外，有陈欣银、李伯黍翻译出版了班杜拉的《社会学习论》（1989），傅维利翻译出版了美国哈什的《道德教育模式》（1989）等；此外还有瞿葆奎先生主编的《教育学文集》（1989）的第二、第七卷均收录了一定数量的德育译著。我们不敢说翻译出版的这些著作一定都是符合我们所需要的现代德育思想，但我们首先要了解国外的德育思想成就和理论成果，然后才谈得上对其进行分析。第二，许多学者出版了介绍西方德育思想理论的著作，如冯增俊的《当代西方学校道德教育》（1993），魏贤超的《现代德育原理》（1993）、《现代德育理论与实践》（1994）、《道德心理学与道德教育学》（1995），戚万学的《冲击与整合——20世纪西方道德教育理论》（1995），袁桂林的《当代西方道德教育理论》（1995），詹万生主编的《中国德育全书》（1996）中也较为系统地介绍了美国、英国、法国、德国、日本、新加坡等国家的道德教育理论与实践。第三，国内学者还编著了一定数量的有关现代德育论的著作和教材，如朱小蔓著《情感教育论纲》（1993），张志勇著《情感教育论》（1993），戚万学著《活动道德教育论》（1994），鲁洁、王逢贤主编的《德育新论》（1994），班华主编的《心育论》（1994），詹万生著《德育新论》（1996），班华主编的《现代德育论》（1996），戚万学、杜时忠编著的《现代德育论》（1997）等。这些编著是近五年来的成果。

二　现代德育思想的精髓

我对德育思想现代化或现代德育思想的理解，在《现代德育论》"绪论"和拙文《世纪之交论德育现代化建设》中已有阐述，其基本思想，是考虑到现时代的社会发展、人的发展，强调了"以促进受教育者思想道德现代化为中心"。但未拓宽到生态空间考虑，这是一个不小的缺陷。现代德育不能仅从时间意义上理解，主要应从现时代性质方面理解。"促进人的德性现代化"，这是对现代德育最简捷的表述，也是关于现代德育的核心思想。它体现了以人为本的精神，即把人作为道德主体培养，促进人的德性发展。这是现代德育的本质规定，是区别于传统德育的根本标志，在一定意义上我们可以说，现代德育是主体性、发展性德育，即主体—发展性德育。柯尔伯格继承了杜威发展性道德教育思想，提出"认知—发展性德育"[①]。相对于无视儿童自己思维方式的传统德育而言，柯氏强调"认知—发展性"，把儿童看作"道德哲学家"是德育观上的飞跃。但忽视了道德情感与道德行为问题，"认知—发展性"的表述是有局限性的。"主体—发展性"德育培养现代道德主体，发展的内容包括道德认知、道德情感、道德行为。"主体—发展性"可以看作是现代德育的精

[①]　[美]柯尔伯格：《道德发展与道德教育》，魏贤超译，瞿葆奎主编《教育学文集·德育》，人民教育出版社1989年版。

髓，其理由是：1. 体现了现代德育目标要求，即培养 21 世纪道德主体，促使其德性的现代化发展；2. 体现了现代德育的个体发展功能，亦即现代德育的本体功能；3. 体现了现代德育的内在价值，即现代德育满足受教育者的需要：发展自己德性，使道德人格得到提升。可以说，"主体—发展性"集中地表现了现代德育与传统德育的区别。

三　关于现代德育性质与功能的探讨

　　党的十一届三中全会后，人们对现代德育性质与功能问题的认识发生了根本性转变。从德育是"阶级斗争工具"转向德育是促进人的德性现代化的教育，把人的德性发展作为德育的根本。王逢贤教授对德育本质属性、德育实体性及德育地位等作了系统论述[1]。德育本质是德育理论的最高问题，多年来的一种观点即对德育本质的认识包括两个基本方面即德育与社会的关系，德育与人的关系。然而随着生态伦理学的产生，可持续发展理论的提出，对德育应在社会、人、自然这个更为广阔的背景上认识。现代德育性质是德育本质在现时代的具体展现。在认识德育与社会与人的发展关系方面，我以为有两点值得重视[2]，一是把德育、社会、人作为三位一体的对象进行综合考察，即始终联系社会与人的发展认识德育，而不是脱离社会与人孤立地就德育论德育。二是动态地即在德育、社会、人的发生发展过程中，分析三者关系，阐明德育现代化问题。用系统整体的思维对德育的发生、发展，德育现代化作综合的动态的考察，其方法是可取的[3]，但我们没有把自然生态作为整体的一个部分、一个方面，这是一个较大的局限。1994 年德育专业委员会的年会上，易连云提交了关于德育生态环境的论文[4]，似乎没有引起应有的重视。在人、社会、自然广阔的背景下思考德育问题，才能更好地体现现代德育思想。

---

[1] 参见鲁洁、王逢贤主编《德育新论》，江苏教育出版社 1994 年版。
[2] 参见班华主编《现代德育论》，安徽人民出版社 1996 年版，第一章。
[3] 同上。
[4] 易连云：《德育生态环境的研究》，《西南师范大学学报》（哲学社会科学版）1996 年第 1 期。

现代德育功能的探讨，弥补了把德育只看作因变量的局限。关于德育功能，鲁洁教授发表了系列论文，对其作了全面、系统的探讨[①]，拓宽了人们对德育功能的视野。虽然有的学者有不同看法，但是可以促进人们作更深入的探讨，求得更符合科学的认识。

我们把现代德育社会功能概括为：为实现社会主义现代化服务。这是与传统德育社会功能本质上的区别，同时指出现代德育为社会主义现代化服务具有先进性、超前性特点[②]。

结合现时代社会经济发展全球化、信息化趋势和可持续性发展的要求，人们对现代德育功能的认识又大大前进了一步，拓宽了思路，扩大了认识空间。"今天有识之士都认为世界是一个命运相联系的共同体。人们越来越认识到各处困扰人类的重大问题具有整体性和全球性。"[③] 例如德育的政治功能，当前各国各民族之间既有竞争，也表现出各国、各民族的相互合作与相互尊重。应立足于全球来认识现代德育功能问题，为了全球的、全人类的利益，必须超越国界，超越民族、文化、宗教和社会制度的不同，为人类共同的长远的利益，也为本国、本民族的自身利益，同舟共济，通力合作。所以，现代德育政治功能主要在于促进社会公正、和谐，维护国际和平、合作、团结。

基于社会和经济可持续性发展，现代德育经济功能的思想也有显著的发展。在我国以经济建设为中心，经济体制改革和整个社会现代化实践，使德育的经济功能显得更为突出。而可持续性发展思想也为其提供了理论依据。1. 德育的经济功能在内容上不是片面地强调促进经济增长，而是要以保护生态平衡为前提的增长，也就是在科学理性的支配下的增长；2. 为了可持续发展，德育的经济功能促使人们认识和处理好当前利益与长远利益、局部利益与整体利益的关系，公平与效益关系；3. 德育的经济功能还表现在以新的资源观、发展观，代替原有的资源观、发展观；4. 培养经济道德，坚持勤俭建国方针；5. 为迎接知识经济到来，教

---

① 参见鲁洁、王逢贤主编《德育新论》，江苏教育出版社1994年版。
② 参见班华主编《现代德育论》，安徽人民出版社1996年版，第11—12页。
③ 联合国教科文组织编著：《从现在到2000年教育内容发展的全球展望》，马胜利等译，教育科学出版社1992年版，第9页。

育包括德育尤其应注重创新性素质的培育,知识经济需要现代科技支撑,也需要现代德育支撑。

可持续性发展包括经济、社会、生态相互联系的三个方面,人们由对经济功能的认识扩展到对德育生态功能的认识。当然德育生态功能的实践依据是生态环境的现实,主要理论依据是生态伦理学。生态伦理学奠基人莱奥波尔德认为人的道德观念是按三步发展的:人—人关系的道德,人—社会关系的道德,人—自然关系的道德。生态伦理学扩大了伦理的对象范围,扩大了德育的范围,从而也扩大了德育功能的范围。20世纪40年代莱奥波尔出版了《大地伦理学》一书以来,生态伦理思想得到迅速发展,90年代初由联合国环境规划署参与编制的《保护地球——可持续生存战略》一书[①],提出了"新的可持续生存的道德",认为"可持续生存道德"是"可持续的生存"的重要组成部分,是可持续社会发展的道德要求。德育的生态功能就在于要为可持续发展服务。正是由于生态问题日益突出,国内学者也纷纷提出关心环境的教育或生态德育的命题[②]。1996年全国德育年会上刘惊铎、王磊提交了《生态德育:世纪之交德育改革的价值取向》论文。

四 关于德育过程思想的进展

改革开放以后,特别是20世纪80年代,对德育过程的思考和研究很多。党的十一届三中全会十周年时,已作了系统的回顾。由于学者们对过程研究的重视,使有关理论更加系统化、更加深化。关于德育过程的本质,德育过程与品德形成过程德育过程的影响与环境影响,德育过程与各育过程,德育过程的结构,德育过程各阶段及运行,等等,都作了较前更为深入的探讨。关于德育过程的规律与特点,更有很多人作过探讨。但作为德育过程区别于其他各育过程固有的特点,似乎研究得不够。

---

① 王伟立:《生存与发展》,人民出版社1995年版,第96—97页。

② 例如1991年朱正威等编著了《环境教育指导》(教育科学出版社出版),此书系联合国教科文组织推荐,并在有的学校开展了环境道德教育的研究。我国的环境教育从20世纪70年代初的始创阶段到80年代以来的发展阶段,已形成了较完整的体系。

笔者提出过两方面的区别，一是教育目标上的区别；二是德育与其他各育所依据的规律方面的区别（详见鲁洁、王逢贤主编的《德育新论》第八章）。

德育过程在历史上就是存在着的，我们要探讨的是现代德育过程；然而作为客观的德育过程，现代的与历史上的应当是有一致性的，其客观规律应当有其共同性。探讨所谓现代德育过程，实际上是探讨德育过程在现时代的表现形态或现代性特质。基于这一认识，我认为，现代德育过程思想，在德育的现代性特征中有两点是能鲜明体现现代思想的，一是现代德育过程结构要素在德育过程中的地位和相互关系有变化。教育者、受教育者是德育过程中两个基本要素。在传统的德育思想中，教育者与受教育者的关系是对立的，教育者居高临下，以专制的、强迫的办法，对受教育者"灌输"现成的道德；受教育总是处于被动的、服从的地位和消极的状态。现代德育过程的思想，强调教育者、受教育者的民主、平等、和谐、合作的教育关系，在教育者的指导、引导下，教育者与受教育者共同参与德育过程，相互教育与自我教育，双向影响，相互砥砺，共同进步。因此，德育过程是教育者与受教育者相互作用、相互促进、教学相长、品德共进的过程[①]。二是现代德育的开放性[②]，现代德育过程是与外部环境相互开放、双向互动的过程。这里的所谓外部环境包括社区环境、社会环境以致国际环境；当然，以德育生态环境的思想为指导，还应当包括自然环境。

五　德育目标与德育内容的现代化

现代德育是促进受教育者德性现代化，这就把德育目标定位在培养具有现代思想道德素质的主体。这是社会现代化对人的要求，也是人自身发展的要求，是适应现代社会与经济发展全球化、信息化的要求。社会本位、个人本位的发展观已转向人的发展、社会发展、生态发展的统一。依据三维思想品德结构的设想，1987年前已把道德心理品质和品德

[①] 班华主编：《现代德育论》，安徽人民出版社1996年版，第10、76页。
[②] 同上书，第77页。

能力作为德育目标组成部分①。在社会转型期尤需对学生心理品质和品德能力的培养予以充分的重视。德育目标是德育中教育者与受教育者共同的精神追求,是德育活动的内在动因,是直接制约德育内容、课程、方法形式以至整个德育的首要因素。德育的现代性集中体现在德育目标上,对德育目标的理解将影响着对德育内容、课程、方法、管理等一系列问题的理解。因此,对德育的探讨极为重要。

当前"可持续性发展""全球本位理论"②是认识确立现代德育目标、德育内容的重要理论依据。人、社会、自然的统一和谐发展是人类社会宏观文化结构的基础,德育目标要体现人、社会、自然和谐发展的伦理要求。对未来道德主体的素质要求,在道德与心理素质方面,不仅要具有我们通常要求的一般的道德品质,而且要有科学道德、生态道德、经济道德、信息道德等方面的素质。心理素质应更具现代性,在心理和道德上更重责任感、义务感、自信心、效率感、创新性、合作与竞争等。人类社会不断前进,思想道德不断发展。20世纪70年代国外便有学者提出了一系列上升的价值观和衰落的价值③。按 E. 拉兹洛所述,人们已对19种主流价值观念和信念提出质疑,而有10条新兴起的社会观念;同时人们还面临着政治上绿色趋势等等问题④。所有这些都向未来的道德主体提出了终身德育的要求。

德育内容是为实现德育目标服务的,是体现德育现代化的重要标志。S. 拉赛克和 G. 维迪努对现代教育内容的源泉作了系统阐述。其中包括:人口增长,经济变化,社会政治变革,文化变革与科技进步,世界性问题,教育系统内部动因等。这对我们研究、制定德育内容同样具有参照的价值。袁正光教授关于经济、社会、科技变化所作的概括,更能看出制约现代德育内容的因素:经济,正在发生新的革命,从工业经济转向知识经济;社会,正在发生新的转型,工业社会转向知识社会;科技,

---

① 参见胡守棻主编《德育原理》,第五章《德育目标》,北京师范大学出版社1989年版。
② 参见王义高《评当前西方的德育导向与德育理论》,《比较教育研究》1994年第5期。
③ 参见联合国教科文组织编著《从现在到2000年教育内容发展的全球展望》,马胜利等译,教育科学出版社1992年版,第93页。
④ 参见[美] E. 拉兹洛《决定命运的选择》,李吟波等译,生活·读书·新知三联书店1997年版,第72—84页。

正在出现新的突破，走向数字化信息时代。

基于现代德育目标要求的提高以及其制约因素，现代德育内容正在拓宽，形成一系列崭新的极富时代特色的德育内容。

1. 科学价值观和科学道德教育。
2. 生态伦理教育或环境道德教育。
3. 经济教育。含经济伦理教育，其中主要是适应社会主义市场经济的道德教育。
4. 信息道德教育。
5. 现代人的（道德）心理素质教育。

此外，还应进行国际理解教育、人口问题中的道德教育等。

六　德育方法的改革

德育方法和德育手段的现代化进展迅速。

（一）基于对德性发展的要求，高度重视受教育者自主性。在教育与自我教育中，着重自我教育。当然，自我教育不仅仅是方法问题，它首先是一种德育思想和德育要求，也是一种德育形式，是德育的原则和方法。在中学和小学关于主体性德育的课题研究，改变了忽视自我教育，高度重视受教育者的参与，体现了主体性德育精神。主体性德育当然不仅仅是方法问题。国内学者研究自我意识、自我教育的很多，例如韩进之等的"中国儿童青少年自我意识发展与教育"研究（1983—1987）；刘守旗的"自我教育及其能力培养"研究（1990）；刘秋梅"培养小学生自我教育能力的实验研究"（1991）等。近年来提出的"自我教育力"或"自我教育力量"的概念，包括自我教育的意愿、要求，自我教育的方法、能力，自我教育的习惯等①。

但不是任何一类"自我教育"都是完全符合"主体性"要求的。只有在主体—发展性思想指导下的自我教育，即把德育当作主体人格的提升，当作主体德性发展的过程，才是符合现代德育要求的。因此，自我

---

① 参见《现代教育论丛》1997年第1期，或朱永新主编《中国教育家展望21世纪》，山西教育出版社1997年版。

教育有两类情况：一是姑且称其为"约束性自我教育"，即把自我教育主要看作自我检讨、自我批评、自我反省的过程；总是把自己当作教育、改造的对象。这是很难形成自尊、自信、积极向上的主体人格的，很难发展其积极的个性道德品质。另一种，我们姑且称之为"发展性自我教育"。这种自我教育着眼培养主体精神，发展积极的个性品质，不是片面地、单纯地检讨自我，约束自我，而是追求道德理想人格的自我发展、自我实现，因而能够悦纳自己，充满自尊、自信、积极进取的精神。

（二）对"灌输"问题人们已有共识。当然"灌输"也是一种"德育"形式，不仅是"方法"问题，包括德育（目标）意图、方法、内容、效果等方面。德育实践已经向人们展示：人的德性的生成、发展、成熟，不是靠"灌输"，它不是外界"授予"的，而是在主客体相互作用中主体自身建构的。因此重在主体自己的积极活动，包括外部的物质性实践活动和内部的观念性活动，着重依赖于主体的践行、体验、体悟。魏贤超的关于主体参与大德育思想，建立青少年义务社会服务制度的思想；戚万学的活动道德教育论等，都是从根本上改革德育方法的指导性理论。

（三）关于品德测评方面，国内学者作了大量研究，尤其是胡卫和肖鸣政进行了多年的实验研究，取得了一系列可喜的成果。

（四）关注现代德育手段的效应。现代教育技术手段用之于德育，有其优越性，但它毕竟是"手段"。不论何种道德价值观都可借助于这些工具进行传播。所传播的内容有健康的也有不健康的，因此它可能产生积极的效应，也可能产生消极的不利于青少年健康成长的负效应。1996年的全国德育年会上郭娅玲提交了大众传播媒介的德育功能问题的论文，麦志强提交了现代文化传播技术与青少年思想道德发展的论文。

七　关于德育课程论的重要进展

在以往的教育学论著、教材中，包括在德育原理的著述中，几乎未见"德育课程"这一术语，较多见到的是"德育内容""德育途径""德育组织形式"这类提法。近几年来使用"德育课程"这个术语的频率日益提高。"德育课程"问题的研究也被列入了全国教育科学"九五"规划的研究课题之中。近 20 年中，我未见专门论述"德育课程"的专著。我第一次见到系统阐发德育课程理论的著作是 1994 年出版的魏贤超的《现代德育理论与实践》一书中的几章。1995 年魏贤超又在《教育研究》第 10 期发表了《整体大德育课程体系初探》一文，再次阐明了他对大德育课程体系的见解，以全息论、系统论、现代课程论为指导，他提出了建立由两类正规的显性的课程与四类非正规的、隐性的课程组成整体大德育课程体系的构想。这一德育课程理论体系具有重要学术价值，在德育课程理论建设上向前迈进了一大步，使我们的德育学科体系更加完备。此后，在笔者主编的《现代德育论》中，设专章论述了现代德育课程，强调德育课程的本质特征是育德性，提出区分"德育课程"和"关于德育课程"的问题。戚万学、杜时忠编著的《现代德育论》一书中，更以较大篇幅系统论述了现代德育课程思想，其中介绍了许多国外德育课程思想理论，更开阔了我们对德育课程的视野。

德育思想现代化的范围很广，涉及问题很多，以上是就个人学习中提出的几点看法，因篇幅有限，有许多重要的思想成果没有阐述。本文所涉及的仅是有限的几个方面。

(原文发表在《教育研究》1999 年第 2 期)

知识经济・科学教育・
道德教育

知识经济是建立在知识和信息的生产、分配和使用基础上的经济。为迎接知识经济的挑战，加强科学教育及科学教育的研究，提高全民族的科学文化素质特别重要。因为在知识社会里，"知识的作用、意义和本质发生了根本变化"。知识是"经济的主要资源"，知识信息的发展和分配"成为人类主要的生产活动和权力活动"，"知识的重要性随着时间的每十亿分之一秒的推移而增加"（以上引号内均为托夫勒语）。近20年中，科学教育得到了必要的重视，近年来又对科学教育与知识的关系作了探讨，发表和出版了一批有关论著。但是关于德育与知识经济关系研究的论著很少见到。能否说，在实际生活中，为了迎接知识社会的到来，在急切加强科学教育的时候对道德教育与知识经济关系的研究有所疏忽？以为在未来世纪里发展科技，搞经济建设，思想道德素质和道德教育研究就不那么重要了，是不符合社会发展和人自身发展要求的。未来世纪的竞争，对人的素质要求是全面的，不仅表现在科学文化方面，也表现在思想道德方面。在面向全球性问题情况下，世界各国在发展科学技术和经济建设的同时，都高度重视价值观教育和道德教育，重视培养青年一代"全球意识""国际化观念""生态道德观念"，重视培养开拓、创新能力，特别是获取、筛选、利用与创造信息的能力。既然信息革命、知识经济影响到政治、军事、外交、教育、心理、生活、道德、宗教等各个方面，并改变着人们的生产方式、工作方式、思维方式，包括精神生活、道德生活，也就必然对德育提出全方位挑战，包括对德育的观念体系、实践体系的挑战。正如有的学者指出的，知识经济中要求文明生产、文明消费，还要求人们具有社会公正观念，即首先要摆脱贫困，反对贫富悬殊；提倡公平竞争，反对以权谋私；提倡诚实劳动，反对牟取暴利；尊重知识产权，反对巧取豪夺；尊重人才发展，反对嫉妒诽谤等。（见吴季松《知识经济》）

重视科学教育和道德教育是现实生活的需要，是适应知识经济和科技革命的需要，是应答未来国际竞争的需要，也是提高民族素质，实现社会主义现代化的需要。既重视物质文明建设，又重视社会主义精神文明建设，使经济、政治、文化协调发展，两个文明都搞好，才是有中国特色的社会主义。党的十五大把"有中国特色社会主义的文化"作为"综合国力的重要标志"，是理论的重要突破。人的科学文化素质、思想道德素质是精神文明的重要组成部分，加强科学教育、道德教育也就成了加强综合国力的一个方面。知识经济需要科学教育支撑，也需要道德教育的支撑，我们党和国家的一些有关文件在论到提高国民素质时，一贯突出思想道德素质和科学文化素质这两个方面。党的十五大再次强调这一精神："着力提高全民族的思想道德素质和科学文化素质，为经济发展和社会全面进步提供强大的精神动力和智力支持。"人的素质是个整体，各个部分紧密相关。人的思想道德素质和人的科学文化素质是相互渗透、相互制约的。古代哲人已经认识到"知识即美德"。德性发展以智力和知识为基础，在形成科学文化素质的活动中，也启迪道德认知，陶冶道德情操，磨炼道德意志。同时德性发展也激励着人们追求知识、追求真理。也就是说智育、科学教育通过促进人的智能发展、科学文化素质的发展，包括认知水平、情感、意志水平的提高而促进思想道德素质的发展，而思想道德素质的提高又引发智能品质的改善。

教育是一个整体，科学教育和道德教育不能截然分开。尽管历史上有的思想家如卢梭认为科学发展会造成道德的堕落，现在有的西方学者也把科学发展与道德进步对立起来，但我们认为二者并非是相互排斥的。科学与道德、真与善之间是对立统一、相辅相成的；科学教育、道德教育是相互渗透、相互促进的。科学教育既然旨在提高人的科学文化素质，因此就不仅仅是传授和学习系统科学知识，而且要学习科学精神和科学方法，包括学习科学价值观、科学道德、科学态度、科学思维方式以及具体的科学方法，从基础教育说，科学教育更不是要求中小学生掌握高深的科学知识体系，但要为他们日后掌握科学知识体系，发挥创新能力打下坚实基础。这个基础当然包括系统的知识本身，但尤其要维护、发展他们强烈的求知欲、好奇心、好动、好创造的心理素质；培养他们追求科学真理、探究世界奥秘的精神，以及获得新知与创新知识的能力。这些教育的任务和内容远非仅科学教育能承担的，而是整个教育特别是思想道德教育共同承担的。再从德育说，"爱科学"本身就是国民公德的重要组成部分。德育当然要承担国民公德教育。崇尚科学，对科学发现、科学创造的积极性，对研究、探索科学的坚强毅力，是现代人思想道德素质的重要方面。但要使受教育者形成这些现代人的重要特征，也不单纯是道德教育的任务，而要依靠整个教育，尤其是依靠科学教育共同完成的任务。科学技术是双刃剑，只有将科学教育与道德教育相结合，才有助于提供正确的价值导向，消除科学技术应用中的负效应。因此，在学校实施科学教育时，就要求学生为造福人类、造福社会而爱科学、学科学、用科学。再如学生创造性的培养问题，创造性包括创造志向、创造热情、创造意志、创造能力。创造性既是适应现代科技发展和经济发展需要的劳动品质、学习品质，也是重要的个性心理品质和道德品质。创造性的培养与发展需要依靠整个教育，而尤其要依靠科学教育、道德教育。

科学教育与道德教育的联系表明了教育的整体性，当然如何使科学教育、道德教育等有机地结合，更有效地培育出适应知识社会的人是长期的研究课题。也就是要研究怎样的教育才能为全面提高国民素质和民族创新能力服务，怎样才能向未来世纪贡献出适应现代化要求的数以亿计的高素质劳动者和数以千万计的专门人才。

（原文发表在《教育研究》1999年第6期）

勤俭教育的反思与建构

"勤俭"是一种心理品质，也是一种道德品质，又是一种生活方式。"勤俭教育"是经济教育的一项内容，是传统课题，也是现代课题，即使到21世纪仍然是必要的。

一 "勤俭"的现代诠释

"勤俭"作为"中国和东方传统伦理道德思想的源泉"，作为"中华和东方民族伦理中的精华的首要的和本质的品格"，反映了我们民族艰苦奋斗、自立自强的精神。当前我们正在进行现代化建设，仍然应依据现代社会、经济、科技发展的现实来把握现时代"勤俭"的内涵。

1. 勤劳与效率的统一。传统的勤主要是勤劳、耐劳、苦干、拼命干、硬干。而现在我们讲"勤"不专指体力劳动，而是讲体力和智力结合，科学地干，讲究效率地干，因此不再以体力劳动时间的多少、长短来衡量是否"勤劳"了。如果人的一天时间分工作、杂事、休息睡眠和闲暇消遣三部分，农业社会工作杂事时间占45%，工业社会则只占40%，信息社会只占25%；而闲暇消遣时间不断增加，农业社会占20%，工业社会占30%，信息社会占40%。① 这并不意味着人越来越"懒"，而是因为智力劳动含量高，提高了效率，勤劳与效率统一。知识经济也就是智力经济，是低耗高效经济，必然就要勤于创新。不讲创新，不讲效率，拉长劳动时间，不是现代意义上的"勤劳"。

---

① ［美］E. 拉兹洛：《决定命运的选择》，李吟波等译，生活·读书·新知三联书店1997年版，第4页。

2. 生活俭朴与提高生活质量的统一。勤俭也是一种生活方式。今天，在一定的地区，在物质匮乏的情况下，仍然要省吃俭用，但从发展趋势说，我们要过一种"简朴生活"，这绝不是降低生活质量，而是既要继承"勤俭"传统，又无须"节衣缩食"，而是理性地对待消费，在适应生产发展情况下，逐步扩大消费，提高生活质量，过舒适而美好的日子。

3. 满足物质需要与提高精神需求的统一。选择讲节俭，主要不仅是为了节约物质财富，也是为了提高精神生活需求。因此在物质消费和文化消费方面，希望理性地对待物质消费，要俭约，不放纵，不恣意耗费物质资源；另一方面，充实精神生活，提高文化消费品位，使人生更充实、更有意义。

4. 生活中的勤俭与生产中的勤俭的统一。传统的勤俭主要表现在生活领域，而今天更应重视生产领域中的勤俭。勤俭建国主要是从经济建设、生产方面提出的要求，联系可持续发展和可持续生存来认识，更要重视生产过程中的勤俭和对资源消耗的节俭。从经济、社会、生态可持续发展意义上说，对非再生资源的消耗应降到最低程度，把消费维持在地球的承载能力之内，这是提倡"勤俭"最重要的现实依据。"勤俭"属于可持续发展、可持续生存的范畴。

以上几点初步说明"勤俭"是传统道德，也是现代道德，勤俭教育是现代教育的重要课题。

二 加强勤俭教育：抗御"现代病"，促进青少年健康成长

（一）要关注"现代病"

"现代病"又叫"富裕病"，是现代化过程中产生的社会弊病和道德危机，表现在身体方面，体力减弱，不能吃苦耐劳，某些疾病发病率高。但现代病或富裕病主要表现在思想和心理方面：物质欲、金钱欲、消费主义流行，精神贫困，贪图安逸，意志衰弱等。

如日本，由于都市化现象已深及农村，社会价值观、生活态度多元化，以及金钱主义泛滥，在青少年中则普遍存在"人性和社会性未开发

综合征",表现在七个方面:缺乏社会责任感、使命感;一切听天由命;不想了解他人、只知理解自己;无竞争向上决心;体格好但体力减弱;"三无"主义流行,即不关心一切,对周围事物毫无感动之情,无朝气;喜好独室独居等。① 越富有,其物的占有欲、金钱欲越强烈,如同日本学者中野孝次所揭示的:"欲无止境,一个阶段目标实现之后,更新的目标层出不穷。"② "对富贵荣华愈期盼,对金钱物质的欲望愈强烈,就会陷入唯有财富才是最高道德标准的错觉,由此欲无止境,产生了许多非人间的恶行。"③

在我国一部分青少年学生和年幼的儿童中,"富裕病"也在滋生蔓延。如1997年5月15日《消费者导报》的报道称,对中小学生抽样调查发现70%以上学生染上了互相攀比,讲究吃穿,坐享清福,不爱劳动,懒惰自私,贪占便宜,花钱大手大脚等不良习气。

所有的教育者,学生的家长也好,学校的老师也好,都要对富裕生活的负面影响有所察觉,有所认识,并能采取一定的对策抗御它。勤俭教育,应帮助学生形成健康的消费观,培养良好道德素质、心理素质、身体素质。

(二) 加强"勤俭"教育:促进青少年身心健康

第一,"勤俭"可以净化心灵,维护人的尊严。劳动使"人"成为人。勤劳和俭朴有助于抑制人的"贪欲"。汤因比认为,现代贪婪将会把宝贵资源消耗殆尽,从而剥夺了后代人的生存权,因而他认为"贪欲本身就是一种罪恶。它是隐藏于人性内部的动物性的一面。不过人类身为动物又高于动物,若一味沉溺于贪婪,就失掉了做人的尊严"。因此,他认为抑制贪欲,厉行节约"一是维护做人的尊严,二是保护现代人不受污染的危害,三是为了子孙后代保存有限的地球资源"④。我认为这三点是对当今提倡勤俭意义的全面概括。

---

① 参见辛立洲《日本野外文化教育与"较量"》,《中国教育报》1994年6月7日。
② [日]中野孝次:《清贫思想》,邵宇达译,上海三联书店1997年版,第235页。
③ 同上书,第165页。
④ [英]汤因比,[日]池田大作:《展望21世纪——汤因比与池田大作对话录》,荀春生等译,国际文化出版公司1985年版,第56、57页。

第二,"勤俭"教育是要过"简朴生活",理性地对待物质欲望,提高精神需求。这是人区别于动物的特点,只有人才有精神生活。道德、理念、信念、价值观等等都是后天有目的地培养教育而成。中野孝次总结了一个教训:"物质的高度繁荣,并没有给我的生活带来真正的充实。……我们因为亲自体验了物质过剩的种种弊病,从而认知了为物欲所惑的无益。我们这些愚顽的人,为了这一发现竟然花费了战后整整四十年。"① 过简朴生活,也讲享受,但不是单纯的自然性的感官刺激或非文化、非精神的满足;而是自然性、社会性的统一,更重要的是社会性,是文化熏陶、精神满足。过简朴生活不以豪华高档为最高的追求,而讲究消费需求多样化,更适应自己个性特点。享受主义追求消费过多的物质财富,过简朴生活要求知识、智慧含量高的消费,不过度消耗物质资料符合生态道德。

三 "勤俭":现代生态伦理内容,持续发展、持续生存的道德

现代生态伦理奠基人莱奥波尔德认为人的道德观念是按三步发展的:最初是处理人与人关系的道德,以后增加了个人与社会关系的道德,第三步是人与自然(土地、动物、植物)关系的道德。减少对环境的污染,保护生态平衡,处理好人与自然的关系,实现社会、经济的可持续发展,保证人类和其他物种持续生存是讲"勤俭"的现实依据。② 讲生态道德,讲人与地球的关系,人与动物、植物的关系,似乎离社会生活太远了,其实一点也不远,它与我们每天的生活都有关系。应当说最近几十年来,人类认识进程中最值得重视的一项成就,就是认识到"人类只有一个地球"。认识到地球上的资源并非取之不尽、用之不竭的。当然,人类开发新资源的潜力也是无限的,但要自觉地节约资源和通过科技进步不断开发新资源并始终注意利用新资源带来的社会、环境问题,才能支撑可持

---

① [日]中野孝次:《清贫思想》,邵宇达译,上海三联书店1997年版,第244页。
② 据1996年6月5日《新华日报》:悉尼每年有400人死于空气污染。1993年5月31日《中国教育报》:每年有50000多个物种灭绝。

续发展。1972年罗马俱乐部发表了第一个研究报告《增长的极限》。如果说这个报告论及许多地球伦理的内容从而对生态伦理作出了贡献的话,那么1974年的第二个报告《人类处于转折点》则更加重视伦理方面的内容。报告提出如果我们有意识少消耗能源,少占有一些物品,自觉地使生活稍微朴素一点,好使其他人能够得到赖以生存的起码的食品和物资,道德水平实际上就提高了。① 必须发展一种使用物质资源的新道德,这正是从社会、经济、生态可持续发展的要求提出来的。联合国环境规划署编写的《保护地球》则更明确地提出了"可持续生存道德"这一术语。为保护地球,该书提出了一系列可持续生存道德的要求,包括"节俭和有效地利用任何资源,保证他们所用的可再生资源的可持续性"。② 把非再生资源的消耗降到最低程度,把对物资的消耗维持在地球的承载能力之内。"每个人应该给下一代人留下一个至少与他们继承下来的一样丰富多彩和富有生命力的世界。"③

什么叫作节俭,什么样的消费就是不适当的消费,并无明确界限,但可掌握其基本的意思:

1. 理性地对待消费是着眼于提高生活质量的,但不是过度消费。消费维持在地球的承载能力之内。

2. 节俭和有效地利用任何资源,保证所用的可再生资源的可持续性,把对非再生资源的消耗降到最低程度。

3. 应该公平地分享资源利用的效益。

4. 不因过度消费而影响另一部分人获得起码的食品和物资。

5. 适度的物质消费,扩大文化消费,充实精神生活。

这些也可以看作包括节约在内的"可持续发展","可持续生存"道德的一些具体内容,也是对勤俭教育内容的一种重新建构。

四 建构勤俭教育模式

在学校中勤俭和勤俭教育的研究是受到了应有关注的。如吉林省和

---

① 王伟立:《生存与发展》,人民出版社1995年版,第60页。
② 同上书,第100页。
③ 同上书,第98页。

国家教育科研规划课题《中国民族传统美德教育实验研究》中就包括了"勤劳节俭"这一项目。近几年来中华民族传统美德教育的研究，在原有基础上进一步扩大和深化，并被列为"九五"国家教委重点课题，"节俭"仍是德育研究的项目。

中华人民共和国成立以来，"勤俭"一直被作为教学内容编入教材。朱志勇硕士对中华人民共和国成立后初中、小学语文教科书的研究证明了这一点。他依据每一课文中心思想和对题解的分析，归纳出所有课文中有关个体自我的价值取向共16种，"勤劳俭朴""勤奋刻苦"是其中的两目，现依据他的论文，[①] 将上述两目在全套教科书中出现的次数及在16目出现的总次数中所占百分比制作成表1。

表1　初中和小学语文教材中"勤劳俭朴""勤奋刻苦"出现的次数及百分比

学校	价值取向	"文化大革命"前（1965）	"文化大革命"中（1971）	"文化大革命"后初（1978）	义务教育阶段（1992）
小学	勤劳俭朴	26（31.5%）	5（15.6%）	25（17.36%）	13（9.85%）
	勤奋刻苦	10（12.05%）	4（12.5%）	23（15.97%）	19（14.3%）
初中	勤劳俭朴	7（23.2%）	2（11.1%）	6（18.57%）	5（8.47%）
	勤奋刻苦	1（3.33%）	6（33.3%）	2（6.25%）	0（0）

从表1看，在语文教科书中，勤俭教育的内容虽然在义务教育阶段似呈淡化趋势，但从总体上说，是重视"勤俭"教育的。然而有两点是值得我们注意的：一是勤俭品质的养成是需要靠实践、靠体验的，否则勤俭美德难以内化为个体素质；二是教材中"勤俭"是否具备了应有的现代性内涵。这也就表明当今我们继续进行"勤俭"教育和勤俭教育的研究是必要的。

为此，我们正在探索、构建"勤俭教育模式"。这种构建是以对"勤俭"的现代阐释为指导的，即把作为抗御"现代病"的精神武器，作为

---

① 朱志勇：《我国小学、初中语文教科书内容价值取向的分析》，硕士学位论文，南京师范大学，1998年。

可持续发展、可持续生存道德的勤俭当作指导思想的。这一模式要符合学生的主体性、发展性以及活动性、合理性要求。设想由以下几部分有机构成。

1. 班主任主导下的班级教育合力。即以班主任为主，通过班主任的桥梁和纽带作用，联络班级内外、学校内外教育影响，形成对学生进行勤俭教育的合力。

2. 勤俭教育的目标。目标根据观念、行为（技能）习惯、态度与情感三个维度设计。勤俭教育的目标并非止于"勤俭"品质的养成，而是要在形成勤俭品质基础上，促进其他方面素质，特别是道德素质、心理素质的发展。

从心理学的"迁移"理论来看，人的素质是有机联系的整体，勤俭因素的形成可促进其他素质的发展，特别是心理的道德的素质发展。"勤俭"本身是一种良好道德素质，它有促进其他方面素质发展的作用。勤能增智，俭以养德，勤俭励志，这就是说勤俭教育具有育智、育德、育心的功效，这就是我们从勤俭教育切入，促进其他方面素质的发展的思想依据。

3. 勤俭教育实施途径。勤俭品质的形成一定得靠实践、靠体验，通过活动进行。因此，着重在劳动活动中进行劳动教育。按教育目标设计的三个维度，在劳动中养成劳动观念；培养自我服务，参加力所能及的公益劳动，生产劳动，以及勤奋学习的行为（技能）习惯；培养劳动光荣、尊重工农劳动者的感情。在"俭"的方面，通过各种形式进行金钱观教育。对待金钱的教育是具体而可操作的人生观教育。

4. "勤俭"品质的评定。制定一个"勤俭品质检核表"，作为检测工具。按对"勤俭"的现代诠释，注重生产劳动中的节约，注重时间节约，注意学习效率、工作效率等方面的检核与评定。

以上就是正在试图构建的一种勤俭教育模式。

（本文发表在《教育研究与实验》1999年第3期）

创造性的培养与现代德育

提要：培养具有创新精神与实践能力的人，是当前教育改革的最强音，现代德育应以培养创造性为目标，并以此为指导来改革我们的德育观念，改进我们的德育工作。

近两年来，"创新"问题成为人们研究的热点。对创新与教育的关系，人们作了很多探讨，但在众多关于创新与教育关系的著述中，论及德育的很少。所以笔者认为，要给德育以应有的关注，要充分发挥德育的作用。

一 培养创造性是现代德育应追求的目标

现代德育是以促进人的德性现代化为中心的德育；是以人为本，尊重人的主体性，以促进主体德性发展为根本的德育。创造性是主体性发展的最高形式。培养、发展主体的创造性是现代德育应追求的目标，或者说现代德育应以培养富有创造性的道德主体为目标。

认识这个问题，可从创造性的本质说起。创造性是人在创造活动中的能动性，是人的本质属性之一，是人特有的创造活动的特性。马克思曾说过：人类"生产生活活动也就是类生活。这是创造生命的生活。生活活动的性质包含着一个物种的全部特性，它的类的特性，而自由自觉的活动恰恰就是人的类特性"[①]。人类的创造性活动就是这种"自由自觉的活动"。创造性活动与活动的创造性是密切联系着的。"实际创造一个

---

① [德] 马克思：《1844 年经济学—哲学手稿》，刘丕坤译，人民出版社 1979 年版，第 50 页。

对象世界，改造无机的自然界，这是人作为有意识的类的存在物（亦即这样一种存在物，它把类看作自己的本质，或者说把自己本身看作类的存在物）的自我确证。"① 而人也就在这种创造和改造活动中获得创造性，形成了类的特性，或者说也创造和改造了自己。人创造和改造外部世界与创造和改造自己是同一个过程。不过在概念上对创造性活动和活动的创造性还是应当作一些区分。创造性活动是人类的社会实践活动，具有客观性；活动的创造性则是活动的特性也是主体的特性，是主体性的表现，具有主观性。人的创造性是创造性活动的内化，创造性活动是创造性的外化。二者和德育都有着内在联系。

创造性活动是价值性范畴。创造性活动作为人的自由自觉活动，是社会性的体现，是创造性的外化。创造离不开社会对其所作的品质评价或价值判断。目前，心理学界认为创造是"科学家和其他发明家最终产生了对人类来说是新的有社会价值的成品的活动"②。所以创造性活动是"有价值的"。创造即是"创造生命的生活"，所以具有人生或文化价值。创造是"具有建设性，而非破坏性或衰退性的蜕化"③。谁也不认为法西斯使用细菌战是创造。"一个江洋大盗或许他有他为盗的创造力。他从小盗而成为大盗亦是人生一种转变。但是这种转变，对己对人终无长期的价值，似可将之排出创造之外。"④ 可见，我们今天所言创造是从有利于人类、有利于社会发展而言的。因此，创造活动作为价值性活动，理应是道德教育关心的课题，培养创造性不能没有德育的参与。

创造性活动应当包括"道德的创造"或"道德文化的创造"。当下，人们论及创造性活动多指"知识的创造"或"技术的创新"。然而，21世纪，随着科技、经济、社会的发展，人们的生活方式、价值观，包括道德观念、道德准则不断变化，原有的某些道德观念、道德规范有可能过时，不可避免地需要提出一些新的道德准则和规范。例如在科学道德、信息道德、经济道德、网络道德、生态道德等领域特别需要具体的规范，

---

① ［德］马克思：《1844年经济学—哲学手稿》，刘丕坤译，人民出版社1979年版，第50页。
② 邵瑞珍：《教育心理学》，上海教育出版社1997年版，第129页。
③ 郭有：《创造心理学》，台湾正中书局1989年版，第8页。
④ 同上书，第7页。

在这些领域特别需要道德的创造。现代德育不是向受教育者灌输一些既有的道德知识、道德规范，而是要指导受教育者学会判断、学会选择、学会创造。

活动的创造性是具有多重属性的品质。创造性既是优良的精神品质（心理品质）、劳动品质、学习品质，也是优良的道德品质。它表现在物质生产活动和各种精神活动领域。作为精神品质，包含着创造意识、创造的热情、创造的意志等精神因素，创造是"智情意三者前所未有的表现"，[①] 它对于我们在各个领域作出优异的成绩都具有普遍意义。在科学研究领域，科学家、发明家的重大科学发现或创造发明，都是他们充分发挥了开拓创新精神取得的成果。科学劳动的最大特点就是创造性。创造性又是一种学习品质。创造性学习是对继承性或维持性学习的挑战，是真正的"学习革命"，其功能在于通过学习，提高发现、吸收新信息的能力和提出新问题的能力。创造性作为一种价值范畴，也是一种道德品质，在现代社会的道德生活中，必须学会创造。这在下面我们分析创造性的心理结构时，再予以说明。

活动的创造性是人的类特性的具体表现形式。正是这种类特性使人和动物区别开来。马克思说："动物是和它的生命活动直接同一的。它没有自己和自己的生命活动之间的区别。它就是这种生命活动。人则把对他自己的生活活动本身变成自己的意志和意识的对象。他的生活活动是有意识的。这不是人与之融为一体的那种规定性。"[②] 这里的关键是"有意识"。"有意识的生活活动"使"人"成为人。亦如卡西尔所言："人只有在创造文化的活动中才能成为真正意义上的人。也只有在文化活动中，人才能获得真正的'自由'。"[③] 现代德育是以社会现代化、人的现代化为基础，以促进人的现代化为中心，进而促进社会的现代化的德育。现代德育必然要反映现代社会中人自身德性发展的要求，反映现代社会发展的要求。因此，必须把培养创造性纳入德育目标、内容，要以培养

---

① 郭有：《创造心理学》，台湾正中书局1989年版，第7页。
② ［德］马克思：《1844年经济学—哲学手稿》，刘丕坤译，人民出版社1979年版，第50页。
③ ［德］恩斯特·卡西尔：《人论》（中译本序），甘阳译，上海译文出版社1985年版，第5页。

富有创造性的道德主体或培养道德主体的创造性为己任。德育的转型就是要从禁锢人的头脑、抑制人的主动性和创造性的灌输性德育，转向开放性的、激发人的自主创造潜能的发展性德育。

二 德育在培养主体创造性方面的任务

主体创造性发展的价值引导是德育的首要任务。创造性人才的健康成长，需要有正确的导向。我们要有效地开发人的创造性潜能，又使人们的聪明才智用到对人类、对社会有价值的创造中去，不做对人类、对社会没有意义的事，更不能做对人类、对社会有害的事。2000年8月5日，江泽民在接见六位国际著名科学家时，充分肯定了知识创新的巨大作用，同时强调指出：21世纪科技伦理问题将越来越突出，核心问题是科学技术进步应服务于全人类，服务于世界和平、发展与进步的崇高事业，而不能危害人类自身。国内有学者提出，创新人才在思想观念方面的共同特质是："应有着多元的价值观、注重自我实现的人生观、民主化的政治观、强烈的竞争意识、紧迫的危机感、开放灵活的处事态度。换言之，创新人才不应有单一的价值标准，不以个人利益和需要的获得与满足为人生理想，不以极端的权力为政治追求，不拖沓，不懒散，不麻木，不呆板，不自我封闭。"[①] 因此，在培养创造性人才过程中，必须坚持价值观的引导，以社会主义的思想道德教育影响青少年，培养他们关爱人类、关心自然界的品质。

在培养创造意识、创新精神方面，德育承担着特别重要的任务。创新精神包括开拓进取精神、求真精神、探索精神、挑战精神、冒险精神、负责精神、献身精神等等。进入21世纪，在国际竞争十分激烈的情况下，特别需要这样的开拓创新的精神。如同贝弗里奇的研究所指出的那样，创造者应有的开拓品格是："事业心和进取心；随时准备以自己的才智迎战并克服困难的精神状态；冒险精神；对现有知识和流行的观念的

[①] 吴刚等：《知识创新与教育创新》，丁钢主编《创新：新世纪的教育使命》，教育科学出版社2000年版，第26页。

不满足；以及急于试验自己判断力的迫切心情。"① 培养这样一些精神，是很复杂的任务，必须充分发挥德育的作用。对此，《学会生存》一书说得非常好："教育在这个范围内有它复杂的任务。这些任务有：保持一个人的首创精神和创造力量而不放弃把他放在真实生活中的需要；传递文化而不用现成的模式去压抑他；鼓励他发挥他的天才、能力和个人的表达方式，而不助长他的个人主义；密切注意每一个人的独特性，而不忽视创造也是一种集体活动。"② 德育就是要引导学生增强自己的创造意识，坚定自己的创造志向，具有改革创新、积极进取的欲望。满足现状、不思进取、无事业心、无责任感、无使命感、消极被动的精神状态，绝不可能有什么创新可言。

培养创造感，德育有着自己的优势。因为德育是人的思想情感交流、沟通的过程，它的一个特定目标就是要培养情感方面的品质。在创造性活动中产生的情感体验称作创造感，生产革新者、发明家、科学家、作家、艺术家、教师、运动员、象棋手、作曲家等等都有创造感。③ 由于创造过程的进行和创造活动的成功，可能产生安慰感、愉悦感，以及精神振奋、欢欣鼓舞等积极的情感体验。贝弗里奇在描述了科学发现中所可能产生的创造感：科学上的新发现是"人生最大的乐趣之一"，"它产生一种巨大的感情上的鼓舞和极大的幸福与满足。不仅是新事实的发现，而且对一些普遍规律的突然领悟，都能造成同样狂喜的情感。正如克鲁泡特金所写：'一个人只要一生中体验过一次科学创造的欢乐，就会终身难忘。'"④ 当然，创造感也包括一些消极的情感。例如，当创造活动遇到挫折、困难、失败时，也会产生失望、紧张、不安、沮丧等各种消极的情绪体验。创造热情是十分重要的创造感，是进行创造活动的强大动力。俄国科学家包特金叙说自己的创造热情道："新颖的工作方法、卓有成效的工作以及工作本身的教育意义是那样吸引了我，使我从早到晚与青蛙

---

① [英] 贝弗里奇：《科学研究的艺术》，陈捷译，科学出版社1979年版，第143页。
② 联合国教科文组织国际教育发展委员会编著：《学会生存》，华东师范大学比较教育研究所译，上海译文出版社1979年版，第205页。
③ 参见 [俄] 雅可布松《情感心理学》，李春生等译，黑龙江人民出版社1997年第2版，第210页。
④ [英] 贝弗里奇：《科学研究的艺术》，陈捷译，科学出版社1979年版，第147页。

打交道……我几乎忘记了生活中的一切。"① 培养创造感,要重视体验学习。而体验学习主要应当通过各种创造性的实践活动进行,对学生而言,就要有意识地引导他们反思活动的过程和结果,总结成功或失败的经验,体会自己对待活动的情感态度。

创造性活动也是高度复杂的意志活动,德育要帮助、指导学生锻炼坚强的意志品质,包括目的性、独立性、坚持性、耐挫性等意志品质。在创造性活动中,明确的目的是首要的意志品质。独立性就是要不屈从多数人的压力、敢于冒犯权威的见解、不受既有理论的束缚、不受成规的暗示。坚持性就是能够长时间地、毫不懈怠地保持紧张的工作状态,处理好创造活动与生活、娱乐的关系。在创造性活动中,耐挫性就是要有不怕困难、不怕失败的百折不挠的精神。所有这些意志品质的养成,既需要进行心理教育,又需要依靠道德教育,依靠实践的锤炼。

三 改进我们的德育工作,为造就创造性人才做贡献

1. 改变我们的德育及整个教育行为,建设有利于学生创造性发展的德育。

首先要确立正确的儿童观或学生观,相信每个儿童都有创造的潜能。20 世纪 30 年代末我国著名的教育家陶行知先生在其创办的育才学校里开展了"育才创造年活动",1943 年,他发表了《创造宣言》,指出"处处是创造之地,天天是创造之时,人人是创造之人"。②

其次要全面地看待学生。日常把语、数或理、化等成绩不好的学生叫"差生",这是极其片面而有害的。加德纳的研究认为:人的智能包括语言智能、数学逻辑智能、空间智能、音乐智能、身体运动智能、人际关系智能、自我认识智能等。"这七种智能同等重要"。七种智能都是"生命的心理潜能",都应当开发。又说,"每个成年人只有一种智能可达

---

① [俄]雅可布松:《情感心理学》,李春生等译,黑龙江人民出版社 1997 年第 2 版,第 211 页。

② 陶行知教育思想研究会等编:《陶行知文集》,江苏人民出版社 1981 年版,第 739 页。

到辉煌的境界","每个人的身体本身都具有非凡的创造性",① 如果把一个语、数成绩不好但爱好体育的学生叫做"差生",那为什么不把一个身体运动智能差,仅语、数成绩好的学生叫"差生"呢?又为什么不把那个数、理好,但不善交往、自我认识差的叫做"差生"呢?这公平吗?在衡量品德问题上更难以说清楚什么叫"差"。《美国教育学基础》中曾指出:"能够被认为具有创造性的学生常常被他们的教师看作是不努力,无进取心,不能令人满意的学生。"② 而有一些所谓"调皮""淘气"的学生品质并不坏,却往往是创造潜能高的。这类学生常常精力很旺盛,爱动、爱捣乱,应当引导他们把精力用到正道上来,给他们运用和发挥创造才能的机会。"差生"的说法,是一种社会标定。被标定为"差生"的学生,往往丧失自尊、自信,走向自暴、自弃,真的向着差的方面发展。而如果教师相信学生的创造潜能,正确地引导、积极地鼓励他们,就会促进他们的发展,表现出积极的"罗森塔尔效应"。

2. 把培养创造性人格放在教育的首位。

创造性人格包括理性因素和非理性因素,从心理学说,是智力因素和非智力因素。创造性、创造精神是创造性人格的本质方面,在创造性活动中具有动力作用、导向作用以及对各种智力因素和非智力因素的调节作用。所以培养创造性人格是创造教育的根本。进行一些思维创造技法训练、传授一些具体的创造方法,也可能暂时显示一些效果,但是不能舍本求末,抓住了枝节,丢掉了根本。这可能与理论上的误导有关,即误以为创造性就是创造力,创造力就是智力,智力就是思维能力,于是满足于搞些思维训练和小发明、小制作。创造性是人格内在的整体性特征,如果忽视了基础理论的学习和创造性人格的培养,从长远说或从根本上说是不利于学生创造性发展的。要培养创造性人格就要培养各种创造性人格特征。这方面国内外都有很多的研究。例如吉尔福特的研究认为,创造性人格特征有八个方面,其中除智力因素外,如自觉性和独

---

① [美]霍德华·加德纳:《多元智能》,沈致隆译,新华出版社1999年版,第9、18、29、40、21页。

② [美]奥恩斯坦:《美国教育学基础》,刘付忱等译,人民教育出版社1984年版,第160页。

立性、求知欲、好奇心、条理性、准确性、严格性、兴趣、幽默、意志等都属于非智力因素。又如麦金农对作家、艺术家、科学家、建筑师共400人的研究表明，50%以上的人有以下六个方面的品质：智力、独创性、坦率、直觉性、理论和美学兴趣、掌握造就命运的感觉。不同领域内的人才，其人格特点又有所不同。国外的许多学者分别研究了不同领域创造者的人格特性如艺术家、自然科学家、社会科学家、建筑家的人格特性，其中包含了许多智力品质，但更多的是情感、意志、性格方面的品质。我国学者王极盛研究了学部委员们的创造性人格特征。他通过大量的资料分析，认为创造性人格中的非智力因素有情绪、兴趣、意志、性格四大类52种。他认为，在自然科学研究中发挥创造性作用大的因素，前五位是事业心、进取心、兴趣、勤奋、求知欲；在社会科学研究中创造性的人格因素发挥作用大的前五位是事业心、进取心、求知欲、勤奋、意志。① 在人格特性中也有一些不利于发挥创造性的因素，较突出的如从众性、偏狭性、刻板性等。培养创造性人格应该包括形成和发展人格结构中那些积极的、有利于创造才能发挥的因素；防止和克服消极的、妨碍创造才能发挥的因素。

3. 解放儿童的创造性，德育自身应是解放的。

按联合国《儿童权利公约》界定："儿童系指18岁以下任何人。"《学会生存》一书提出"教育即解放"，"把所有人类意识的一切创造潜能都解放出来"。② 早在1944年，陶行知先生就呼吁"解放儿童的创造力"。③ 他针对固有的迷信、成见、不准小孩自由活动、不准小孩提问、用频繁的考试占满儿童的时间，等等，提出了"六大解放"。这些对德育培养创造性而言，是极其重要的指导思想。现代德育是主体—发展性德育，是以促进主体德性发展为根本的。因此，现代德育应是解放的德育。

解放儿童创造性的德育自身应是富有创造性的。创造性的德育革除传统模式中的陈腐的、僵化的东西，创造和运用先进的德育思想、德育

---

① 王极盛：《科学创造心理学》，科学出版社1986年版，第299—306页。
② 联合国教科文组织国际教育发展委员会编著：《学会生存》，华东师范大学比较教育研究所译，上海译文出版社1979年版，第191页。
③ 陶行知教育思想研究会等编：《陶行知文集》，江苏人民出版社1981年版，第751页。

内容、新颖的方法技术和生动活泼的德育形式。如果德育自身是有创造性的，就会是富有魅力的，就会创造出富有创造性的学生。为了改进我们的德育，提出以下建议和设想。

（1）解放的德育，其师生之间是民主的、和谐的、合作的关系，即"我—你"对话关系。解放的德育不是道德权威对受教育者的道德驯化，而是在教育者的组织下，教育者与受教育者共同参与的教育活动；是教育者的启发、引导、指导与受教育者的认知、体验、践行相结合的过程；是教育者与受教育者相互教育与自我教育、教学相长、品德共进的过程。正如保罗·弗雷尔在其《不平常的教育思想》一书中所指出的："在驯化教育的实践中，教育工作者总是受教育者的教育者。在解放教育的实践中，教育工作者作为受教育者的教育者必须'死去'，以便作为受教育者的受教育者的'重生'。同时，他还必须向受教育者建议：他应当作为教育者的受教育者而'死去'，以便作为教育者的教育者而'重生'。这是一个往来不绝的连续过程。这是一个谦逊的和创造性的运动，在这里，教育者与受教育者都必须参加。"[①]

（2）解放的德育要求形成友善的、宽容的集体氛围。创造性不是"教"出来的，而是通过培养逐渐成长、发展起来的。友善的、宽容的、鼓励创造性的集体氛围，学生有"心理安全感和心理自由"，[②] 是学生创造性得以发展的基本前提。教育者的任务就是要为学生创造性的成长、发展，提供所需要的土壤、阳光、空气和水分。

（3）解放的德育，其实施方式是生动活泼的。它不是物化的、模式化的，而是人格化、多样化的德育。学生是人，不是物；学生不是装知识的容器，也不是装"美德"的口袋，学生是精神主体，是道德的主体，是有思想感情的人。教育不是物的标准件生产，也不是居高临下的灌输；教育是育人、育心、育德的文化心理过程。解放的德育实行人格化的教育，采取多种多样的教育方式，使学生的个性、创造性得到充分的展示，

---

① 联合国教科文组织国际教育发展委员会编著：《学会生存》，华东师范大学比较教育研究所译，上海译文出版社1979年版，第191页下的注释。

② ［美］奥恩斯坦：《美国教育学基础》，刘付忱等译，人民教育出版社1984年版，第160页。

从而实现《学会生存》一书提出的教育理想："人类发展的目的在于使人日臻完善；使他的人格丰富多彩，表达方式复杂多样；使他作为一个人，作为一个家庭和生活成员，作为一个公民和生产者、技术发明者和有创造性的理想家，来承担各种不同的责任。"①

它不是封闭的，而是开放的德育。在开放中吸纳新的时代精神，锻炼受教育者的思维批判力、道德选择能力、创新能力。

它不是只重视道德认知，忽视道德情感、道德行为的，而是道德的知情行协调发展的。创造性不仅仅有智的因素，尤其是要有创造的精神，包括创造感、创造的热情和创造的意志。解放的德育不是单纯的说理教育，而是把理性的传授和指导学生丰富多彩的体验学习、形式活泼的道德践履结合起来的德育，是完整的德育，是有利于促进学生创造性发展的德育。

它不是保姆式，而是自主式的德育。它尊重学生的主体性、独立性。它对学生放手，它相信学生的能力。它吸取少先队、共青团富有创造性的雏鹰行动、手拉手活动、社区志愿者活动的丰富经验，它让学生自己去践行、去体验、去创造。

陶行知先生说："教师的成功是创造出值得自己崇拜的人。先生之最大的快乐，是创造值得自己崇拜的学生。说得正确些，先生创造学生，学生也创造先生，学生先生合作而创造出值得彼此崇拜之活人。"② 祝愿我们的老师们在创造值得自己崇拜的学生中获得最大的快乐！

（原文发表在《教育研究》2001 年第 1 期）

---

① 联合国教科文组织国际教育发展委员会编著：《学会生存》，华东师范大学比较教育研究所译，上海译文出版社 1979 年版，第 2 页。
② 陶行知教育思想研究会等编：《陶行知文集》，江苏人民出版社 1981 年版，第 736 页。

追求卓越的教育[*]

——评《我的教育理想》

为了实现未来，就需要敏锐的预见力，理想正是人干预未来的一种能力，正因为世界的未来是一种可能的存在，是不确定的，才需要理想的指引，才需要人具有预见未来的能力。《我的教育理想》（南京师范大学出版社出版）一书正是作者朱永新教授对未来可能寻求一种自己的确定性，这就是他的教育理想。他把自己理想中的那个在未来世界中可见的教育，尽量呈现在我们面前：理想的学校、理想的教师、理想的学生、理想的校长和理想的家长。

在作者看来，理想的教育是以人为中心的。教育理想就是寻求理想的人，作者对理想的人的教育预见，对我们思考学校教育理想问题是一个重要启承。当下教育的一个缺憾就是没有真正了解教育中的人，作为受教育者的人为什么要受教育，为什么能够受教育等等，对于这些问题，我们的教育没有真正去研究，去关心，而只是把思考的方向指向教育的技术和方法。正因为此，作者在首篇提出几大理想：理想的校长和理想的教师、理想的学校、理想的学生、理想的家长。在作者看来，这是寻求理想教育和理想学校的前提。理想要以人来构建，理想的教育首先要有人来支撑，而理想的人首先是他们有理想的教育思想和教育观念。在对未来教育的设定中，作者让自己在一个非常明确的概念中获得自己对教育的澄明。理想中的人是未来教育理想中的理想，没有理想的人一切教育理想都是不可能的，这就是作者提出理想教育的根本出发点。在未来教育发展的各种可能性中，作者首先看到的是人作为一个显现于经验

---

[*] 本文的作者为薛晓阳、班华。

之中，并能最终决定教育的一个根本因素所具有的可能性＞一切理想教育的可能性，都取决于教育中人的可能性，这就是理想教育能够指向哪里，教育能够把自己提升到什么境界的根本性问题。

教育是一种行动，是一种改造，走出书斋是中国教育的出路。纯粹的学术来之于学者的心灵的创造，但学术的价值与学术的意义则只能显现于实践之中，实践是教育的生命，是教育生长的根基。学术总是学术，但学术的内容向谁开放，学术的问题指向哪里，这是书斋教育与生活教育的分界。作者的境界是要把整个现实世界、把整个社会生活容纳在自己的教育视野之中。教育现代化问题、教育创新问题、教育政策问题、科教兴国问题，这些都可见之于作者的教育理想之中，其中不乏深刻而有见地的思想，而科教与苏州地方发展问题尤其显示出作者对教育与现实、理想与行动的重视，作者在《我的教育理想》中所要提示的一个真理，可能就是警告世人，教育永远没有最好的，教育只有在永无止境的探寻中构建自我，向未来开放，向未来寻求教育的意义，向未来叙述自己的命运，这是教育所能把握的唯一真实。叩问未来是教育的使命，追求理想正是教育叩问未来的声音。理想是教育的生命，理想是自由的，可以是幻想，也可以是梦想，但当理想转化为我们的使命后，就成为一个确定的行动，它不可动摇，不能放弃，永远处于求变之中是追求理想的必然，一个心中存有理想的人必然也是不满足于现实、力求超越现实的人，求变就是对现实的变革，就是按理想改造现实，就是不断寻找现实的问题和不足。教育的使命正是不断地超越现实，向理想逼近，在这一动力之下，教育才可能走向未来。

（原文发表在《教育研究》2002 年）

德育理念与德育改革

——21 世纪德育人性化走向[*]

21 世纪的德育（本文主要指道德教育）走向如何，与社会转型有关，与我们具有怎样的德育理念，怎样进行德育改革有关。德育理念是德育的根本指导思想，提升德育理念是德育深层次改革的需要，是德育改革的最高境界。对德育现代化或现代德育的理念，可能有多种理解，我认为其主要特征，就是关怀人、关怀人的德性发展，或者说它的根本精神就是以道德主体（儿童）的德性发展为本，走向主体—发展性的德育。这是现代人的发展和社会发展的要求，是时代的呼唤。早在 20 世纪初瑞典作家爱伦·凯就发出"20 世纪是儿童的世纪"的呼吁。澳大利亚教育史学家 W. F. 康纳尔提出教育要转向"人性化"。苏联教育家哈尔拉莫夫等提出"教育人格化"的要求。从 20 世纪 70 年代初联合国教科文组织提出"学会生存"，到 80 年代末国际社会提出"学会关心"，都体现了教育人性化的走向，体现了教育关怀人的发展的趋势。教育第一线的实际工作者——优秀的校长们领导的学校德育改革，就体现了现代德育精神，他们以更生动的语言表达了这种精神："让儿童的道德生命自由生长"，（东洲小学许新海，2001）"让校园成为师生的精神家园"（华士小学吴辰，2001）等。而这也正反映了 21 世纪德育的走向，即德育人性化的走向。本文试从不同的侧面，结合我国学校德育实际来说明其问题。

---

[*] 本文被人大复印报刊资料·教育学全文复印，《新华文摘》2002 年第 11 期摘要转载，被中央教科所收录于《2002—2003 年中国基础教育发展研究报告》。

一　从物化走向人化

德育的对象是人，德育的目的是使人成为人，使人过有意义的生活。既往的教育把受教育者当作物对待，施行非人的"教育"，其主要表现是：不尊重学生的人格、尊严、权利，实施非人的规训与约束，非人道的体罚和虐待；把人作为工具打造，作为接受知识的容器；肢解人的整体性，片面强调对人的某些部分进行测量、量化，而"只要生命体沦为科学科技准确性的属性，生命体的原始价值就荡然无存了"；[①] 否定人的能动性，把人看作是客观物体的，是没有生命的，是消极被动、需要接受教育的对象。以我国近20年的情况来说，关于主体性教育的讨论，关于人的现代化的探讨，关于学校中自主性德育的研究、个性发展的教育研究，"学会关心"的研究，以及中国关心下一代专家委员会"把爱带入21世纪"的呼吁，等等，都表明了德育人性化在理论认识和教育实践方面有很大进展。目前仍在向着这个人性化方向走去，这是一个持续不断的追求过程。

德育人性化是人的本性的要求。教育是为人的，而非人为教育的。人是自由自觉的存在，是完整的生命体，它要自由地发展。卢梭认为，人性的首要法则就是维护自身的生存，人性的首要关怀就是对于自身的关怀。人性化的德育，是用"人"的方式去理解人，对待人，关怀人，特别是关怀人的精神生活、精神生命的发展。

德育人性化符合德育的本性。道德教育是使人向善的，是促进人的德性健康成长，为创造人的幸福服务的。德育是育心、育德的文化—心理活动。这是一种人与人心灵的沟通，如同雅斯贝尔斯所说的是"人与人精神相契合，文化得以传递的活动"，是"人对人的主体间灵肉交流活动（尤其是老一代对年轻一代），包括知识内容的传授、生命内涵的领悟、意志行为的规范，并通过文化传递功能将文化遗产教给年轻一代，

[①] 孙志文：《现代人的焦虑和希望》，生活·读书·新知三联书店1994年版，第55—56页。

使他们自由地生成，并启迪其自由天性"。①

从物化走向人化，首先要承认学生是人，就是承认学生是具有独立人格的人，是完整的人，是能动的、创造性的人。人性化的德育尊重学生的人格，尊重学生的兴趣和需要；人性化的德育关怀学生这个完整的生命体，看到学生是个有思想、有情感的活生生的人；人性化的德育相信学生是具有积极的能动性和创造性的，如布伯所说的，学生是"具有潜在性和现实性的特定人格"。②

从物化走向人化，要求教师成为学生的精神关怀者。德性是精神的核心，作为精神关怀者，其根本职责或使命是关怀人的精神生活、关怀人的精神发展、关怀人的道德生命的自由成长。所谓"教育人格化"就是把学校及其课堂教学、课外教育系统等各方面的教育影响都转化为学生个人发展的因素，使校园真正成为师生的精神家园。

从物化走向人化，不是在口头上，而是在事实上，尊重学生人格、尊重学生权利、关怀学生的成长。当下就应当废止、克服事实上仍然存在着的许多违反人性、违反教育原则的现象。例如依然普遍存在体罚现象的同时，普遍存在着严重摧残学生心灵的"精神虐待"（心罚）。十年前，我曾对当时形形色色的精神虐待现象作过概括，即侮辱人格、强迫反省、心理施压、连续唠叨、精神威胁、精神禁闭（使学生孤立）、不公正对待等。今天，惩罚学生的方式丝毫未见减少，甚至发生了某些残酷伤害学生的做法，例如强迫学生用小刀刮脸、在学生脸上刺字、强迫学生吃苍蝇等，虽然这是个别现象。

从物化走向人化的过程中，要求关怀完整的生命体。我们强调对儿童的精神关怀，丝毫不意味可以忽视对身体的关怀。从整体上关心人，包括关心精神生命和肉体生命。已经开始的全球性"支持儿童"活动（儿童系指18岁以下的任何人——联合国儿童权利公约），为我们推进德育人性化提供了很好的参照，这就是：不忽视任何一个儿童；给予儿童优先；关心每一个儿童；与艾滋病作斗争；停止伤害及剥削儿童；倾听

---

① ［德］雅斯贝尔斯：《什么是教育》，邹进译，生活·读书·新知三联书店1991年版。
② ［德］马丁·布伯：《我与你》，陈维纲译，生活·读书·新知三联书店1986年版，第158页。

儿童的心声；让每一个儿童都受到教育；保护儿童远离战争；为了孩子要保护好地球的生态环境；与贫困作斗争，投资于儿童。[1]

德育走向人性化，其重要的一个方面是由强制性单向灌输转向双向的平等对话。

二 从灌输走向对话

20世纪开始批判道德灌输。灌输的性质是控制性、奴役性的，教育者的独语是现象，背后依托的是一定社会（阶级）意图；灌输的主要特征是把教育对象当作"物"对待，当作"可被别人占有的东西"，[2]作为国家"驯服工具"培养，作为"美德之袋"进行德育注入；实施居高临下的单向影响，师生之间是权威与服从的关系。因此，灌输也是违反了人的本性，违反了德育本性的。

从灌输走向对话，表明了德育从忽视儿童发展向重视人、重视人的发展的转变。杜威、皮亚杰、柯尔伯格在推动这个转变中起了重要作用。杜威首先反对灌输，他指出灌输的本质是强制性的、封闭人的思想的；是限制了儿童的智慧和道德发展的；教育要"表现个性、培养个性"。皮亚杰和柯尔伯格发展了杜威的"认知—发展性"道德教育理论，为反对灌输提供了科学支撑，进一步确立了儿童在德育中的地位。他们相信儿童是自己道德的建构者，儿童的道德品质是其与环境相互作用的结果，道德教育的主要任务是促进道德能力的发展。马斯洛、罗杰斯为反对灌输提供了心理学理论基础。其他一些教育哲学家、道德教育理论家，例如威尔逊（John Wilson）、哈尔（R. M. Hare）、阿特金森（R. F. Atkinson）等分别从内容、意图、方法等方面批判了灌输。20世纪70年代保罗·弗莱雷在他的《被压迫者教育学》中，指出了灌输的10个特点，系统地批判了灌输式教育。此外，体谅关心德育理论、价值澄清德育理论，都在操作层面上否定了灌输，实践了发展性德育观。在我们国内，人们对灌

---

[1] 《中国"支持儿童"声音最响》：《中国教育报》2002年4月27日第2版。

[2] [巴西]保罗·弗莱雷：《被压迫者教育学》，顾建新等译，华东师范大学出版社2001年版，第31页。

输已从目的、意图、方法、内容、效果等方面来认识这一德育形式。当然，我们反对的是灌输的奴化性质，反对它的强制性，并非不对学生进行价值引导。在我国，有关建立青少年义务社会服务制度的主张、活动德育的研究、生活德育的探讨、重视道德判断能力的培养，重视自主性道德教育实践的研究，自我教育力的培养，学会关心知情行统一的研究等，都是试图克服灌输的。以上表明，在人们的认识上、理论上，道德灌输已经失去了存在的合理性；在价值多元的条件下，灌输也失去了现实的可能；在实践中，人们也正在积极地探寻改革的思路。当然，灌输的影响仍然有不同程度、不同形式的存在，其主要表现，例如在日常教育中，往往热衷于道德知识的竞赛活动；对课堂上传授道德知识在品德形成中的作用抱有过高的、不合理的期望；以思政课考试成绩衡量学生的品德发展水平；用强制的、非理性的手段迫使学生参观德育基地，甚至把初中的心理教育课也当作政治概念教学，进行讲解、要求背诵等。表现形式不同，实质上都是没有把德育和智育、道德的学习和知识的学习、道德观念和关于道德的观念区分开来。

　　由灌输走向对话，是从奴化的德育走向自主性德育。自主性德育立足于自己认知、自己体验、自己领悟、自己抉择、自己践行。自主性德育充分尊重学生人格，满足其内在道德需要，体现生命意义和生存价值。道德灌输培养人的"奴隶性""顺从性"人格。自主性德育培养融自主性、自律性、自由性、责任性于一体的道德主体人格。自主性德育并不否定教育者的指导，教育者在尊重、理解、爱护受教育者的基础上，用自己的学识、言行、境界、风范去启发、引导、帮助受教育者，但不是代替他们的思考、理解、体验、选择、行动。自主性德育是自主地进行道德学习，是学生自主建构、"自己运动"，是任何"道德权威"都不可能代替的。

　　由灌输走向对话也是由单向影响转向双向互动。对话是师生"我—你"相互平等、相互尊重、相互关爱，真正做到心灵沟通，"师生共同寻求真理""师生相互帮助，相互促进。"[①]

---

　　① [德] 雅斯贝尔斯：《什么是教育》，邹进译，生活·读书·新知三联书店1991年版，第11页。

"'我'和'你'的相遇只有在目的单纯、会遇本身就是目的的情况下才是纯粹、自由，又有群体感、友谊、爱的会遇。"① 所以，从现代观念看来，德育是两代人的相互影响，是我—你"共同参与，教学相长，品德共进"的过程，也就是我—你相互理解、相互悦纳、相互勉励、相互启发、相互涌动、相互创生、共同发展、共享快乐的过程。老师与学生是共同生成的。没有老师就没有学生，没有学生就没有老师。如马丁·布伯所说的："我们栖居在万有相互玉成的浩渺人生中"，"我的学生铸造我，我的业绩抟塑我"②。

"教育者是教育成的。"（马克思语）教育者具有教育职能，只是制度教育条件下它所承担的社会职责，它应当具有也应当发挥教育的功能，它在学问和道德发展上"应当"比学生高。但这里的"应当"是对教育者的要求的虚设，在实际上教育者不可能是完美无缺的，现实中是不存在这样的"完人"的，实际生活中的教育者都必须学习，包括道德的学习。他之所以成为教育者，因为他能与受教育者共同成长。更深一层地说，自觉的教育者自觉地向学生学习。"弟子不必不如师，师不必贤于弟子。"如果说古代社会，年长者向年幼者学习只是少数的情况，如今三种文化传承方式并存，后喻的传承方式凸现，文化反哺现象已在社会生活中处处可见。青少年儿童教育专家孙云晓的"向孩子学习"课题组，以大量的实证资料证明了年长的一代人需要向年轻的一代学习。今天的德育应当是"师生结伴成长"，"同心、同行、同乐。"（吴辰语）

上述情况表明，从灌输走向对话，德育过程中教育者与受教育者这两个基本要素的关系改变了，由教育与被教育关系转向相互教育关系，由单向影响转向双向交往；因而教育者与受教育者的地位和作用也呈现了相互转化的状况。无论哪一方都可能充当教育者和受教育者。如保罗·弗雷尔所说的："通过对话教师的学生及学生的教师等字眼不复存在，新的术语随之出现：教师学生及学生教师……他们合作起来共同成

---

① 孙志文：《现代人的焦虑和希望》，生活·读书·新知三联书店1994年版，第126页。
② ［德］马丁·布伯：《我与你》，陈维纲译，生活·读书·新知三联书店1986年版，第31页。

长。"① 德育中人—人关系，决定了德育方法应采用对话法。不列颠百科全书解释对话法有三重意义：对话法不同于讲述法，讲述法意味着有尊卑之分，而对话法意味着对话双方有平等的关系；无论是哪一方都可以在某一时刻充当学生，也可以在某一时刻充当教师；对话假定人人都有某些知识可供传授，并且人人都需要学习。② 但平等的对话关系，不是某一时刻充当学生，另一个时刻充当教师。教师与学生是共同生成的，双方是同时共在的。我—你的交往关系是主体间性关系，是交互主体性、主体间性，是教育中主体之间交互关系的整体。

我与你共同参与，双向影响，共同成长，并不意味着教育者与受教育者没有区别，或者说，教育者没有什么作用。教育者具有的权利和教育的职能，是社会赋予的，教育者除了作为受教育者的朋友、伙伴、合作者以外，他还具有组织教育活动的责任，具有价值引导的作用。但"教师和学生要建立一种新的关系，从'独奏者'的角色过渡到'伴奏者'的角色。"是"帮助""引导""指引"学生，"而非塑造他们"。③

三　从限制走向解放

由限制的德育向解放的德育转变，从另一个侧面更充分地表现了由物化到人化、由灌输到对话的变革。传统德育在把人作为工具对待的同时，德育自身也沦为工具。从限制性德育走向解放的德育，包含人的解放和德育自身的解放。20世纪80年代末，我国德育理论界提出，德育功能要"由限制性功能向发展性功能转变，……发挥它使个体具有充分自由，获得更多解放的功能"。④ 限制性德育是规训的、是专制的。这样的德育，是工业文化的产物，其目标和内容是标准化、模式化的，否定个

---

① [巴西] 保罗·弗莱雷：《被压迫者教育学》，顾建新等译，华东师范大学出版社2001年版，第108页。
② 陈友松：《当代西方教育哲学》，科学教育出版社1982年版，第252页。
③ 联合国教科文组织：《教育——财富蕴藏其中》，联合国教科文组织中文科译，教育科学出版社1996年版，第136—137页。
④ 刘守旗：《社会主义初级阶段德育与德育学科建设研讨会综述》，《教育研究》1989年第8期。

性化；在德育操作、德育方法方面是同步化、划一化的，没有特点，没有针对性；在德育管理方面是集权化、集中化的，用种种条条框框来限制学生，实行消极的防范、从多方面控制学生。从限制性德育走向解放的德育，也就是从单纯约束的、规训的德育走向发展性的、解放的德育。

解放儿童是21世纪教育发展的趋势，全球性"支持儿童"的活动，突出地表现了这种趋势。解放儿童的含义，不仅是让儿童获得受教育的机会，使他们摆脱愚昧状态，而且要让已受教育的儿童自由发展。这个转换是需要一个过程的。21世纪依然是"儿童的世纪"，教育依然要承担起解放儿童的任务。解放的德育以先进的德育思想理论为指导；根本宗旨就在发展和解放儿童的德性潜能和创造潜能，促进儿童的道德生命自由成长；以贴近学生生活实际，为学生所关心、所需要的道德准则以及富有时代精神的先进的思想文化为德育内容；创造多种多样的新颖的生动活泼的德育形式。解放的德育不是物化的，而是人化的；不是灌输的，而是对话的；不是标准化的，而是多样化的；不是模式化的，而是个性化的。

解放的德育归根结底就是要促进学生道德生命自由成长。因此，它要为学生的成长、发展提供土壤、空气和阳光。陶行知先生早在半个多世纪以前，为解放儿童的创造性，提出"六大解放"，遗憾的是至今尚未都做到。当下的素质教育和德育改革，正是应当帮助儿童实现"六大解放"。解放的德育就是帮助人成为自由的人、高尚的人、创造的人、幸福的人。

从限制性德育到解放的德育，也就是从工具论德育到目的论德育。工具论德育把培养德性当手段，把人当工具。目的论德育关怀人的成长，通过教育使人成为人，人是目的。德育是为了发展人、完善人。如《学会生存》一书所说的：人类发展的目的在于使人日臻完善；使他的人格丰富多彩，表达方式复杂多样；使他作为一个人，作为一个家庭和生活成员，作为一个公民和生产者、技术发明者和有创造性的理想家，来承担各种不同的责任。这里所讲的发展性德育，不是科尔伯格的"认知—发展性"德育，而是主体—发展性德育，即完整道德人格知情行协调发展的德育。完整的德育过程是我与你共同参与的，教师启发、引导、促进和学生认知、体验、践行融合统一的过程。

从限制性德育到解放的德育，也是从封闭的德育走向开放的德育。开放的德育，从工作层面来说，就是要面向社会、面向生活。目前仍然存在教育疏离社会、疏离生活、疏离自然的情况；没有或极少组织学生劳动，学生被封闭在课堂里，关闭在校园围墙内，甚至连春游、秋游的机会也没有了。开放，主要是思想的开放，也就是让学生冲破狭小的思想空间，在开放的社会实践中吸纳新的时代精神，锻炼思想批判力、道德选择力和创新力。开放的德育是生活的德育，德育应当以生活为基础，从生活出发，在生活中实施，又引领生活，帮助人们过更美好的生活。

德育的解放也表现在德育模式日益多样化。随着社会生活日益复杂化，价值多元化和德育理论与实践自身的发展，出现了多种多样的德育模式。理查德·哈什著《道德教育模式》（1989）一书提供了6个模式：理论基础建构模式；体谅模式；评价过程以及澄清模式；价值分析模式；道德认知发展模式；社会行动模式。国内在德育模式探讨中，也有很大进展，吸取国外的成果结合我国实际加以运用。李伯黍著《道德发展与德育模式》（1999）概括了5个模式，即提高道德认识的德育模式；培养道德情感的德育模式；形成道德行为习惯的德育模式；促进道德社会化的德育模式；引导价值取向的德育模式。此外，我认为国内已经形成或正在形成中的德育模式有：自主性德育模式、情感教育模式、情境教育模式、活动德育模式、心理—道德教育模式、关爱模式、知情行协调发展模式等。

解放的德育不是取消德育管理，而是实行以人为本的管理。管理不是为了限制人、控制人，不是管理主义；管理是为解放人、发展人创造条件的。当下有关多种德育管理的改革，例如"以人为本、民主合作"的管理、"学生分组参与式"的管理、"发展学生主体意识"的管理等，都值得重视。解放也不是要取消必要的规范、约束。制度、规范让学生参与制定。不是搞消极的防范，规定一大套这"不准"、那"不许"，而是要明确"提倡"什么、"鼓励"什么、"发展"什么。解放的德育充分尊重学生、信任学生，具有宽容的、友善的人—人关系，每个人都有心理安全感和心理自由。

只有发展性的德育才是解放的德育，只有发展性的、解放的德育，才可能让儿童的德性潜能得到充分发挥，自主地成长。

四　从分离走向融合

　　人原本是一个完整的生命体；把人分为身心两个方面，又把心分为知情意三个方面，在对人的认识上是一大进步，但却潜伏着把一个作为生命整体的人肢解开来的危险。教育原本就是人类生活的一个方面；把教育从人类的生产、生活实践中分离出来进行研究和实施是人类教育的一大进步，当然，也埋下教育与生活脱离的可能性。德育原本是和整个教育一体的；把德育从教育整体中分离出来是一大进步，但却蕴含着德育和整个教育、教学割裂开的可能。从人是整体、教育是整体、生活是整体的观点看，应当更新我们的德育理念，德育应当从整体中出来进行研究是必然的，但不是与整体割裂开，应当从分离走向融合：德育应当与人的生命整体、回归教育整体结合，回归人的生活。

　　德育发展呈现了三种性质不同形态：原始德育—古代德育—现代德育。而德育、教育、生活三者关系演变的趋势是经由"混沌一体—三者分离—辩证融合"。当然，这是一个长期过程。现存的德育是孤立于社会生活、孤立于整体教育，被挤到了狭小的空间和有限的时间里；因此当下德育改革应是向着融合的方向前进，这是德育也是整体教育人性化的过程。

　　德育与人的整体性融合，为培养完整的人格服务。人是一个生命整体，也是物质与精神统一的整体；由此，日本小原国芳提倡"全人教育"，分为"心"和"身"的两方面。人也是"一个生物—心理—社会学整体"。[①] 王国维将"完全之教育"分成"体育"和"心育"，"心育"中又分为智育、德育、美育。但我们决不能忘记，人是生命整体。"只要人的某些部分受到工具式的对待，那么整个人（人的整体）都会受到影响。人的灵性统一人的所有经验：做事的并不是手而是人；看的不是眼睛而是人；听的也不是耳朵的事，而是整个的人，思想的也不是人的脑

[①] ［法］埃德加·莫兰：《迷失的范式：人性研究》，陈一壮译，北京大学出版社1999年版，第6页。

而是人；爱的也不是心，而是整个的人。"① 由于人的德性被分成知、情、意三方面，整体的德育也被分割开来，出现了主知的、主情的、主行的等不同的流派。长期以来，我们学校德育很重视道德知识的传授，而忽略了道德行为的养成和道德情感的培育。道德认知的教育从道德情感的培育、道德行为的养成分离出来。德育为形成完全的人服务，就要从孤立的、片面的主知、主情、主行的德育转向重行的知情行协调发展的德育。

德育本身应当是一个整体，作为整体的德育还应融合到整体教育中去。初始的教育是一体的。随着教育的发展和人们深入研究的需要，对教育的分类是有意义的，分类经历了一个由模糊到清晰的过程。19世纪末康德在其《论教育》中首次将德育从整个教育中分离出来，专设了"道德之陶冶"一章。19世纪中叶英国的斯宾塞很明确地把教育分为智育、德育、体育（1868年）。在我国20世纪初，德育正式地、明确地从整体的教育中被划分出来，1902年在《钦定京师大学堂章程》中正式使用"德育"这一术语了："外国学堂于知育体育之外，尤重德育。"此后德育从整体教育中剥离开来。教育本来就包含有德育。我国历史上的教育基本上就是德育。赫尔巴特认为教育的最高目标就是道德。布贝尔说："名副其实的教育本质上就是品格教育。"② 德育融合到整体教育中去是很自然的。有的人总为"没有"时间进行德育而苦恼，其实，如真正做到把德育融入各种教育活动当中，德育的时间最多。一切教育行为、一切教育活动，对人的品德形成和发展都有某种影响，不是积极的正面的影响，就是消极的负面的影响；不是自觉地给予影响，就是不自觉地给予了影响。在这个意义上说，所有的教育都包含了德育因素，所有的老师都是德育老师，如彼得斯所说，"不管你是不是愿意，每一位教师都是道德教师"③。柯尔伯格说："教师有时并没有意识到他们所从事的这些日常

---

① 孙志文：《现代人的焦虑和希望》，生活·读书·新知三联书店1994年版，第56页。
② [德] 马丁·布伯：《品格教育》，陈维纲译，人民教育出版社1981年版，第289页。
③ [英] 彼得斯：《道德发展与道德教育》，邬冬星译，浙江教育出版社2000年版，第154页。

工作，就是教育活动。"①

德育与整体教育的融合，其最重要的体现就是与教学的融合。教学是教育实施的组织形式。要通过教学使"教育的文化功能和对灵魂的铸造功能融合起来"②。这是教育人性化的又一表现。如康纳尔所说"在20世纪课堂内，出现了一个持续而稳定的运动，即教学过程转到教育过程"。"学校从教学过程到教育过程的转变，是一个人性化的过程，这一过程将重点由教书转至育人。"③ 平时一种很流行的说法，甚至作为德育经验之谈，就是"把德育渗透到教学中去"。这是教学与德育"两张皮"的一种说法。学校设"教务处"和"德育处"，这是教学和德育"两张皮"的一种做法。把教学与德育割裂开源自陈旧的"教学观"，认为教学过程仅仅是特殊的认识过程，课堂就是知识传授和灌输的空间。由"教书转至育人"的人性化过程，是寻求充满生命活力的教学，是关注儿童整个生命投入的教学，从而让课堂真正成为儿童生命活动的精神家园。德育回归生活，对学生而言，主要是回归其学习生活。学习是学生生活的主要内容，是学生生命活动的主题。学习过程就是学生智慧成长和德性成长的过程。教学活动中的读、写、算的学习并不是技能的获得，而是从此参与精神生活④，"以正确的方式传授知识和技能，其本身就已经是一种对整个人的精神教育"⑤。以为教学的教育性仅限于教学内容的教育因素也是片面的、不完全的。"渗透"的说法，大多指内容的"渗透"。其实教学内容中的科学知识主要是为德性发展提供科学基础知识和智力基础；而人性化的教学活动整体或教学的各个环节都有育德的功能。合理的教学组织形式和方法对形成合作、互助的品性具有潜移默化作用；学习活动本身，特别是探究性学习对养成认真、勤奋的学习态度，对培

---

① ［美］柯尔伯格：《道德发展与道德教育》，魏贤超译，见瞿葆奎主编《教育学文集·德育》，人民教育出版社1989年版，第437页。

② ［德］雅斯贝尔斯：《什么是教育》，邹进译，生活·读书·新知三联书店1991年版，第1页。

③ ［澳］W. F. 康纳尔：《20世纪世界教育史》，孟湘砥译，人民教育出版社1990年版，第27页。

④ ［德］雅斯贝尔斯：《什么是教育》，邹进译，生活·读书·新知三联书店1991年版，第35页。

⑤ 同上书，第149页。

养热爱科学、形成科学精神、探究精神等有促进作用；营造心理自由、鼓励创造性的教学氛围，对形成友爱、平等、民主的品性和勇于创新精神具有陶冶作用；遵守考试纪律，克服学习和应考中的困难，对养成诚实品质、增强耐挫力有锻炼作用；教师对教学的态度、敬业爱生的精神，具有榜样示范作用；等等。德育应当与学生的学习生活融合。学习就是学生的精神生活，就是学生的生命活动，就是学生精神与德性的成长过程。

融合当然不意味着，德育不能有专门的时间、专门的课程；问题是我们要有整体的教育观，要有融合的思想。对一门课程、一次活动我们要实事求是地抱有合理的期望。我们更注重通过整体的教育来实施德育，通过教学和学生的全部生活实施道德教育。这样，德育就拥有广阔的空间，拥有充足的时间，并且真的能做到全员育人，全方位育人，有助于提高德育实效。当然，走向融合是目标，也是一个过程，它有赖于德育思想的转变，有赖于对德育的真正理解。

[原文发表在《南京师大学报》（社会科学版）2002年7月第4期]

"学会关心"

——一种重在道德学习的德育模式

"学会关心"是1989年召开的"面向21世纪教育国际研讨会"提出的教育思想,[①] 在时间上似乎已经很"久远"了,但它已成为21世纪的教育主题之一。"学会关心"具有丰富的内涵,包容性极大。围绕这个世纪性的教育主题,我们进行过教育思考和教育实践。本文从道德学习的角度来论述"学会关心"的德育模式。

一 作为教育理念的"学会关心"

"学会关心"是20世纪80年代形成的一种教育理念。它是21世纪的教育哲学,是21世纪的教育世界观,同时是一种实践性的教育模式。作为教育模式,其思想理论基础直接来源于"学会关心"的哲学。"学会关心"是极具涵盖率的教育理念,从其关心的对象说,包括了人对自己的关心、对他人的关心、对社会的关心、对自然的关心。作为一种伦理原则,既包括了调节人—人关系的准则,也包括了调节人—社会—自然关系的准则;涵盖了人、社会、自然等全球性问题,成为跨文化、跨地域的伦理原则。有学者把"学会关心的教育哲学"看作是一种"全球本位德育理论"[②]。

"学会关心"的教育哲学体现了现时代的一种教育精神:教育应当领

---

① 面向21世纪教育国际研讨会:《学会关心:21世纪的教育——圆桌会议的报告》,王一兵译,《教育研究》1990年第7期。

② 王义高:《评当前西方的德育导向与德育理论》,《比较教育研究》1993年第5期。

先于社会变革。人是教育的目的,教育应当人性化。随着 21 世纪的到来,各个国家或迟或早都要进入以知识经济和信息文明为主要特征的时代。"学会生存"与"学会关心"有一个共同的思想,就是为一个新世界培养新人。教育先行、教育为一个尚未存在的社会培养新人,这在人类历史上还是第一次。"过去,全世界的教育制度总是成为各种趋势的追随者,而不是这些趋势的创造者,现在,教育应当领先于变革,而不是对变革作出反应;应当在帮助塑造一个人们期望的 21 世纪的过程中发挥重要作用。"①

"学会关心"反映了教育自身发展的人性化走向,表达了现代教育的"关爱"品格。"学会关心"包括关心其他物种、关心地球的生活条件等,它体现了对人生存环境的关心,也体现了对人的关心。"学会关心"教育的核心思想是对人的关心,尤其是对人的精神生活、精神发展的关心,我们称之为"精神关怀"②。它强调对人的精神关怀,强调以精神关怀培育关怀精神、以爱心培育爱心,是本研究的一个特点。

"学会关心"教育是关怀整体人的"全人教育","学会关心"的理念充满着人的知情意统一的整体生命意味,它反对割裂知情意,把人肢解为"碎片人"。实施"学会关心"教育,根本目的是关心人的精神生活,关心人的精神成长,培养学生的关爱精神和富有关爱精神的完全人格。

"学会关心"对整体德性发展有重要意义。"关心"是一种心理品质。也是一种道德品质。"关心"作为一种心理品质,是以爱为基础的情感素质,也是对人和事物的态度,含有认知、情感、行为倾向三种心理成分,但态度不是行为(行动)本身,而是内部心理状态。"关心"作为一种道德品质,应当体现为行动。美国道德教育家哈什从一位科学家舍己救人的事实中概括出一种思想,即道德品质是由"关心"和"道德判断""道德行动"三个要素有机构成的。作为道德品质的"关心"包括关心的

---

① 面向 21 世纪教育国际研讨会:《学会关心:21 世纪的教育——圆桌会议的报告》,王一兵译,《教育研究》1990 年第 7 期。
② 班华:《班主任在实施素质教育中的地位作用和特殊操作系统》,《教育理论与实践》1999 年第 10 期。

意识、关心的情感、关心的行动。"关心"品质是以情感为核心成分、知情意整合的品质，当它涉及社会道德领域，且价值内化达到最高水平的态度、素养，就是道德品质。道德品质是一种特殊的心理品质，是心理品质在社会道德生活中的特殊表现。

"关心"品质的形成离不开人的整体素质，同时又促进人整体素质的发展。"关心"作为人性的一个要素，是一种原始的、自发的质朴感情。"学会关心"的教育价值就在引导学生从原始的、自发的"关心"感情，提升到理性的、自觉的"关心"的感情，形成出自责任的"关心"品质[①]，同时为整个德性的发展奠基。"关心"品质是人的基本品质之一，它具有以下特点。（1）基础性。对人的关心和同情是人品德形成的原点。英国道德教育家彼得斯认为，"关心他人，在儿童生活较早时期就发展了，并不像正义或诚实那样要求同样水平的概念发展才发挥作用"[②]。"关心"作为一种情感素质是道德品质不可缺少的成分。关心或关爱的品质是其他优良品质的生长点和基础，或为其他优良品质形成奠基，或迁移到其他优良品质。俄国心理学家雅科布松认为，各种关爱的情感，"好感、友谊、爱情、忠诚等情感，当它们在人的个性中占据重要位置时，一般会使人变得更温柔，更容易接受其他种情感"[③]。弗洛姆多次论及爱的要素就是"关心、责任、尊重和认识"[④]。关心、责任、尊重、认识，这几方面是相关的，关心品质的形成能使人更好地学会负责、学会尊重、学会认识。因此，指导"学会关心"的教育，实际上也是探讨从"学会关心"切入，促进整体德性发展和自律道德人格形成的教育。

（2）普遍性。关心是一种具有普遍意义的品质。关心符合康德的可普遍化原理。人是生活在社会关系中的。人人都需要得到别人的关爱，人人也都需要关爱他人。关心或关爱的品质，对生活于任何社会中的任

---

① ［德］康德：《道德形而上学原理》，苗力田译，上海人民出版社2002年版，第8—21页。

② ［英］彼得斯：《道德发展与道德教育》，邬冬星译，浙江教育出版社2000年版，第98页。

③ ［俄］雅科布松：《情感心理学》，王玉琴等译，黑龙江人民出版社1997年版，第170页。

④ ［美］弗洛姆：《为自己的人》，孙依依译，生活·读书·新知三联书店1988年版，第104、114、129、278页。

何人来说，都是很重要的、很必需的，并不因为种族的不同、出身的贫富、社会地位的高低而有差异。

（3）恒久性。关心自己和关心他人，作为一种伦理思想自古以来就一直存在着。"学会关心"的过程，是获得生命意义的过程，这是为任何时代、任何人所追求的。任何社会的、经济的、地理的变化都不会影响关心品质的存在。关爱、爱人是我们中华民族的传统美德，它流传至今，表明现代社会、现代人们仍然需要它。"学会关心"是对这些传统美德的继承与发扬，是蕴含着丰富的现时代精神、符合21世纪要求的伦理原则。

"关心"品质的价值，决定了"学会关心"的价值，也决定了"学会关心"模式研究的价值。

二 作为道德学习的"学会关心"

"学会关心"教育在我国学校的实施过程，也是道德教育从"培养论"向"学习论"转移的过程。"学会关心"的教育在我国学校已有十多年的实践经验，逐渐形成为一种实践性的道德教育模式，这一过程同时也是道德教育重点由教育、培养逐步转向自主学习的过程。"学会关心"一经提出，即引起了我国教育工作者的普遍重视。有的中学、小学将其作为学校教育的内容，有的将其作为学校教育研究课题。例如南京长江路小学承担了江苏省教委"八五"课题《学会关心、学会合作》，他们把"学会关心"与"学会合作"结合在一起，对低、中、高各个年级教育的目标、内容、考核方法等进行探讨。再例如，无锡扬名小学在多年实施"助人为乐"教育基础上，开展了"学会关心"的课题研究。他们在学会关心他人、关心环境、关心自己方面作了有益的探索。他们突出爱的教育，重视情境和人际—社会意识的培养：研究了人际交往、学科教学、营造和谐集体生活氛围等教育途径。①

道德教育重点从重教育培养转向重道德学习，经历了从不自觉到自觉的过程。全国教育科学"八五"规划期间，笔者与江苏省吴江市（原

---

① 参见杨德仁、黄向阳《"学会关心"研究》，生活·读书·新知三联书店2001年版。

为吴江县）实验小学共同开展了"学会关心"的教育研究，① 探讨"学会关心"这一重大教育主题如何在小学生中贯彻实施，从学生学习角度出发，考虑其可接受性问题，在诸多的关心内容中。选择了符合学生德智体发展要求的，既能反映时代特色，又能为小学生接受的四项内容：关心健康、关心他人、关心环境、关心学习。根据小学生特点，尽可能使其生活化，以具有现实性、可接受性。在教育实施方面，发扬该校的"爱德"传统，让学生在参与特色校园文化建设、创设良好的"关心情境"中学习。开展以"学会关心"为内容的各种课外活动和校节活动，让学生在活动中学习。尽管当时在教育行为上采取这些做法，但在思想认识上，并不是很自觉地从重点在道德学习这个视角来认识。

"九五"期间，我们与江苏省扬中实小共同开展的"学会关心"的课题研究，旨在探索建构一种"学会关心"的班级教育模式。课题在通过班级教育系统、班主任工作培养学生的关爱品质方面积累了一定的经验，构建了以班级为单位，教育、组织、引导学生学会关心的班级教育系统，在教育行为上引导学生自主学习。但更加自觉地把"学会关心"作为自主性道德学习，是在此后新一轮的研究实践中开始的。

新一轮研究从1999年开始，2002年12月将该课题纳入南京师范大学道德教育研究所的教育部项目："社会转型时期德育模式研究"，从德育模式的视角对"学会关心"作新的探索。本研究以江苏省扬中实小、襟江小学、南京师范大学附属小学等学校为试点学校，吸收以往研究经验，在更自觉地促进原始的、自发的关爱向自觉的、理性的道德品性提升过程中，突出以下几点。

（1）强调"精神关怀"。在诸多关心的对象和内容中，以关心人为重点；在对人的诸多方面关心中，以关心人的精神生活、人的精神发展为重点。（2）更自觉地把"学会关心"作为一种道德生活和道德学习来研究。（3）强调人人是道德学习者，学生、教师、家长等都是道德学习者。（4）更突出品德践行的意义，探讨以"行"为重的"重行德育"、道德学习是重"行"的道德学习。

罗尔斯在论述"正义感"的形成时，指出情感的形成有"培养学说"

---

① 参见钱一舟《面向21世纪"STS·四个关心"素质教育实践》，科学出版社1999年版。

和"道德学习论"两种。① "学会关心"在我国学校实施的过程,也是道德教育由"培养论"逐步转向"学习论"的过程,这是现代道德教育转型的一种表现。"学会关心"强调指导学生"学会",而不是"教会"。"学会关心"实质上是一种道德学习。

"学会关心"的教育哲学,为道德学习提供了全面的思想理论基础,道德教育重点的转变为指导自主性道德学习,不能仅从"学会关心"这一表述方式来理解,重要的是它反映了21世纪教育哲学的精神。"21世纪的新的学习观"认为:"学习越来越应当成为学习者主动和由学习者推动的过程。"② 这一转向的意义重大。不仅符合品德形成规律,更重要的是促进了教育中授—受关系的转变、人—人关系的转变。

道德教育从以往强制性的教育转向自主性道德学习,更符合德性形成的规律。自主性是品德形成的内因。自主性学习是自主发展人的品格。自主发展的人以学习为自己的内在需要,以学习为自己的精神生活;其表现是自己认知、自己体验、自己领悟、自己抉择、自己践行、自己创造,自主地学习更加符合人的品质的形成规律,符合事物发展"自己运动"(黑格尔语)的原理。"关心"或"关爱",是现代人应有的心理品质和道德品质。不论是心理品质,还是道德品质,都不是单靠"教"可以得到的,而是靠学习者自己"学",靠学习者内部的心理活动、主观的努力才能养成。"学会关心"是一种道德的学习,也是一种心理修养。必须靠自己学习和修养,任何"道德权威"都是无法代替的。

由"培养论"转向"学习论"更重大的意义,在于促进教育中授—受关系的转变、人—人关系的转变。"学会关心",不是老师教授,学生接受。道德教育转向学习论,"学会关心"作为一种道德学习,不仅仅是对学生而言,也是对教师和所有教育者(包括家长、学校领导者等)而言的。老师、学生、家长、领导者都是道德学习者,强调人人都是道德学习者。表现在人—人关系上,是"我—你"平等的"对话"关系。在"对话"中,人人相互学习,相互教育,共同发展。如保罗·弗莱雷所

---

① 万俊人:《现代西方伦理学史(下册)》,北京大学出版社1999年版,第716—717页。
② 面向21世纪教育国际研讨会:《学会关心:21世纪的教育——圆桌会议的报告》,王一兵译,《教育研究》1990年第7期。

说，"通过对话，教师的学生及学生的教师等字眼不复存在，新的术语随之出现：教师学生及学生教师。教师不再仅仅是授业者，在与学生的对话中，教师本身也得到教益。学生在被教的同时，反过来也在教育教师，他们合作起来共同成长"①。这一思想已为研究的试点学校所接受，正如老师们提倡的"教师和学生一起学会关心"，家长提出"家长和孩子一起过节"，教师、家长和孩子相互关心、共同学习、共同成长。在以往教育者与受教育者的关系中，强调"教育"与"被教育"、"授"与"被授"的关系，是与某种社会权力和道德权威相联系的。当人人都是道德学习者、学习者之间是平等对话关系时，就有可能不受社会权力、道德权威的制约，他们相互启发、相互学习、共同成长。当然，这并不否认教师负有教育、引导的责任，教师应帮助、促进学生"在实践中自我练习、自我学习与成长"②，引导、促进学生自主建构，自由成长。也就是说，老师是学生的"参谋"或"伙伴"，为学习者服务、为学习活动服务，为学习者的德性建构，发挥"帮助"和"促进作用"。这样，学习者的人格得到充分尊重，从而满足自己内在的道德需要，体现自己的生命意义和生存价值。

"学会关心"是一种完整的道德学习过程。完整的道德学习是自主地形成完整的品德结构。完整的品德结构包括知情行相互作用、相互联系的三要素。与道德认识（道德观念）伴随的道德情感成为产生道德行为的内部动力时，就成了道德动机。个性品德是稳固的动机和稳固的行为的统一体。20世纪80年代在美国兴起以里考纳为代表的"完善人格道德教育"学派，也认为完善人格是由道德认知、道德情感、道德行为三者构成，是知善、欲善、行善人格。"个性的个别特征和个性即使不只是连接成为统一完整的结构，而且这种结构还是普及化的……人的每种表现、他的每种特征都反映着总的个性。"③"关心"作为一种道德品质同样具

---

① [巴西]保罗·弗莱雷：《被压迫者教育学》，顾建新等译，华东师范大学出版社2001年版，第31页。

② [德]雅斯贝尔斯：《什么是教育》，邹进译，生活·读书·新知三联书店1991年版，第4页。

③ 《教育心理学》全国统编教材编写组：《教育心理学·参考资料选辑》，山东教育出版社1982年版，第293页。

有其他道德品质所具有的心理要素，即关心的意向、意识，关心的情感，关心的行动等要素。由此"学会关心"也是一种完整的道德品质的学习。完整的道德学习过程，是全人活动过程，是践行、体验、认知结合的过程。

"学会关心"是培养以"行"为重、以"情"为核心的知情行的整合性道德学习，不是离开情、意的培养，孤立的"认知学习"的问题。试点学校的教师和领导深知学校德育存在的"知行失调症""情感缺乏症"。因此与以往的教育和研究不同，他们突出了以"行"为重的知情行整合性的道德教育，即"重行德育"，重"行"的道德学习。通过多年的指导道德学习实践和理论的学习，使笔者越发认识到，完整人格的形成，需要完整的教育，需要重行的知情行整合的完整的道德学习。

"学会关心"是一种全面的道德学习，包括了社会道德（或人际道德）的学习和生态道德的学习。社会道德的学习方面，包括对自己、对他人、对群体、对社会的道德学习。21世纪新学习观提倡"从强调为私人利益而学习转变到强调为公众利益而学习。我们需要发展一种服务的观点，强调社会利益和增进公共福利"。[①] 此外，21世纪教育哲学还十分明确地强调合作精神，提出需要发展各种更有关心特征的文化成果。生态道德的学习方面、新的学习观认为要"关心社会和国家的社会、经济和生态利益"，还要"关心其他物种""关心地球的生活条件"。[②] 综上所述，"学会关心"包括了人对自己、对他人、对社会、对自然等各方面的道德关系的学习。它反映了人自身的生存和可持续发展的需要，反映了社会可持续发展的需要，反映了自然生态可持续发展的需要。"关心"或"关爱"的对象包括整个生命世界，是对整个人类和生命世界的博爱。在这个意义说，"学会关心"是一种生命道德的学习，学会关怀生命，尤其是学会关怀人的生命；由关怀人的生命扩展到关怀自然界的生命，改变人与自然对立、人与自然疏离的状态，让人、社会、自然持续发展，促进人和地球、人和其他物种和谐相处，达到"天人合一"。

---

① 面向21世纪教育国际研讨会：《学会关心：21世纪的教育——圆桌会议的报告》，王一兵译，《教育研究》，1990年第7期。

② 同上。

学会关心是终身的道德学习。21世纪学习观认为学习是终身过程。"人永远不会变成一个人，他的生存是一个无止境的完善过程和学习过程。"① 这就是说，人的生命是一个过程。人的生命发展本身是在发展之中的。"学会关心"是一个过程，关心的品质是在学习过程中发展的，学习和发展是没有终点、没有尽头的，是终身的道德学习、终身的持续发展过程。作为帮助学生道德学习的德育模式也总是处于不断发展中的。

三　对作为道德学习的"学会关心"的指导

"学会关心"教育的实施，就是对道德学习的指导。根据人是社会关系存在的原理，人的品德形成靠陶冶教育的原理，同时分析、总结试点学校在实施"学会关心"教育方面的经验，运用以"精神关怀"培养"关怀精神"，以"关爱"培育"关爱"的基本机制，概括出模式的操作办法，基本上分为两个方面：营造关心性体系，指导道德学习的具体方式。

关心性体系关心或关爱品质，不是由别人"教"出来的，而是由学习者自己践行、体验、感悟得到的。"学会关心"的教育不是"告诉"学生什么是关心的品质，为什么要学会关心，怎样学会关心，而是营造一种有利于关心品质生成的人际关系体系，即"关心性体系"，让包括教师等所有学习者都生活于其中，使人人都受到熏陶、感染，让关心的品质在每个人身上不知不觉地生长。其他指导学生学习的措施，也是在关心性体系这个背景下进行的。

关心性体系即相互关心的人际关系体系，是学校、家庭、社区的人与人之间，由诸多关心性关系构成的和谐友善、相互关心的人际关系网络。这里，以学校为例来论述关心性体系。关心性体系的基本单位是"关心性关系"，即两个人之间彼此意识到的关心与被关心关系，即"个体—个体"的关心性关系。由这种最简单的"个体—个体"关系可衍生出"个体—群体""群体—群体"的关心性关系。关心性体系是由诸多这

---

① 联合国教科文组织国际教育发展委员会：《学会生存》，华东师范大学比较教育研究所译，上海译文出版社1979年版，第214页。

类关心性关系所构成的人际关系网络，是校园伦理的核心组成部分。学校关心性体系中，从对象的角色说，包括师—生关系、生—生关系、同僚（同人）关系。

强调人与人的关心与被关心是相互意识到的，这样才可能产生体验、感受、体悟，才可能有关爱的反馈，才可能形成有关相互关爱与被关爱的关心性体系。而这种相互关心与被关心正是人们道德生活的内容，是人们的生活活动，同时是学习关爱的过程，"学会关心"就是在这种关心与被关心中被掌握的。

社会学家认为"建构"是使一个复杂的系统存在并组织其精神要素。关心性体系建构的过程，是营造一种以关爱为特征的、内涵丰富的道德文化心理氛围，其精神要素有关心、尊重、责任、理解、信任、合作等一系列美德。在这样的关心性体系中，人际互动是对人作用的重要机制。人们之间感情的对象化与对象化的感情相互交融、相互激励、相互感染、相互生成，这就是师生的情感生活、道德生活。在这里，每个人都在道德生活中学习，道德学习就是一种道德生活，道德学习与道德生活是融为一体的。这正是师生之间、生生之间的心灵沟通，以爱心培育爱心、以道德培育道德的过程。

这种关心性体系及其文化心理氛围，是一种具有陶冶功能的隐性课程，人们生活于其中，不但心情愉悦，而且受到关心和其他各种美德熏陶感染，久而久之，潜移默化地形成良好的品性。但不是任意性质的隐性课程都具有积极的、正向的教育功能，有的也可能有消极的、负向的功能。因此，在营造关心性体系和关爱氛围过程中，需要坚持以符合德性的关爱、尊重、责任等伦理精神为引导，防止、克服各种不良的习气的侵蚀；使学校成为师生共同成长的精神家园，师生共同发现、感受、体验、欣赏关爱道德智慧之美；共同发现、感受、体验、欣赏师生相互关爱情感之美；共同发现、感受、体验、欣赏关爱情感表现艺术之美；共同发现、感受、体验、欣赏师生人格之美。让师生共同学会关心，共同感受学习的快乐，体验教育的美好。

关心品质学习的具体方式"学会关心"是一种全面的、整体的道德学习，所以本研究采取重"行"的知情行结合的道德学习策略，在"研究方案"与教育实施方面，取"践行—体验—认知"的路线。

1. 践行"关爱"。在指导重行的道德学习中,把"践行关爱"放在第一位,"践行",就是"实行""行动""做"。践行是道德学习的基础。是道德学习中知情行整合的载体,是道德学习的目的、内容、方法,也是品德形成与否的标志。这里所讲的"行",特指"学会关心"的"行",出于责任的"行",即出于责任,实际的关心,实际的做、行、实践、践履。这种关爱的道德实践,称作"践行关爱"或"关爱行动"。

道德践行是道德学习的基础,但不是任意的一种活动和行为都能成为良好品德形成的基础,只有出自责任的行为才具有道德价值,只有具有道德价值的行动,才具有教育性品格,只有关爱情感的行动,才能成为关爱品质形成的基础。亚里士多德认为"德性分为两类:一类是理智的,一类是伦理的。理智德性主要由教导而生成、由培养而增长,所以需要经验和时间。伦理德性则是由风俗沿袭而来"。德性是由于先做一个一个的简单行为,而后形成的。"我们做公正的事情才能成为公正的,进行节制才能成为节制的,表现勇敢,才能成为勇敢的。"[1] 践行关爱才能成为关爱者。所以,道德行动是养成道德行为(习惯)必不可少的一环。

关爱行动、关爱活动是情和知的载体。行动或活动过程,是道德主体与外界相互作用过程,是知情行整合为有机的统一体过程,也是关爱品质建构的过程,知情行的整合是道德主体在自身的行动中经过心理的内部活动和外部活动相互作用而完成的。试点学校的研究表明。即使像学生给妈妈洗脚这类简单的"行",也是负载着知和情的,这种行是基于某种认识、带有某种情感的,而通过"行"又产生某种情感体验,通过"行"而加深了对妈妈和某些问题的理解。所以行动过程是认知、情感都参与的过程,在"行"中有可能实现知情行的整合。

关爱行动是我们道德学习的目标,也是品德形成的标志。关爱品德的学习,目的在使关爱成为自己的一种需要并为满足这种需要而行动。是否形成了关爱品德,不仅看有没有相应的道德认识,还要看有没有相应的道德情感,更重要的,是看有没有相应的道德行动(行为)。而衡量一种行为的道德性质,也是要从道德动机与道德行为有机统一整体来看,

---

[1] [古希腊]亚里士多德:《尼各马可伦理学》,苗力田译,中国社会科学出版社1999年版,第27—29页。

同样的外显行为（行动）可能表现为不同性质的品德。我们强调责任，就是强调行为的动机。"如果缺乏相应的动机，则道德行为方式的掌握会导致反常的道德形式主义的形成，其结局是，一定的行为方式仅仅是作为技能来掌握的，因此这些行为方式只能成为技能，而不会变为需要。"缺乏相应的道德认识、缺乏自觉性的行为不是真正的道德行为，而可能是一种待人处事的技巧，是一种拟似的道德行为。缺乏相应道德情感、道德动机的"道德行为"是一种"道德形式主义"[①]。

关爱行动也是道德学习的内容和方式。从关爱的对象范围说，包括对自己、对身边老师和同学、对集体、对社会、对生态环境和其他物种的关爱。从关爱的具体内容说，包括关心健康、学习、生活、交往、情绪以及校园文化建设、和谐、友善、愉快的心理氛围的营造。因此，关爱行动也是重要的育德途径和方法。正是根据以上的认识和基于学校德育忽视道德实践的情况，我们在试点学校强调重"行"的知情行协调发展。

2. 体悟"关爱"。营造关心性体系，主要是从"教"的方面，即从教育指导的角度说是指教师组织、教育、引导学生，在人与人的互动中共同构建关心性体系。体悟关爱则主要是从"学"的方面说的，即学习关爱品质，培育德性。这是道德学习，是价值观学习，它与科学知识的学习不同，后者可以通过讲授、传授的方式把知识传递给学习者，学习者是靠听讲、记忆、思考、想象就可以获得知识。而道德的学习，除了需要记忆、思考、想象外，更重要的是靠体验、领悟。关爱品质的获得，需要在"关爱"的心理文化氛围中生活，接受感染、熏陶，自己去体验、领悟。

体悟的过程是亲历的过程，是以情感、想象、激情去回忆、回味、理解、感悟亲历过的事件，从而使亲历情感化、凝聚化。体悟不同于一般的认识，体悟是全人进入对象，对象与体悟者的血肉、灵魂、禀赋等个体特质交融一体，化为体悟者自己的东西。只有体悟才能形成品德，才能形成完整的人。关心性体系的创设，指导学生爱心行动等，对品德

---

① ［苏联］彼得罗夫斯：《年龄与教育心理学》，北京师范大学教育系心理学教研室（内部印制），1980年，第299页。

的形成都是十分必要的，但学习者自己的体验、领悟是必不可少的一环。

3. 辨析"关爱"。我们重视践行、重视体悟，但如果忽视道德认知也不是整体的学习。"学会关心"的意思，不仅仅是具有关心的情感和行为，而且善于关心，懂得怎样才是真正的、合乎理性的关心，怎样以尊重别人为前提去关心人，怎样辨明关爱与溺爱、关爱与恩赐等。所以要学习、辨析。把自然的、质朴的关爱情感，提升到自觉的、理性的关爱，更需要通过价值辨析。辨析关爱就是要提高对关心品质的认知，增强关心的意识。提高相应的道德认识、道德判断、道德选择能力。

辨析"关爱"是"学会关心"不可或缺的一环。这是需要通过讨论、辩论来实现的，同时也需要在践行关爱中去思考、去理解、去感悟。

研究试点学校在践行关爱、体悟关爱、辨析关爱方面，积累了不少的经验，创造了一些具体学习方式，简介以下几种。

（1）品德践行作业。这是体现"重行德育"精神的作业，区别于记诵、抄写、阅读、写读后感等作业，也区别于思考、讨论、辩论等作业。它是品德践行的作业，强调践行目的在养成关爱的行为与习惯；同时通过践行、体验、培育关爱的情感，加深对道德原理、道德规范的理解，以形成知情行整合一致的道德品质。

（2）设岗服务制。设岗服务是一种道德践行的形式，以班级或小组为单位，设置多种为同学、为集体、为社会服务的岗位。其目的在为所有的学习者提供学会关心的机会，锻炼关心他人的能力。实行班干部轮换制、组员流动和组长轮换制等，都是设岗服务制的具体形式。

（3）道德游戏。教师引导学生开展以关爱为内容的游戏，是让学生置身于美感的、愉悦的活动中，不知不觉地形成、强化关心的意识、体验关爱的情感。

（4）关爱叙事。在关心性体系中，把同学之间、老师与同学之间以及师、生、家长相互关爱的道德生活事实以日记、周记、作文等形式记录下来，作为自编刊物或墙报内容相互交流，有利于形成"关爱"的氛围，起到相互沟通、相互激励、相互鼓励、相互创造、相互生成的作用。

上述学习方式都是学习关爱品德的具体方式，都是为培育关爱品德服务的。践行关心作业是主要的学习作业。设岗服务制，则是在服务中学习，是相对固定的学习制度。道德游戏是帮助学习者在轻松愉快的活动中学习、感受。关爱叙事帮助每个人对自己和他人的关爱行为反思、体验,具有强化和加深理解作用。

以上是对"学会关心"模式研究的初步概括,怎样更好地引导好学生的道德学习,还需要继续探讨,不断发展、不断改进。

(原文发表在《教育研究》2003年第12期)

乡村生活道德文化智慧的"发现"及其意义

——《乡村生活的道德文化智慧》中的文化与智慧

"小学是村庄能看到国旗的地方。……所以要在一所村子里找小学，就看哪里悬挂着国旗。或者，村子里悬挂国旗的地方，就是小学。"

"在这块土地上已经生活了多少代人烟了，相互之间知根知底，连三代老祖宗都清楚。再加上乡间有本村结朱陈之好的习俗，论起来都沾亲带故的。故而，乡民是鸡犬之声相闻。生死皆相往来，抬头见，低头亦见。维系道德的实际就是这样的乡情和亲情。""在村子里，邻近的家庭之间来往方便，孩子们常常与邻居家的伙伴可以穿堂入室……成人一般对别人家的孩子没有坏心眼儿，不会盼望着别人家的孩子出事情，能帮的都帮，而帮助的程度往往是'点到为止'，成人对成人也是这样。某个孩子陷入困境向成人求援时，一般都能得到成人的援助，而当孩子有不当行为时，他人会直接指责他，教以正道。"

"乡间的两大道德律是从众和节制。""从众的一大好处是安全，凡是和众人一样，错了大家都错，又不会是我一个人，不会有人来找我的麻烦。""乡民过的是农耕的小日子，全靠自己的勤劳和节俭，所以他们无论做什么事情也都不会太过分。"

"乡人语言随意，说话多带骂人的口头禅，对孩子说话更是如此，……父母骂孩子、训斥孩子是非常正当的事情，被认为是天经地义，简直就是父母的责任和权威。"

"乡望的道德和人格为人所敬佩，他们也自重身份。……乡间往往把他们当成道德仲裁人，人们的纠纷和不法之事在他们那里都能有个说

法。"（"乡望"指有文化、社会地位较高的人，如医生、教书先生等——作者注）

"那时候，家庭是宗法性质的男性家长制。家族则是族长制。无论家庭还是家族，都是男尊女卑，长尊故幼卑。这也是整个社会的道德。"

"女人不上席的戒律是待客的首要规矩，女人只能坐在另外的地方吃饭。"

"乡间的婚丧嫁娶往往就是人民生活中的道德大事，因为婚丧嫁娶是要惊动亲朋好友的场面，展现一个人或者一家人和他人关系的场合，所以即使平时省吃俭用的人，这个时候也得要要面子……所以面子是最实际的道德律令。"

"在以粮食为中心的年代，远一点在解放前，粮食话题是乡村生活的参照物，无论什么都用粮食来比拟。同时粮食也成为计算单位，……一个人解放前上学，要卖掉几车粮食。一把菜刀，是用几升粮食换的。"

"农民道德和农村生活就是粮食道德。"

"乡间上坟一般是清明节……这也是寄托哀思的道德教育。"

……

以上是从毕世响的博士论文《乡村生活的道德文化智慧》（以下简称《道德文化智慧》）一书随意摘录的一些片断，是作者对农业文明的乡村生活场景的一些描述。农村"生活场景"是道德文化情境性存在方式，是该书的主体或中心。上面摘引的是全书中的一些碎片，当然也只能是挂一漏万，更不可能采录许多精彩的内容；单从所摘引的这些碎片，就已经给我一种亲切感、真实感。每每读到一个地方，不由地想起我小时候在安徽一个偏僻村庄生活时的情景。我曾见到或听到过的一桩桩、一件件的事，似乎在书中都有了；或者说书中所描绘的那一幕幕场景，是我曾在家乡所见所闻的：村子里飘扬着的国旗，邻里乡情乡亲之间的往来，小伙伴们穿堂入室玩耍，大人对小孩子不当行为的训斥，有时还要夹带几句不太文雅的口头禅，家家过着勤俭的小日子，这一家与另一家发生了纠纷就请有点文化的人来评理调解，严重违反家规、族规的青年人被拉到祠堂当众抽打，平日的"烧煮浆洗"都是由"烧锅的"（妻子）承担，家里来客，女人和孩子都只在锅灶前吃饭，谁家抬新娘的花轿进村子是孩子和妇女们最爱看的热闹，小孩子从小懂得糟蹋粮食会遭雷公打,清明、冬至小孩要跟着大人给祖宗上坟,等等。只从书上摘引的几处有限的文字中,就勾起了我对乡间生活的许多回忆,何况作者在全书中对农村的生活和教育所作的非常细腻的描写,那些更为丰富的内容能不使我感到亲切吗?能不让我感到书中所描绘的是那样的真实吗?这些真实的生活场景又是多么的熟悉,多么的平常,然而就在这样平淡无奇、司空见惯的生活场景中,作者"发现"了其中蕴含着的道德文化智慧。

"发现"是很重要的。一位叫罗丹的著名美学家说过,生活中到处都有美,"对于我们的眼睛,不是缺少美,而是缺少发现"。乡村生活、乡村学校中,每一个生活场景、生活的每一个方面都蕴含着道德的因素,都积淀着丰富的文化智慧,问题在"发现"。作者能够成功地描绘农村生活和农村的道德教育文化,可能与他生在农村、长在农村有关,但这不是主要的。长期地在一种环境中生活,熟悉那里的一切,可能容易发现生活的蕴意;但也可能存在另一种情况,即对司空见惯的事情失去了敏感性,反而不易觉察生活场景的变化,不易发现"新"的东西。所以我认为更为重要的是要善于"发现",善于体悟:所谓善于"发现",就是能够"发现"生活场景的内在的性格,也就是"发现"人的智慧、道德文化的智慧。

"生活场景"是内容很丰富的概念。作者在书中所描绘的生活场景,包括村庄、乡间生活、家庭、语言、少年儿童生活、老师、学校、上学、玩耍、教育、婴儿的养育,等等,而每一个生活场景中又有几个生活场景:生活场景是道德文化的情境性存在。要从这些平常见惯了的人和物、事中"发现"其道德的、教育的蕴意,必然离不开一种整体性的、关系哲学的思维方式,即要把德性、德性生成、德性教育和整个的生活场景看成是一个整体,用一个整体的思维方式去认识它,同时,从整体中各个方面的关系以及整体各个方面与整体的关系去把握。正是基于这样的思想方法去观察、思考、体验,作者深信乡村生活场景是道德文化的存在方式,道德就是朴素的生活道理和生活习俗,乡村生活和乡村儿童的德性成长是一体的,道德不仅仅是学校教育中产生的,生活本身就蕴含着道德教育,等等。这些就是该书提供给我们的极有价值的思想观点。

从整体上、从关系中审视农村生活与德性、德性教育问题,就可能有所"发现"。作者从乡村家庭结构的变化中"发现"了乡村道德文化特征、家庭人际关系的变化,从乡村"住房文化"、从"招待客人"的道德文化中"发现"了乡村"男尊女卑"的道德观念,从乡村人的吃穿住行、生老病死的生活习俗中"发现"了乡村道德传承方式,从乡村采汲井水方式的变化,从农民关注中心的转换,即由土地中心—粮食中心—经济中心的转变,"发现"了乡村道德文化的变迁、人们价值观的改变,等等。可见"发现"对于我们了解德性形成的机制、了解道德教育的机制多么重要。"发现"是德性的慧眼,也是道德教育的慧眼。多年来,学校道德教育重视了传授专门的道德知识,建立了专门的德育部门,设置了专门的道德课程,配备了专门的德育教师,保障了专门的德育时间,等等。但是在一系列强化德育的举措的同时,也使德性从整体的人、人的整体生活中分离出来,使道德教育与整体的人疏离,与整体的教育疏离,与整体的学校管理疏离,与整体的课程与教学疏离,也使道德教育成为"德育教师"的任务。于是德育被挤压到了一个很狭小的空间和很有限的时间里,德育队伍愈来愈小,德育成了少数人的事情。这些后果可能是当初许多人没有意识到的:为了提高德育效果底下的状况,人们再次强调了提高学生的主动性、积极性,加强德育的针对性等等。但怎样去理解主动性、针对性呢?用知识竞赛的方式吸引学生?用提高思想政治课考试分数鼓励学生?用名目繁多的评价来督促学生?用廉价的表扬、奖励来刺激学生?有的人还很热衷于这些方式,但却没有"发现"严重的问题是道德教育脱离生活,忽视情感、忽视体验,忽视实践、忽视参与等等这样一些极为重要的问题。没有"发现"人与生活场景的对话,没有"发现"生活中丰富的道德教育资源。《道德文化智慧》对这些作了较充分的阐述,阐明德性成长和道德教育的机理,揭示了生活中道德传承的方式,论证了生活道德教育是在生活场景中的自然流淌。所有这些重要的教育思想,对我们今天改善学校和家庭的道德教育,提高道德教育效果,是多么有益的启迪啊!

  作者研究的是农村教育,是农民的道德教育。这对我们这样一个国家来说,是非常重要的,是非常有现实意义的。早在20世纪20年代,毛泽东就指出了在中国这块土地上,农民问题的重要性。虽然历史的车轮已经迈进了21世纪,农村教育、农民教育的任务、要求不同了,但仍然是我们应当关注的大头。考虑农村和农民本身就是一个道德的立足点。如作者在书中所说的，今天中国社会和中国文化的底色是乡村文化，是农业文明，中国社会的发展不能越过农村。但现实生活中，我们还没有能把农民教育、乡村教育的研究放在中心的位置。这种状况与我们的普及教育与我们的全面实现小康的目标显然是相背的。在这种情形下，作者基于对农村生活与教育的现实关怀，决意研究农村教育、研究农民的道德教育就更值得宝贵。

作者直接研究的是一个乡村、一所小学的生活和道德教育，是否具有可靠的代表性呢？我认为作者所直接研究的一个乡村、一所小学，在我国是一个典型，是具有较为普遍的代表性的。一般寓于个别，个别包含一般。但我认为这个乡村、这所小学有代表性，并非是基于简单的哲学推理来的，并非只是我读了该书所感受到的亲切感、真实感使然，即不仅仅是依据个人的狭隘经验而得出的结论，更重要的是我认为作者抓住了农村这个中国教育的关键，更重要的是我相信作者的分析是中肯的：江苏是我国经济文化和教育大省，有发达地区，有欠发达地区，欠发达地区的经济文化发展当然达不到发达地区的水平，但也不是最落后的地区；就整体情况说，它是处于一种"中间状态"，用统计的术语说，它是在"中位数"或"平均数"的位置上，因而对总体说，是具有代表性的。

我国社会正处在由农业社会向工业社会转变和由农业社会、工业社会向信息社会转变的过程。《道德文化智慧》一书反映了这一变化过程。作者肯定乡村道德文化是变动的，"生活每天都发生变化，在变化中发现的东西才是新的东西"。正是在这一思想的指导下，作者在书中反映了乡村社会在向现代文明转换过程中的人们生活方式、思维方式、社会心理和道德价值观正在发生着的变化，并以农村生活场景为依托，对道德文化中的传统与现代、文化与变迁、因人论世与因世论人、本土化与全球化、落后与先进五个方面关系作了认真的、哲学的探讨。《道德文化智慧》一书不仅在当前有着重要的学术价值，而且其所记载的乡村生活和教育的资料生动、具体、真切、翔实，随着时间的流逝，若干年后对人们了解我国农村的生活道德教育，了解我国农村社会转型过程中道德、道德教育的演变，生活的变化，更具有参考的价值。

作者克服了许多困难，采用田野研究方法，在农村进行了两个多月的实地研究，进行了乡村道德和乡村道德教育的文化人类学研究。他认真地观察、参与、思考、体悟，完成了这篇著作，其研究方式、内容、观点以及写作过程和表达方式均有自己的特点。特别值得提出的是，该书作者摒弃了一切造作的矫情，其理论流淌在夹叙夹议的文笔之下，在轻松中体现凝重，在直白中体现深奥，在简单中体现复杂。我为他取得的这一成果而高兴！我祝贺作者，我也是用心写了上面的文字的。我也希望作者反思自己的作品，有没有值得再推敲的地方，有没有说得还不够清楚可能引起误解的地方；同时我也希望作者继续这一课题，做更进一步的探索，寻求新的"发现"。

（原文发表在《理论探讨》2003 年 6 月版）

略论终身道德学习

在多元文化背景下，在急剧变化的社会中，我们的道德教育如何应对？当代教育发展的趋势之一，是终身教育重点转向强调终身学习；"终身学习"是个体生命全程中所从事的各类学习活动，包括终身道德学习。本文是想说明道德教育重点转向终身道德学习以及终身道德学习的若干理论问题。

道德教育从"培养论"到终身"学习论"的转变

向终身学习体系过渡已成为 21 世纪教育，包括道德教育发展的一种趋势。罗尔斯在论"正义感"的形成时，指出情感的形成有"培养学说"和"道德学习论"两种。道德教育正经历着从道德"培养论"转向道德"学习论"的过程。本文所论的是终身道德学习，包括两层含义，一是道德教育重点的转移，从强调对学生道德的教育、培养，转向强调引导、帮助学习者自己进行道德的学习和修养。二是强调道德学习的终身性；道德教育就是帮助学习者确立终身道德学习的理念、愿望、态度、方法，养成终身学习、终身修养的习惯，以促进其终身的发展。

强调"教育"转向"学习"是终身教育思想的发展，强调终身道德学习符合教育发展世界性潮流。1968 年赫钦斯著《学习社会》使用的是"学习"这个术语。20 世纪 60—70 年代"终身教育"流行时，"终身学习"这一术语也同时出现于终身教育的著作中。从 1972 年联合国教科文组织提出的"学会生存"，到 1989 年的"学会关心"都是表述为"学会"，而不是"教会"，这是否意味着重点在"学"，而不是"教"？1996

年联合国教科文组织提出的现代教育四大支柱"学会认知、学会做事、学会共处、学会生存"也都是强调"学会",而不是"教会"。当然,我们不是简单地从表述方式的推断来理解问题的,而是因为这种表述方式的背后蕴含着 21 世纪教育哲学精神,世界性的教育发展趋势。从 20 世纪 70 年代以来,"终身学习"的呼声就越来越响;"终身学习"术语出现的频率也越来越高。例如:

1976 年美国颁布《终身学习法》。

1987 年,日本制定的《教育改革推行大纲》提出"完善终身学习体制"是第三次教育改革的基本方针之一。1988 年日本将"社会教育局"改名为"终身学习局"。1990 年日本颁布了《终身学习振兴法》。

1989 年,面向 21 世纪教育国际研讨会的文件,多次出现"终身学习"的概念,指出学习是"终身的过程",学校要为学生提供成为"终身学习者"的工具。

1994 年在意大利罗马举行了有 50 多个国家和地区参加的"首届世界终身学习会议",提出"终身学习是 21 世纪的生存概念"。① 提出了最具权威的"终身学习"定义:"终身学习是通过一个不断的支持过程来发挥人类的潜能,它激励并使人们有权力去获得他们终身所需要的全部知识、价值、技能与理解,并在任何任务、情况和环境中有信心、有创造性和愉快地应用他们。"②

1995 年欧洲联盟的十几个国家发表了《教与学:迈向学习社会》,为推动终身学习,确定 1966 年为"欧洲终身学习年"。

1996 年欧洲 25 位部长与澳大利亚、加拿大、日本、墨西哥、新西兰、美国的代表达成协议,将教育战略性模式改为《由教育转到学习》,以体现"终身学习"的精神。

1997 年联合国教科文组织发布的《成人终身学习宣言》向全世界呼吁,应激发、鼓励、引导及辅导成人去"主动终身学习"。

1999 年我国《面向 21 世纪教育振兴行动计划》提出"建立和完善继续教育制度,适应终身学习和终身更新的需要";要求在 2010 年基本建

---

① 吴咏诗:《终身学习——教育面向 21 世纪的重大发展》,《教育研究》1995 年第 12 期。
② 同上。

立起终身教育和学习体系。

1999年我国第三次全国教育工作会议上，国家领导人提出："终身学习是当今社会发展的必然趋势。"

2002年中共十六大再次强调了"终身学习"问题，号召"形成全民学习、终身学习的学习型社会，促进人的全面发展"。

2002年我国全国人大第十次代表大会的一项议案提出制定《全民终身学习法》。同年我国台湾省颁布了《终身学习法》。

"终身学习""学习型社会"是中共十六大文件中关于教育的两个极为重要、极具深远意义的基本观念。"终身学习""学习型社会"并非遥远未来的事。事实上，我们已经开始处于新的教育与学习的时空，处于教育与学习日趋终身化的过程，在经济发达地区，有的城市已经启动了学习型城市建设工作，开始了学习型社区建设和学习型个人的造就。从全社会说，我们已经自觉地提倡和实施的一系列教育措施，都可以看作是向着这个目标前进的过程。例如：高校招生取消年龄、婚否的限制；各种形式的职业培训；高校自学考试制度的推行；教师继续教育的实施；各地老年大学的开办；等等，都是不同形式的终身教育和终身学习。这些教育的实施，不仅体现了教育的终身性，也体现了终身教育转向终身学习的过程，表现在道德教育领域，是终身的道德学习。也体现了终身教育转向终身学习的过程，表现在道德教育领域，是终身的道德学习。

终身道德学习的意蕴

道德教育"培养论"，通常或者大多理解为学校老师对学生的道德教育，年长一代对年轻一代的道德教育；终身道德学习突破了年龄界限和学校教育界限。终身道德学习是对所有人而言的，包括年轻一代，也包括年长一代，即包括教师、学生家长以及其他成年人，他们都是道德学习者。终身道德学习不限学校教育，它可以是有组织的、正规的继续教育形式，也可以是个体的、非正规的、非正式化的学习形式。道德学习的性质，它的个体性、自觉性，决定了它常常是非正式的学习，特别是成年人的道德学习在更多的情况下是在工作和生活中学习和锻炼，通过亲身经验改变其行为、价值观、人生观，其中包括隐性学习和主动自觉的学习修养。

终身道德学习是终身的自主育德、自我修养的过程。其内在目标是促进自我德性的提升。在思想道德上不断地提高自我修养是学习者的精神需要，是学习者精神生活的一个方面。这是一个主动的、自觉的能动过程，表现为自己认知、自己体验、自己思考、自己领悟、自己践行、自己创造。道德"培养论"强调个体德性发展的外部作用，侧重对学生的影响与控制；道德"学习论"强调学习者的内部作用即强调学习者"自己运动"，自主地发展个性。道德"培养论"把人当作消极、被动的教育对象；道德"学习论"凸显学习者在德育中的主体地位和能动作用。终身道德学习的自主性也表现在学习方式的个体化方面，对自己学习、修养的要求、内容、方式，由学习主体自主决定、自己安排。

终身道德学习是全面性的学习。社会急剧的变化，个体生命发展全程经历的一系列阶段，决定了人生每个阶段都面临着角色的转换和多种多样的新的发展课题，因而贯穿一生的学习内容也必然是多种多样的。俗话说："活到老，学到老，还学不了。"1996年《教育：财富蕴藏其中》把终身教育定义为与生命有共同外延并已扩展到社会各个方面的连续性教育与学习。该书提出的当代教育"四大支柱"是终身学习四大主体内容，大体上全面地涵盖了现代教育的基本内容。21世纪新的学习观认为"学会关心"不仅仅是学会关心自己、关心他人，还包括学会"关心社会和国家的社会、经济和生态利益"，还要"关心其他物种""关心地球的生活条件"[1]，因此，学会关心就包括了人对自己、对他人、对社会、对自然等各方面的道德关系的学习。

终身道德学习也是整体性的学习，旨在学习者完整品德结构的形成，促进整体人的发展。完整品德结构的形成，需要学习者经历践行、体验、认知综合实践的过程，从学习者道德心理活动说，是知情行整合的过程。整体性学习是"全人"教育，是促进整个人格的提升，包括理智的、情感的、道德的、心理等方面。因此终身道德学习是学习者全身心投入的

---

[1] 面向21世纪教育国际研讨会：《学会关心：21世纪的教育——圆桌会议报告》，王一兵译，《教育研究》1990年第7期。

过程，是学习者"全人"活动过程，也是现代人——学习者终身的生命活动，终身的精神生活过程。郎格朗终身教育思想的重点，就是着眼于人格的整体形成，并以此作为终身教育的实现目标。[①]

终身德育转向终身道德学习是教育人性化的表现。终身教育思想的发展从强调教育到强调学习，从强调学习到强调学习的终身性，都内含着教育人性化的意蕴。其"终身性"突破了年龄界限、学校教育界限，是对所有人而言的，是对所有人学习权的尊重。而强调"道德学习"实质是强调教育权利应转移，即把德性发展的权利还给学习者。从每一个体说，"终身"是指其生命的长度，学习权是贯穿一生的权利；从强调"学习"说，是让每一个体道德生命自主地成长。终身道德学习强调德育向整体的、生活的、具体的人的回归，就是强调人的生命、人的价值。这就是终身道德学习的基础。人一来到世间就生长着、发展着、创造着，人性化的教育就是依据人的生命本性，引导、帮助学习者自己自主地进行道德学习，自主地发展德性；以更主动地应对社会思想观念变更、多元价值冲突的社会生活，更主动地提高自身的道德修养和精神生活质量。

终身道德学习的人性化，最集中的表现是教育目的以人为本，人是教育的目的。道德教育从"培养论"转向"学习论"，也可避免以往德育对人的控制性、奴役性；充分尊重学习者的人格、尊严、权利；既帮助、引导学习者学习新的道德价值观、道德原则、道德规范，更强调帮助、引导学习者自己学会学习、学会判断、学会选择；不仅仅重视促进学习者德性素质和道德能力发展，更重视通过道德学习促进学习者整体素质的提高。

从"培养论"到"学习论"，其人性化的转向更充分地体现在教育过程内部基本关系的转换。这里主要指教育中人—人关系转换、授—受关系转换。人—人关系与授—受关系是密不可分的，其转变主要表现为：学习者的自主性突出了，教育对象变成自己教育自己的人；老师也是道德学习者；师生是平等的对话关系，师生互动，共同成长。当然，老师又是教育活动的组织者、引导者、促进者。教育关系的转换表现在当前

---

① 吴遵民：《关于现代国际终身教育理论发展现状的研究（一）》，《终身教育》2003 年第 3 期。

新一轮课程改革中,有的已把"道德学习"作为编写德育教材的重要理念,从而使教材的性质由从"教"出发转向从"学"出发,教材也由教师教的"教本"转向教师指导学生学的"学本";教材的功能由"支配者"转向"对话者",由"说教者"转为"商谈者"。①

终身道德学习的理论依据

终身教育的思想在古希腊罗马、伊斯兰思想中,在中国、印度古老的哲学中都已经出现。孔子是倡导、实践终身教育和终身学习的大教育家。现代终身教育、终身学习思想获得了新的意义,具有时代特色。1972年富尔在《学会生存》一书中说:"无论人类是自觉地,还是不自觉地这样做,他们是终身不断地学习和训练他们自己。这种学习和训练主要是通过周围环境的影响通过亲身经验改变他们的行为、他们的人生观和他们的知识内容。"② 当今终身道德学习的多种学科理论依据,帮助我们从不同学科的视野来认识它。

1. 21世纪教育哲学的依据。终身道德学习是21世纪教育哲学精神的表现。1989年国际教育研讨会提出的"21世纪的教育哲学","包括一个新的知识观和学习观,一个与21世纪相适应的伦理规范和一个对21世纪教育的地位的新的政治和经济道路",从而为终身教育,也为终身德育提供了新的哲学基础。"21世纪的新的学习观"认为学习是"一个终身过程"。"学习越来越应当成为学习者主动和由学习者推动的过程。""学习应当是一个以学习者积极主动为基础的相互作用的过程。""终身学习和终身教育的要求表明,教育体系在教育过程中应当寻求新的伙伴。学校再也不会是一个为学生一生准备一切的地方。学校现在应当培养学习的热情,给学生提供成为终身学习者的工具。"③ 因此我们理解的学校道德

---

① 课程教材研究所:《义务教育课程标准实验教科书·思想品德(七年级上)教师教学用书》,人民教育出版社2003年版。
② 联合国教科文组织国际教育发展委员会:《学会生存》,华东师范大学比较教育研究所译,上海译文出版社1979年版,第195页。
③ 面向21世纪教育国际研讨会:《学会关心:21世纪的教育——圆桌会议报告》,王一兵译,《教育研究》1990年第7期。

教育，就是引导、帮助学习者在实践中自我练习、自我学习与成长；教师的作用是引导、帮助、促进。

2. 教育人类学的依据。"人是反思的自决的生物。因为人具有反思和自决的能力，所以他也是一种自我塑造的生物。"① 反思使人获得行为的规范意识（特别是在他人面前的行为规范意识）成为可能。这些行为规范构成了社会的风俗和道德以及个人的品行。道德教育实际上就通过对话帮助学习者自己进行道德学习。"教育意味着鼓励、促进受教育者的自我陶冶行为。"② 人正是通过自我塑造而形成道德人的。

人具有未完成性。人的未完成性，意味着人是在社会生活、社会实践中不断形成的，人必须终身不断地学习。"人永远不会变成一个成人，他的生存是一个无止境的完善过程和学习过程。人和其他生物的不同点就是由于他的未完成性。事实上，他必须从他的环境中不断地学习那些自然和本能所没有赋予他的生存技术。为了求生存和求发展，他不得不继续学习。"③ 他"总是不停地'进入生活'，不停地变成一个人。这是赞成终身教育的一个主要论点"④。也就是说，人的生命是一个过程，人的生命是在发展之中的，人一辈子都处在成长、发展的过程中。人追求卓越是永恒的过程，追求真善美的人生境界是一辈子的努力目标。终身地学习、终身地发展是人的本性。

3. 社会学和教育社会学的依据。个体道德社会化和再社会化是持续一生的过程。个体社会化必然经历一系列阶段，每一发展阶段都将获得新的地位和角色，这就必须提高适应新的社会地位、获得承担新角色的能力。为此，发展的每一阶段，既需进行知识技能的学习，也需要进行道德的学习。每一个社会成员的再社会化过程，即通过不断地再学习，"有意忘掉旧的价值观和行为模式，接受新的价值观和行为"⑤。即使在老

---

① [奥] 茨达齐尔：《教育人类学原理》，李其龙译，上海教育出版社2001年版，第50页。
② 同上书，第58页。
③ 联合国教科文组织国际教育发展委员会：《学会生存》，华东师范大学比较教育研究所译，上海译文出版社1979年版，第214、215页。
④ 同上书，第215页。
⑤ [美] 戴维·波普诺：《社会学》，李强等译，中国人民大学出版社1999年版，第166页。

年阶段接近人生终点的时候,"也必须调整自己以适应新情境,并创造新的自我形象"。[①] 人的道德学习,追求有意义的生活,是人永恒的生命活动过程。教育社会学的许多研究成果都为终身道德学习提供了理论支持,例如查尔斯·库利关于自我发展的理论、乔治·赫伯特·米德关于主我与客我的理论等,为我们探讨道德学习机制提供了理论基础。

4. 人格心理学的依据。道德学习有广阔的心理学理论支持,例如成人心理学、脑科学等;本文仅从人格心理学这一角度,略加说明。人是它自己的作品,人格是自我创生的。教育在人格发展中的作用,必须通过道德人格主体自身的努力,许多心理学家都对外界价值观的内化进行了研究。我们所说的"自己运动"就是指道德主体内部的心理活动。心理和德性发展的驱动力在内部。小原国芳说:"'教育的王国在儿童之中'。如果不承认自我塑造、自我教育、自我创造这种自我发展的人格活动能力,教育则无从成立,多么有名的教师,多么好的教育方案,下多大的工夫也终归徒劳。"[②] 许多咨询心理学家关于心理咨询的见解,对我们理解这个问题是有借鉴意义的。以人为中心的非指导性咨询,就是以求询者为中心的,咨询人员与求询者平等相待,相互尊重,咨询人员不给求询者以什么"指导",但却想方设法帮助求询者自己认识自己的观点、自己澄清、自己评价。理性情绪疗法的代表人主张自我辩论(思想斗争)。现实疗法的代表人物强调个人有自由选择价值的权利,当然,必须对自己的选择负责。

人格心理学的丰富研究成果表明,道德人格的发展是终身的过程。因而,道德学习也是终身的过程。弗洛伊德的人格理论、艾里克逊人格发展8个阶段理论、科尔伯格的关于人的德性发展3水平6个阶段的理论等,以及彼得斯关于道德发展四个阶段的理论,都是对终身道德学习的有力支持。此外,莱维森关于人的生命周期理论、福勒关于信仰和人的发展理论、洛维格尔关于自我发展的理论、吉利根关于不同性别道德发

---

① [美]戴维·波普诺:《社会学》,李强等译,中国人民大学出版社1999年版,第163页。

② [日]小原国芳:《教育论著选》,由其民、六剑桥、吴光威译,人民教育出版社1993年版,第350页。

展模式的理论、卡丁纳和伯瑞关于跨文化人格结构的理论、库尔提尼斯关于心理社会理论等毕生道德发展的理论等，都从不同的方面说明，人的终身道德学习是可能的，人的终身道德发展需要终身道德学习来促进。①

终身道德学习是人和社会发展的需要

终身道德学习不仅有多方面的理论依据，而且有人和社会发展的实践依据。以下我们从另一个侧面，即从终身道德学习的意义、对待终身道德学习的态度和认识方面来认识这个问题。

1. 社会的全面进步要求人们终身道德学习。我们时代是急剧变化的时代，世界各个方面的发展呈现出全球化、信息化的趋势。我国社会的发展也是这样，我国在由农业社会向工业社会转变的同时，大力推进信息化，因而也正经历着向信息社会前进的过程。从技术到价值观的变化都是快速的。以网络技术说，全球性电脑网络的发展，形成了"人体外的"神经系统，"在人的肌体之外运转，不受正好能容纳这么多脑细胞的脑壳限制"②。网络文化、技术文化的迅速发展，人们生存方式（包括生活方式、工作方式、交往方式、学习方式）的快速变化，全球伦理、多元价值的涌现，"在任何一个人的一生中，生存模式很少发生现在这样重大的变化"③。从而整个社会乃至个体的思想、道德、价值观，再也不具有传统社会的那种"惰性"了，一些价值观受到质疑而动摇了，一些新的价值观又产生了。例如由S.拉塞克等著的《从现在到2000年教育内容发展的全球展望》提供了荣克归纳的8种衰落的价值观和8种上升的价值观（1974），提供了经济合作及发展组织1979年青年中出现的后现代主义价值观6条。又例如，《美国的绿化》一书提出当代青年中上升的价

---

① [美]约翰·马丁·里奇：《道德发展的理论》，姜飞月译，黑龙江人民出版社2003年版，第95—145页。
② [美]E.拉兹洛：《决定命运的选择》，李吟波等译，生活·读书·新知三联书店1997年版，第11页。
③ 同上书，第3页。

值观，列举了其中的 13 条。① 再例如，1997 年美国学者 E. 拉兹洛在《决定命运的选择》一书中认为工业化国家居支配地位的文化，在 20 世纪 60 年代已发生某些转变，列举了 19 条受到质疑的主流价值观和 10 条兴起的新观念。② 此外，科学范式的转变、宗教的重新解释、企业文化的转变、政治上的绿色趋势等，都包含许多新的道德价值观。社会各个方面的进步表明，只有终身不断地学习，才能使我们适时地改变自己的思想观念和学习新的道德价值观，保证与时俱进。

2. 21 世纪接受教育从事学习，已是一种生存方式，是一种权利、义务、责任。"现在社会难道不应该把'学习实现自我'，即人的教育，放在最优先的地位吗？"③ 在全球化和多元价值并存的情况下我们应当坚持学习人类一切优秀的文化成果，又应保持民族文化自觉和发扬自己的个性。"人的个性是自我的创造、生成与实现。"④ 一个人只有把他人所创造的社会总体的实践能力变成自己可以利用的能力，把他人创造的社会共同财富变成自己可以享用的财富⑤，他才能得到充分的自由的发展，他的独特的创造本性才能得到充分的发挥。这也就是说，人要形成个性的自我，需要终身不断地学习，"去占有人类积淀的社会文化基因、吸纳人类创造的文明成果，还需要在这个基础上发挥出自己独特的创造本性。可以说人的一生的活动就在于创造这个个性自我、在个性自我实现中去实现自我价值"，"人的自我有个生成、成长过程。这个过程就是人不断地自我反思、不断地提高自我的精神境界，不断地提高自我创造、自我升华自觉性"。⑥

终身道德学习也是享受的概念。当前我们的社会中，相当一部分人的学习是为了谋生，但同时已经有一部分人不再是仅仅为谋生而学习了。

---

① 联合国教科文组织编著：《从现在到 2000 年教育内容发展的全球展望》，马胜利等译，教育科学出版社 1992 年版，第 93 页。
② ［美］E. 拉兹洛：《决定命运的选择》，李吟波等译，生活·读书·新知三联书店 1997 年版，第 74—78 页。
③ 联合国教科文组织国际教育发展委员会：《学会生存》，华东师范大学比较教育研究所译，上海译文出版社 1979 年版，第 220 页。
④ 高清海：《人的"类生命"与"类哲学"》，吉林人民出版社 1998 年版，第 396 页。
⑤ 同上书，第 387 页。
⑥ 高清海：《人的"类生命"与"类哲学"》，吉林人民出版社 1998 年版，第 399 页。

除了谋生，他们还要求获得更高的学历，要求不断地更新自我、发展自我，要求充实自己的精神生活、提高自己的生活质量。工业文化背景下的教育，个体学习是被动的、被支配的、被奴役的。当今已经开始有人把接受教育、从事学习作为权利、义务、责任，进而也作为一种精神享受。学习帮助人们享受人类历史上创造的优秀的文化成果，享受现代社会人类所创造的最新的、没有地域限制的、全球性的文化成果。终身不断地道德学习，也就是终身不断地更新自我、不断地充实生命活动的内容、不断地提高自己的精神生活质量。终身不断的学习过程，是终身持续地发展、终身追求真善美的过程。这也就是终身道德学习的真正意义，也是终身道德学习的最高境界。

3.《学会生存》(1995) 指出，人类总是自觉或不自觉地终生不断地学习和训练他们自己。对待终身道德学习也有两种情况，或消极被动地学习，或积极主动地学习；表现在对待社会飞速发展的形势方面，有两种精神状态，一种是消极被动的适应，一种是积极主动的迎接。前者往往是为了适应而学习，变更自己的知识结构、更新自己的价值观，以适应新的谋生方式的需要。"对变化的适应是生命的奥秘，没有它，生命会变得毫无生气。"① 生态学有一个公式 $L \geq C$，意思是一个有机体要生存下来，其学习的速度必须大于或等于其环境变化的速度。但终身道德学习不完全是为适应。20 世纪 70 年代产生的"反体制型终身教育论"的代表、意大利学者捷尔比认为应改变以往的"为了适应社会的变化而倡导终身教育"的被动构想，而积极引入为了人类解放所必须采取的"自我决定学习"的能动理论②。自觉的、积极的终身学习者是现代人自我实现、主动迎接社会变革的表现。他们必以主动积极的姿态，不断自觉更新自我，热情迎接未来。他们适时地抛弃、改变陈旧的价值观念、思考方式、情感方式、行为方式，而代之以新的价值观念，新的思考方式、情感方式、行为方式，从而掌握自身持续发展和促进社会持续发展的主

---

① [意] 奥雷利奥·佩西：《人的素质》，邵晓光等译，辽宁大学出版社 1988 年版，第 162 页。

② 吴遵民：《关于现代国际终身教育理论发展现状的研究（一）》，《终身教育》2003 年第 3 期。

动权。人、自然、社会的可持续发展为终身教育和终身学习提供了新的背景和基础，同时提出了新的挑战，可持续发展要求人们树立可持续发展理念，可持续发展理念的确立必须通过终身教育与终身学习。终身学习的定义表明人在适应社会的过程中，应当以主动的、积极的姿态出现，不能消极被动地适应，而人的学习正是为了促进社会发展而成为身心和谐发展的人。这就体现了对个人价值和社会价值的尊重；而不是迫使人在自身持续发展与社会持续发展的冲突中作出一种价值选择。人与社会的持续发展要求人们必须树立全球意识、长远观念、平等观念，理解人生价值、人生幸福，而人的生命的适应、发展、创造、继续，都必须有终身教育与终身的学习的支持。教育与学习是与人类、个体共始终的。这是多元文化背景下必须重视的即道德学习最重要的，不仅是了解一系列新的价值观、社会规范、道德原则与时俱进，而且培养自己的道德能力，特别是在多元价值并存的情况下，要培养自己的思想道德能力、自主选择能力。

学校教育在终身道德学习中的作用

道德教育转向强调终身道德学习，丝毫不否定学校道德教育的作用。学校道德教育的使命是为学生的终身道德学习奠基、为学生的终身持续发展服务。各级各类学校都有责任培养学生终身学习的理念、态度、能力和方法。如杜威所说，"一个人离开学校之后，教育不应停止。这句话的意思是，学校教育的目的在于通过组织保证生长的各个力量，以保证教育得以继续进行。使人们乐于从生活本身学习，并乐于把生活条件造成一种境界，使人人在生活过程中学习，这就是学校教育的最好的产物"[①]。为此，学校教育就需要更多地发挥组织、引导作用，帮助学生学会自主育德，不仅仅要引导他们学习道德原则、道德规范，更要帮助他们提高道德能力，尤其是帮助他们提高在多元价值并存的情况下的道德判断、道德选择能力；而具有特别重要意义的，是帮助他们学会自我教育与修养，包括确立终身道德学习理念，激发自我教育愿望与要求，学

---

① ［美］杜威：《民主主义与教育》，王承绪译，人民教育出版社1990年版，第55页。

会自我教育方法，提高自我教育能力，养成自我教育习惯。其中确立终身道德学习的理念和激发自我教育的愿望是首要的。为此：（1）帮助学习者认识，个体是自己生命意义的建构者，个体生命获得有意义的人生，既依靠社会的教育，更取决于自我教育；（2）帮助学习者形成一种"变化感"，即意识到社会生活急速变革，对无法控制的变革形势的关心，是不可缺少的新的素质。教育与学习是与人类、个体共始终的。终身道德学习，终身持续发展，就是终身自我道德教育。道德教育，就是要帮助学习者自己进行道德学习，终身道德教育，就是要帮助学习者学会终身的自我道德教育。

网络道德学习，是信息时代的一种新型自我道德教育方式。传统道德修养方式，例如修身自励、慎独自律、反躬自省、实践锻炼等等，仍是我们应当继承的。但在信息时代，应当拓展和改变自己的生活空间，学会新的网络道德学习方式。网络道德学习至少包括以下两层意思：一是通过网络学习，网络作为道德信息载体、道德学习工具而发挥作用，其所负载的内容即道德学习的资源，是时间、空间无极限的网络道德文本的存在；网络道德学习是对网络道德资源的开发、利用与再生。这时的网络是书籍、视听媒体的延伸，它不仅仅具有传统学习媒体的作用，而且其功能和效率更佳。另一层意思是学习网络道德知识、信息道德规范。在网络道德环境中，自尊、自爱、自律，处理好网络中人际关系，形成良好的网络道德，自觉地学习和掌握信息价值观、学习享用信息权利和承担信息义务，形成现代人应具有的信息道德素养。网络道德学习有许多的优越性，而尤其值得我们重视的，是在网络交往中，没有所谓教育者与被教育者，人人平等，没有偏见，"我与你"相互教育与自我教育，因而这是快乐的学习、自由的学习。当然，网络的道德学习不能代替传统的人际的思想沟通与情感交流。

道德教育本应为人的发展服务，为创造人的幸福生活服务，其重点转向道德学习最根本意义，是把道德发展的权利还给学习者本人，为人的道德生命自由发展服务。

（原文发表在《当代教育科学》2004年第4期）

德育教材编纂与德育
"三论"思想

德育思想与德育教材编纂①、德育改革实践是密切联系着的。德育思想指导着德育教材的编纂和整个的德育改革，教材和整个德育改革体现了一定的德育思想。我有幸参加新课改中主编初中教材《思想品德》的工作，这对我说，是联系实际学习的一个好机会，从中对一些德育思想和怎样编写初中教材也确实有一些体会。本文想要说明德育思想对指导教材编纂的意义，但不限于此，我还希望更重视有关德育思想对指导整个德育建设的意义。

一　德育思想和德育实践发展的趋势

这里所说的德育改革，包括学校德育和校外德育，发展趋势包括德育思想和德育实践的改革与发展趋势。指导我们编纂教材和德育改革的德育思想，其内容是多方面的，这里我仅仅根据自己的理解提出反映德育发展趋势的几个热点问题：

道德教育的重点从强调"教育""培养""塑造"走向强调"道德学习""自我教育"；

道德教育从疏离生活走向"回归生活"，走向"生活德育"；

道德教育从理性主宰走向"审美化育"。

---

① 本文多用教材"编纂"，少用教材"编写"来表述，实际是一个意思。但通常"编纂"多用于学术著作，教材从总体上说，是"编"而不是"纂"，但此处用"编纂"，似尚可：新教材设计是创造的过程；有关学科专业知识是依据心理学理论经过教育学加工而转化为教材的。

上述思想理论我们予以简单概括之，即"道德学习论""生活德育论""德育美学论"，姑且简称"三论"。

"三论"的思想反映了德育思想理论发展的趋势，同时是近几年德育实践发展的主要走向。由于贯彻国家和教育领导部门有关德育文件的精神，由于德育研究的日益推广，相当多的一批中小学校在学校教育中，重视引导学生自主的道德学习；重视德育贴近学生生活，加强德育的针对性、实践性；重视德育的审美化、德育的欣赏性要求等，这些都是近几年德育实践研究和德育改革所追求的目标。

"三论"的思想和德育实践的走向，体现了以人为本的精神。"三论"思想的重要意义不限于教材编写方面，它同时也是整个德育改革与发展的重要指导思想。新课改编纂的教材不仅仅是"三论"思想的体现，也是对多年来德育改革成果、德育实践经验的一种反映形式。教材的变化也是从一个侧面表现了德育发展的趋势。

二 "三论"思想指导下德育教材的变化

我们力求按照既有的德育理念（教材理念）编纂教材。"三论"思想指导下的思想品德教材有哪些变化？与以往的教材有什么不同？

1. 基于"道德学习论"，教材的功能及教材、教师、学生相互关系的变化。

"道德教育"重点转向"道德学习"，即由"教育论""培养论"转向"学习论"，其基本思想是在教师帮助下，强调学生自主的道德学习，即强调学生自己认识、自己体验、自己践行。道德学习尤其重视践行，以至我们可以称作"重行德育""重行的道德学习"。

基于"道德学习论"的教材，将改变道德教学和道德教育过程中诸要素的功能和相互关系：改变了教材的功能、学生与教材的关系；改变了教师的教育引导功能和学生与教师的关系；从而也改变了学生与教材、教师三者的关系。

基于道德学习论的教材编纂，主要不是从"教"的方面考虑，而是从"学"的方面考虑的。因此教材的主要功能由"讲授文本"转为"学习文本"，即由"教本"转为"学本"。德育是价值引导与自主建构结合的过程。教材的功能主要是帮助、引导学生自主地道德学习，教材是作为学生道德学习的导引，作为学生通向道德世界的桥梁。这种引领作用、桥梁作用是通过课文内容和多种形式的活动设计，帮助学生自己认识、体验、践行，建构自己的道德人格。教材注意必要的、适当的"留白"，就是为学生的道德思维留下必要的空间。"留白"，就是避免作定义式的解读；力求在启动学生思维的基础上，在鼓励他们尝试探究的过程中，体现教材的开放性、诱导性、引领性。也就是说：要给学生一些权利，让他们自己去选择；给学生一些机会，让他们自己去体验；给学生一点困难，让他们自己去解决；给学生一些问题，让他们自己寻求解决；给学生一些条件，让他们自己去锻炼；给学生一片空间，让他们自己向前走。

各种活动的设计、"留白"，都是为促使学生的自主性学习、探究性学习和合作学习。

基于道德学习论的教材，不再是只重传授知识的"工具化"教材，而是重视育人的"文化化"教材。教材是向学生提供了必要的道德知识（含心理学知识、法律知识等），但更重要的是，教材成为了德性的载体。教材中所蕴含的德性精神，激发着学生的道德需要，焕发学生的生命活力，激励学生主动学习、主动思考，产生做有道德的人的强烈愿望；教材的设计还考虑帮助学生提高道德判断、道德选择、道德践行的能力；如"课标"在"教学建议"中所说："积极引导学生学习"、激发学生"道德学习愿望"。

教材功能特点的变化，也导致"教材—学生"关系的变化。教材再也不是学生的"支配者""说教者"，而是学生的"对话者""商谈者"。"教材—学生"是对话关系。为此，教材在人的称谓方面用"我""我们""你""你们"，这样拉近教材与学生的距离，增加了教材的亲和力；在表达方式上，也形成了一种"我—你"的对话方式。

基于道德学习论的教材，也使教师与教材的关系有所变化。德育在强调教师的"教"偏重知识传授，未足够重视情感、态度、价值观教育的情况下，教材也着重为教师的"教"而设计、而编写。"教师—教材"的关系主要表现为教师"教教材"。教师自觉不自觉地将德育与知识教学混同起来，把德育当智育在"教"，德育课成为传授德育知识的课，相应的，考试也是考德育知识。以道德学习论为指导的教材，"教师—教材"的关系，也应是"我—你"对话关系。教师与教材沟通不仅仅学习教材中的道德知识，尤其是把握教材理念，理解、领会教材所蕴含的道德精神，领会教材设计意图，掌握教材特点。"教师—教材"的关系，从"教教材"转向"用教材"。考虑道德学习不同于知识学习，它更多的要学习者自己去体验、领悟、理解、践行等等。因此，教材的一个单元、一篇课文，基本上是从问题开始，以活动引入，设计了一些观察、实验、调查、访问、操作等活动，目的在引导学生的参与、体验、践行、思考。

教材的内容也是动态生成的。教材"留白"是为学生的，也是为教师的。"留白"最根本体现了教材的开放性，为教师的教学创新、为教师教学智慧的展示，留有必要的空间。教材的内容，教师可以扩展、可以调整、可以筛选，组织、引导、帮助学生学习教材中的道德知识，活化教材蕴含的道德精神；教师还应当充分运用学生自己的经验、感受、见解、问题、困惑，将其转化为课程资源。

基于学习论的德育理念，基于价值引导与自主建构结合原则，学生与教材的关系、教师与教材的关系、教师与学生的关系都是平等的对话关系。教材不是学生的支配者和说教者，教师也不是道德权威和道德灌输者，教师作为学生思想品德课学习的组织者、引导者和伙伴，与学生共同使用教材文本，教师—教材—学生三者相互对话，教师与学生相互教育和自我教育，共同学习、共同发展。这并不意味着不需要教师的教育引导，而是教师作用的性质和方向不同了，教师与学生也是对话关系，教师是学生成长的伙伴，是学生学习教材的组织者、引导者。教学诸要素的关系中，最基本的是师生关系。教师要充分发挥教材的教育功能，激活教材中蕴含的人类精神文化财富，促使其内化为学生的精神财富，就需要向学生展示自己的知识、情感、思想、性格，袒露自己的精神，即充分发挥自身作为教育资源的作用。师生双方以完整的人格相互敞开，相互启发，相互激发，相互涌动，相互发现，相互创造，共同成长。

2. 基于"生活德育论"，教材力求走进学生的文化—心理生活。

教材作为学生道德学习的导引，也是学生生活的导引。道德学习是学生道德生活或精神文化生活的重要方面，道德的成长与发展也是在道德生活中实现的。学校德育就是引导学生过积极的、有情趣的道德生活，帮助学生提高生活和生命的质量，这也就是引导和帮助学生的道德学习，促进道德生命的成长。"课标"明确提出教材要注重与学生生活经验和社会实践的联系；将正确的价值引导蕴涵在鲜活的生活主题之中，注重课内课外相结合；要改变德育和教材疏离生活的状况，教材内容的确定要充分考虑学生德性成长与学生生活、与社会实践的关系，使其内容具有实践性、针对性。为此，教材的编写力求走进学生的文化—心理生活，用他们的眼睛去看，用他们的心灵去想。也就是说，教材力求从学生的文化—心理视界去思考、去设计、去表达。教材所设计的单元和每一课内容的选择，应是为学生所关心、所需要、所希望得到帮助的问题。为此，力求做到在案例分析中展示观点，在比较鉴别中辨认观点，在价值冲突的辨析中澄清观点，在自主探究中提炼观点，从而使教材为学生所接受、所喜爱。

　　教材内容的安排以学生自身成长的逻辑为主线。学生的成长，其理性因素发展是连续性的，有一定的逻辑顺序，非理性因素的发展是非连续性的、间断性的。不同的成长阶段，有不同的矛盾和问题，据此，教材内容的安排是逻辑和非逻辑的结合，也就是系统性、逻辑性与问题性、针对性的结合。所谓系统性和逻辑性，就是依据学生的生理、心理、德性成长发展的序列安排教材。所谓非逻辑的、问题性的，就是结合不同年级学生发展所遇到的主要问题，有针对性地确定教材内容。我们依据上述两个方面整合教材内容。我们以初中三个年级为参照，标志成长的不同阶段。不同的成长阶段的身心发展及其在生活和社会中所遇到的矛盾和问题，是确定教材内容的依据。

　　生活是复杂的，德性成长是复杂的，思想品德课教材也应当是复杂的。为避免德育课程学科化的倾向，追求教材内容的整合性，将心理、道德、法律、国情等学习内容有机整合，以学生成长主题模块的编写方式，统筹设计教材结构。也就是说，不按学科知识的系统，而是按生活中的问题、成长中的矛盾，把心理、道德、法律、国情四方面内容，整合为统一整体。整合，不是机械相加、简单拼凑，而是依据其内在关系，形成一个有机整体。在编纂过程中，我们改变把教材仅仅视为传授学科知识工具的状况，选取现实生活中的素材，从过分重视道德知识传授转向增强课程的育德功能。因此教材在注意传授道德知识的同时，更注重情感、态度和价值观的学习。

生活是多样的。当前，我国城市生活和农村生活是有差别的。教材要联系农村生活实际，也要联系城市生活实际。按邓小平的思想，教材非教最先进的内容不可。因此，我们更多的是反映先进的科技、文化生活实际。这是基于以下的考虑：一是教材中先进文化和科技内容，有助于农村学生开阔眼界；二是从农村发展说，教材内容具有前瞻性，具有引领生活的作用。因此教材也有一些像网络文化、网络心理教育这样一些具有鲜明时代特色的内容。

生活也是形形色色的。教材所吸收的生活素材必须具有典型性、普遍性的。有的素材是正面案例，十分生动、感人，但只是个别特例，不切合大多数普通人的实际，我们未予采用。反面的个别特例我们也没有采用。

教材体现学生学习的过程与方法，体现教育内容的生成性，体现学生自主建构的过程。这是学生现有生活经验与教材内容的互动过程。每个人都有自己的意义世界，都有自己对教材内容的理解，教师的活动、学生的活动、教师和学生的互动，都可能生成新的教育内容。因此，我们注意用有意义的案例呈现问题，提供问题发生的情境和分析问题的思路，帮助学生在解决问题的过程中活化知识、建构知识；注重认知工具的给予，注重信息资源的扩展和更新，注重学生生活逻辑的主导，使内容的呈现与活动设计融为一体，即内容活动化，活动内容化。

3. 基于"德育美学论"，教材是美的存在方式。

我们努力使教材向审美化方面发展。美是生命的内在需要。德育也应当是美的，德育教材应当是美的存在方式。美的教材不仅仅表现在呈现方式上，更重要、更根本的是教材的内在美，是教材所蕴含的美德。教材是美德的载体。

教材作为美的存在方式表现在多方面。在内容选择上，我们力求符合思想性、科学性、艺术性的要求，即追求真善美的统一。教材体系的构建上，要体现综合，又要有整体感；形散神聚，杂而不乱，立足于学生当前成长过程中存在的问题（心理历程），着重于学生未来发展、终身信守的价值取向（核心概念），分年级组织教材的逻辑体系。单元和课文的组织结构上，注重不同内容的内在联系，有机整合，形成整体，力求和谐统一美。在呈现方式上，生动活泼、丰富多样，利于自学，表现了艺术美。我们还力求语言优美、图文并茂、版面活泼。

美的教材改变了呆板说教的面孔，使教材人性化、生动化，具有亲和力，学生喜欢它、乐意接受它，更重要的是学生受到美的熏陶，培养审美情趣，学会感受美、欣赏美、创造美。

所以，美的教材，不只是关注美的工具价值，更重要的是让学生"领略思维之美，享受文化财富，使自身变得更加高尚"（苏霍姆林斯基语）。生命是美的，生命需要美。对于成长中的少年来说，教育和生活结合，道德学习和审美学习结合，从而使显性教育和隐性教育结合，使道德教育更具有诗意。

美的教材，尽可能采用新颖活泼的语言风格形成自己的特色。教材是与学生对话的文本，因此，教材语言应简约、朴实、活泼、通俗易懂；但内容要丰富，含义要深刻。教材是陪伴学生成长的朋友，因此，教材更应以平等、亲切的语气说话，没有华丽的辞藻，没有生僻的词语，没有难懂的专门术语而内容实在，富有情感，蕴含哲理。尽可能做到课文内容平实易懂，但并不流于肤浅，而是包含生命意义、青春价值、人生哲理等重大主题。

教材是美的载体。教师在指导学生学习过程中，应向学生充分展示教材中美的因素，和学生一起感受、欣赏教材中的美。我们还可以超越教材，向学生展示教材美与展示自身的教学艺术美结合，从而更有利于师生共同创造美的作品，即创造师生的德性美。

当然，美的教材是我们追求的目标。

三　不断发展、不断完善

以上我们叙说了德育思想对德育教材重要的指导，"三论"思想在德育教材中的体现。与以往的教材比，新编教材有了明显的变化，对此可否这样的概括：

教材功能：由学生的"支配者""说教者"→"对话者""商谈者"；由重"教"→重"学"；由过分重"知识传授"、重"过程方法"→重"育人育德"；由重道德认知学习→重道德情感学习和道德行为学习，重道德思维发展。

教材内容：由疏离学生生活→走近学生心灵、贴近学生生活。

教材形态：由道德知识载体→美德的载体。

总的说来，教材面貌有了明显改变，但需要不断改进。我们深知新编教材在体现既有的教育思想和设计思路方面还是不够的。最突出的有几点：（1）没有更好地避免学科化的弊病，特别表现为法制教育内容过于集中在初二下；（2）教材的审美化离期望的目标还有不少差距；（3）在活动设计，特别是单元的主题活动设计上，没有完全摆脱传统的构思，道德践行的活动的设计似应更多、更好一些。

道德学习论、生活德育论、德育审美论，是德育思想理论发展的重要趋势。如上文所述，这些思想理论，其意义、价值不应止于教材的编写，应当在更广泛的德育天地里发挥其作用。而事实上，这些理论也已经在学校实践中起了指导作用。各个学校中有关德育改革的实验与研究，都是不同程度地得到了相应的理论指导。例如"自主性德育""自我教育""主体德育"等德育模式的实验与研究，"网络时代学生道德自律""学会关心""学会共处"等自我道德学习的研究，"生活道德教育""体验型德育""情境性德育"等实验与研究，"德育审美化"以及"欣赏型德育模式"的研究，等等，都直接与上述德育思想理论的指导分不开。能否说，这些德育思想理论以及相关的德育教材、德育改革，代表了德育思想、德育实践发展的方向，是具有时代特色、合乎德育发展的潮流的，而今后的学校德育和德育研究的实践，包括德育教材改革，符合时代发展要求的德育理论将进一步显现其思想的力量。当然，这些思想理论也受到实践的检验，并在实践中不断丰富、发展、完善。

[原文发表于《道德教育研究（内刊）》2004年第5期]

一所充满生命活力的学校

——我所看到的东洲小学

什么是优质学校？我没有研究。我心目中的一所小学是否可以看作"学校优质教育"的一种实践模式？或者能否称得上是"优质学校"？我要说的是江苏省的东洲小学。

东小有一种魅力

一般说，"名牌学校"的特征之一，大多是有自己悠久的传统和文化。如果用这一点来衡量，东洲小学是够不上的。东洲小学是一所很年轻的学校，2002年，才是她10周岁的生日，迄今也才不过12岁。虽然是一所年轻的学校，但却受到了很多人的关注和赞赏。江苏省情境教育研究所副所长李庆明老师深情地称赞她"真是中国教育的'天才少年'"。

我有幸多次到过这所学校访问，虽然这也是我的课题试点学校，但相对这所学校来说，我还是一个"局外人"。这就是说：我不可能如同东小人那样深切体验东小的办学理念和学校精神，不具有东小人那样的思想情感和思维方式；但是作为一个"局外人"，我的认识、我的评价也许更理性一些，当然这并不排斥我对她也是有感情的。尽管我对她的了解还不是很多，但她似乎有一种无形的力量吸引着我，让我不知不觉地喜欢上了她。海门市副市长施德福说她是"一所充满魅力的学校"。"她在海门、在南通甚至省内外都有一定的魅力。"南通市教育局局长王建明说："东洲小学无时无刻不在彰显着一股属于年轻的魄力和魅力。"很多领导和朋友们都对这所小学有很深的感情。江苏省教科所前所长成尚荣说："说起东洲小学，总有一种亲切的感觉，有时甚至是自豪的感觉。我不知在什么时候，已融入了这个学校。"

东洲小学，她的魅力究竟在什么地方？

"追求卓越"的东小精神

为什么这么多的人这么喜欢这所学校？她的魅力究竟在什么地方？"是什么吸引了我，引起了我的关注和思考？很多。但是概括起来，就是她的活力。"（成尚荣）她"活力四射"（施德福）。就是因为她年轻，"年轻是一种财富"，她"充满朝气而绝不稚嫩"（李庆明）。"在这里，年轻不再是幼稚和肤浅，恰恰相反，年轻是一种生机、一种勇气、一种力量和一种财富。"（王建明）

东洲小学，确实是一所充满生命活力的小学。她吸引人的地方、她的魅力就在于她有一种精神，即永不停歇地"追求卓越"的精神，这就是"东小精神"。校长许新海引用了黑格尔的一句名言：人是靠思想站立着的，东小就是靠"东小精神"站立着的。许校长说一所学校的存在与架构固然重要，但更重要的，"更能发扬和传承的是生命和精神"。

东小自创办之初至今，经过10年的变化，充分展现了东小人的艰苦奋斗、追求卓越的精神：

占地面积：4000平方米土地→现在已有280000平方米。

校舍：四间平房→知学楼、知行楼、科学楼、智能楼、教育大厦……

学生数：2个班级61名学生→53个班级2300名学生（目前有小学班51个，幼儿班14个）。

教职工：7人→170人。

全校资产：30万→3000万。

东小的老师们自豪地说：东小从一棵默默无闻的小苗已茁壮成长为一棵挺拔的大树。

东小人从艰苦创业的那天起，就非常明确地把创"追求卓越"的东小精神作为创业的主要内容。在她诞生10周年的时候，许校长非常自豪也非常自信地说："是什么样的精神支撑着东小人越过一道又一道屏障，战胜一个又一个困难，实现一次又一次跨越？拿这样的问题去问任何一个东小人，我可以自信地认为只会得到同一个答案，那就是'追求卓越'的东小精神。"

东小精神如同他们的校歌所唱的那样："不管走到何时何方，我们都会向着太阳放声歌唱，因为我们都是来自追求卓越的地方。"如许校长说的，东小人的目标是把学校变成一方乐土。"这方乐土有大千世界的精彩，有人类历史的浩瀚，有终极道义的神圣，有生命涵义的丰富。"

学校魅力是一种精神力量，是看不见的。但她却是真切地存在着的，你看不见、摸不着，但是她通过这样那样的形式，让人们感受到、领悟到她的存在。这不仅仅是指东小的物质、空间、人员在不断地变化发展。这些是直观形式的，是容易看得见、摸得着的，我说的东小精神魅力的存在，主要是指通过学校内涵的丰富发展让你感受到、体验到。

陶行知先生说："校长是一个学校的灵魂，要想评论一个学校，先要评论它的校长。"[陶行知：《陶行知全集》（第一卷），湖南教育出版社1984年版，第473页]许新海就是一位年轻的、充满活力的、求变求新的校长。说他年轻，不仅仅指生理年龄，说他年轻主要指他的思想年轻，他的精神年轻。他年轻，他好学，他不仅仅学习教育理论，而且有自己的教育理念、自己的教育主张、自己的教育创新。他本科毕业、南京师大研究生课程班结业。他认真、刻苦钻研教育理论，在省级以上报刊发表论文120多篇，获奖30多项，出版个人专著3本，编著5本。他有自己的思考、独立的见解，把理论用于学校教育实践，按他自己的教育理念、教育思想绘制学校的蓝图，无论在培养目标、课程改革、学校文化建设、学校管理等方面都提出了符合时代精神又具有东小特色的设想。东小精神与校长的精神是一致的，他具有永远奋发向上、永不满足已有的成绩、永远追求卓越不断成长的精神。

他考察国外的学校教育，学习新的教育思想，紧密结合自己的办学实践，把国外好的东西，现代教育思想用于自己的学校实践。1997年9月他赴美国考察小学教育一个月，回国后两个月时间，除了开访美摄影展、作报告，把自己在美国的所见所闻介绍给广大师生，还写了一本10万字的《美国小学教育考察》（南京师大出版社1998年版）。他在这本书的后记中写道："应当很好地借鉴美国教育的优点，为我所用。""要集中西教育之精华，办我们东洲小学面向未来的特色鲜明的教育，即构建面向21世纪开放式的办学模式;我要让我们的孩子接受现代化的教育,培养他们现代人的基本素质。"他充满信心和激情地说:"我想,只要解放思想,大胆改革,做好培养高素质人才这篇大文章是完全有可能的。成功一定属于敢于开拓、实践的人。"

"一所充满魅力的学校,总有一群充满魅力的人。"在校长的带领和影响下,东小有一支爱生、乐教、敬业、创新的教师队伍。他们用爱心加智慧和血汗谱写了东小灿烂而壮丽的创业之歌。他们和东小同时成长,几乎在每个人的身上,如当地政府的一位副市长所讲的,东小的每个教师、每个职工,甚至每个被聘用的临时工都充分饱尝了创业的艰辛和欢乐,每个人的身上都体现了一种东小精神。

东小的办学理念

形成东小特色的"新生活教育",其核心思想是"以育人为本""一切为了学生";追求"文化、智慧、信念";促进人全面、和谐、自由、充分、持续发展。

"一切为了学生"是大家熟知的教育思想。有的学校提得更完整:"一切为了学生,为了一切学生,为了学生的一切。"东小没有用语言这样完整地表达过。但在办学思想上,却是一样的完整,东小用自己的教育实践这样地表达着。"一切为了学生"尽管这是对学校教育很高的要求,是理想的教育境界,但在东小,这不是空洞的口号,东小正在实践着。

东小领导要求老师与学生共同成长。要把学校变成一方乐土。这方乐土有大千世界的精彩,有人类历史的浩瀚,有终极道义的神圣,有生命内涵的丰富。因此,要尽力使学校成为有主体、有深度、有震撼、有文化、有韵味,能在学生和老师心灵深处留下不可磨灭的印象和深刻感受的地方。通过具有东小特色的课程和活动的浸染,帮助学生自主发展;培养学生终身学习、持续发展的人生观念,希望从东小走出去的学生,每时每刻都热爱运动,随时随地都喜欢读书,无论在什么情况下,都能快乐地享受生活,坦然地面对挫折和坎坷。这不只是他们倡导的办学理念,而且是实际运行的教育理念。"小学现代生活教育实验研究"是许校长主持的一项"全国教育科学规划'特级教师计划'专设课题",其内容很丰富。

从东小课程改革这一个侧面来看,她是按照以下思想实际运作的。

1. 每一个教师和学生都有分享课程的权利。每一位教师和学生都拥有课程的开发权和决策权;每一位教师和学生都成为课程的建设者、开发者和研究者。教师站在学生的立场,用学生的眼光,从学生的角度,来缩小教材与学生之间的距离。

2. 让每一门课程都适合学生的发展。在课程目标结构中,既有基础目标,也有发展目标,把学生的人格、情感、审美、行为等素质发展列入发展目标,课程实施采取弹性管理方式,要求老师创造条件,为每一个孩子设计适合他个性发展的课程,让学生在他的天赋所及的领域都能展示自己和发展自己。

3. 让所有的课程资源都为学生开发利用。例如,以"蝉"为主题的综合活动课,组织学生到树林里听蝉鸣,想象蝉在说话。捕蝉、拣螺壳,又组织学生到图书馆查阅资料、电脑上网、调查访问、观察研究、绘画制作,完成研究报告。

4. 让每一位学生都有选择课程的机会。他们对教师的"个性资源"进行了一定的探索性开发,结合每个教师学习经历不同,个人爱好不同,各有不同的专业特长的特点,开发了个性化课程。学生可以自由选择教师、自由选择课程,形成了全开放的"课程超市"。

5. 让每一位学生都体验到成功的快乐。除实行统一的考试评价外,还采用适合不同层次学生的新型评价方式,根据学生实际能力将自我实现的目标建立在现实可能性基础上。对评价目标进行分解,逐步实现,让不同层次的学生在各自基础上得到最佳发展。

6. 让每一位学生带着问题走向生活。

这些不全是设想,有的现在已经变成现实,有的也正在变成现实。而上面的6条,"用一切为了学生,为了一切学生,为了学生的一切"来概括是恰当的。当然,我们可以从另外的角度,用其他的什么话来表述,例如从新生活教育的角度来理解。

东小的"新生活教育"

"新生活教育"就是从教育整体上、全方位地为儿童的自由生长创造条件。东小人非常明确：生活中的儿童是生动的人、具体的人、现实的人、生长中的人。尽管生活和存在的根本意义在发展，但生活和存在过程的幸福及需要的满足，依然是相当重要的，所以新生活教育作为影响儿童整个人生过程的活动，应向儿童的生活世界回归。教育家杜威在《我的教育信条》中说："教育是生活的过程。而不是将来生活的预备。""学校必须呈现现在的生活——即对于儿童说来是真实而生机勃勃的生活。"东小让学生在全面而富有个性的教育中，创造出属于儿童自己的、极富个性的美好新生活。新生活教育改变单纯灌输知识的模式化教学、教育状况，把儿童放飞到新的生活中，让师生共同理解、感悟、体验新的生活。东小不满足于学生过好校内的学习生活，带领学生走进住宅文化、饮料文化，让学生去调查、拍照、统计数据、撰写文稿、设计蓝图等，丰富自己成长的经历，写出充满诗意的人生。许校长兴奋地对我说起东小的学生平时与香港的小朋友网上聊天，交流学习、生活情况。2002年，校长带了97名师生到香港友好学校与网友们会面，与他们一起上课、游戏，并走进他们的家庭。

由东小编写、人民教育出版社出版的"小学综合实践活动课程参考用书"《今日生活》的指导思想就是"以育人为本，以促进学生发展为本"。这本书是"面向学生生活世界和社会实践，体现学生自主性、探究性，让学生亲身参与实践的积极体验和丰富经验，形成从生活角度对自然、社会、自我、科技、艺术等的整体认识，主动发现问题并独立解决问题的态度和能力，促进学生创新精神、实践能力和个性充分发展"。前面所述6条就是在综合实践活动课程实验基础上形成的。同时东小在实施《今日生活》的基础上确立了以下基本理念：

1. 到自然中学自然——探究自然的奥秘，发展对自然的关爱；
2. 到社会中学社会——参与社会实践，发展对社会的责任感；
3. 在劳动中学劳动——体验劳动的艰辛，发展动手能力；
4. 在生活中学生活——感受生活的火热，发展创造新生活的能力；

5. 在研究中学研究——学习研究的方式，发展个性和潜能。

2003年东小成立了跨年级的足球、排球、乒乓球、篮球俱乐部，建立了东小吉尼斯文化，为学生在非同龄人群体的合作中，在追求吉尼斯的亲历中，不断地挑战自我和相互竞争，从而培养他们的活动能力、合作能力、耐挫能力和适应能力，从而成为一个充满自信、富有意志力的人。

"新生活教育是一种享受的教育，让师生一起享受新生活、创造新生活；新生活教育是一种幸福的教育，让师生一起体验生命的活力，提升生命的质量；新生活教育还是理想的教育，让师生一起实现今日的理想生活，走向明天的理想生活。"

作为东小的朋友，我为她的生日题写了几个字："让校园焕发生命活力，促师生幸福成长。"（2002年7月20日）我之所以写上这几个字，并非凭空想出来的，而是东小的现实生活给我的感受：在这里学习的孩子是幸福的，能在这样的学校任教，也是幸福的！

生气勃勃的地球村

当今孩子们（其实是所有现代人）疏离自然，以至许多常识性问题也不懂。东小深感拓展课程、构建开放式实践教育模式的重要意义。1998年底，他们筹建了以"人与自然""人与生活"和谐发展的综合实践教育基地——21世纪"地球村"。这里有土地15亩，池塘15亩，同时能充分利用附近的水产养殖、大棚蔬菜基地、民兵训练基地等资源。师生们在这里学环保、学种植、学养殖、做航模、受军训、钓鱼、野炊、举行篝火晚会等等。"地球村"设立的"夏令营""冬令营""三日营""星期营""二日营"等丰富多彩的营地生活深受广大学生和老师的喜爱。因为他们在这里，能尽情地自由呼吸。能否说，"地球村"模式体现了"科学发展观"的精神；陶行知先生呼吁的儿童"六大解放"，在这里得到了更好的实现。学生们只在"地球村"逗留了约两个小时，但大家异常兴奋，感慨也很多，其中的一个想法：城里的孩子没有这里的孩子幸福，他们远离自然，整天看到的是水泥、钢筋、柏油马路。欣赏不到广阔天地的自然美，也享受不到丰富多彩的生命活动的美。

让儿女的道德生命自由生长

东小非常重视学生的精神生活，重视学生当下的精神生活质量，重视学生精神的发展。道德教育就是东小精神教育的重要内容。2001年，许校长自己独立编著出版了一本书，书名就是《让儿童的道德生命自由生长》。许新海十分明确地指出，最高层面的教育，是唤醒儿童的道德生命，激活儿童的生命力量。要让道德生命在广阔的空间里、丰富的活动中、多彩的生活中获得自由生长。"让儿童的道德生命自由生长"——这是许校长的德育理念，也是东洲小学的德育理念。许校长和老师们努力使这个理念变为德育的现实，他们建构了系列的德育实施的策略：

对话：儿童道德生命自由生长的方式；

情感：儿童道德生命自由生长的桥梁；

空间：儿童道德生命自由生长的条件；

活动：儿童道德生命自由生长的渠道；

生活：儿童道德生命自由生长的源泉。

东小的老师们全面关心学生的成长，尤其关心学生的精神世界、关心他们的心理生活。东小有相当数量的全托小学生。这些小学生远离父母，老师们就承担了做父母的责任，不仅仅在生活上对这些孩子照顾得很好，尤其是关注孩子是否生活得愉快，关心精神上的健康成长与发展。为此，老师们认真地了解、分析学生的心理状态。他们经过较长时间的工作，了解到全托小学生的心理特点有孤独感、价值观偏差、缺乏自信、情绪不稳定、交往能力差等。针对学生心理特点，他们采取了一系列调节方式，其中采用了一种"家校桥心理角"的心育活动方式，受到学生和家长的好评。"家校桥心理角"是学生—家长—老师心灵沟通的平台，一位母亲得到女儿的夸奖后写道："妈妈因为女儿而伟大、而智慧、而勇敢。女儿给了妈妈那么多的幸福，那么充实，所以我有了女儿眼中的母性十足，诗兴大发，成为阳光灿烂的妈妈。感谢女儿！是女儿造就了她的母亲！"

"九五"期间，东小开发的一门校本课程《品德与心理》，把道德教育与心理教育有机结合起来，获得了很好的效果。进入"十五"，东小为了更切实、更深入、更全面地开展心理教育，在前几年课程改革实验的基础上，进一步拓展了开发校本课程的视野，开发校本心育课程，并作了很好的总结。东小本着"心育的存在根源于学生生活，又服务于学生生活"的原则，将心理教育融合在德育之中，他们以心育德，以德育心，使育德育心一体化。东小根据学校环境、学生的年龄、生理心理特点就心育课程建设提出三大目标："以活动为先导，建立开放的心育课教学模式；以学生发展为目标，开放学生道德心理世界；以生活为源泉，开放心育实施途径。"学校老师们在经过一段实践的基础上，编写了一套《心理教育》教材，从一年级到六年级，共12本，并于2002年正式出版。教材的内容从小学生实际出发，同时反映了时代特点，具有鲜明的时代色彩，包括学习心理、创新心理、生态环境、科技心理、网络心理、信息心理、经济心理、人格心理等方面的指导。由上述内容可知，这套教材也体现了心理教育与道德教育结合的特点。总结了校本课程开发的策略生活化策略、个性化策略、开放化策略、活动化策略；并总结了形成校本化心育的方式系列：课题引领、优化环境、学科渗透、活动体验和家校互动。

东小全方位地考虑学生的发展任务。除了多种多样的显性教育外，他们还十分重视隐性教育，重视校园伦理文化建设。在校园文化建设中，他们注意处理好几个关系：共性与个性关系，借鉴与创新的关系，校长、老师、学生的关系。目前，学校致力于营造智慧的校园环境，包括科学智慧、伦理智慧、审美智慧等，这方面也已经做得很出色。我相信并衷心祝愿明天的东小更加辉煌。

（原文发表在《思想理论教育·新德育》2005年第1期）

充分发挥科技教育的育德功能

在我们祖国走向全面实现小康、构建社会主义和谐社会的过程中，人的建设是根本。在人的建设中，未成年人的思想道德建设是根本。未成年人思想道德建设是全社会的大事，是我们每个有教育责任感的人都关心的大事。未成年人思想道德建设是所有教师，不仅是专业德育教师的大事，也是我们从事科技教育的老师们的大事。科技教育对未成年人思想道德建设具有极其重要的意义。关怀未成年人的成长，是我们神圣的教育责任，我们也将从中得到各种回报。

科学发展观是实施科技教育与思想道德教育结合的重要指导思想。全面理解科技教育与思想道德教育结合，应当包括两个方面：科技教育对思想道德教育的作用；思想道德教育对科技教育的作用。这里我只和老师们共同探讨科技教育对思想道德教育的意义，我们称作科技教育的育德功能。这里的"德"即"德性"，在这里我们作广义的理解，包括个人的世界观、价值观、理想、信念、道德品质等。

人是整体，人的生命活动是整体。在整体的生命中，思想道德是根本、是灵魂。德性的成长、发展依赖于一定的科学基础；思想道德教育依赖于科技教育作基础。没有离开知识学习、劳动活动、人际交往、日常生活的单纯的思想道德教育；没有置身于智育、体育、美育之外的孤立的德育。德性的成长必须依赖于一定的基础，借助于一定的载体，通过一定的形式或者途径实现。这种基础、载体、形式（途径）是多种多样的，这里我们主要探讨的是作为德性发展基础的科技教育，作为思想道德教育载体的科技教育，作为思想道德教育形式（途径）的科技教育。

一　科学与技术是德性形成发展的科学基础

自觉性是德性的特点。没有这个基础，什么世界观、价值观、理想、信念、道德品质，都是空中楼阁。现代德性发展尤其依赖于现代科学基础。苏霍姆林斯基指出：在我们这个时代，没有良好的教养，没有牢固的知识，没有丰富的智力素养和多方面的智力兴趣，要把一个人提高到道德尊严感的高度是不可思议的。德性的科学基础包括科学精神的原理、知识，科技活动以及科技活动中的各种关系，这些都是科学世界观和德性成长发展的科学知识基础。另外，由于教育引导人向善，教育本身具有道德性，因此科技教育作为德育的载体，是具有内在必然性的。

二　科技教育是思想道德教育的重要载体

思想、道德是精神的东西，它不是独立存在的实体，它必须依托一定形态的物质载体，由我们对其反思、评价而表现其存在。科技教育是思想道德教育的载体，应包括以下三方面。

①德育不是渗透到科技教育中的，而是科技教育本身蕴含有德育因素；

②不只是科技教育内容具有德育因素，而是科技教育的全过程都蕴含有德育因素；

③不只是科技教育过程具有德育因素，而是过程的各个方面都蕴含有德育因素。

各种形式的科技教育包括科技课教学、课外校外科技活动、科技专家讲座等等，都是思想道德教育的重要载体。

教学（教育）全过程以及过程的各个方面、各个环节负载着教育因素，有的是显性的，有的是隐性的；有的是积极的，有的是消极的。因此，教学、教育过程以及过程的各个方面、各个要素，总会这样那样地影响着学习者德性的成长与发展。科技教育作为思想道德教育的载体，有可能负载各方面的思想道德内容。因此，也就有可能表现出多方面的教育作用。我们曾经把教学过程及其对德性形成可能具有的积极教育作用概括成四种：奠基作用、熏陶感染作用、锻炼作用、榜样示范作用。

当然，过程的每一方面、每一环节如果处理得不好，也可能隐含有消极的影响因素。还有许多影响因素本身是中性的，无所谓积极与消极，其影响的性质取决于我们的对待，即取决于我们对其的态度、解读。我们可以赋予其积极的教育意义，防止其消极的意义。做到这一点，关键是具有关怀未成年人精神成长的热情和高度的教育责任感。

三　科技教育是思想道德教育的有效形式

科技教育是德育的载体，也就可以、应当成为实施德育的有效形式。科技教育作为德育的载体和形式，是一个问题的不同方面。载体是从内容说的，表明思想道德教育内容对科技教育的依托；形式或途径是从策略、手段说的，表明思想道德教育的实施是通过科技教育这种形式进行的。当我们肯定科技教育是德育的载体以及科技教育是德育的途径时，我们再次强调德育不是"渗透"进去的，不能为了突出科技教育的思想性、教育性，外加许多思想道德的内容。结合科技教育进行思想道德教育，应当是很自然的结合，是内在有机联系的结合，不是混合，不是相加。

每一种形式的科技教育都蕴含着德育内容，同时也是实施思想道德教育的有效形式。有多少种科技教育的形式，就有多少种思想道德教育的形式。例如：

①科学课的课堂教学是具有高度组织性的道德教育形式；
②校内科技小组活动是有计划的课外道德教育形式；
③少年宫、科技馆的活动是经常性的校外道德教育形式；
④校外专家的科普讲座是具有权威性的道德教育形式；
⑤影视书刊等大众媒体的科技教育是社会性的道德教育形式。

四　对科技教育中实施道德教育的一些设想

（一）关于"科学发展观"教育

科学发展观是直接指导科技教育的思想理论，同时学生科学发展观的形成又依赖于科技教育。对科技教育中含有哪些德育因素，如何实施德育，我以为总的要求可以用"科学发展观"教育来概括，这也正反映了我们构建社会主义和谐社会的需要。科学发展观是全面、协调、可持续的发展观。在科技教育中进行的道德教育，应当包括人际伦理、社会伦理、经济伦理、生态伦理教育（包含代际伦理）等方面。

（二）其他方面思想道德内容的教育

1. 爱科学的国民公德教育
2. 爱祖国的国民公德教育
3. 责任感教育
4. 经济道德教育
5. 科学精神教育
6. 科学道德教育
7. 生态道德教育

（原文发表在《思想理论教育·新德育》2005年第1期）

在关心性关系中学会关心

"学会关心"是一种教育理念，也是一种教育模式；结合"学会关心"教育在学校实施情况，提出帮助学生"学会关心"的两种策略，即营造关心性人际关系，在富有关心性特点的人际关系和文化—心理氛围中学习；组织学生在践行关爱中学会关爱，即以践行为重点的知情行整合性学习。

自1989年面向21世纪教育国际研讨会提出"学会关心"以来，"学会关心"的教育在我国不少的中学、小学、幼儿园、家庭、社区的实施和研究没有间断过。近年来，美国学者诺丁斯《学会关心：教育的另一种模式》中文译本出版，为我们进一步认识和研究"学会关心"的教育，提供了更充分的理论依据。

一 "学会关心"是一种教育理念，也是一种教育模式

重温1989年"学会关心"宣言，学习诺丁斯的著作，反思"八五"以来，自己参与过的"学会关心"课题研究，尤其感到"学会关心"是极富生命力的教育理念，也是一种教育模式。

1. "学会关心"的理念表现了教育人性化的走向

"学会关心"是21世纪的教育哲学，反映了时代的教育精神，是教育人性化的集中体现。

"学会关心"包括关心自己、关心他人、关心社会、关心自然。"关心"的对象范围极其广泛，而关心人是根本。"关心"作为一种伦理原则，既包括了调节人—人关系的准则，也包括了调节人—社会—自然关

系的准则；涵盖了人、社会、自然等全球性问题，成为跨文化、跨地域的伦理原则。

"学会关心"是学会对整个人类的关心，也包括学会对其他物种即整个生命世界的关心；对整个地球生活条件，包括对非生命的物理世界的关心。而这一切都是对人的生存环境、对所有生物生存环境的关心，达到人与自然的和谐共处。

诺丁斯还提出了对人类活动产品的关心，笔者极为赞成。不能以为物质产品丰富了，就不需要节俭了。人类活动产品，是人的本质力量的外化，关心、爱护、珍惜人类活动产品，实质上是对人的劳动的尊重，对人的创造性的尊重，归根到底是对人的尊重，对人自身的关心。

在课题研究过程中，我们强调"在诸多关心的对象和内容中，以关心人为重点；在对人的诸多方面关心中，以关心人的精神生活、人的精神发展为重点"。

学校实践表明，"学会关心"作为21世纪的教育要求和内容，不仅是大学生甚至所有成人应当学习的，也是可以为小学生乃至幼儿都能接受的学习内容。

学会关心是符合人的持续发展需要的。人的生命是持续发展的过程，是无止境的完善过程和学习过程。学会关心也是一个过程。"关心"的品质是在学习过程中发展的；学习和发展没有尽头、没有终点；应当终身地学习，终身地发展。

学会关心教育的人性化走向，表现了现代教育的"关爱"品格。从"学会生存"到"学会关心"更进一步表明现时代教育的人性化走向。学会关心教育表现了对人的关怀，对个体道德生命成长的关怀，以至对整体人格发展的关怀。诺丁斯强调教育的道德意义，他认为，"道德教育不仅是一种旨在培养有道德的人的特殊教育形式，它也可以指任何一种在目的、政策和方法上合乎道德的教育形式"。[①] 他要求教师视学生为自己的孩子，相信每个孩子都是完整的个体。学校是个大家庭，关心是学校

---

① ［美］内尔·诺丁斯：《学会关心——教育的另一种模式》，于天龙译，教育科学出版社2003年版，第4页。

工作过程的基础和核心,好的有良心的"教师们将教学视为道德事业",①"学校是关心的中心,学校的第一个目的是教育学生彼此关心",② 一个基本原则是把学校变成一个像大家庭一样的关心中心。

学会关心是极富生命力的教育理念,也是涵盖内容极丰富的教育模式。它过去是、现在是、今后仍然应当是指导学校教育的理念和模式。

2."关心"是一种人类的"精神珍品"

诺丁斯强调并论证了"关心"是一种"关系"。他说:"我着重强调关心是一种关系,而我们往往倾向于认为关心是一种美德,一种个人品质。"而"过分强调关心作为一种个人美德则是不正确的"。③ 诺丁斯很好地论证了"关心"是一种"关系",但我认为应当承认"关心"也是一种"个人品质",是个人的一种心理品质,也是一种道德品质。作为心理品质,关心是个人对人、对事的一种态度;作为道德品质,关心是个人对他人、自我对世界的道德态度;因此,关心也总表现为个人对他人、对世界的"关系"。人总是生活在"关系"之中,个人的任何"品质"也都是反映了人与人(包括人与自我)、人与世界的关系。肯定"关心"是一种"关系"与肯定"关心"是一种"品质"是内在一致的。"关心"无论作为"关系"或作为"态度",从个性角度说,都是一种"品质",是一种"心理品质",也是一种"道德品质",是一种人类的"精神珍品"。从学习的角度说,"学会关心"既是一种道德品质的学习,也是一种心理品质的学习。通过学习,将这一人类"精神珍品"内化入学生心灵,在这个意义上说,学会关心教育是一种精神教育。

笔者认为"关心"和"关爱"有相同含义,但也有一些区别。"关心"不等于"关爱",关注、重视也可看作"关心"。"关爱"是关心、关怀、爱护,有更多、更浓的情感因素。"关心"作为人性的一个要素,是一种原始的、自发的感情。学会关心的教育价值就在于引导学生学习理性的、自觉的"关心",形成出自责任的关心品质,为整个德性的发展

---

① [美]内尔·诺丁斯:《学会关心——教育的另一种模式》,于天龙译,教育科学出版社2003年版,第13页。

② 同上书,第86页、96页。

③ 同上书,第26页。

奠基。

3. 以关心为核心的道德人格应成为教育的主要追求

诺丁斯关于"学会关心"的一系列重要论述，使我们更进一步、更深刻地认识"学会关心"教育对人的发展、对学校教育的重要意义。

诺丁斯强调"学会关心"对生命成长的意义，说"我们需要这样一条线索，它能够贯穿起生命最本质的部分，连接那些我们真正重视的东西：激情、态度、连续性、忧患和责任感。我愿意把关心作为这条线索"。[1] 他认为培养以关心为核心的道德人生，是学校教育的主要目的、主要追求，应当主导学校教育。"教育的主要目的应该是培养有能力、关心人、爱人、也值得人爱的人。"[2] 他认为"学校应该承诺一个崇高的道德目的：关心孩子，并且培养孩子学会关心"。[3] 普通教育的"核心是道德教育"。[4] "道德目的是教育的首要目的，它指引其他目的。"[5] 以关心为核心的道德人生应该成为教育的主要追求。如果一个学校要有一个主要的目标，用这个主要目标来建立和协调其他目标，那么这个目标应该是培养学生们成为健康的、有能力的、有道德的人。这是一个伟大的任务，其他所有任务都应该为其服务[6]。"真正的改革必须从教育目的和教育目标入手。"诺丁斯一再强调"关心是一切成功教育的基石。当代学校教育可以借助关心而重新焕发生机"。[7]

为此，诺丁斯一贯强调"教育应该围绕关心主题来重新组织"。[8] "关心必须主导学校课程。"[9] "美国学校教育史清楚表明，直到不久以前，学校的道德目的一直优先于学术目的，甚至学术目的很多时候是为

---

[1] [美]内尔·诺丁斯：《学会关心——教育的另一种模式》，于天龙译，教育科学出版社2003年版，第64页。

[2] 同上书，第221页。

[3] 同上书，第86页。

[4] 同上书，第4页。

[5] 同上。

[6] 同上书，第18页。

[7] 同上书，第20页。

[8] 同上书，第221页。

[9] 同上书，第1页。

道德目的服务的。"① "如果以关心为中心的教育目的被忘记的话,那么整个课程将变得没有意义。"诺丁斯多次强调每天都要给学生充分的学习关心的时间。

以上表明,诺丁斯认为"关心是处于关系之中的生命状态",② 关心是贯穿"生命本质"的"线索"。他总是不断地使用分量很重的字眼,竭力强调关心的重要性。论证关心是学校教育的"首要目标""主题""基石""基础""核心",学校是关心的"中心"等。诺丁斯如此重视学会关心教育,重视其在学校教育中的地位,难道对我们没有重要启示?当然,在我国学校教育中,学会关心应当处于什么样的位置,应当如何根据我们的国情,组织我们的教育,是需要深入探讨的。但在认识上,我们对关心的重要性是否达到了应有的高度,在实践上,我们是否将关心放到了学校教育应有的位置,这些却是值得认真思考的。我们应当从学会关心对整体人发展的重要性以及对学校教育整体的、长远的发展的重要性来认识问题。此外,我们还可以从现实生活中存在着的病态社会心理、人际关系冷漠,从学校教育中存在着较为明显的以道德认知为本的德育现状等方面来思考实践学会关心教育的重要意义。

道德教育是帮助、引导学生自己进行道德学习。"学会关心"教育是帮助、引导学生自己"道德学习"。人的品质,不论是道德品质,还是心理品质,都需要学习者自己学习。个体心理品质、道德品质的形成,作为一种文化—心理过程,不是靠从外面灌输,而是在外部的教育、引导下,学习者通过"自己运动"(黑格尔语)自我生成或自主建构。这就决定了教育的策略,主要是创造条件、提供机会,帮助学生自己学习。反思参与学会关心的教育实践曾经走过的路,在"学会关心"教育的多种方法、途径中,概括出两种基本策略,两种策略都是帮助学生自己学习:一是营造关心性人际关系体系,引导学生在关心性关系中学习。二是指导学生践行关心,在践行关心中学会关心;践行,是指在关心性关系中践行,实质上也是在关心性关系中学会关心。

---

① [美]内尔·诺丁斯:《学会关心——教育的另一种模式》,于天龙译,教育科学出版社2003年版,第196页。

② 同上书,第26页。

二 策略之一：创设关心性关系，在关心性关系中学习

关心与被关心都是人的需要。得到他人的关心是需要，是快乐；关心他人也是需要，也是快乐。亚当·斯密曾说过，"毫无疑问，每个人生来首先和主要关心自己"。① 同时他又认为，"无论人们会认为某人怎样自私，这个人的天赋中总是明显地存在着这样一些本性，这些本性使他关心别人的命运，把别人的幸福看成是自己的事情，虽然他除了看到别人幸福而感到高兴以外，一无所得"。② 这种本性是一般人都会具有的同情或怜悯的情感。学会关心，这是要将自然的、自发的关心，提升到自觉的、理性的关心。

1. 教育工作的主要目标是创设关心性关系

自觉的、理性的关心，作为一种道德的态度或品质，不是靠灌输"教"出来的，而是在相互关爱的人际环境中通过学习逐渐形成的。杜威十分重视在人际关系中学习道德。他说："我认为道德教育集中在把学校作为一种社会生活的方式这个概念上，最好和最深刻的道德训练恰恰是人们在工作和思想的统一中跟别人发生适当的关系而得来的。"③ 人是关系性存在，人在关系中存活、进步，人的道德生命在关系中生长、发展。我们引导、帮助学生学会关心，不是直接面对学生说教，而是创设相互关爱的人际环境，即创设关心性体系及其文化—心理氛围，以发挥其对人的心理和道德的熏陶感染作用，即隐性影响作用。

（1）关心性关系的含义。关心性关系是一种人际关系。"关心"的对象非常广泛，包括人、生物、地球、人创造的产品等。关心性关系是指称人与人的关系。人的社会本质表现在人与人的交往与相互关系中。人与人的关系是多方面的，苏霍姆林斯基曾概括了学校中不同年龄学生之间的关系，有智力上的相互关系、思想教育关系、教学劳动关系、课余

---

① ［英］亚当·斯密：《道德情操论》，商务印书馆1999年版，第101—102页。
② 同上书，第1页。
③ ［美］杜威：《道德教育原理》，浙江教育出版社2003年版，第358页。

创作和游戏关系,[①] 各种关系交织在一起。关心性关系,即人—人之间彼此意识到的关心与被关心关系,其最简单的形态也是最基本的单位是"个体—个体"的关心性关系。由这种最简单的"个体—个体"关系,衍生出"个体—群体""群体—群体"等多种形态的关心性关系。由诸多形态的关心性关系构成的人际关系体系,我们简称其为关心性体系。理想的状态是形成学校的、家庭的、社区的以及学校—家庭—社区之间的关心性体系。

(2) 关心性关系的育德功能将关心作为一种关系,或作为一种态度、一种内部心理状态、一种品质、一种素质,它的形成不是如同一个物体,由一个人移动传给另一个人,而是在关心性关系及其文化—心理氛围的隐性教育影响下,通过隐性学习的成果。

关心性人际关系及相应的文化—心理氛围是德性形成的基础和源泉,因而是一种教育资源,一种隐性课程。关心性体系中所蕴含的关心品质和其他各种美德对人的德性、人的心理具有熏陶感染作用,即隐性影响作用,而对每个学习者说,是一种个体的内隐学习,这是一种不知不觉的、自动的学习过程。教育与学习是一种文化—心理过程。文化是历史遗存,在这里直接作用于学习者的,是关心性关系及其所形成的文化氛围。心理本身是人类文化的产物,心理活动浸润着文化,并受着存在于其间的文化的制导。关心是处于关系之中的生命状态,在关心性关系中生命活动和道德学习是融为一体的。

关心性体系及其文化—心理氛围,不仅仅是德性的源泉,也是品德形成的背景、支持系统。杜威认为:"儿童的社会生活是其一切训练或生长的集中或相互联系的基础。社会生活给予他一切努力和一切成就的无意识的统一性和背景。"在这样背景下,学会关心教育的其他措施才能取得更好的效果。其他的教育措施可能是各种显性的道德教育、道德学习,例如组织学习者认真听取有关讲述,指导他们自己努力学习德育课程,阅读各种道德教育的读物,要求自己的言行遵循关心的准则等。但是这些学习离不开相应的环境,即具有关心精神的道德环境,这是道德生命成长的支持系统。没有适宜道德生命生长的环境,人与人之间缺乏同情、

[①] 《苏霍姆林斯基选集》,教育科学出版社2001年版,第437—441页。

缺乏关爱的冷漠现实，不仅不利于关心品质以及其他良好品质的养成，甚至还可能扼杀道德的幼芽。只有使学校中人际关系体系真正成为符合德性要求的关心性体系，使学校的人际心理氛围真正成为充满关爱精神的氛围，才能使校园成为培育关心品质的基地。

（3）形成积极健康的人际关系，防止消极影响。人际关系作为一种隐性课程，其功能的性质可能有积极的、正向的，也可能有消极的、负向的。正如斯密所说："人只能存在于社会之中，天性使人适应他所生长的那种环境。人类社会所有成员都处在一种需要互相帮助的状况之中，同时也面临相互之间的伤害。"① 因此我们在营造、创设关心性体系和关爱氛围中，需要坚持以关心、尊重、责任、理解、信任、合作等伦理精神引导；同时要防止、克服各种不良的和庸俗的习气侵蚀健康的人际关系和良好的精神氛围。使我们的学校、班级如斯密所说的，"不同的社会成员通过爱与感情这种令人愉快的纽带连接在一起，好像被带到一个互相行善的公共中心"，② 也即诺丁斯所说使学校成为"关心中心"。

2. 在人际互动中学会关心

诺丁斯认为的道德教育有四个组成部分：榜样、对话、实践、证实，这对我们理解两方面的学习策略是有帮助的。

关心性关系的形成，关心性关系育人功能的发挥，道德学习的实现是统一的过程。人的相互作用是学会关心的重要机制，学会关心是相互学习的过程，但教师应首先成为学生的精神关怀者，教师的榜样示范具有十分重要的作用。

关爱是当代教育道德性的体现。教育的道德性要求教师道德地对待学生。在学会关心的教育中，教师真诚地关爱学生，就是榜样示范。"我们无需告诫学生去关心，我们只需与学生建立一种关心的关系，从而来演示如何关心。"③ "九五"期间，学会关心试点学校就向老师提出要真诚地关心学生，全面地关心学生整体生命的发展，特别是关心学生的精

---

① ［英］亚当·斯密：《道德情操论》，商务印书馆1999年版，第105页。
② 同上。
③ ［美］内尔·诺丁斯：《学会关心——教育的另一种模式》，于天龙译，教育科学出版社2003年版，第32页。

神生活、精神成长，成为学生的精神关怀者。其中有些优秀班主任实践了以爱心培育爱心、以精神关怀培育关怀精神，深得学生们的爱戴。以南师附小的一位班主任为例，她的班上每个学生都不需多想，就能讲出十个、八个班主任老师关爱学生的故事。她与学生共同践行着关心，共同学习着关心，共同营造着关心性关系和氛围。而这种关系和氛围，又反过来作用于学生和老师，从而又强化了师生之间亲密的关心性关系。

南师附小的学生们都体验了、享受了老师的关爱，而同学们也给予了爱的反馈。我们在六年级学生中，简单介绍几例。一名学生把自己写的一篇短文命名为《我真想喊您一声妈妈》，记叙了他得到老师关爱的种种事实，他说："王老师就是这么一位好老师。说实在的，我真想叫她一声妈妈。'妈妈，妈妈！'你听见了吗？"有的同学感受到老师平时对人关心到细微处，说"我衷心地想对王老师说：谢谢您！您比我妈妈的心还要细"。还有同学深情地写着："王老师，您就如同我的妈妈一样：像妈妈那样照顾我，像妈妈那样关心我，像妈妈那样温暖我，更像妈妈那样耐心教导我。我能喊您一声妈妈吗？我也会像对待妈妈那样对待您。"有个同学突然发病，得到王老师的亲切照应，生病的同学体验到老师是"另一个妈妈"。有个学生这样表达他对老师的热爱：我想高声对全世界说，好像全世界都能听到我的声音："王老师是最好的老师！"（见附小课题材料）

多么亲密、多么温馨、多么美好的师生关系！这是关爱，是美丽的精神珍品！

同学们享受着老师的关爱，便发自内心地想用种种方式表达对老师的感情。老师也感受、体验着、享受着学生对自己的尊重、期望和关爱。指导学生学会关心，不是说教、不是灌输，而是对话！对话，表明教育中人—人关系转变、授—受关系转变。在这里人与人的关心与被关心应是相互感受到的。这就是心灵沟通活动，就是对话过程。人人是关心者，也是被关心者，人人相互学习，相互教育，共同发展。这也就是师—生、生—生的情感生活，就是形成关心性关系的过程，就是共同的道德学习过程。学会关心就是在这种情感生活中学习的，就是在这种相互关爱中学习的。作为关心者教师，既明确自己组织、启发、引导的作用，又应"忘记"自己是教师，不以关心者的姿态对待被关心者，而是沉浸在相互关爱的美好人际关系中。

因此，学会关心首先要学习的一个思想，或者说首先应确立的一个信念，就是关心是相互的，而关心性体系是关心者与被关心者共同营造的；教师应当同时把关心自身的发展放在重要位置。布贝尔说，我们栖居于万有相互玉成的浩渺人生中，我的学生铸造我，我的业绩抟塑我。关心者与被关心者是同时共生的关系，没有关心者就没有被关心者，没有被关心者，也没有关心者；关心性关系是关心者、被关心者共同营造的。"万有相互玉成"，从亲子关系说，没有儿子就没有妈妈，没有妈妈就没有儿子，他们对关心性关系的创造作出了同样的贡献；从师生关系说，没有学生就没有老师，没有老师就没有学生，师生对形成关心性关系也作出了同样的贡献。

如首届国际儿童论坛《学会关心宣言》所说，我们关心别人，别人关心我们；我们造福社会，社会造福我们；世界缔造我们，我们缔造世界。（中国新闻网2004年9月3日）

有了这个信念，就学会以尊重、理解、负责的精神去关爱他人，而决不会以施舍的态度去对待人，也不会感到关心别人仅是自己单方面的"付出"。得到别人关心是快乐，关心别人也是快乐。关心性体系是所有关心者、被关心者在相互关心的生活中、在学会关心的活动中，共同构建"共同成长的精神家园"。在这里"师生共同发现、感受、体验、欣赏关爱道德智慧之美；共同发现、感受、体验、欣赏师生相互关爱情感之美；共同发现、感受、体验、欣赏关爱情感表现艺术之美；共同发现、感受、体验、欣赏师生人格之美。师生共同学会关心，共同成长，共同感受着学习的快乐，体验着教育的美好"。[①]

营造关心性体系与学校原有的文化传统结合，将会取得更好的效果。在江苏吴江实小，我们依据该校曾经提倡的"爱德"校训，发扬其关爱精神，增强其关心的文化氛围。在南师附小则倡导"学习和发扬斯霞教育爱的精神，让校园充满爱，在班级和学校营造具有关爱精神的班级文化和校园文化"，让包括教师等所有学习者都生活于其中，使人人受到熏

---

① 班华：《"学会关心"———个重在道德学习的德育模式》，《教育研究》2003年第12期。

陶、感染，让关心的品质在每个人身上不知不觉地成长。有的同学说，"不知为什么，每天早晨我走进学校看见斯霞老师的塑像时，总会想起王老师"。该校同时举行祝贺斯霞老师93岁诞辰纪念活动和"斯霞广场"命名仪式，全校师生都怀着对斯霞老师的敬仰心情，参加了斯霞广场命名庆典活动。师生们与斯霞老师共同营造了热烈的喜庆氛围，同时沐浴着爱的阳光，享受着无比的快乐。当时的氛围令参加者不知不觉地受到感染、受到教育。人们之间感情的时象化与对象化的感情就是这样相互交融、相互激励、相互感染、相互生成。这就是师生之间、生生之间心灵沟通，以爱心培育爱心的过程。（见有关学校课题材料）

在关心性关系中学习，不仅仅是接受熏陶感染的学习，即不仅是内隐的学习，而且还应当进行主动的外显的学习。外显学习除了阅读、听课等方式的学习，更应当重视通过践行关爱而学会关爱。（待续）

（原文发表于《思想政治理论教育》上半月·综合，2005年第9期）

在关心性关系中学会关心（续）

三　策略之二：在"践行关爱"中学会"关爱"

践行关爱是一种道德学习，即以践行为重点、以情感为核心、知情行整合性的、形成完整品德结构的学习，是培养富有关爱精神的完整人格的道德学习。

践行是德性形成的基础和源泉，是德性形成的途径方法。践行是关心性关系中的践行，关心性关系则在践行关心中形成。在践行关心中学习与在关心性关系中学习是一致的。

1. 践行关爱是完整道德学习的重要方面

（1）根据当前学校德育现状有必要强调践行。学会关心应是完整的道德学习，陶行知先生在《育才学校教育纲要草案》中提出的办学目标是"知情意合一的教育……知情意的教育是整个的，统一的"。美国完善人格教育学派主张知善—欲善—行善的完善人格。完整的道德教育和道德学习，是"主体—发展性"道德教育，是知情行整合性学习过程，是全人（主体）活动过程。但当下有的学校德育由于"知行脱节症""情感缺失症"，而导致了一种"认知为本"的德育。"认知为本"的德育，在德育目标上止于道德认知，忽视了道德情感与道德行为的养成。这是不完整的、残缺不全的德育。

认知为本的德育，在我们日常的教育实践中有多种表现。例如：①德育教材学科化，教材只重系统的学科知识的阐述；②德育课堂教学中重视书本知识传授，不联系生活实际和学生实际，缺乏针对性，缺乏必要的情感感染（以上两点新课改后有所改变）；③在教育思想认识方面，错把关于道德的知识当作道德观念，对课堂教学在道德教育中的作用，抱有不合理的过高期望；④过分相信学生的课堂发言中所说的"豪言壮语"和"道德许诺"，以为有了道德观念就一定能产生道德行为；⑤由于教学的误导，学生满足于记诵书本知识；⑥德育教学的考试主要考道德知识，甚至把书面考试得分作为衡量学生品德发展水平的依据；⑦热心于各种"知识竞赛"，以为这样的德育活动形式热热闹闹，为学生所喜欢，就一定收到好的效果；⑧不重视在实践中的道德体验，仅有的军训、劳动时间往往被变相地侵占，用作"补课"或上课；⑨有些家长不乐意自己的孩子在班级或学校担任一定的社会工作，从而失去为他人、为集体服务的锻炼机会；⑩一些家长代替孩子在学校的卫生值日，"帮助"孩子打扫教室，剥夺了孩子起码的道德学习机会。

为了克服片面的、残缺不全的传统德育弊病，学会关心的试点学校，注重教育过程自始至终贯彻完整的道德学习精神，把辨析关心与体悟关心、践行关心有机结合起来。践行是完整道德学习不可或缺的重要方面。

江苏扬中实小，依据"践行—体验—认知"的思路进行教育操作，针对忽视道德践行的情况，更强调了"践行"。而江苏襟江小学提出的具体操作要求是："教育目标——知情行三元统一"，"教育内容——知情行三元融合"，"教育策略——知情行三元协进"，"教育评价——三元合一"。

这种完整的道德教育和道德学习，是"主体—发展性"道德教育，是全人（主体）活动过程，是知情行整合性学习。

（2）道德践行是德性形成的基础和源泉。践行是德性形成的基础和源泉，是德性形成的途径方法。亚里士多德说过，"对于要学习者会做的事情，我们是通过做那些学会后所应当做的事来学习的"，"我们通过做公正的事成为公正的人，通过节制成为节制的人，通过做事勇敢成为勇敢的人"。[1] 而诺丁斯也把"实践"看作道德教育的第三个要素。我们提出重视"践行关心"，这也是诺丁斯主张的通过实践"锻造思想，打造特

---

[1] ［美］内尔·诺丁斯：《学会关心——教育的另一种模式》，于天龙译，教育科学出版社2003年版，第36页。

殊的人生态度以及处世哲学"。实践是为人提供道德学习的机会,他说,"如果我们希望人们过一种符合道德的生活,关心他人,那么我们应该为人们提供机会,使他们练习关心的技巧。更重要的,使他们有机会发展必要的个性态度"。[①]

学会关心,不是一蹴而就的。学习关心同其他的道德学习一样,都是一个探索的过程,有成功、有失败。尝试错误、遭遇挫折、获得成功,都是学习,都长智慧。不必要否定遭遇挫折的活动,不必要否定从错误中学习。

> 一试点学校组织学生到福利院为老人服务。开始孩子们是抱着给老人"送温暖"(这是"施恩")的心情,到了福利院,大家扫地的扫地,擦窗户的擦窗户,忙得热热闹闹。老人们也挺高兴的。可是再次去的时候,老人们的热情减了许多,说"以后你们来的时间能否短点","太吵了"。同学们为此还觉得受了委屈。但师生们进行了反思,思考应当怎样关心他人。他们开始了解老人们的情况:有的老人无儿无女,是五保户;有的老人因儿女工作忙无法照料,被送到福利院,觉得低人一等;有的老人受到病痛折磨,心情不好;有的老人因为子女不能常来看望而感到孤独……同学们经过反思,感到不应该以"送温暖"的姿态来要真诚地关心老人,不要停留在做具体的事务上,要体贴老人,满足老人的需要。此后到敬老院时,同学们有的陪老人下棋,有的陪老人聊天,有的帮助阿姨护理瘫痪在床的老人……敬老院内随处可见一对对"祖孙们"和谐欢乐的场面。每当同学们要离开时,老人们依依不舍,并叮嘱同学们"要搞好学习""下次早点儿来"。(见有关学校课题材料)

实践是获得直接经验必不可少的,道德学习尤其需要通过践行、实践、与人的直接交往,从而获得体验、理解,这是一种亲历过程,是别人或其他间接的活动方式所不可代替的。当然我们不参加实践,也可以

[①] [美]内尔·诺丁斯:《学会关心——教育的另一种模式》,于天龙译,教育科学出版社2003年版,第34页。

设身处地地利用想象,知道他人的感受,正如斯密所说,"我们的想象所模拟的,只是我们自己的感官的印象",① 而不是别人的原有的真实的感受。所以在践行关爱、营造关系性关系中学会关爱,是直接有效的学习。

(3) 品德践行是道德教育的最终目标。培养关心的意识、关心的情感,都是必须的,也是我们教育的目标,但最终目标是追求道德践行。因为知善不等于行善,认识了,感受了,不等于行动了。没有行动,所谓认识、所谓关心是空的,没有意义的。完整的道德品质应当通过道德行动体现出来。行动是关心的体现,是教育应追求的最终目标。

早在 1928 年,哈茨霍恩和梅的研究就得出 7 条结论,其中的第三条是:"人们的口头上主张诚实是达到的价值,但和他们的实际行动毫无关系。一些要欺骗的人在口头上会与不欺骗的人一样,或者更激烈地反对欺骗。"② 布贝尔(1876—1965)也曾谈道:"我试图解释说谎会破坏社会交往生活,却发生了一次令人惊奇的情况:班上的一个最恶劣的撒谎老手竟能对说谎的破坏力写了一篇绝妙的短文。我犯了以伦理学践行说教的严重错误,我所说的话被当作了老生常谈,我的话丝毫没有成为培养品格的重要因素。"③

(4) 稳定的行为是品德形成的标志。品德是完整的文化—心理结构,是完整的知情行统一体。一种品德是否形成,可能有多种衡量标准,但自觉的、稳定的道德行为的养成,无疑是其重要标志,也是最终的衡量标准。

自觉的行为。这个标准是由德性的本质决定的。德性的特点是自觉,是内心道德信念的表现,不是靠外界的强制、压力使然。我国古人所说的"慎独",苏格拉底所称的"良心监督岗""没有旁人在场的个人诚实"等,都是内在道德自觉性的表现。任何受外界压力而作出的"道德"行为都是虚假的道德表现。康德认为:"要使一件事情成为善的,只是合乎道德规律还不够,而必须同时也是为了道德而做的;若不然,那种相合就很偶然,并且是靠不住的。因为有时并非出于道德的理由,也可以

---

① [英]亚当·斯密:《道德情操论》,商务印书馆 1999 年版,第 102 页。
② 瞿葆奎主编:《教育学文集·德育》,人民教育出版社 1989 年版,第 457 页。
③ 《现代西方资产阶级教育思想流派论著选》,人民教育出版社 1980 年版,第 300 页。

产生合乎道德的行为。"① 真正的道德品质是自律的、自由的。皮亚杰认为儿童道德发展经历无律—他律—自律—自由这几个阶段。达到自律就是达到"自由",即孔子所说"随心所欲不逾矩"的境界。

稳定性的行为。即行为具有一贯性。一种道德品质只有成为主体性格的一部分,成为稳定的个性特征,才能认为某人是形成了或其有了某种道德品质。品德的稳定性在时间上应表现为一贯性,即一种品德,例如关心集体的品质,不能因为某个学生为集体做了一件好事,就说他具备了关心集体的品质。稳定性,在空间方面应表现在各个场合。比如爱劳动,不仅在学校爱劳动,在家里、在社区也表现出爱劳动的品质。稳定性更重要的应表现在无人监督情境下,能表现出相应的道德行为。M. C. 奈马尔克:个性品质乃是稳固的动机和为了满足动机而掌握的稳固的行为方式的统一体。

当然,我们强调践行的重要性,丝毫不意味着可以忽略其他,行为是道德的外在表现,关注行为的内驱力更是根本。我们坚持主体—发展性道德教育与道德学习整体性。我们坚信:一种行动若没有相应道德的信念、情感、动机,只能是道德形式主义的表现,这样的行动只能是一般的技能,不具有道德意义。

2. 对践行的具体方式作合理评价

践行是养成道德行为(习惯)必不可少的一环。在"八五"期间,我们在试点学校就提出不同形式的"品德践行"作业。品德践行作业是一种体验学习,能丰富道德情感,锻炼道德意志。但这并不是说,任意的一种践行活动和践行方式,都能取得良好的、预期的教育效果。例如对为父母"洗脚"这类的品德践行活动,有的在具体实施中操作不当,导致形式主义。但不能因此就认为,这不能作为引导学生践行关爱的一种具体方式。对各种践行的具体方式应视具体情况,给予具体分析,作合理的评价。

卢勤在《做人与做事》一书中叙述了这样一个故事:一位日本名牌大学的毕业生到一家效益很好的大公司应聘。公司经理问:"你

---

① [德] 康德:《道德形而上学原理》,苗力田译,上海人民出版社2002年版,第4页。

替父母擦过身吗?"大学生回答:"从来没有。"经理说:"明天再来吧,不过来之前一定要为父母擦一次身。"这个青年从小失去父亲,是母亲当佣人挣钱把他养大的。他回到家里,看着劳累了一天的母亲,就要为她洗脚。他拿来木盆,把母亲的脚放进盆里,当他把母亲的脚握在手里的时候,发现母亲的脚像木棒一样僵硬,他不由地搂着母亲的脚哭了。第二天这位大学生到公司,对经理说:"谢谢你,如果不是你的指点,我从来没有摸过母亲的脚,我要好好照顾母亲。"经理点点头说:"你明天可以来公司上班了。"

这位大学生平时也可能听说过要孝敬母亲的道理,但是可能没有实行过,或者没有做过如同替母亲洗脚这一类的劳动。而当他为母亲实际地做了一点什么时,他对母亲的认识、理解加深了;同时他对母亲劳累的结果,母亲为他付出的爱,开始有了实际的感受、体验。

3. 保证践行活动教育价值的实现

任何一种教育方式,都应当避免形式主义,需要探索实现践行活动教育价值的路子。回忆课题试点学校的一些做法,也许有价值。

(1) 合理组织践行活动。洗脚不是孝敬父母的唯一方式,但也可能成为践行关爱的一种方式。

笔者的一个同事,十分疼爱自己的女儿,他每天给女儿洗脚直到上中学。在女儿躺到床上后,他总要向女儿道一声晚安,说一声谢谢,因为他享受到女儿给他带来的快乐。

斯密曾说过,行善事作出劝诫已经足够,没有必要强加于人。给父母洗脚的作业,需要合理地组织。例如要依据学生特点、平时与父母的关系、亲子间交往方式与表达情感的方式等;例如有必要的前期教育成效,学生有一定的感情基础;例如淡化教育的痕迹,以自然的、恰当的方式向学生提出等。

这里我从襟江小学的一份内刊《萤火虫》上摘出几个片段:

我说:"妈妈,您平时工作很辛苦,今天我帮您洗脚,让您享受享受。"妈妈听了,高兴地说:"我的滢滢长大了。"我听了,心里比喝了蜜还要甜。

妈妈是我家最辛苦劳累的人。每天要上班、洗衣服、做饭,还要接送我上学……今天能为妈妈做点事(洗脚),我心里非常高兴。

我的外婆,天天给我煮饭、洗衣服、接送我上学,真辛苦呀!晚上,外婆忙得很累了,我就为她洗脚。(洗完脚)外婆舒服地躺在沙发上。我虽然累得喘气,但心里是很高兴的。

我边洗边想,妈妈白天累了,晚上她的脚也许很疼。我就帮她按摩、捏脚,妈妈静静地看着我,脸上带着微笑。看着妈妈舒服的样子,我心里真有说不出的高兴。

"洗脚"是否可能导致形式主义,当然要看学生行为的自觉性程度如何,他的动机是什么,是为了完成老师布置的"任务"去做的,还是带着尊敬的、感恩的心情去做?襟江小学让学生基于一定的认识,带着关爱、感恩的心为父母洗脚,这样的"行"是负载着"知"和"情"的,而通过"行"又加深了对长辈的认识,加深了亲情,亲子间的关心性关系进一步强化。

(2) 使践行成为知与情的载体。上述实践表明,组织学生道德"践行"不是机械训练,不是要学生学会某些动作或学会某些技能的过程;而应当是使践行、行动成为认知、情感都参与的过程,即全人投入、全身心地投入,使行成为情和知的载体。也只有这样,在行动过程中才有可能实现知情行的整合。这样,也就使践行关爱或关爱行动过程,有可能成为关心性关系发展的过程,成为知情行整合为有机统一体过程,也成为关爱品质建构的过程。事实表明,当学生已经看到、感受到父母平日的辛劳,感受到、享受到父母无微不至的关爱时,在给予适当地启发下,学生会自觉地、愉快地去做;而通过做,确实能加深亲子之间的感情。

(3) 践行关爱应是出自责任。践行活动不仅仅带着感恩的情感完成,还应当是一种基于责任感的行动。学会关心的教育价值还在于把关爱的情感提到理性的高度,视践行关爱为一种责任。而只有出自责任的行为才更具有道德价值,只有具有道德价值的行动才具有培育德性的价值。而责任感也是需要在活动中逐步形成的。襟江小学生在与父母的交往

（包括洗脚）中，进一步懂得了父母和长辈，进一步懂得了他们工作、生活的艰难，进步了解了他们关怀自己的成长，为自己付出的辛劳，因而逐渐懂得了自己也应当为家人做一些什么，向往着做一个孝敬父母的人，承担自己应承担的责任。

> 我觉得今天做了我应该做的事（帮父母洗脚）。
> 妈妈是一名驾驶员，她每天早出晚归，回到家里还要做家务事，真辛苦呀！但是只要妈妈有一点空闲，她一定会边休息边帮我织既暖和又漂亮的毛衣。妈妈那么关心我，我一定要认真读书，将来报答我的妈妈。
> 我从小到大，都是爸爸抚养的，有好吃的都留给我。我生病了，爸爸开着车不是上这个好医院，就是上那个好医院，（洗脚）这点小事算什么，是应该做的呀！（《萤火虫》）

实践表明，学生的责任意识通过活动可能从模糊逐渐变得清晰，责任感可能形成、增强。

（4）践行应具有社会性、变革性。人在改变客观世界中改变自身。我们的践行活动应当多组织具有社会性、变革性的活动，即真正地参与到实际的社会生活中去，才能更好地学习关心社会。如像课题试点学校扬中实小那样，组织学生开展赈灾活动、调查本地水质污染情况并向环保部门报告等。苏霍姆林斯基认为，如果我们只满足于儿童行为中的"上课不迟到""努力履行值日生职责""每日完成作业"等，"那么这种儿童是学不到比公民精神基础知识更多的东西的"。这是造成"公民幼稚病"的原因。[①]"如果儿童感到自己已参加社会生活，并在推动着社会前进，那么，他不仅能为人们创造物质财富，而且还能创造他自身。"[②] 他还说，"非常重要的是使学生同社会建立联系。组织联系在整个学习期间都持续下去，而且随着时间的推移逐渐复杂起来"[③]。践行应具有变革性

[①] 《苏霍姆林斯基选集》，教育科学出版社 2001 年版，第 550 页。
[②] 同上书，第 553 页。
[③] 同上书，第 554 页。

也是诺丁斯的主张,他说:"关心的实践活动应该有助于变革学校并且最终变革我们生活的社会。"① 诺丁斯肯定开展"社区服务的实践活动",认为这是一个好主意,但是"社区服务必须是一种倡导关心的实践。我们并不是只想通过社区服务来培养孩子们一些简单的服务技巧,我们的目的是要培养他们关心他人的态度,因此,服务活动必须从培养关心的角度来安排"。②

(5) 系列的践行活动更有效。学生道德行为、习惯的养成,当然不是一两次践行活动就能完成的,而是要经过长期反复的实践。良心,即外部影响反复施予而形成的心理积淀。如列宁说的,"人的实践经验经过千百万次的重复,它在人的意识中以逻辑的格固定下来。这些格正是(而且只是)由于千百万次的重复,才有着先入之见的巩固性和公理的性质"。③ 雅斯贝尔斯也曾说:"生成来源于历史的积聚和自身不断重复努力。人的生成似乎是于不知不觉的无意识之中达到的。"④ 品德形成是必须经过长期的道德实践,长期的善行积累,即所谓"积善成德"。日本伦理学会要求会员"日行一善"。伦理学研究所汽车上写有"每天做一件好事"。这对养成道德品质是有意义的。

正是根据关心品质形成的这一规律,襟江小学重视经常性的践行活动。

从学生家长们的感受,能了解坚持践行关爱的作用,践行关爱所带来的教育效益:

> 今年春节,又是最愉快的一个春节。这份快乐源于我的儿子。在我忙碌的时候,旁边总有儿子的身影。一声"妈妈,你辛苦了"总会使我的疲倦烟消云散。我休息时,儿子总会端上一杯热茶,那句"我来帮你捶捶背"比什么山珍海味都让我不断回味。

---

① 《苏霍姆林斯基选集》,教育科学出版社2001年版,第35页。
② [美] 内尔·诺丁斯:《学会关心——教育的另一种模式》,于天龙译,教育科学出版社2003年版,第35页。
③ [俄] 列宁:《哲学笔记》,人民出版社,第233页。
④ [德] 雅斯贝尔斯:《什么是教育》,邹进译,生活·读书·新知三联书店1991年版,第14页。

"5·1"长假。5月2日晚上客人一走,我筋疲力尽,顾不上整理屋子,就迫不及待地上床睡觉了。可第二天早上起来,桌子上整整齐齐,地面上干干净净,难道真有"海螺姑娘现身"吗?原来是儿子起早帮我干的。我真有说不出的高兴。儿子不仅整理房间,收拾屋子,还帮我灌水、洗碗,真的成了我的好帮手。

下午我回到家,见叶哲还没回来,我便站在门口等,大约过了十分钟,儿子满头大汗,手里拿着一份报纸走来。他气喘吁吁地说:"妈妈,我是走回家的,我知道你和爸爸都爱看《扬子晚报》,我把乘车的钱省下来买了一份报纸。"

亲爱的木兰:当妈妈忙完一天的工作,拖着疲惫的身躯回到家,看到你送给我的母亲节礼物时,再看看睡梦中安详、甜美的你,不禁感慨万千,我的女儿知道给妈妈送礼物了,我的女儿懂得关爱别人了。木兰,你长大了!这是一份并不十分精致的节日礼物,却凝结着你难以用语言表达的心。(襟江小学课题总结材料)

(6)奖励践行作业的合宜性。"证实"是诺丁斯道德教育的又一个要素。证实是对关爱行为的确认和鼓励,这对于促进品德形成是必要的。但是在我们的教育实践中,需要防止不适当的奖励。一些学校组织名目繁多的"争章活动",这是否有利于道德品质的养成是值得考虑的。对品德形成来说,预设的奖励不利于道德的养成,而名目过多的奖项和过于频繁的奖励,都是不符合品德形成规律的,都可能导致关心对象的转移,从被关心的人和事转向关心自己,从而使美德动机受到破坏,作为教育方法手段的奖励异化为学生的追求。

"学会关心"是极具生命力的教育主题和教育模式,也是常研常新的教育课题。它含有极丰富的思想内容和有待开发研究的课题。本文所作的探索仅是其中微不足道的一小部分,且难免有不妥之处,敬希读者指正。

(原文发表在《思想理论教育》2005年第10期)

网童的特点与教育引导

一

随着人类社会各个领域发展的信息化、全球化，教育理论与实践面临着一系列新的课题。其中一个很值得重视的问题就是：我们的学校教育，特别是青少年学生的道德教育和心理教育，应当怎样面对新的网络社会和网络文化？我们应当怎样认识和对待青少年上网？我们应当有什么样的"网络教育"（或网络学习）理念，建构什么样的"网络教育模式"？这些问题，既是当前的学科前沿，也是迫切需要解决的现实问题。本文仅就网络社会儿童的特点以及对他们的教育引导作一初步探索。

联合国《儿童权利公约》规定"儿童系指18岁以下的任何人"[1]。据此，我们把"网童"定义为："任何18岁以下的网络社会成员。"对于青少年学生上网，社会上的看法并不一致。一方面，有持积极态度的。例如，2003年江苏无锡荣巷中心小学通过专设"网童节"并将之作为学校"七彩节日"的活动之一，主动引导、帮助儿童进行网络学习。江苏海门东洲小学的学生平时就与香港小朋友在网上聊天，交流学习生活情况。2002年，该校校长带着97名师生到香港友好学校，与网友们进行面对面的交流。他们同上课、同游戏，相互学习，增进友谊。

另一方面，也有教师和家长惧怕"网络"。大约两年前，由于部分青少年沉溺网络世界并引发一些悲剧事件，有人便认为网络是"陷阱"，提

---

[1] 中国关心下一代工作委员会：《把爱带入21世纪——献给联合国儿童权利公约》，科学技术文献出版社1997年版，第242页。

出要青少年"告别网络"。两年后很多人对青少年上网的认识和态度有了较大的改变。2005年春,有人调查了北京、上海、深圳3个城市中小学生寒假上网的情况,发出问卷1600份,回收有效答卷1553份。令人高兴的是,家长和教师同意孩子上网的已占大多数,达到56%。但是,仍有27%的人对孩子上网持"严格禁止""坚决反对"和"基本不同意"的态度。①

这表明仍有一些家长和教师对孩子上网存在种种忧虑和担心。有的家庭虽然具备上网条件,但就是不让孩子接触网络。他们对儿童上网采取了简单的"禁"或"堵"的办法。其实,这是消极、不妥当的。妥善的办法应当是,采取积极的态度,主动地给予引导、指导。当前需要探讨的已经不是要不要让儿童上网的问题,而是教育者应当如何承担起引导、帮助的教育责任,如何根据网童的特点,加强对他们的教育引导,即研究如何加强网络道德教育和网络生活的指导。网络社会是人类新的生存方式、新的文化形态。网络文化,是多元、开放的世界性的广域文化,它具有新的价值观念、思维方式、情感方式、交往方式,带给人以新的体验和感受。儿童进入网络世界,是时代发展、儿童发展的必然趋势。网络教育—网络学习是当代儿童成长、发展的重要方式。进入e时代之后,我以为教师和家长应当认识到,对青少年进入网络世界不能简单地采取"禁"或"堵"的办法,因为这势必会让孩子落后于时代,势必会阻碍孩子的成长,关键是要积极主动地根据网童的特点对之加以教育和引导。

二

网童有许多特点,其中最根本的是他是完全独立的主体,具有充分的自由。在网络这个没有国界、没有地界的自由世界里,他们的活动范围扩大到整个世界和人类;他们有充分的"心理安全"和"心理自由"。他们所具有的独立自主性、匿名性、开放性和面具化特征,使其不受任

---

① 陈华芳:《网络就这样改变着学生的假期生活》,《中国教育报》2005年3月21日第5版。

何舆论的约束；可以自由地遨游，可以去访问他所想要访问的任何网站；可以阅览、聊天、交友、求询、讨论、收集资料、发布信息、游戏，等等。他可能从中吸取积极、健康的精神营养，也可能被黄色、暴力、迷信、反动的内容所污染和毒害。正因为他没有任何人的监护，所以当其被负面信息毒害和污染时，他是孤立无援的，就得不到任何人的保护和帮助。因此，我认为教师和家长平时就要十分重视对孩子的教育和引导。在这一方面，德国伦理学家弗里德里希·包尔生《伦理学体系》一书中的关于德性发展以及意志教育和情感训练的论述，对我们有很好的启发。

1. 引导、帮助网童学会关心自己，学会对自己负责

作为21世纪网络社会的成员，网童必须学会关心自己——关心自己的成长和进步，学会对自己负责和自我保护。1989年的"面向21世纪教育国际研讨会"提出了"学会关心"这一教育主题。在诸多关心内容中，首先要学会的是"关心自己"。我们要帮助网童确立关心自己的意识，具体包括以下两点：（1）确立自尊、自爱的意识。网络社会是自由的世界，在那里每一个人都是"道德独立"的主体，没有人监护，因此特别需要学会自尊、自爱，学会对自己负责、为自己作主、管好自己。（2）确立关心是一种义务的意识。关心自己是一种义务、一种责任。包尔生认为有"两种不同的义务：对于自己的义务和对于他人的义务"。[①] 网童关心自己、关心自己的健康成长既是尽对自己的义务和责任，也是履行对他人、社会的义务。因为个人不是孤立于社会关系之外的，每个人都不仅属于自己，也属于家庭和社会。学会关心自己、学会对自己负责，是我们对他人、社会应尽的义务和责任。

2. 指导网童提高自我教育力，学会教育自己

自我教育力包括提升自我、发展自我、完善自我的愿望、要求、方法、能力、习惯等，它是个体终身自我持续发展所必需的。包尔生认为，道德人生要经历4个阶段：第一阶段是人生活的开始，可以概括为纯冲动和形成习惯阶段；第二阶段是接受学校和父母教育的学习阶段；第三阶段是离开学校和父母，"学会教育自己"，开始道德独立的阶段；第四

---

① ［德］包尔生、弗里德里希：《伦理学体系》，何怀宏、廖申白译，中国社会科学出版社1988年版，第411页。

阶段以安宁、平静的沉思为特征。① "四阶段论"是有一定道理的（尽管它对年龄界限的划分，在今天看来也许不完全妥当）。我们能否说，儿童入网犹如进入德性发展的第三阶段——学会教育自己的阶段。"人不只是接受他人的教育，他还慢慢地学会教育自己。最重要的是学会用理性意志——一种由原则规定着的意志——来驾驭自己的倾向与艺术。"② 包尔生称"这是人一生中的旅行时期"，是人"一生中最重大的时期"，处于这个重要的独立"旅行时期"的人，会"产生一种与各种人和事物频繁接触的本能的愿望"③。作为"旅行者"的网童，网络生活对其有挡不住的诱惑。他们期望参与网络生活，享受网络学习。作为网络社会的成员，他们是完全独立的行为主体；他们是信息的查询者、接受者，同时是信息的提供者、传播者；他们在信息平等的条件下，相互尊重、彼此沟通、彼此认同；他们既享受、继承人类共同性的文化，也了解、评判、欣赏、接纳人类差异性的文化；他们汲取现存的网络文化，同时参加网络规则、网络道德的建构，形成青少年特有的"亚道德"。对网童而言，这是新型的现代的学习方式、成长方式。在这个时期，不可能也不应该将他们与网络隔离，而是要对他们加强教育、引导。除了提倡、重视教育责任的社会化和建立专门的青少年网站外，重要的是要加强对"网童"自我教育力的培养，尤其是道德判断力、道德选择力的培养，帮助他们学会"自我驾驭的艺术"。

3. 指导网童学会自我控制，保持并增强善的道德力量

自我控制是人类固有的特征，是人的一种宝贵的心理品质和德性品质。与对义务的分类相对应，包尔生把德性分为两种：个人的德性和社会的德性。"前者的基本形式是自我控制。"④ "全部道德文化的主要目的是塑造和培养理性意志使之成为全部行动的调节原则。我们把这种德性或美德称为自我控制：这种德性通过独立于短暂易逝的情感之外的理性

---

① ［德］包尔生、弗里德里希：《伦理学体系》，何怀宏、廖申白译，中国社会科学出版社1988年版，第406、407页。
② 同上书，第407页。
③ 同上书，第411页。
④ 同上书，第412页。

意志调节着我们的行为。"① 也可以把它看作是以目的和理想来调节生活的能力。动物受盲目的冲动驱使，而人具有自我控制的德性。"它是全部道德德性的基本条件，是全部人类价值的基本前提，甚至，是人类本性的基本特征。"② 希腊人把自我控制的德性称为"精神健康"，人"离开了自我控制，就没有自由和个性"③。自我控制的两个基本方面是节制和勇敢，两者都是保持基本善的道德力量。"节制可以被规定为在满足某种有诱惑力的享乐会危及基本善的时候所表现出来的抵制这种享乐欲望的道德力量。"④ 包尔生认为"节制"是抵制感官享乐诱惑的能力，是人性化的前提。人也有本能冲动，但人可以把"冲动的满足调节得不会扰乱那更高的精神生活的发展，而且还能帮助它的发展"⑤。"克制"是节制的"内部形式"，是对欲望的克制。"勇敢是出于保护基本善的需要而抵制对于疼痛和危险的本能恐惧的道德力量。"⑥ 按照亚里士多德的观点，节制和勇敢都是两种恶行之间的中道。节制是感官享受过于迟钝和放荡之间的中道，勇敢是卑下的怯懦和盲目莽撞之间的中道。我们要引导儿童锻炼自己的节制能力，杜绝放纵，因为放纵是与节制相反的习惯。放纵"是向动物状态的倒退，而且使人的最高的精神力量和天赋为感觉欲望所支配"⑦，其结果是降低甚至摧垮对更高事物的感受性，削弱人的意志，降低人的理性；而节制则使人健康、充满活力，具有活动和享受的能力。早在公元前400多年，德谟克利特就指出，节制可以使快乐增加并使享受更加强。增强节制、克服放纵的能力需要在实践中获得，而良好的教育是这种德性形成的基础。

---

① ［德］包尔生、弗里德里希：《伦理学体系》，何怀宏、廖申白译，中国社会科学出版社1988年版，第412页。

② 同上书，第413页。

③ 同上。

④ 同上书，第414页。

⑤ 同上书，第419页。

⑥ 同上书，第413页。

⑦ 同上书，第414页。

三

互联网的问世，不仅在当下改变着青少年的生活和学习方式，为他们的终身学习、持续发展奠基，而且在一定程度上推进了人类社会文化传承方式的改变，即促进了"前喻文化"，凸显了"文化反哺"。我们应当充分认识到年轻一代易于接受新的思想和价值观、乐于探索、喜欢创造的积极面。我们固然要继承传统的修身养性方式，但也不能忽视新型的网络道德学习方式。在道德自我修养上应当拓展和改变自己的生活空间，学会新的学习方式，即网络道德学习。所以，当前问题的性质是不是还应当有所改变，即我们成年人不仅仅要教育、引导孩子的网络生活、网络学习，同时要争取做孩子们的网友，向孩子们学习?！

我国网络文明组委会顾问许嘉璐曾提出，要加强对网络文化的研究，要培养一支以网络文明为业的专门队伍，培养网络文化学家、网络心理学家、网络伦理学家。由此，启示我们，是不是也应当培养网络教育学家！

（原文发表在《中国教育学刊》2005年第9期）

确立社会主义荣辱观重在道德践行

人的持续发展是科学发展观的核心，人的发展主要是人的精神发展，人的德性发展是精神发展的核心内容。胡锦涛同志提出"八荣八耻"的社会主义荣辱观，是我国社会主义社会基本的价值取向和行为准则，对落实科学发展观具有迫切而深远的意义。

人的发展和社会的发展是内在一致的，是一个过程的两个方面。确立社会主义荣辱观是促进良好社会风尚、构建社会主义和谐社会的要求，也是提升人的思想道德素质的需要。从个体发展说，确立社会主义荣辱观是每个人德性养成的根本。而要真正养成、确立社会主义荣辱观，则必须靠实践，必须经过道德践行。

一 区分"知识学习"与"道德学习"；确立正确的荣辱观，必须在道德践行中学习

荣辱观是一种道德价值观，一种道德情操。确立社会主义荣辱观是一种道德学习，它不同于非道德的"知识学习"。按照杜威的观点，讨论道德教育问题，必不可少的，是要区分"道德观念"与"关于道德的观念"这两个概念。"道德观念"是"品格的一部分，从而成为行为的工作动机的一部分"。而"关于道德的观念"仅仅是关于道德的知识，如同关于埃及考古学的知识那样，是毫无生气的，在道德上是毫无作用的。我们所讲的、所要养成的荣辱观，是作为"道德观念"的荣辱观，而不是关于道德知识的荣辱观。社会主义荣辱观的教育是帮助学习者获得、确立正确的荣辱观，当然需要学习关于荣辱观的知识，但不能止于知识的

学习，仅仅具有正确荣辱观的知识，不等于确立了正确的荣辱观。知识、知道、认识什么是"荣"、什么是"辱"，不等于已经获得了正确的荣辱观。我们可以断定：大多数人都知道热爱祖国、服务人民、崇尚科学、辛勤劳动、团结互助、诚实守信、遵纪守法、艰苦奋斗是道德的，但如果止于认识层面，只能说是具有了关于道德的知识，是"知道"了，但不是"做到"了。只有当学习者把关于荣辱观的知识转化为或内化为自己的道德观念、成为自己品格的一部分，用以作为判断外在行为的道德尺度，"成为促使道德行为的观念，行为的原动力"的时候①，才能说是养成了、确立了社会主义荣辱观。而要实现这一步，必须经过道德实践或道德践行，在践行中学习。

怎样学习？这里所说的学习是作为道德观念的荣辱观的学习，是一种道德学习。由杜威区分"道德观念"与"关于道德的观念"可知，讨论道德学习问题，必不可少的，是要区分"道德学习"与一般非道德的"知识学习"或"关于道德知识的学习"。"道德学习"是一种知情行相互融合的整体性学习。因此不能以为这样的学习，就是课堂听讲、看书、听报告、讨论、开主题班会，搞征文活动，参加知识竞赛等。我不否认这些学习和活动形式也是可以的、必要的，但却是不够的。仅仅这样的学习不是全面的学习，不是完整的学习。这是以认知为本的学习，所学习到的是片面的道德知识，如杜威所说是毫无生气的知识，对道德实践没有作用。道德学习应是经历实践的、有情感体验的，知情行整合性的学习。养成、确立荣辱观，需要学习荣辱的知识，更需要有相应的道德践履和情感体验。

二 帮助未成年人确立荣辱观，在全方位的教育中，重点是组织、引导他们的道德践行

　　帮助未成年人确立社会主义荣辱观，需要全方位的教育实施，需要全社会的，包括家庭的关心、支持。从学校教育说，需要把荣辱观的教

---

① ［美］杜威：《道德教育原理》，王承绪译，浙江教育出版社2003年版，第8页。

育培养纳入整个教育体系中，包括：专门的道德教育课、专门的道德教育活动；其他各科教学、各种课外教育活动；形成良好的道德的人际关系与和谐的校园伦理文化等。在全方位的教育实施中，需要读书，更需要实践；应重视显性教育影响，也应重视隐性教育影响。而我以为最重要的一环是组织学习者的道德践行。

荣辱观是一种道德品质、一种精神品质；荣辱观的教育，不是也不可能是直接传递、教给、授予，而是也只能是组织、引导、帮助学习者自己在道德实践中学习。也就是说，荣辱观的形成，是外界的教育影响，即各种教学、教育活动，校园文化影响以及教师在其中的组织、引导、帮助等外部条件通过学习者内部心理活动而起作用。各种外在影响因素作为条件是不可少的；但外在教育影响，只能是也仅仅是起引导、帮助、促进作用，它不能代替学习者自己参与实践，不能代替践行中的学习者心理内部矛盾运动。因此，确立荣辱观必须让学习者自己去践行，去做、去干，去使用、落实、实行、执行、行动。在实践中达到知情行的融合。这里，我们自然地想起毛泽东的一句话：读书是学习，使用也是学习，而且是更重要的学习。如古代伟大哲学家亚里士多德所说，对德性，"我们先运用他们而后才获得他们"。"对于要学习才能会做的事情，我们通过做那些学会后所应当做的事来学的。比如，我们通过造房子而成为建筑师，通过弹奏竖琴而成为竖琴手。同样，我们通过做公正的事成为公正的人，通过节制成为节制的人，通过做事勇敢成为勇敢的人。"[①]

人的德性是自己创造的。社会主义荣辱观是学习者自己从道德践行中获得的。

我们为中华崛起而读书、为祖国的现代化而劳动，就会以热爱祖国为荣。

我们为人民而勤奋工作，就会以服务人民为荣。

我们学科学、用科学，就会以崇尚科学为荣。

我们勤于劳动，在劳动中吃苦耐劳，就会以辛勤劳动为荣。

---

① ［古希腊］亚里士多德：《尼各马可伦理学》，廖申白译注，商务印书馆2003年版，第36页。

我们处理好与他人关系、合作共事、乐于助人，就会以团结互助为荣。

我们为人处事诚实有信，就会以诚实守信为荣。

我们遵守纪律制度和国家法律，就会以遵纪守法为荣。

我们爱岗敬业，不怕艰苦、不怕挫折、积极工作，就会以艰苦奋斗为荣。

一句话，我们就是也只能是"通过做那些学会后所应当做的事来学的"。我们特别强调践行，因为要真的形成荣辱观，那是长期的实践过程，绝不是短时期内、形式上热热闹闹搞一阵的事；养成荣辱观是扎扎实实的学习过程，即长期的道德践行过程。当然，我们强调践行的重要性，也丝毫不意味着可以忽略道德认知和道德情感，没有相应的道德的信念、情感、动机，也不是完整的学习。我们强调践行是基于我们的道德教育现状，大多仍为"说教"式，不知不觉地忽略了践行这重要的一环，因此有必要再重申道德践行在道德学习中的地位与作用：

道德践行是荣辱观养成的基础和源泉；

道德践行是荣辱观教育的最终目的；

道德践行也是衡量是否确立了荣辱观的最后标准。

衡量一个人是否具有社会主义荣辱观，不是看他的言论、看他的文章、看他的宣言，而是看他的行为。我们不能以为说得好的、写得好的就是道德好的。布贝尔说："我试图解释说谎会破坏社交生活，却发生了一种令人惊怪的情况：班上的一个最恶劣的撒谎老手竟能对说谎的破坏力写出了一篇绝妙的短文。我犯了以伦理学进行说教的严重错误，我所说的话被当作了老生常谈，我的话丝毫没有成为培养品格的主要因素。"[①]

[①] ［奥］布贝尔：《品格教育》，载华东师范大学教育系等编《现代西方资产阶级教育思想流派论著选》，人民教育出版社1980年版，第300页。

三 帮助未成年者养成荣辱观，特别需要成年人在道德践行上做出好的样子

胡锦涛提出的社会主义荣辱观，是面向全民的，包括干部、群众，不仅仅是对未成年人的。其实未成年人中的问题，是成年人世界中问题的反映，未成年人中的不良品行，往往是我们成年人"教"的，是我们成年人"培养"的，我们成年人提供了不好的样子。我们应当反思、应当自觉认识到成人世界的问题，我们不能再陷于盲目状态，我们应当克服一些思想认识上的误区：

不要以为年长者在思想道德方面一定高于年幼者；

不要以为老师在思想道德方面一定高于学生；

不要以为学问高者在思想道德方面一定高于学问低者；

不要以为社会地位高者在思想道德方面一定高于社会地位低者；

不要以为从事道德教育者在思想道德方面一定高于非道德教育者。

其实，见利忘义、假冒伪劣、坑蒙拐骗、铺张浪费、骄奢淫逸、违法乱纪等等，大都是成人所为！当然这些仅仅是成人世界中的少数人的问题，但其影响是存在的。

我们成年人应当意识到，既然作为一个人、作为一种社会存在，对社会、对人民就有一份责任；作为一个从事教育工作的人，对年青一代，更有教育责任。我们成年人应当自觉到，只有成人世界形成了良好的社会风尚，才能为下一代人的成长营造一个道德的氛围、提供一个道德的背景；试想在一个不道德的环境中，要下一代人如何成长为有道德的人！我们成年人应当自觉到，为了社会的发展、国家的富强，为了下一代人的健康成长，我们在道德方面应当做出一个好的样子，给下一代人以积极的影响。我们成年人应当检讨自己。例如诚信问题，如果我们自己不诚信，"教"孩子们诚信，是不是对不懂事的孩子的欺骗？我们的一些学校，我们的一些老师有没有"教"学生撒谎的？在名目繁多的检查评估活动中，在各种各样的观摩活动中，我们有没有"教"学生作假？我们的德育不能说没有效果，但可以说效果不尽如人意。造成这种状况是什

么原因？是学校和老师不努力吗？还是我们不道德的操作？还是迫于外界压力？还是成人世界的消极影响？

我想，我们所有的成年人都应当自觉到，我们在社会性发展上比未成年人更成熟，我们有优点、长处；但我们成年人也需要学习、需要进步。我们成人是教育者，我们有责任引导、帮助未成年人践行荣辱观。为了社会的发展，为了下一代人的健康成长，我们有责任做出好的样子。

（原文发表在《南京师大学报》社会科学版 2006 年第 3 期）

校园文化建设与学生的和谐发展

先说说我接触到的一些校园文化。日前，我在淮安市清江中学开会，适逢该校举办第十六届艺术节。艺术节内容十分丰富，有革命歌曲大合唱、卡拉OK比赛、古诗词吟诵、演讲比赛等。扬中二实小的校训是"求新"。南京市力学小学以"力学"二字为校训。天津三中除校训、教风、学风外，还明确倡导"三中精神""干部形象""教师形象""学生形象"等。南师附中1902年建校，初以"嚼得菜根，做得大事"为校训，倡导"俭朴、勤奋、诚笃"的校风；20世纪50年代至80年代的校风是"富有理想，学有创见，文明礼貌，艰苦朴素"，教风为"热爱学生，认真教学，刻苦钻研，言传身教"，学风是"专心致志，勤学苦练，一丝不苟，精益求精"。我到过的江阴华士学校，教育目标是"做优秀的世界公民和永远的中国人"，校风是师生"同心、同行、同乐"，与此相关的教风是"师生结伴成长"，学风是"我们欢笑，我们创造"。江苏常熟的一所小学，校门处放置有一座大钟，提醒人们要珍惜时间。江苏吴江中学有一条长长的书画碑廊，镌刻着书法家书写的《论语》等经典和各种绘画。吴江实验小学历史上是"爱德女子小学"，校训就是"爱德"。无锡市五爱小学的办学理念是"五爱精神"。

一些学校还设计了自己的校旗、校徽、校歌、校服，制定有各种规章制度。每个学校的教师、学生也都有自己的教育方式、学习方式，等等。

所有这些都是校园文化的体现，当然校园文化不仅仅是这些。这里，我想主要说明我对校园文化的理解；校园文化有什么教育意义，对培养学生和谐发展有什么教育作用；以及我们应当建设什么样的校园文化。

一　校园文化的性质、特点

认识校园文化，先需了解"文化"的含义。"文化"的定义很多，最具权威性的一种说法，是泰勒在其著作《原始文化》中给出的。从广泛的民族意义上说，文化就是包括知识、信仰、艺术、道德、法律、习俗以及任何人作为一名社会成员而获得的能力和习惯在内的复杂整体。也有一些美国学者认为，文化包括各种外显的和内隐的行为模式。

校园文化属于学校文化范畴。学校文化是师生员工在教育实践中创造的精神财富、文化心理氛围以及这些精神文化的载体，包括活动形态和物质形态的载体。校园文化既具有学校文化的共性，又具有每个学校的特色，或者说体现了学校之间的区别。比如南师附小，斯霞的人格精神、爱心育人的理念，研究斯霞的课题、斯霞广场、斯霞纪念馆，等等，形成了独一无二的南师附小的校园文化。可否说，校园文化是以校园为主要空间范围，以学生为主体，以学校内部环境和师生员工活动为主要内容的、共同创造的群体文化。校园文化可以有三个层面：物质层面、制度层面、精神（心理）层面。精神（心理）层面又包括观念形态、人际关系形态、知识形态、活动形态。因此，校园文化具有规范性、多样性、复杂性和开放性等特征。

校园文化是一种"教育存在"、一种教育资源、一种教育课程。教育课程，从其存在形式和影响方式说，可以分为两个部分：显性课程和隐性课程。显性课程是直接的、外显的，通过受教育者有意识的特定心理反映起作用的教育影响因素。隐性课程是间接的、内隐的，通过受教育者无意识的、非特定心理反映发生作用的教育影响因素。隐性课程对道德学习，或者说对道德品质的形成有着特殊的意义。

隐性课程存在于校园文化中，存在于各科教学、各种教育活动中。由于隐性课程对人的影响具有隐蔽性、潜在性，通过无意识而发生作用，因而往往被忽视。其实，完整的教育课程就包括显性课程与隐性课程。从道德教育乃至整个素质教育来说，只有显性课程与隐性课程有机结合，才能产生完整的知情意结合的综合教育效应。

二 隐性教育与隐性学习

我们为什么要重视校园文化中隐性课程的作用，为什么说隐性影响对道德品质形成有特殊的作用？良好的道德品质是心理的、精神的东西，不是也不可能完全是由老师直接"教授""传递""给予"学生的，而是需要通过各种方式引导、帮助、促进学习者自己学习，通过学习者心理内部矛盾运动而形成、发展。校园文化中的隐性教育影响，是学生德性与个性和谐发展的基础、资源和背景，其陶冶教育的功能是不可替代的。

著名的"皮格马利翁效应"或"罗森塔尔效应"，其内在机理是教师的教育对学生产生的心理暗示作用，是一种隐性影响。教师的教育信念、教育态度、教育方式、人格特征等，都是一些隐性影响因素。从实施者来说是一种隐性教育；从学生的角度来说，是一种隐性学习。为什么都取得了十分好的教育效应？"一个人'相信别人能做到的事情就会真的去使其做到'"①，"如果仅仅出于教育上的原因而试图采取一种假信任，即尽管实际上心中有保留看法，但嘴上说信任，这是无济于事的。假信任就是不信任，它不可能取得积极的成果。只有采取完全真诚的态度才会产生效果"②。"信赖能产生创造力。"③

教育人类学认为，"要对教育作出正确理解，必须考虑存在着一个广泛得多的范围。这方面首先包括我们同意克里克称为功能教育的东西。我们把这种功能教育理解为环境对成长着的一代人无意识地、无心地产生的一种塑造作用。与'意向性的'教育即有意识的教育的影响不同，那是一种无意识地进行塑造的力量，这种塑造作用是由打上深刻烙印的团体（例如军官团）对新进入其团体范围中的成员所产生的"④。这与我理解的隐性课程有共通处。当然，隐性课程不是泛指所有的环境影响、

---

① [德]博尔诺夫：《教育人类学》，李其龙等译，华东师范大学出版社1999年版，第47页。
② 同上书，第48页。
③ 同上书，第47页。
④ 同上书，第39—40页。

生活影响，它作为一类课程是属于教育范畴的。如果说某些情况下的影响是无意识发生的，那也是在有意识的教育活动过程中发生的，否则隐性课程就会被泛化，从而教育也会被泛化。

人们接受隐性课程的影响，是由校园文化对人的熏陶、感染或隐性作用而发生的一种内隐学习。1958 年，英国思想家波兰尼在《人的研究》一书中，首次明确提出"缄默知识"的概念。1967 年美国心理学家 A. S. Reber 提出"内隐学习"概念。内隐学习与缄默知识是相联系的。缄默知识又译为隐性知识，与显性知识相对，是指内隐的、不能用语言符号表达的、不能言传的知识。有学者认为，这种个人知识是尚未脱离其产生主体、仍储存在个人头脑中、为个人所享用的知识，具有个人性、实践性、默会性、综合性特点。与隐性知识相对应，显性知识具有理性、批判性、意识性、可陈述性、公共性等特征。相应的知识学习也有两种基本方式：内隐学习和外显学习，内隐学习就是无意识地获得刺激环境中复杂知识的过程，国内学者郭秀艳把内隐学习定义为"自动的""不易觉察的""对复杂规律敏感的"学习，[1] 她认为内隐学习的本质特征是自动性、抽象性、理解性、抗干扰性[2]。外显学习是要通过意志努力的。缄默知识是通过内隐学习获得的。对隐性学习的理解，可从民间心理学得到一点启发。布鲁纳认为："我们与其他人之间的相互作用受到了我们日常对于他们的心灵是如何工作的直觉理论的深刻影响。这一点在相当程度上为反对主体性的行为主义者所忽略。这些直觉的理论尽管很少得到清晰的表述，但却是无所不在的。这种直觉的理论直到最近才得到认真的研究。这种非专业的理论最近被专家们赋予了一个谦恭的名称——民间心理学。民间心理学不仅反映出某种'根深蒂固'的人类倾向，而且也反映出对于'心灵'某种深层的文化信念。民间心理学不仅反映出人类的心灵是如何随时随地工作的，而且还可以就儿童的心灵是如何学习的甚至怎样才能使他们得到发展的问题提供一些观念。"[3]

隐性课程和显性课程共同构成完整的教育课程，对促进学生全面和

---

[1] 郭秀艳：《内隐学习》，华东师范大学出版社 2003 年版，第 1 页。

[2] 同上书，第 98 页。

[3] 转引自石中英《知识转型与教育改革》，北京教育科学出版社 2001 年版，第 249 页。

谐发展具有多方面的教育功能，可概括为以下四个方面：(1) 德性陶冶功能；(2) 育美功能；(3) 益智功能；(4) 健体功能。

和谐教育要求显性课程与隐性课程相融合。与显性课程一样，隐性课程可能有正向效果，也可能有负向效果；有显性效果也有隐性效果。由这两种维度综合起来看，可以分为四类教育影响效果：(1) 正向显性效果；(2) 负向显性效果；(3) 正向隐性效果；(4) 负向隐性效果。我们的校园文化建设应当追求第 (1)、(3) 两类效果，防止和避免第 (2)、(4) 两类效果。

三　学生和谐发展要求建设和谐校园文化

个体和谐发展是身心的和谐发展，或者说是体智德美等方面的和谐发展。人的和谐发展，要求和谐的教育。我们应当依据人的素质结构和对素质发展的要求，建构我们的教育。为此，我们应当首先认识人的素质的内在结构，认识体智德美的内在关系，还应当认识教育目标对人的素质发展的要求。人的素质整体是由体智德美四者有机组合而成，而不是机械相加。四者既不是并列的，也没有先后顺序，而是以一定的方式相互联系、相互制约，形成整体，每一方面在整体中都有各自的地位和作用。和谐发展就应当使体智德美在素质整体中的地位都得到合理的尊重，使各自的作用、功能都得到充分的发挥，以至各项素质相互促进、彼此协调。和谐教育的建构应认识和处理好体育、智育、德育、美育在教育系统中的地位、作用，处理好相互关系，处理好显性课程与隐性课程的关系，使各类教育、各类课程都彼此协调、相互促进，依据各自的特点，从不同的方面，为形成和谐人格发挥各自作用。

和谐发展需要和谐教育，和谐教育需要和谐的课程。为此，我们应努力建设和谐的校园文化。李吉林老师创造的情境教育是有中国特色的教育创新。她经历了由语文情境教学到其他学科的情境教学，再到情境教育的实践过程。情境教育中的"情境"是指优化了的教育环境，也可以说是一种隐性课程。我们重视校园文化建设，就是要优化教育"情境"，就是要为学生创设富有美感、智慧、德性的和谐学习环境，让师生能自由地表达自己、彰显个性，让校园成为师生心向神往的精神家园。

学生的成长发展是一种文化—心理过程，优化的校园文化或教育情境与学生的情感、心理过程协调共振，也就是说，学生在活动中、在与环境交互作用中进行内隐学习，得到成长、发展。

和谐课程应是各种类型的显性课程与隐性课程的协调、融合。因此，就校园文化建设而言，我们需要付出多方面的努力。例如，学校建筑物的实用、美观；校园的绿化、美化、智能化；制定特色校训；重视各类活动仪式；设立受学生喜爱的学校节；形成自己的校园文化精神，并使其体现在各个方面，包括办学理念，教育教学思想，校园建筑，景点布局，课堂教学，教师的仪表、教态、表达方式，教室环境布置，座位排列，等等。校园文化建设的内容很丰富，包括物质层面、制度层面和精神层面，这里我仅从其内在的精神层面提出两个想法，供参考。

（一）营造以校园伦理为核心、以关心性关系为特点的校园文化

校园伦理关系表现为师生间、同学间、同事间的以教育责任为主要内容的道德关系，是一种非功利性、非强制性、内涵丰富的责任关系。校园文化建设是为了育人，应以校园伦理为核心与灵魂，凸显促进人的和谐发展的教育责任。

校园伦理关系应包含以相互关爱为特征的关心性关系。关心性关系，即人—人之间彼此意识到的关心与被关心关系。关心性关系的相互关爱精神应当渗透在其他各种关系中。苏霍姆林斯基曾概括了学校中不同年龄学生之间的关系，包括智力上的相互关系、思想教育关系、教学劳动关系、课余创作和游戏关系，各种关系交织在一起。各种关系也应当是相互关心的关系。1989年，面向21世纪教育国际会议提出"学会关心"的教育哲学。诺丁斯的关怀伦理倡导"学会关心"教育模式，强调并论证了"关心"是一种"关系"。我认为，"关心"是人与人之间的关系，也是个人的一种"品质"，是一种心理品质，也是一种道德品质，是一种人类的"精神珍品"（苏霍姆林斯基语）。"学会关心"既是一种心理品质的学习，也是一种道德品质的学习。校园文化建设的直接目标应当是创设关心性关系，为学生提供良好的学习环境，促进学生道德生命的自由生长。

(二) 形成和谐的教育氛围

以教育责任关系为主要内容的校园伦理、以相互关爱为特征的人际关系，都应当体现在教育关系中。教育关系决定教育氛围，有和谐的教育关系，才有和谐的教育氛围，才有取得教育成功的前提。"教育的成功与否往往取决于生活环境中一定的内部气氛和教育者与受教育者一定的情感态度。我只是一般地称之为教育气氛，并把它理解为情感、情绪状态即对教育抱有好感或厌恶等关系的总和。"[①]"这种教育气氛对教育的成功具有极其重要的意义。"[②] 要让儿童在愉快的心境中成长发展，而"愉快发展的首要和最高的条件是幸福和无忧无虑的、不为恐惧和担忧困扰的基本心境"[③]。"情绪不仅对学习的效果产生作用，而且也对人的各种能力的发展具有深刻而普遍的影响，那些无法有意识培养的能力则更是如此。愉快心境能催人奋进，这是绝对的。"[④] 发表过重要教育学说《莱法纳》的德国作家让·保尔说过，"快乐为儿童打开了探索宇宙的大门……并使所有的青年人犹如早晨的太阳冉冉上升"[⑤]。和谐的教育氛围应当是充满关爱、尊重、理解、信任的文化—心理氛围。这是作为教育的先决条件的教育关系。

形成和谐的教育氛围，关键在教师的爱和信任。教师应全面关心学生的发展，特别是应关心学生的精神生活、精神成长。每个教师，特别是班主任，都应当是学生的精神关怀者。尊重学生主要是尊重他们的人格，尊重他们的需要。理解学生，要走进学生心灵，与他们对话。"信任具有一种使人振奋的和教育人的巨大力量。"[⑥]

建设以校园伦理为核心与灵魂的校园文化，形成和谐的教育氛围，是学校所有成员的事。学生、教师、领导以及学校的其他成员，即所有

---

① [德] 博尔诺夫：《教育人类学》，李其龙等译，华东师范大学出版社1999年版，第41页。
② 同上。
③ 同上书，第44页。
④ 同上书，第45页。
⑤ 同上。
⑥ 同上书，第46页。

的"校园人"都是校园伦理关系中的主体,是校园伦理关系的建构者,也是校园伦理关系陶冶的接受者和学习者。所有"校园人"的各种良好品质都是在关心性关系及其文化—心理氛围的隐性教育影响下,通过隐性学习获得的精神成果。

(原文发表在《中国德育》2006年第5期)

让教学成为道德事业

未成年人思想道德建设是全社会应当关注的事业,更是学校教育事业最重要的方面。在学校实施道德教育的多种形式中,教学是其基本形式。为了更自觉地发挥教学的德育功能,更自觉地运用好教学这一道德教育的基本形式,教师必须提高教育学素养,做自觉的教育者,让教学成为道德事业。

一 教学过程也是德育过程

学校多种多样的教育形式都有可能成为道德教育形式。如美国教育家诺丁斯所说:"道德教育不仅是指任何一种旨在培养一种有道德的人的特殊教育形式,它也可以指任何一种在目的、政策和方法上合乎道德的教育形式。"[1] 学校体育、科学教育、艺术教育等都可能成为道德教育的一种形式,而学校教学,更应当是道德教育的基本形式。关于道德、道德教育与教学的关系,赫尔巴特有过非常精辟的论述,他说:道德"普遍地认为是人类最高的目的,因此也是教育的最高目的"[2],"教学的最高的、最后的目的包括在这一概念之中——德行"[3]。赫尔巴特不承认有任何"无教育的教学",也不认为存在"无教学的教育"。[4] 诺丁斯进一步

---

[1] [美]内尔·诺丁斯:《学会关心——教育的另一种模式》,于天龙译,教育科学出版社2003年版,第4页。
[2] 张焕庭:《西方资产阶级教育论著选》,人民教育出版社1964年版,第250页。
[3] 同上书,第294页。
[4] 班华:《中学教育学》,人民教育出版社1992年版,第12页。

指出，有"伦理上的考虑"的教师"将教学视为道德事业"。①

以下从教学具有教育性，教学作为实现德育目标的教育形式，来阐明教学过程也是道德教育过程。

1. 教学永远具有教育性

教学永远具有教育性，不存在任何"无教育的教学"的观点似乎已成为人们的共识，但对其理解并非没有异议。目前流行的一种观点认为，通过教学进行道德教育就是把德育渗透到教学中去。对"渗透"的含义，也有几种不同的理解，表现出了对"教育性"的不同理解。从教育各部分之间的关系上看，说德、智、体、美各育相互"渗透"是对的，但是对"渗透"的说法，却容易产生歧义，也容易引起人们的误解。日常所说的"渗透"，多指在教学中加进一些德育内容，这里包含两种值得商榷的假设：一是认为原有的教学没有德育因素，因此"渗透"就是从外面加进德育因素；二是以为教学的教育性仅仅体现在教学内容方面，似乎教学的组织形式、教学方法和手段等不具有教育性。对前一种假设，应当具体分析。一般来说，教学内容都具有教育性，其中的自然科学知识价值中立，但在它转换为课程知识的过程中，经过教育处理，已经被赋予了一定的教育价值，也许已有的教学内容看上去与价值无涉，但却可能蕴含着隐性价值。后一种看法认为，教育性仅仅局限于教学内容，这显然是片面的。我们不是说教育性存在于教学活动的每一个细节，但教学的教育性绝不仅仅存在于教学内容中。对教学教育性的表现，笔者曾大体上概括有四个方面：作为教学内容的学科知识对思想品德形成具有奠定科学知识基础和智力支持的作用；良好的教学组织形式、教学方法、师生关系、课堂氛围等对学生的良好品德形成具有熏陶感染的作用；学生学习活动本身对优良品质的发展具有锻炼作用；教师人格对学生的发展具有榜样示范作用。②

"教学永远具有教育性"至少有以下两个方面的含义。（1）教学全过程以及教学过程的各个方面都含有教育性，全过程是从教学时间的延续

---

① ［美］内尔·诺丁斯：《学会关心——教育的另一种模式》，于天龙译，教育科学出版社2003年版，第13页。

② 班华：《中学教育学》，人民教育出版社1992年版，第175页。

性来说的，教育性贯穿教学活动的始终；教学过程的各个方面是从空间意义上说的，即教育性体现在教学活动的各个方面。(2)"教学永远具有教育性"，从教育影响的性质说，有积极的，有消极的；从影响的方式说，有的是显性的，有的是隐性的；从教学活动参与者对教育性的认识说，有的是认识到的、自觉的，有的是没有认识到、不自觉的。因此，我们应当努力提高自己的教育自觉性，善于发掘、利用其积极的影响，防止、克服负面的、消极的影响。

当下的教学实践中存在这样一种现象：教育者要凸显教育性，但不善于发现和体现教学自身具有的德育价值，反而不适当地从外面添加许多德育的"材料"。这些"材料"，或者与教学任务内容没有关系，或者虽有联系但却很生硬；有的因加入的德育分量过多，或者无形中改变了课程的性质，或者因占用课堂时间过多而妨碍了既定教学任务的完成。这些就是不适当的德育"渗透"，过多的"教育添加剂"未必没有负作用。其实，如雅斯贝尔斯所说："以正确的方式传授知识和技能，其本身就已经是一种对整个人的精神教育。"① 杜威也说："每一门学科、每一种教学方法、学校中的每一偶发事件都孕育着培养道德的可能性。"② 我们的任务是，应思考如何把这种可能性转化为现实性，使教学过程成为德育过程。

2. 作为实现德育目标的教学过程本身也是德育过程

教育，不论德育、智育、体育、美育的实施，都需要通过这样那样的组织形式；而教学是教育实施的基本组织形式，各种教育主要通过教学这一形式来实施。教学活动不仅仅是实现智育目标的活动，也是实现体育目标、德育目标、美育目标的活动。总之，教学是实现各种教育目标的活动，也是实现道德目标的活动。实现道德教育目标的教学过程，也是道德教育过程。

然而，在一个相当长的时期内，由于种种原因，导致人们把智育等

---

① ［德］雅斯贝尔斯：《什么是教育》，邹进译，生活·读书·新知三联书店1991年版，第149页。

② ［美］杜威：《学校与社会·明日之学校》，赵祥麟等译，人民教育出版社1994年版，第164页。

同于教学，教学等同于智育，教学在无形中仅仅成为实施智育的组织形式。由此，导致教学的德育功能被弱化，以致忽视、"遗忘"了教学也是实施德育的形式，而把德育寄希望于"专门的"德育活动。

忽视或"遗忘"教学是德育的基本形式，可能与教育理论的发展有关。1953年我国翻译出版的凯洛夫的《教育学》（1948）把教育学的结构分为四大部分：总论、教学论、教育论、学校行政领导。教育论部分设有道德教育、劳动教育、美育、体育专章，但却没有智育专章；而教学论部分占有5章的篇幅。1957年我国翻译出版的凯洛夫的《教育学》（1956）对体育、综合技术教育、德育、美育均各设专章，教学占3章篇幅，也没有设智育专章。不论作者是否以"教学"代替"智育"，至少在客观上误导人们不知不觉地把教学等同于智育，误导人们把智育与教学看做一回事。国内的教育学教材把教学与德、智、体、美、劳并列，实际上就是把教学当作了智育。直到20世纪80年代初，我国教育理论界才开始认识到应区分教学与智育。比如，《对编写教育学教材的几点看法》一文指出，仅有德育、体育、美育、劳育专章，没有智育专章是不全的。[①] 1984年，南京师范大学教育系编写的《教育学》第一次突破了凯洛夫教育学的框架，单独设立"智育"专章。这样，智育与教学的关系才逐渐得到澄清。要改变教学行为，必须改变教学观念。教学仅是智育的基本形式，同时，教学也是道德教育的基本形式。这也就是让教学成为道德事业的内在根据。

论证教学过程是德育过程，当然不意味着教学仅仅是德育过程，更不意味着不需要设置专门的德育课和开展专门的道德教育活动。相反，应当认真地改善专门的德育课程和专门的德育活动，要更加重视组织学生参与实践，在实践中理解、体验、领悟，以取得更好的德育效果。

二　德育必须借助一定的物质形式和活动

1. 德育的实施必须借助于一定的活动方式

德育是以一定的思想道德这种"精神"影响人的，而"精神"不能

[①] 张美今：《对编写教育学教材的几点看法》，《教育研究》1982年第5期。

离开一定的物质载体而单独存在。课程知识即教学中传授和学习的知识就是这样的载体,课程知识的教学就是实施德育的一种活动形式。

道德是反映人与人、人与社会、人与自然关系的一种关系性存在,离开人与人、人与社会、人与自然的关系,就无所谓道德的存在。因此,道德生活(包括道德教育)也不能离开其他社会生活活动而单独存在。或者说,现实生活中没有离开其他活动的、纯而又纯的道德生活和道德教育。道德生活必然存在于某种实际的活动中,德育的实施也必须借助于某种活动方式,或通过某种方式实施。从德育对人发生的影响来说,也必须以一定的物质手段、一定的活动为中介而作用于个体,并通过个体的心理内部活动接受其影响。当然,德育实施有许多的形式和途径,但教学是一种经常性的、基本的形式和途径。

2. 教学是实施德育的基本形式

学校中各种各样的教育活动都有可能成为实施道德教育的形式,笔者把其中的教学活动看做是基本的形式。(1)学校以教学为主。教学在学校全部教育活动中所占时间最多,在各种形式的教育活动中,教学活动的计划性强,目标明确,组织程度高。(2)学生的在校活动有80%以上的时间是在教学活动中度过的。学习是学生时期的主导活动,课堂学习是学生学习活动的主要形式。教学过程就是学生智慧成长和德性成长的过程。学习活动本身就是学生的精神生活,就是学生的生命活动,就是学生精神成长的过程。(3)作为德育组织形式的教学,参与的教师面广,而不限于"专门的"或专职的德育教师,所有任课教师共同承担教育责任。其实在教育过程中,每个教师总是这样那样地影响着学生的成长,不是给予积极的影响,就是给予消极影响;不是自觉地施予影响,就是不自觉地产生了影响。在这个意义上说,每个教师都是德育教师。正如科尔伯格指出的:"教师有时并没有意识到他们所从事的这些日常工作,就是教育活动。"[①] 英国道德教育家彼得斯也认为:"不管你是不是愿

[①] [美]科尔伯格:《道德发展与道德教育》,引自瞿葆奎《教育学文集·德育》,人民教育出版社1989年版,第437页。

意,每一位教师都是道德教师。"①

教学是德育的基本形式,是从教学占有的时间比例、在学校教育中的地位等意义上说的,而不是从德育实效性意义上说的。如何提高德育实效性不能仅仅从教学方面考虑,而应依据思想道德形成的规律,从整体上对多种教育形式认真探讨。

德育必须借助于具体的教育教学活动才能得以实施,教学是实施德育的基本形式,这也表明教学应当成为一种道德事业。而当我们从道德事业的角度来看待教学时,必然能更好地组织教学活动,更自觉地运用好这种德育形式。

三　坚持教学与德育的融合

教学本来就包括"教书"与"育人","教书"与"育人"原本是同一教学过程的两个方面。如果说"把德育渗透到教学中去",是教学与德育"两张皮"的一种说法,那么,学校分设"教务处"和"德育处",是教学与德育"两张皮"的一种做法。学校原先设立"教导处","教(教书)"与"导(育人)"是统一的,与教书育人的教育理念是完全一致的。后来,学校分设"教务处"和"德育处"(开始分离时多称"政教处"),采取这一措施对加强学校德育工作的组织、管理有某种好处,对提高德育在人们心目中的地位也许起过一定的作用,但这不等于强化了学校德育,不等于提高了德育实效。分设两个处的做法,在体制上和"客观事实"上,不论其主观意愿多么"善良",但客观上对人们的思想有负面影响,产生了德育与教学的"分离效应",教师也有形无形地分为"管教学的教师"和"管德育的教师"。雅斯贝尔斯认为:把传授知识的机构与教育机构分开来是大错而特错的,把教育从教学中抽离出来已经不是教育本身了。② 德育由"教育"慢慢地变成了"德育工作"。杜威也

---

① [英]彼得斯:《道德发展与道德教育》,邬冬星译,浙江教育出版社2000年版,第154页。

② [德]雅斯贝尔斯:《什么是教育》,邹进译,生活·读书·新知三联书店1991年版,第149页。

认为："学校的智力训练和道德训练之间非常可悲的分割，获得知识和性格成长之间的可悲分离，不过是由于没有把学校看做和建成本身就有社会生活的社会机构的一种表现。"①

把德育从教学中分离出来，理论上源于陈旧的教学观。如果凯洛夫的《教育学》把教学等同于智育，误导人们以为教学就是实施智育的，与此相应，教学过程仅是"特殊的认识过程"。这样的教学观，割裂了德育、教学、智育的联系，这样，德育与教学、与智育似乎没有关系。凯洛夫误导了我们，而我们也误读了凯洛夫，致使我们忽略了凯洛夫《教育学》中承认的，在传授和学习知识过程中可以进行世界观教育和道德教育的这个方面。

既然将教学等同于智育，教学过程就被认为是认识过程，课堂就被视为仅是传授和灌输知识的空间，按此逻辑，为了加强思想道德教育，就要单设"政教处"。这表明，观念上的偏差必然导致行为上的偏差。行为上的偏差又强化了观念上的偏差。也就是说，认识的误区导致学校内部体制上分别设置教学、政教两处，而两个处的客观存在又强化了主观认识上的误区。这种被分设两个处的实践强化了的认识偏差，已左右了人们的教育行为。即使口头上、理论上宣称教书要育人，但学校体制上的两个机构、两种职能，客观上把教师及其职责分成两个部分，教师的职能也分得很清楚，管教学的不管德育，任课教师对学生中的问题或违规行为，就要报告到德育处或政教处去处理。

当下，我们应当改变教育的现状，努力使德育与教学融合。如雅斯贝尔斯所说，"教学应当使教育的文化功能和对灵魂的铸造功能融合起来"②，"教学活动中的读、写、算的学习并不是技能的获得，而是从此参与精神生活"③。目前我们的教学还没有达到把"教学视为道德事业"这个境界，但让教学成为道德事业，应该成为我们追求的理想目标。

---

① ［美］杜威：《学校与社会·明日之学校》，赵祥麟等译，人民教育出版社1994年版，第148页。

② ［德］雅斯贝尔斯：《什么是教育》，邹进译，生活·读书·新知三联书店1991年版，第1页。

③ ［德］雅斯贝尔斯：《什么是教育》，邹进译，生活·读书·新知三联书店1991年版，第35页。

德育与教学的融合,当然不意味着德育不能有专门的时间、专门的课程。但对一门课程、一次专门活动,要实事求是地抱有合理的期望。我们更注重、更希望德育与整体的教育相融合,与学生的学校全部生活相融合。这样,德育就拥有更广阔的空间和更充足的时间,并且真的有可能做到全方位育人、全员育人、全程育人。当下,我们指出德育与教学分设两处,也并非意味着立即合并两处,关键是"管德育的"教师与"管教学的"教师的关系,每个教师都应视教书育人是自己的天职,处理好智育与德育的关系和教学与德育的关系,处理好"德育"与"德育工作"的关系。教学、智育、德育走向融合是目标,也是过程,它有赖于教学思想的转变,有赖于德育思想的转变,有赖于对德育的真正理解,也有赖于实验、实践、探索,寻求合理的处理问题的方案。

四 做自觉的教育者,让教学成为道德事业

让教学成为道德事业,是我们的理想目标,也是我们追求的过程,只要我们努力追求,就能不断地接近理想目标。而要接近理想目标,需要有自觉的教育者,我们应当努力争取做一个自觉的教育者。

自觉的教育者应当自觉地从"伦理上考虑"教学,自觉地"将教学视为道德事业",坚持道德是教育教学的最高目的,教学应当为其服务。如杜威所说,"应当使道德目的在一切教学中——不论什么问题的教学,普遍存在并居于主导地位"[1],"道德的目的是各科教学的共同的和首要的目的"[2]。也如诺丁斯所说:"学校的主要目标应该是培养学生们成为健康的、有能力的、有道德的人。这是一个伟大的任务,其他所有任务都应该为其服务。"[3]

自觉的教育者应当能深刻地理解德育原理,理解教学中的道德教育不是把"道德"教授、传递、给予学生,而是组织、引导、帮助学生自

---

[1] [美]杜威:《学校与社会·明日之学校》,赵祥麟等译,人民教育出版社1994年版,第142页。
[2] [美]杜威:《民主主义与教育》,王承绪译,人民教育出版社1990年版,第34页。
[3] [美]内尔·诺丁斯:《学会关心——教育的另一种模式》,于天龙译,教育科学出版社2003年版,第18页。

己进行道德学习，其中包括外显的学习和内隐的学习；应当在教学中组织、引导、帮助学生自己认识、体验、践行，通过学生自己的心理内部矛盾运动去感受、理解、领悟道德。自觉的教育者认为道德教育是教育者与受教育者共同参与的相互教育与自我教育的过程。

自觉的教育者应当清楚地认识到教学也是师生共同的道德生活过程。教学中师生关系是多层面的，有心理关系、教育关系，也有道德关系。教学活动、道德教育、道德生活是同一教学过程的不同方面。为实现教学的道德目的，教师应首先遵循"教学道德"[①]，以保证教学的道德性。道德性是教学的一种品性，是符合教学道德的教学品性。这样的教学是道德教育的过程，是学生道德成长的过程。关怀学生道德成长是教学的主要目标，是教学道德性的主要表现。对学生的关怀是教学的德育功能得到充分发挥的前提，缺少关爱的教育是无效的或无力的。

自觉的教育者应当认识到学校教育的重点从教书转向育人，是教育人性化发展的趋势，反映了世界教育教学发展潮流。世界教育史专家康纳尔说，在20世纪课堂内，出现了一个持续而稳定的运动，即教学过程转到教育过程，学校从教学过程到教育过程的转变，是一个人性化的过程，这一过程将重点由教书转至育人。[②] 人性化的最重要表现，应当是全面关怀未成年人的成长发展，特别是关怀他们的精神生活和精神发展。道德学习是他们精神生活的核心内容，德性的发展是其精神成长的根本。让教学成为道德事业，就是要充分发挥教学在未成年人思想道德教育中的作用。

自觉的教育者应当明智地意识到教育者是教育成的，意识到自己的道德与学问不是必然比学生高。自觉的教育者应当看到自己的不足，教育者是道德教育者，也是道德学习者，而且是终身的道德学习者，包括向自己的学生学习。

自觉的教育者应当智慧地组织教学过程，充分实现教学活动的道德教育价值，学会道德教育的艺术。自觉的教育者应当明确地认识到，在

[①] 曾钊新：《试论教学中的道德调节》，《教育研究》1985年第6期。
[②] [澳] W. F. 康纳尔：《20世纪世界教育史》，胡若愚等译，人民教育出版社1990年版，第13页。

全球化、信息化条件下,在多元价值冲突情境中,最重要的不是在课堂上要"教"给学生多少道德原则,而是要掌握教育艺术,学会帮助学生提高道德判断和道德选择能力,以及道德行为能力。

(原文发表在《教育研究》2007年第2期)

略论德育论学科对象与任务的几个问题

认清德育论学科的对象是学科建设的首要问题，这已为学界公认。我们也都熟知毛泽东在《矛盾论》中所说的话："科学研究的区分，就是根据科学对象所具有的特殊的矛盾性。因此，对于某一现象的领域所特有的某一矛盾的研究，就构成某一门科学的对象。"[①] 但是仅知道区分科学对象的根据，并不表明就已经能做到了区分研究对象、明确研究任务。事实上，既存在着把并非属于德育论学科的对象误作该学科的对象，也存在着把本应属于该学科的研究任务忽略了的情况。本文不是要全面地论述德育学科的对象与任务问题，而是仅就实际中存在的问题，有针对性地阐述我的一些看法。

一 心理教育列入了德育文件，但心理教育不是德育论学科的对象

我国教育领导部门正式颁发的《中学德育大纲》《小学德育纲要》以及国家正式发布的其他德育文件，列入了培养学生良好心理品质的具体内容要求。相当多的人，特别是第一线的教育工作者，自然地把心理健康教育看作德育的一部分，甚至分管德育工作的领导人发表的教育论文，也明确地断定"思想政治教育包括心理教育"。[②] 也有的教育理论工作者把心理教育包括在德育里面，对这些事实，至今只见有个别人对"心理

---

① 《毛泽东选集》（第一卷），人民出版社1967年版，第284页。
② 刘瑞平：《思想政治教育的逻辑起点》，《光明日报》2006年10月16日。

健康教育纳入德育范畴"① 提出疑义。这表明在我国德育界，从第一线的教师到有关分管教育的领导人，以致有的教育理论工作者，都认为心理教育是属于德育范畴。按这样的逻辑，心理教育就应当是德育学科的研究对象。笔者认为心理品质与道德品质是有区别的，从两者发展的层次、性质、内容、表现形式等方面说，它们是存在差异的，因而心理教育与道德教育也是有区别的，两者在目标、内容、实施方式等方面都有所不同。把心理教育"纳入德育范畴"，不仅在理论上、逻辑上是错误的，也容易模糊德育论学科对象的范围。本文认为德育论学科的对象不应当包括心理教育。但是，我能接受有关文件的规定，这是基于我对该问题的如下认识。

1. 要明确指导教育工作的文件与教育学科的论著是有区别的。（1）作为文件的德育大纲（纲要）等，是表达工作方针、政策、规划、计划、命令、指示和方案的等等；作为学科论著，是表达学术思想、阐发学科原理、知识的。（2）教育工作文件，其性质是阐述对学校工作的"意见""主张"，是人制定的；而学科著作，其性质是论述系统的学科理论，是学术。因此，工作文件允许带有主观意图，具有人为性；而学科的理论著作是表达客观对象性质、特点和规律的原理与知识，必须严格尊重其客观性，不允许带有主观随意性。（3）作为指导工作的文件重在提出工作的方针、目标、任务和办法等，可以用"必须""一定""应当""不准""禁止""坚决"等方式表达对教育工作的要求等；作为学术著述，是以概念、范畴、观点和定义等，逻辑地论证作者的思想理论，阐明学科的定理、原理、法则等。

2. 文件规定的是学校教育工作的部署和安排，并非是对学科对象范围的划定。学校德育与德育学科理论是有区别的；学校德育的文件与德育学术著作所具有的作用也是不同的。德育大纲等文件是直接指导学校德育实施的，不是指导学科对象划分的。换句话说，文件的作用只能是对学校教育工作的指导，而不是对学科性质和对象范围的指导。因而，不能认为德育文件中规定有心理教育的要求和内容，就是把"心理教育纳入德育范畴"。准确地说，这样的规定只是把心理教育的实施纳入德育

---

① 范成祥：《对心理健康教育纳入德育范畴的质疑》，《教育科学研究》2006年第9期。

工作体系中去。这是对整个学校教育工作的部署，是对心理教育工作与学校德育工作关系的一种处理。这是属于学校教育的实际操作问题，并非意味着心理教育理论就是德育理论，更不意味着心理教育研究属于德育论研究任务。文件的作用不是也不应该是把心理教育纳入德育论学科对象范畴。当然，这不排除德育论学科建设需要借助于关于心理教育学科的研究成果。

领导部门的正式德育文件规定有心理教育，必然使相当多的人把心理教育作为德育范畴看待。因此我认为，作为德育工作者既要接受文件的规定，尽可能地结合学校德育，做好心理教育的落实、实施工作；同时保持清醒的头脑，分清德育与心育的区别和联系。只有认清两者关系，在实际工作中才能避免再把学生中的许多心理问题当作思想道德问题处理，同时也避免把思想道德问题一概归结为心理问题。一切都应实事求是，具体情况具体分析，有区别地对待。

作为德育研究工作者，也应当有清醒的认识，心理教育被列入德育大纲，不等于心理教育就是道德教育，因而也不等于心理教育的研究就是德育论学科的任务。我们只能这样理解：心理教育与道德教育有密切的关系，在德育论学科建设中，可以也应当吸取心理教育的研究成果，在教育实践中，道德教育与心理教育也常常结合在一起；但两者毕竟不是一个学科，不应当把心理教育看作德育学科的对象，研究心理教育不是德育学科的任务。如同美育、智育、体育都是与德育密切联系的，但都不是德育学科的研究对象。

依据上述理由，作为学校工作安排，可以把青春期教育等列入德育工作体系，但从学理上说，这些都不是德育的范畴，因而也不能误以为这些都是德育学科的研究对象。不同学科研究对象和任务可能有一定的交叉重叠，青春期教育、心理教育每一方面都有丰富的内容，其中有一部分可能与德育研究对象有交叉，但研究的视角不同，更不能认为整个的心理教育、青春期教育都属于德育学科研究的对象。

辨明了教育文件与教育著述的区别、工作方针与理论原理的区别，可以避免对有关文件规定的困惑，而今后如果遇有类似情况也就容易理解了。

二　应重视对非直接道德教育活动中的道德教育的研究

笔者曾不止一次听到过来自多方面的议论：

——中小学班主任：我不是不重视德育，可是用什么时间做呢？好不容易盼来了一个星期一次的班会时间，学校不是布置这个任务，就是安排那件事情。

——中学校领导：我是分管德育的副校长，我的感觉，学校时间太少，"德育首位"没法落实。

——教育研究人员：当下的情况是学校的德育空间太小，你让中小学老师怎样做德育？

以上议论反映了学校德育工作者的感受、苦恼、无奈。他们所说的德育是指专门的、直接的道德教育——这些是德育论研究的对象。但现实生活中，这种专门的、直接的道德教育是不多的。存在于广阔教育时空中的，是大量的非专门的、非直接的道德教育，我们简称其为间接的道德教育。道德是精神性的东西，是反映人与人、人与社会、人与自然关系的一种关系性存在，离开了一定的物质载体，离开人与人、人与社会、人与自然的关系，就无所谓"道德存在"，无所谓"道德生活"和"道德教育"。现实生活中的道德总是借助于一定的载体，道德教育总是借助于某种知识学习、劳动活动、人际交往和日常生活而得以实施的。间接道德教育如此，直接道德教育也是如此。因此，没有离开一定载体的"赤裸裸"的道德，也不存在离开一定载体的"纯而又纯"的道德教育，没有置身于智育、体育、美育之外的孤立的道德教育。

德育论学科的对象与任务既包括直接的道德教育，也包括非直接道德教育活动中的间接道德教育。在我国的学校中，设置有专门的道德课程、德育大纲（纲要），旨在直接实施道德教学和开展专门的、直接的道德教育活动。这些是我们德育论学科研究对象的重要方面。但学校教育中这种专门的道德教育时间是有限的，大量存在的是各种各样非专门的、非直接的道德教学、教育活动。然而，对学生的道德教育是学校所有学科，包括非专门的德育学科教学的责任和任务，也是一切课外教育，包括非专门的、直接的道德教育活动的责任和任务；且各种学科的教学和各种课外教育活动都可能借以进行道德教育，即都可以成为实施道德教育的组织形式。如美国教育家诺丁斯所说："道德教育不仅是指任何一种旨在培养一种有道德的人的特殊教育形式，它也可以指任何一种在目的、政策和方法上合乎道德的教育形式。"① 又如杜威所说："每一门学科、每一种教学方法、学校中的每一偶发事件都孕育着培养道德的可能性。"② 这种通过其他各种教育形式实施的道德教育，即非专门的、间接的道德教育，是德育论学科研究对象的又一重要方面。我们必须高度重视研究对象的这一方面，这一领域的德育问题都是德育论的研究任务。提出"必须高度重视"是基于以下认识。

1. 学校中大量存在着间接道德教育。学校中非专门的、非直接的道德教育即间接的道德教育是面广量大的，决不能小视其作用，因而决不应忽视对这一部分的德育研究。杜威说，学校里的教师"在每周5天中每日每时每刻都在教道德"③。他这里说的"教道德"是指大量存在的间接道德教育。他说："当我们考虑到通过教育使道德成长的整个领域时，直接道德教学的影响，即使充其量说，比较地在数量上是少的，在影响上是微弱的。所以，这种更大范围的、间接的和生动的道德教育，通过学校生活的一切媒介、手段和材料对性格的发展就是我们现在讨论的题目。"④ 作为学校教师，如果放弃了对这一广阔时空中的间接的、生动的道德教育，就是舍弃了大部分实施德育的机会，就是没有尽责；作为德育研究者，如果忽视了对更大范围的、间接的德育的研究，也就是放弃了大量的本该承担的研究任务，就是研究者的严重失职。

2. 关于德育的"主渠道""主阵地"。日常不少人把课堂教学看作是实施德育的"主渠道""主阵地"；那么实施大量间接、生动德育的广阔

---

① [美]内尔·诺丁斯：《学会关心——教育的另一种模式》，于天龙译，教育科学出版社2003年版，第4页。

② [美]杜威：《学校与社会·明日之学校》，赵祥麟等译，人民教育出版社1994年版，第164、143、144页。

③ 同上。

④ [美]杜威著，赵祥麟等译：《学校与社会·明日之学校》，人民教育出版社1994年版，第143、144、164页。

时空是不是德育的"主渠道""主阵地"呢？这是值得探讨的问题。日常把通过非专门、非直接道德课程的学科教学进行道德教育，称作"渗透"德育；而把通过课外体育活动、文艺活动、科学活动以及其他各种各样课外活动进行德育，称作"寓德育于活动"，也有称"活动育人"的；此外还有寓德育于学校日常管理工作的，称"管理育人"，寓德育于后勤工作的，叫作"服务育人"等。以往对这一部分"渗透"的、"寓于"的德育，我们的德育论研究没有给予应有的重视。我们专注于"主渠道""主阵地"德育的研究，那些"寓于……中"或者"渗透到……中"的德育似乎是附带的、次要的。因而忽视了对这部分的德育研究，或者虽然也有研究，但参与研究的人极少，研究的成果数量极少。

对"渗透"说、"寓于"说，需要具体分析。人是一个整体，教育是一个整体，人的各个方面素质与德性素质是相互渗透的，各方面的教育与德育也是相互渗透的。这就是说，各种教育教学活动中本来就蕴含有德育因素，在这个意义上说，各种"非道德教育"活动中都"渗透"着德育，或"寓于"着德育。当然，根据教材内容特点，对潜在的教育要素，通过教育加工、教育处理，赋予教育意义，这样的"渗透"或"寓于"也是需要的。但我们要防止为了提高教学的教育性，或者凸现各种教育形式的教育性，"渗透"大量不相干的德育内容，即不顾及原先的教学、教育活动的目标要求和内容特点，从外面添加许多德育材料。我们也要防止误解，即认为教学以及各种课外教育活动的德育资源、德育功能，仅包含在教育内容中。其实，教学、教育的全过程，过程的各个方面、各个环节都可能蕴含德育资源，都可能具有育人的作用，笔者曾说明教学中的各学科系统知识对思想道德的形成具有奠定科学知识基础和智力基础的作用；教学中组织形式、教学方法、师生关系、课堂氛围作为隐性影响因素，对良好品德形成具有熏陶、感染作用；教学过程中学生学习活动，对各种优良品质形成具有锻炼作用；教师人格、思想、情感、态度、意志、性格对良好品德形成具有榜样示范作用。[①] 这些观点也适用于各种课外教育活动。

因此，我们的研究任务，要探求各种教学、教育活动、学校管理工

---

① 班华：《中学教育学》，人民出版社1992年版，第169—170页。

作中全过程以及过程的每个方面、每个环节可能蕴含的德育因素，包括探求其中的潜在的德育因素，认真地研究、发掘，并充分地加以运用。

德育是实践性的，道德学习重在践行。就这一点而言，课外的各种教育活动似乎有更多的实践机会。良好的德育实施一定是借助于多彩的活动形式的德育，其中有的是显性的影响，有的是隐性的影响。间接的道德教育，很多是隐性影响，有人称作"无痕的教育"，其教育效果有时比刻意的、显性的教育影响更好。

由以上所述，我们的研究任务也包括两个方面：认真研究显性的影响，也研究隐性影响；研究如何发现、强化、运用教育过程中各种积极影响因素（包括显性的、隐性的），也要研究避免、弱化、消除教育活动中可能有的消极因素（包括显性的、隐性的）。

由以上所述，我们也不难理解，每个教师都与德育有关。每个教师不是直接地，就是间接地，不是自觉地，就是不自觉地对学生产生道德影响；不是正面的、积极的，就是负面的、消极的。研究如何真正地、自觉地做好"全员育人"，是德育论应当关注的课题。

3. 应当十分重视整体—融合的德育的研究。上文我们已经提及德育与其他各"育"的密切关系，并指出没有置身于智育、体育、美育之外的孤立的道德教育。如果我们从整体性观念来看待教育，也许能更好地理解德育与智、体、美各"育"的关系。教育的整体性与人的整体性是相应的。人是一个生命整体。如杜威所言："儿童在智力上、社会性上、道德上和身体上，是一个有机整体。"[①] 随着我们对人的认识的发展，随着我们更好地认识人、研究人的需要，随着我们更有效地实施人的教育，我们才逐渐地把人分成心理的、生理的不同方面；从素质的维度，我们把人的完整素质分成为生理素质、心理素质、思想道德素质等等。但我们决不能忘记，人是生命整体。不论把素质如何细分，都离不开整体，每项具体素质都是整体的一个方面，各项素质之间是相互联系相互渗透的。从实施教育影响说，可以从作用于某一项素质切入，但这必然也影响着其他方面的素质，影响着素质整体。从我们每个人接受教育影响说，

---

① [美] 杜威：《学校与社会·明日之学校》，赵祥麟等译，人民教育出版社1994年版，第164、143、144页。

也是全身心地即作为整体的人参与的、投入的。"人的灵性统一人的所有经验：做事的并不是手而是人；看的不是眼睛而是人；听的也不是耳朵的事，而是整个的人；思想的也不是人的脑而是人；爱的也不是心，而是整个的人。"① 学者们正是看到了这一点，便自觉地提出了完整教育的思想。日本小原国芳提倡"全人教育"。王国维提倡"完全之人物"的"完全教育"。"综合实践课""整体—融合教育"都是对整体性的人实施的整体性教育。

　　教育本来就是一个整体，原始的教育是一体化的，随着社会的发展，随着教育自身的发展，随着人们对教育认识的发展，随着人们更深刻地认识、研究教育的需要，一个完整的教育整体被划分为体育、智育、德育、美育。因为它们本来就是一个整体，是从一个统一体中分出来的，因此它们之间的相互联系、相互渗透是必然的。教育的这种划分是必要的，便于能更深入地研究各个育的特殊性，也有利于操作。但有时也因为人为的分割而带来一些弊病，处理得不好，致使各个育彼此割裂开。为克服这一弊病，有的第一线心理教育的老师提出了一种"整体—融合的教育模式"。这与当下倡导的"综合实践课"精神是一致的。能否说，这体现了教育自身发展的一种逻辑：从原始的教育整体分化为各个"育"，当下又走向各个"育"的整合。"整体—融合"的表述，表明有关各"育"内容的有机结合，不是机械的相加。能否说，我们的德育学科建设应当注重研究这种整体—融合的德育模式。能否说，教育发展的轨迹是原始的整体教育——分化为各"育"——整体—融合的教育，这是一个否定之否定过程，是对教育整体性的回归。

　　融合当然不意味着德育不能有专门的时间、专门的课程，问题是我们要有一个整体的教育观，要有融合的思想。即使对专门的德育课程、专门的德育活动，我们要实事求是地抱有合理的期望。我们更应注重研究如何通过整体的教育来实施德育，研究如何通过教学和学生的全部生活实施道德教育，让广大教育工作者真正理解德育实施的过程，理解德育是拥有广阔空间、充足时间的，并且真的能做到全方位育人，全程育

---

① ［德］孙志文：《现代人的焦虑和希望》，陈永禹译，生活·读书·新知三联书店1994年版，第56页。

人，全员育人。当然，走向整体—融合的教育是一个努力目标，也是一个过程，它有赖于德育思想的转变，有赖于教师素质的提高，有赖于对德育的真正理解。这并非是不可能的。就笔者所知，一节设计好的体育课，既能突出身体训练的要求，又能贯穿审美的教育和心理素质的培育。因此，如何走向"整体—融合"的德育应当是德育论研究的课题。

三　德育论学科应当关注教育活动中反教育现象的研究

我们可以通过各种各样的教育、教学进行道德教育；但在学校各种各样的教育、教学活动中也存在着、潜伏着大量反道德、反教育现象。道德与反道德，教育与反教育是一个问题的两方面。作为德育论研究两个方面都研究才是完全的。我确信我们的学校领导、我们的老师、我们的学生家长，总是希望我们的下一代在思想道德上健康成长，因而主观上总是希望给予他们积极的正面的教育影响。但教育的复杂性、社会生活的复杂性等致使我们的教育不可能没有消极的、负面的影响产生，也不可能不产生种种反道德、反教育的现象。

例如，在我们神圣的课堂上，有的教学内容设计就是反道德的：在一堂分数教学的课上，老师设计了这样的情境：三杯饮料，第一个杯子容积200克，装了杯子的2/5；第二个杯子容积200克，装了杯子的3/5；第三个杯子容积200克，装了杯子的1/2。然后老师问学生，体育课后，让你先选择，你选择哪杯？接着鼓励学生说："算算看，免得自己吃亏！"[1]

又例如，有的课设计得很好，但操作过程出了问题。一次，一位老师精心设计了圆周率的教学，课堂上要求学生用事先准备好的硬纸板做成的大小不等的圆，测量出各个圆的周长和直径，计算圆周率。课堂上显得热热闹闹。但认真操作的学生，计算出的比值距3.14较远，被批评为"很不认真"，"怎么会是2.98呢"？而事先知道答案，并没有认真做的学生，纷纷举手说3.13、3.16、3.15、3.12等，他们为了不引起老师

---

[1] 王南军：《莫让道德在教育中沦丧》，《小学德育》2006年第19期。

的怀疑，故意说出近似值，结果都被表扬，而说 3.14 的同学受到了更高级的赞扬，"非常正确，你是做得最认真的"。① 这堂课，学生实际地体验到了"弄虚作假"的好处，学生的虚假行为和心理得到了又一次的强化。

其实，学校各个方面工作、各个部门的管理都或多或少存在着这样那样的反道德、反教育的现象。各种规模的变了味的"赛课""观摩教学"，更是方方面面周密准备好了的，并动员学生一起参与的"集体"造假的欺骗活动。

面对上级有关部门对学校工作名目繁多的检查、评估，学校领导、教师更是要求学生与其合谋造假。举一个最具讽刺意味的例子：在某校进门的显著位置，原先竖立的数米宽的标牌上写着耀眼的教全体师生讲道德的校训，紧挨着"校训"的后面，竖起了一个"倒计时"的大标牌，上面写着："离……领导来校检查，还有……天！"其潜在的警句是："你们大家赶快合伙造假啊！离检查的时间已经越来越近了！"

学校德育效果不好的责任应该由谁来负？！

许多问题不是通过研究就能解决的。但作为教育者、作为研究者，我们还是应当关注学校中存在的种种反教育现象的研究，探求如何有效地避免、弱化、消除反道德、反教育的现象。应当研究这些反道德、反教育的种种表现；有哪些严重地危害我们的学生——年青一代受到过哪些教唆，心灵受到过哪些腐蚀；造成这个现象的原因有哪些；作为学校教育应当、可能采取些什么对策；有关领导应该怎样领导学校教育，应当具有怎样的思想作风、工作作风；我们的老师怎样坚守教师的道德底线，对来自各方面的反道德的可能性，应当持有何种态度和对策；等等。所有这些都是我们应当关心和应当研究的。我们知道，许多问题是出于无奈，不是教育自身能解决的，当然也并非是通过研究就能解决的，因此，我们对德育研究并不抱有更多的期望。但是，作为教师、作为教育研究者，出于自己的教育责任，应在可能范围内尽我们的努力做一些有益的工作。本文提出这个问题，是针对这些问题的继续存在，也许我们已经对这些问题忽视，甚至习以为常、麻木不仁了，所以我要强调它。

如上所述，我们的研究任务，应当包括两个方面：发现、强化、运

---

① 汪履平：《请重视学科教学中的"反教育"现象》，《江苏教育研究》2006 年第 5 期。

用教育过程中各种正面的、积极的教育影响，避免、弱化、消除教育活动中可能有的反道德、反教育的消极影响。这样的研究才是全面地实现学科建设的使命。如果只重视研究积极的方面、成功的方面，轻视研究消极的、不成功的一面，那只是做了一半，是片面的，不完整的。

（原文发表在《教育科学研究》2007年第4期）

谈公民的诚信教育

公民的诚信教育是一个很现实、很具体的问题。2001年全国高考作文以"诚信"为题,对此有人赞扬,有人质疑。质疑者问:当今社会诚信能值几个钱?社会转型期价值观多元,人们会选择诚信吗?追求利润最大化是市场规律,通过教育能让人放弃制造假冒伪劣商品吗?社会面临"信任缺失""信任危机",诚信教育有用吗?这些疑问尽管说法不同,但其实就是一个问题:在当前社会转型、市场经济、价值观多元条件下,要不要倡导诚信?公民诚信教育究竟有没有效果?

一 现时代的社会和个体都需要诚信

第一,"企业非道德性"是不能成立的。人的任何社会行为都可以从道德维度进行审视,因为道德总是蕴含在人的各种社会行为中,包括经济行为。企业经营与伦理道德、市场交易与诚信品质,它们之间真的无关吗?"越是竞争激烈、越是完备的市场经济机制中,人们越是视信誉为生命,这是经济生活本身对人们道德观念的塑造"[①]。在绝大多数情况下,如果经营活动的所有参与者——购买者、销售者、生产者、管理者、工人以及最终消费者——任一个采取不道德的手段,或是忽视行为的道德性(也就是说,不去考虑自身行为是合乎道德的还是违背道德的),企业将难以为继。"道德是整个社会、自然也是经营活动的润滑油与粘合剂。""企业与道德之间事实上存在着更深刻的关系。经营行为与其他社会行为相似,必须在行为前预先设定一个道德背景,这一点是不可或缺的。"在

---

① 刘伟、梁均平:《冲突与和谐的结合》,北京教育出版社1999年版,第282页。

美国，"企业非道德性神话"曾经被人奉为一种普遍信仰，但如今，这种神话面临破产。首先，"对商业丑闻的报道以及随之而来的公众反应"表明某些企业严重违反了伦理道德，而不是与伦理无关；其次，"通过诸如环境主义者协会或消费者协会等公众组织的信息发布"，表明企业生产危害了生态环境，侵犯了消费者利益；再次，"通过报刊杂志或会议上发表的有关商业伦理的文章"，论证了企业与伦理的关系；最后，"通过公司核心伦理价值观的建立发展或其他相关项目"，表明企业非但与伦理有关，而且有自己的伦理价值观，也就是我们通常说的"经济伦理"。我们深信，经济伦理不是经济因素，但在经济发展中经济伦理却起着不可替代的作用。

第二，义和利是对立统一的。商业经营追求利润是必然的，但求利与诚信就绝对对立吗？伦理与企业经营、道德与利益确实是两回事，但不是互不相关的两回事。生产经营与伦理道德可以是相互促进的，义和利是可以统一的。不要以为市场经营都是靠欺骗谋利的，其实，交换活动只有满足等价、公平、自愿的要求才能成交，因此讲究信义、公平的大有人在。20世纪60年代南京不少人经历过这样一件事：福建某处卖灵芝，先把灵芝寄上门，告知灵芝价格和出售人的姓名、地址，收到灵芝后再按价汇款，双方不需要任何凭证，卖者与买者相互信任，双方都遵循交换道德，做到了公平、信义、诚实无欺。这并非天方夜谭，而是确有其事。眼下我们也常常看到这样的情况：市场上购物付款找零，卖方因粗心多找给买者若干钱，买者往往会将多找的部分如数退还。著名企业的经营同样如此。1990年，河南新飞冰箱厂把1200台不合格冰箱全部砸烂，不以次充好，经济损失巨大，却赢得了市场信誉，产品飞出中原，飞遍全国，跨进了国际品牌行列。同仁堂药店秉承诚信经商，300多年来深得顾客信任，得到了市场的合理回报。无锡红豆集团50年来靠着"诚信、务实、创新、争先"的"红豆精神"得到了飞速发展。南京老山药业公司的产品多年来一直畅销，并进入国际市场，最重要的一个原因就是"诚实做人，诚信做事"。这些事例很好地回答了"诚信能值几个钱？"的问题，也表明义与利是可以得到很好的统一的。美国也有这样的例子：1982年，美国约翰逊公司销售的品牌产品特兰诺尔胶囊造成7人中毒死亡。公司坚持经营宗旨，将公众安全放在首位，宁愿承受超过一亿美元的损失，立即收回了所有药品，18个月后公司所占市场份额恢复到了此前的96%。可见，"诚信"是资本，是财富，是竞争力。

第三，诚信是与社会主义市场经济相适应的道德规范的核心。人们平常可能看到市场上出售一些假冒伪劣商品，或遭遇过受骗上当，加之只看到经商要赚钱的这一面，于是认为诚信与市场经济是不相容的。但经济学家们认为，讲求诚信是现代市场经济的黄金法则。"完善的社会主义市场经济运行机制离不开道德的支撑、协调和制约。"① 现代市场经济是信用经济，信用是对交易合法权利的注重和维护。价值规律要求等价交换、平等互利；竞争法则要求公平竞争。经济竞争的复杂性要求市场主体尊重契约合同。这些都是建立在诚信基础上的，诚实守信是市场经济的内在要求。竞争不仅仅是技术、设备、产品等硬件的竞争，也包括形象、道德等软件的竞争。企业的产品是人的作品，不仅有着智力、技术的含量，而且有着伦理、道德的含量，是生产者劳动态度、责任感、信誉感的物质表现。"社会主义市场经济体制下的竞争是企业信誉和企业形象的竞争，丧失了信誉或企业形象不佳，任何生产或经营性企业都将在激烈竞争中被淘汰。"伦理道德在维护企业形象、促进企业发展方面是一种无形的力量。

当前市场运行中屡屡出现假冒伪劣、商业欺诈、偷税漏税、合同违约、走私骗汇、欠债不还、逃避银行债务、做假账等现象，这表明社会在一定程度上出现了信任缺失、信任危机。这绝非市场经济本性所致，更不能证明市场经济不需要诚信。相反，它恰恰表明诚实守信是现代市场经济正常运行不可缺少的条件。因为诚信缺失可能导致市场秩序混乱、坑蒙拐骗盛行，进而还可能导致投资不足、交易萎缩、经济衰退。所以，大力倡导诚信，努力健全法制，整治市场秩序，加强诚信教育，逐步走向规范，极其重要！

第四，诚信是合格公民基本的道德规范。每个人都具有作为社会公民与作为私人个体的双重性，其生活与行为也都具有公共生活与私人生活两个领域，与此相应，就有了作为社会公民的公共生活领域的诚信和作为私人个体与私人生活领域的诚信。《公民道德建设实施纲要》将诚信

---

① 王小锡：《经济伦理与企业发展》，南京师范大学出版社1998年版。

作为我国公民道德的基本规范和合格公民必须具备的道德品质。从这个意义上说，诚信是公民个体参与社会公共生活应遵循的公共伦理品质，是具有普世意义的基本美德。中小学生属于未成年人，按照苏霍姆林斯基的教育思想，这是一个社会公民的诞生期，必须让他们受到各方面教育才能成为合格的公民。[①]"各方面教育"理应包括公民的诚信教育。中小学生虽然还未进入社会公共生活，但他们作为私人个体已有人际交往，已经开始了公民生活，因而在与人交往中，在处理与他人、与集体的关系中，就应当学会遵循诚信规则。中小学生在校接受公民诚信教育和文明礼貌教育，是为他们参与未来公民生活所做的准备。

第五，从个体来说，诚信是做人的基本品质。从个体做人来说，诚信也是个体道德人格中的基本品质，诚信是立人之本。康德从对自己的义务中推出诚实；他把说谎看作是一个人对自己的人的尊严的放弃，看作是与自杀同等程度的东西：后者毁灭肉体生命，而前者毁灭道德生命。一般来说，每个人都希望做一个有道德的人，做一个诚信的人。诚信是每个人的内在需要。人际交往需要诚信：对人诚信，也希望人对己诚信。人们只有以诚相待，相互信任，才能形成和谐、轻松、愉快的人际关系。试想，如果我们生活在一个互不信任、彼此猜疑、尔虞我诈的环境中，必将充满忧虑，深怕受骗上当，这样的日子怎么过?! 诚信是个人的道德修养和私人生活领域的道德承诺，是关涉人格自我和自然人伦关系的道德伦理范畴，是日常做人做事、处理人际关系的基本准则。

中小学诚信教育的基本任务，应当是培养学生诚实守信的品质，形成诚信的道德人格。培养诚信品质与我们的人生目标是一致的。当然，这里说的是全社会的目标或全社会每个成员的人生目标。人生目标各有不同，但都追求快乐和幸福。诚信教育对人生快乐和幸福具有深远意义。"由于人的行为在相当大的程度上依赖于思想，真实的思想对于他的幸福就尤为重要。"人类经济活动的目标是要增加全社会和个人的财富，但这并非人类的最终目标，人类活动的最终目标是生活快乐，享受幸福。经济学中的"帕累托改进"是在不增加一个人痛苦的条件下，至少使另一

---

① 蔡汀、王义高、祖晶译：《苏霍姆林斯基选集：第3卷》，教育科学出版社2001年版，第479页。

个人更快乐。"在平等自愿基础上的商品交换就是帕累托改进，整个市场经济就是建立在这个基础上的。"物质与快乐、财富与幸福有一定联系，但二者不是一回事，也非正相关。道德应该是为他人和自己创造更多的快乐。钱可以帮助人获得快乐，也可能给人带来烦恼，这样的事例太多了。学校教育在教人赚钱方法的同时，应该教人在没有钱或钱少的情况下也能得到快乐的方法。

  第六，恰当地估计诚信教育的效用。通过教育能让人诚信吗？诚信教育有效用吗？现在就来探讨这个问题。我们已经阐明了企业发展、市场经营与道德的深刻关系，从现实和理论上论证了诚信是市场经济发展的内在要求；阐述了诚信是每个人的需要，是人格发展、人生幸福的需要。这些都是倡导诚信和诚信教育的客观基础。从当前社会道德状况看，的确存在信任缺失的企业和个人，但大量的是依法经营、讲究诚信的企业和个人。这表明，通过诚信教育倡导诚信是可能的，应当充分估计诚信教育的效用。当然，面对价值观多元和市场经济蓬勃发展的现实，在充分估计诚信教育效用的同时，我们应对诚信教育的艰巨性有一充分估计。

  我们坚信教育的作用，但教育并非离开了国家、社会孤立实施的。全社会倡导诚信，包括整治市场经济秩序，需要采用行政手段、经济手段、法律手段、教育手段等各种措施。各种手段有各自的特点和功用，不可互相代替，不能以教育手段代替其他手段；反之亦然。教育的作用不能夸大，但绝不能没有教育。事实上，即便经过市场整治和诚信教育，依然还会有假冒伪劣商品，社会上依然还会有违背诚信的事，健康的市场经济秩序就是在不断整治、不断教育中逐渐形成的，就像和谐社会构建是在不断克服不和谐现象中发展的一样。

  社会转型期的思想道德建设是一项长期、艰巨的任务。不能因为社会生活中不断有欺骗行为发生、市场上不断有假冒伪劣商品出现，就认为可以不要倡导诚信，不要诚信教育了。我们不断依法惩治犯罪，不断进行法制教育，可仍然有犯罪存在，难道我们可以因此就不要法制吗？就可以由此取消法制教育吗？这不是很荒谬吗？！我们不断倡导诚信，不断进行诚信教育，但还不断出现道德败坏现象，不断出现骗人行为，如果就此认为讲道德是不可能的、道德教育没有用了，这不是同样很荒谬吗？正因为有不诚信，才更需要讲诚信，更需要诚信教育。

二 关于诚信的理解

"诚信"即诚实守信。包尔生论"诚实"是从诚实的否定方面和肯定方面展开的。为了更深刻地理解"诚信"，我也从正、反两个方面来说明。

（一）从肯定方面理解"诚信"

法国学者安德烈·孔特－斯蓬维尔在《小爱大德》一书中阐明了18种美德。"在所有这些美德中，我们现在找不到一个词来表示老实说是调节我们的关系的美德。起初我想到了诚恳，后来打算用诚实（这个词更合适，但习惯上很少用），有一段时间考虑过真实性……我最后使用真诚，但并不否认这可能超出了这个词的通常用法。""什么是真诚呢？它在心理上是一种现象，在精神上是一种美德。作为现象是使言行与内心活动一致，或者使内心活动与它本身一致。作为美德，是对真实的热爱或尊重，是唯一有价值的信仰。"真诚是做人的一种态度，表现在对待他人的态度上，也表现在对待自我的态度上。"当然，真诚的价值不等于可靠，甚至也不等于真实（它排斥的是谎言而不是谬误）。但是在这方面，真诚的人所说的是他相信的东西，即使他弄错了，他对自己所说的话也是相信的。正因为如此，真诚是一种信仰，它含有这个词的双重意义，即同时是一种信仰和一种真诚。"

包尔生在《伦理学体系》中有关"诚实"的解释可以帮助我们更深入地理解问题。他说："诚实可以被看作是仁慈的一种形式，它是表现在思想的交流上的仁慈。""我们可以像对仁慈的区分一样，区分诚实的两个方面：否定的方面和肯定的方面。前者相应于正义，表现在这样一个义务准则之中：你不应该说谎；后者相应于友邻之爱，表现在下面这个义务准则之中：对你的邻人以诚相待。""仁"在人的德性中处于核心地位，是德的根本。诚实是仁慈的一种形式，信是仁的表征。"仁"需要借助公众交往中信的程度和仪态来外显，是与私下或公开的不真实的形式相对立的。真诚与诚恳有区别，"诚恳的人是不对别人说谎，真诚的人是对人对己都不说谎"。

道德属于行为"应该如何"的范畴。道德的目的在于保障社会存在和发展，增进每个人的利益。一般说来，诚信是符合道德目的的，是"应该"的道德规范；但有时候，诚信却是"不应该"的道德规范，因为它违背道德目的。要更充分地理解诚信及其重要性，更理智地践履诚信道德，就需要更充分地理解诚信的否定方面（谎言及其危害性），以便更理性地对待谎言。

（二）从否定方面理解"诚信"

诚信的否定方面是"说谎"或"谎言"。"说谎意味着为了欺骗别人而乐意和故意地向人家讲假话。"对待谎言或说谎，应当根据其原因（动机）和性质，分别情况，区别对待。说谎有道德的原因、心理的原因，或者二者兼而有之。谎言的性质有道德的、不道德的，还有非道德的。"给道德家带来无比烦恼的一个问题就是必要谎言。"在某种情况下，"欺骗是允许的或甚至在道德上是必要的"。

谎言或说谎作为非正义的一种手段，是不道德的。"说谎意味着你用讲话或沉默、伪装或掩饰以及对事实的选择和排列来影响别人，使他们接受你自己认为是不真实的观点。"说谎者总有其目的。"欺骗者、奉承者、诽谤者总是希望靠欺骗从一个人身上得到一些好处。"这样的说谎行为是严重的道德问题。"康德宣称：谎言，即故意的不诚实，在任何情况下，'仅仅由于它的形式，就是人对于他自身的一种犯罪，就是使一个人在他自己眼中变得低贱的一种卑劣'。"谎言"毁灭人们的信念和自信，并最终损害人们的社会生活，而这种社会生活是全部真正人的、精神—历史的生活的基础。这表明了谎言应当尤其受到谴责"。谎言"毒化人们的语言，破坏相互的信任，损害集体生活，所以，谎言攻击着人类生存的根本力量"。谎言这种腐蚀和毒害人们相互关系的特点在它侵害家庭生活、友谊、教育这些持久的社会关系的时候表现得最为明显。一个学生对他的老师说谎。班上出现了一些不轨的行为，正像俗话说的，干了坏事的人用说谎来逃避。结果是出现了相互不信任。老师开始避开他的学生，他和他们之间的坦率关系结束了。老师开始暗中观察他们，监视他们。学生们注意到了这一点，他们开始做得更隐蔽。师生之间的愉快关系、信任和坦率一去不复返了。这种事情变得经常了以后，某种监狱般的气氛就会弥漫学校，友好的纯净空气于是被排除殆尽。因此，没有什么比保持诚实和信任精神更为重要的了。可是这一点只有存在精神自由的地方才能做到。谎言对家庭生活、对朋友、对学校师生关系的严重危害，不正从反面表明诚信对人类、对人生有多么重要吗！

但是，谎言也并非任何情况下都是不道德的。我们要求合乎理智的诚实，我们也需要合乎理智地对待谎言。谎言有不同的动机、不同的目的，因而有不同的性质，其中有一种是"必要谎言"。对不同性质的谎言应当不同对待，比如：在战争中对待敌人、在外交事务中对待别国、对待病人和病人家属等，不同情况需要具体分析。"我们的结论应该是：要诚实，这是无条件的正确的；可是讲老实话却并不是无条件的正确的。"有两个真实的故事。一个是医生在给一教师做胃切除手术时，病人要求加大麻醉药剂量，医生认为不宜，但还是给病人注射了"麻药"（实际是蒸馏水），病人安静地接受了手术。这是一种"善意谎言"的效应。还有一个故事，某校一群学习钢琴的学生，考试前都跟老师说自己太紧张，担心考不好。为消除学生过度焦虑的情绪，老师准备了一瓶"镇定药"（实际是巧克力豆），学生服"药"后个个都说不紧张了。这也是"美丽的谎言"。这些谎言都只能看作是"必要谎言"。

"只有在正常情况下，即在诚实这种善与其他的善不发生冲突时，才应该诚实而不应该欺骗；而在非常情况下，即在诚实与其他更大的善发生冲突不能两全时，则不应该诚实而应该欺骗以保全其他更大的善。""诚实和欺骗是基本的道德规则而不是道德原则，所以，也就从属于、支配于、决定于善恶原则、仁爱原则、公平原则等一切道德原则。"[①] 谎言与人们的利益联系着。特殊情况下为了他人的、集体的甚至自己的利益，谎言是允许的。

[①] 王海明：《新伦理学》，商务印书馆2001年版，第526页。

三　诚信教育的要求

（一）以养成内在德性为本

《论语·学而》中说："君子务本，本立而道生。"这说明"立身处事，诚信为本"。陶行知先生也说："千教万教，教人求真；千学万学，学做真人。"诚信教育要以内在德性养成为根本。哲学家罗素说过："思想上的诚实更为重要。"因此，诚信教育必须深入、细致、扎实，让作为道德信念的诚信真正在心灵中扎根。

诚信教育不能停留在一般说教上，也不能止于人的口头表白。哲学家布伯说过，激烈反对说谎的学生能够充分论述说谎的危害，但他也可能就是说谎的老手。1928年，美国品格教育学派的大规模调查也表明存在这样一种现象：口头主张诚实是道德的价值与其实际行动没有相关性，有些说谎者口头上可能更激烈地反对欺骗。

诚信教育的效果不能只看外在行为表现。例如："明礼诚信"表现在人的外在行为上或许是不同性质的行为：可能是内在德性的表现，也可能是道德形式主义。某生见到老师，鞠躬问好，可能是内心尊重、爱戴老师的表现，也可能是"例行公事"，也可能是为遵守校规不得已而为之。诚信教育必须防止表里不一、知行脱节的不良倾向，防止形成双重人格。

诚信教育要引导学生养成自律。能自律者，便能自我监督，做到"慎独"。要"培养一种可以称做没有旁人在场的个人诚实，就需要对自己的行动实行感性与理性的统一的监督。这种监督是自律的一个重要方面"。

要用诚信把人们的道德行为、经济行为、政治行为统一起来，凸显社会主义和谐社会的特点。把诚信作为素质教育的基本内容，促进学生人格健康、人生快乐和幸福。

（二）做人做事都要讲诚信

诚信是公民应当遵守的基本道德规范，是做人的基本品质。学生在校期间就应当培养他们诚信的品质。《中小学德育大纲》规定：要培养学生"诚实""正直"的品质。《小学生守则》提出"诚实勇敢"的要求，《中学生守则》提出"诚实谦虚"的要求。诚信教育的目的就是要完善每个人的品德。诚信立人是诚信教育的核心目标和内容。确立诚信立人的意识，以诚信为做人的准则，唤起自我意识和自我完善的意识和能力。

做事也要讲究诚信。只有诚信做事，才能得到别人信任，才能与人合作，才能得到别人帮助，才能做好事情。马丁·路德在评论《圣经》中的诗篇时说："我觉得在尘世中没有什么比分裂整个人类社会的谎言和背信弃义更为有害的恶行了。因为谎言和背信弃义先是分裂人们的心灵；当人心被分裂之后，它又会分隔人们的手；而当人们的合作之手也被分裂了的时候，我们还能做些什么呢？"

（三）传承诚信美德

樊和平教授曾归纳了十种中华传统美德，其中包括"诚信知报"。诚信教育与传统美德的学习和继承结合，或者说在传统美德教育中结合诚信教育，使"诚信知报"与传统美德融会贯通，可以更深刻地理解问题，取得更好的教育效果。我国台湾教育家高震东先生就是这样做的。他为继承和发扬中华传统美德，创办了忠信学校，积极倡导"忠信教育"，开展"忠信教育"实验。

四 有效培育诚信品质的建议

学生是自己德性建构的主体。品德养成不是靠灌输，而是要靠主体践行、感受、理解、体验。诚信品质不是"告诉"的结果，是学生自主培育生成的。

第一，成人诚信品质的表率作用。对学校教育而言，教师和学校领导、管理人员应起表率作用。学校最能影响学生诚信品质形成的不是德育课程，而是教育者的行为。教育者应当做到表里如一，言行一致。教师应当忠于职守，严守诚信规则。这并非要求教师十全十美。金无足赤，人无完人。教师用坦诚的态度讲自己的不足，就是一种诚信教育。如果教师自己不诚信，只是要求学生去做，这本身就是对学生的哄骗。

第二，让学生体验诚信是宝贵的品质。光思考是不会造就有德性的人的，要让学生在践行中体验诚信是一种宝贵品质。例如：要求学生不抄袭作业，考试不作弊，诚实对待学习，这样他们获得好成绩才会愉快。对学生平时在承担社会工作、参加社区公益活动和与老师、同学相处中的良好表现给予肯定、赞扬，让他们体会到诚信待人处事和被人信任的快乐。教师也可以创造条件为学生践行诚信提供机会。比如：尽可能给学生参与班级财务管理的机会，让他们学习购物、学会记账等。在这一过程中，对他们所表现出的诚信给予赞扬。另外，也可引导学生体验不被信任、不被尊重甚至被骗的痛苦感受。

第三，诚信教育本质必须是诚信的。必须坚守学校教育的道德性。诚信，是实施有效诚信教育的前提。不是说教育者是完人才能进行诚信教育，而是要求教育者能学做真人，与学生同心同行。这样的教育是诚信的、道德的、有效的。不仅是教育过程，而且学校其他方面工作也不应当存在虚假和欺骗现象。必须特别强调的是，学校必须防止为应付上级检查评估、观摩活动而弄虚作假、做表面文章、搞形式主义；必须杜绝"领导、老师、学生三结合"合伙说假话、做假事、搞欺骗。因为这种行为是反道德、反诚信教育的，是对人灵魂的腐蚀，对学生的恶劣影响可能是长远的。

第四，倡导真诚的人际关系。造就诚信品质，不能仅仅上道德课，还要充分发挥学生的主体性，帮助学生主动学习，让他们成为行为的主人。要帮助他们学会判断自身行为的道德性，学会选择符合诚信的道德行为，在践行中去感受、领悟、体验。师生间、同学间的交往，坚持以诚相待、相互关心、相互沟通、开诚布公、坦诚相见，不背后打小报告，不背后说同学坏话，在班级中形成相互关爱、相互信任的文化—心理氛围。学会交往，最重要的秘诀就在于诚信。

第五，分析说谎的性质，区别对待。对待学生说谎，应认真分析，区别情况，分别对待。应当仔细分析说谎的原因与性质，不能一提说谎就定性为道德问题。说谎，一是心理方面的原因，如：年幼者可能将想象与事实混淆，把想象当作现实告诉成人。二是不少学生因为恐惧而说谎，如：考试不及格或犯错误，为避免成人训斥和惩罚而说谎。当然，说谎也可能有道德品质方面问题，即为了私利，不惜损害他人利益而说谎。对这类性质的说谎需认真处理，但也要防止判断错误，造成不良后果。三是有人说谎既有心理原因又有道德原因，更需要认真仔细地了解情况，谨慎对待。四是学生对自己说谎的错误已有认识，可不再惩罚，以避免学生再次说谎。此外，相当多的情况是"善意的谎言"，更应允许并给予理解。不要轻易将学生分为诚实和不诚实两类。

第六，形成有利于培养诚信品质的教育环境。学校领导和管理人员首先要做到诚实守信，按照教育政策、学校规章和计划办事，不违章，不失信，不毁约，不乱收费，提倡和发扬诚朴的校风、学风，发挥学校教育氛围和班级文化—心理氛围的熏陶、感染作用。学校还应当重视运用社区和社会的教育资源培养诚信品质。当前的社会大环境为公民道德教育提供了许多极为有利的条件。如：2005年以来，全国范围内联合开展"诚信兴商宣传月"，浙江提出"信用浙江"目标，江苏开展"诚信江苏行"活动，全国范围内开展"百城万店无假货"活动，全国组织开展打击商业欺诈专项行动。所有这些都是诚信教育的潜在资源，学校要将其转化为现实的教育资源。对当下存在的许多消极影响因素，学校应引导学生识别、抵制，克服消极影响。

养成明礼诚信的道德规范，是公民教育的一个方面，公民教育有着更广泛的内容和要求。涂尔干说："国家的基本义务就是：必须促使个人以一种道德的方式生活。"[①] 我认为，学校的教育责任就是：必须让每一个学生以一种道德的方式生活！

（原文发表于《中国德育》2008年第1期）

[①] ［法］爱弥儿·涂尔干著：《职业伦理与公民道德》，梁东、付德根译，上海人民出版社2001年版，第74页。

"以生命为本"的教育诗篇

——学习锦西外国语实验小学生命教育的思考

假如我还年轻，我愿到成都锦西外国语实验小学（以下简称"锦西实小"）当老师，因为在锦西实小的每一个人都是幸福的！

锦西实小"以生命为本"的教育故事吸引着我，孩子们童稚的爱心感染着我，我分享了孩子们美好学习生活的快乐。

一 以儿童最初的原始的关爱生命的情感为起点，开始生命教育

锦西实小的生命教育，是从儿童最初的、原始的珍爱生命的情感开始的。富有爱心的教育者也必然珍惜孩子们的爱心，保护、珍爱幼小心灵关爱生命的情感，并通过教育，帮助孩子们提升到理性的高度——这是教育者的教育责任，也是教育者教育爱的表现。2005年锦西实小正式确定"以生命为本"的办学理念，但从2000年学校创办开始，实际上就奉行了这样的办学理念。锦西人，从校长、老师、学生和后勤人员，共同地珍爱生命、赞美生命、祝福生命。"为生命而歌"——这是李其玉校长写的一本书的书名，它反映了锦西人共同的心声。[1]

今年是斯霞老师100周年诞辰。斯霞老师从教70年，她的爱心育人的教育精神，永远是我们学习的楷模。"多少年来，她和孩子们在一起，有时为小鸡从鸡蛋里破壳而出发出天真的笑声，有时为小白兔的病痛而

---

[1] 李其玉：《为生命而歌》，西南交通大学出版社2006年版，第6页。

流出同情的眼泪。"① 斯霞老师对孩子的教育不正是符合孩子们特点的最生动的生命教育？

在锦西实小，我们也看到了斯霞型的老师，他们就是李其玉校长和她的"伙伴们"（李校长如此称呼她的老师们）。他们十分珍惜孩子们关爱生命的情感。校园里有几只云雀给孩子们带来了快乐，校园成了云雀和师生们的快乐家园。一天，孩子们发现一只叫叶儿的云雀受伤了，于是，个个细心地呵护着，纷纷从自己家里带来食物喂给小鸟。后来小鸟死了，孩子们伤心地哭着："对不起，叶儿，是我们没有把你照顾好，对不起！""叶儿，我们会永远想念你！"2001年4月21日，李其玉校长带领她的伙伴们和全校学生在操场为小鸟举行了葬礼。这是何等庄严、何等美丽、何等动人的教育诗篇！锦西师生就是由此揭开了生命教育的第一篇章！

作为儿童发展的规律和教育的规律，总会在不同的时间、地点、条件下一再地以不同的方式重复地表现出来。我在昆明有一位叫傅新峰的教育同行朋友，教师节那天他在电话里给我讲述了他读小学四年级时的一个故事。他和班上同学养了一些蚕宝宝，每天细心地照料，喂桑叶，观看蚕宝宝的活动。一次，孩子发现有一条蚕水肿，于是他们更细心地照料着，但这一条蚕最后还是死了，孩子们哭了。对死去的蚕，孩子们不忍心随意丢弃，便找来一只火柴盒，里面放了一片桑叶当垫被，小心翼翼地把蚕放进火柴盒，上面再用一片桑叶当做被子盖起来，最后他们把蚕宝宝葬到校园的一个角落里。

也许，这仅仅是孩子们的一种"游戏"，但在儿童世界里，游戏和生活是一体的。游戏也好，生活也好，童稚的爱心是纯真的，美丽的。也许，这仅仅是一种偶然，但却表现了必然。不同的年代，不同的孩子，遇到不同的小动物，是偶然，但孩子们对待小动物的方式都表现了珍爱生命的情感，这就是必然。而孩子们珍爱生命最初的、原始的情感，正是锦西实小生命教育的基础和起点。年幼的孩子们也许还不懂得生命的意义，但锦西实小的生命教育就是建立在孩子们要保护生命、珍爱生命的基础上，以此为起点，引导孩子们逐渐地学会感悟生命、珍爱生命、

---

① 徐文、古平：《斯霞和孩子》，《人民日报》1963年5月29日。

享受生命，从而提升生命质量，获得生命价值。

二 感谢孩子，救救孩子，把童年还给孩子

按国际公认的规定，"儿童系指18岁以下的任何人"。① 因此我们说，儿童，是包括所有中小学生的。今年五月份，友人让我给云南金辰中学校庆十周年写几个字，我就写了"为学生的持续发展和终身幸福奠基"。这是我认为当前的中小学基础教育应当有的一种教育理念。真的关爱孩子就应当在自己的教育实践中坚守这一理念。这点，锦西实小做到了！

锦西实小提出"珍爱生命，给孩子一个快乐的童年"②的教育理念，帮助孩子们做到了"体验学习的快乐，体验生活的快乐，体验与自然万物相处的快乐，体验与他人交流的快乐，体验经受挫折的快乐，体验获得成功的快乐"。③ 锦西的孩子们把他们的快乐，把他们绚丽多彩的童年生活，献出来和我们成人分享，难道我们成人不应当感谢孩子吗？！

然而，当下并非所有的中小学生，都能像锦西实小的孩子们这样学习生活得快快乐乐。前不久我给一位中学校长的邮件中，谈了我对当下学校教育的评价，是"培养人、教育人、引导人、折磨人、摧残人、误导人"。后者是现代教育病的病症。有的学校也许会说"以人为本"，但实际执行的或真正实施的是另一种教育。因此，我们应当强调，在事实上解放儿童，还儿童以幸福童年。

苏霍姆林斯基说过，童年是人生最重要的时期，它不是对未来生活做准备，而是真正光彩夺目的一段独特的、不可再现的生活。但受到教育病的影响，我们成人教育者陷入了一种教育误区，即为了孩子明天的幸福，必须牺牲孩子今天的幸福。这一教育误区折磨着人，摧残着人，也误导着人。如果我们的学校教育不能给学生享受童年，能称作是生命教育吗？剥夺了孩子们童年的快乐和幸福，能称作是生命教育吗？早在

---

① 中国关心下一代专家委员会等：《把爱带入21世纪》，科学技术文献出版社1997年版，第241页。
② 李其玉：《为生命而歌》，西南交通大学出版社2006年版，第8页。
③ 同上书，第11—12页。

"五四"时期，鲁迅先生就发出了"救救孩子"的呼吁，20世纪80年代末，斯霞老师也发出了"救救孩子们"[①]的呼吁！当今，人类社会已进入21世纪，江苏英桥国际学校原校长夏青峰则发出了"保卫童年"的呼喊，他说："童年的生活，应该是绚丽多彩的；童年的生活，应该像童话故事般那样令人回味和向往。孩子们把他们这一段最美好的时光献出来和我们分享，我们又能给他们带来什么呢？我们能让他们的童年幸福而难忘吗？"

20世纪40年代，陶行知先生多次呼吁"解放儿童"。他提出"六大解放"，即解放儿童的眼睛、头脑、双手、嘴巴、空间、时间。把"小孩从劳碌中解放出来"。他的这一论述，似乎就是针对今天我们的教育病提出的。1944年，陶行知先生的一篇文章，题目就是《敲碎儿童的地狱，创造儿童的乐园》。但21世纪的今天又怎样呢？一位四年前的高中毕业生，在一份邮件中回顾了他的学校生活感受："大量题海训练以及准军事化管理"，"校园如同监狱"，鼓吹学生要"玩命学，往死里学，就能考上大学"。分数主义、升学主义等"教育病"，就是如此严重地折磨着人、摧残着人、误导着人，剥夺了孩子的幸福童年，阻碍了孩子全面和谐的发展。

生命教育，实质上就是尊重儿童"个体人权"的问题。1959年，国际社会制定了《儿童权利宣言》，第一次确立了儿童"个体人权"理念。儿童，是拥有权利的、积极的、创造性的自由个体，不是家庭的私有财产，不是成人的隶属物。1989年联合国通过了《儿童权利公约》，1991年我国加入了该项公约。1990年世界儿童问题首脑会议通过的《儿童生存、保护和发展世界宣言》，指出"儿童时代应该是欢乐、和平、游戏、学习和生活的时代"。可是当下我国儿童的生存状况如何呢？他们有多少游戏的时间？他们生活得快乐吗？他们能享受童年的幸福吗？他们能得到健康和谐的发展吗？怀有教育良心的教育者，难道不应当肩负起解放儿童、还儿童以幸福童年的教育责任吗？！

我们的中小学校应当给学生一个完整的幸福的学习生活，不仅关怀学生未来的幸福，更关怀学生当下的学习生活幸福，为学生的持续发展

---

① 斯霞：《减轻负担，救救孩子们》，《江苏教育报》1989年11月29日。

和未来幸福奠基。这方面锦西实小做得很出色!

锦西实小"以生命为本"的教育精神渗透在方方面面。其一,渗透在各个班级的管理理念中,如老师们提出的"让童年生活多几分期盼和回忆""缔造快乐家园,放飞童年梦想""学会自主管理,享受快乐学习"等。其二,渗透在不同学科的教学理念中,如"让潺潺文字,润泽孩子的心田""数学蕴于生活,生活中充满数学""让每个孩子都拥有发现美的眼睛,创造美的头脑""与孩子们一起站在跳动的音符上,去感受生命的快乐"等等。其三,渗透在教师们各自的研究理念中,如"教者轻松,学者愉快""在课堂中实现师生生命价值的更高追求"等。"以生命为本"的精神渗透到了每个教师的内心,老师们都有着共同的心愿,他们的心愿都蕴含了一种与学生共同成长的情怀,并以不同的方式表达了对生命的关怀:"每一个生命都能在锦西的花园里快乐地成长!"

锦西实小生命教育最精彩的一幕当数学生的"毕业典礼"了。这是最美丽、最精彩的诗性教育,是永远铭刻于每个人心中的教育诗篇!到锦西前我就听过有关学校"毕业典礼"的故事,到锦西我又特地看了埋有"梦想圣坛"和"生命醇香"酒坛的景点,读了李其玉校长写的《成就永恒:锦西毕业典礼中的教育哲学》等文章,这些令我情不自禁地要对毕业典礼做一个概要的介绍:

在叙事诗《快乐的生命家园》的朗诵中,毕业典礼拉开了序幕,艺术地再现了孩子们在锦西实小成长的历程。接着,孩子们分成10—12人一组、一组轮流地走上舞台,养育孩子12年的家长也一同登台。短短的几分钟,却有着极为丰富的教育意蕴:

——颁发毕业证书。老师们郑重地把毕业证书双手递交到孩子手中。这是孩子六年中生命成长的见证。

——赠送"小云雀"。送给每个孩子一个学校的吉祥物"小云雀"(绒布做的卡通形象)。云雀的吊牌上印着学校的校风"我健康,我快乐,我成长"。这是对生命的祝福与追求。

——师生拥抱。学生享受着童年时的梦想和快乐,老师幸福着学生的幸福。

——祝福话语。表达老师对孩子深深的祝福与牵挂。

——转送毕业证书。孩子把毕业证书转送给家长,把人生收获的重要的一份喜悦，在第一时间与父母分享。

——感恩话语。孩子向所爱的人表达感恩之情，体验着人生重要的课程。

——亲子拥抱。传递着亲情温暖的爱，享受着生命的美好。

毕业典礼的又一个篇章是带着希冀走向明天。所有毕业生把藏有自己梦想的千纸鹤放入"梦想圣坛"，同学们共同把圣坛和配对的装有10斤米酒的"生命醇香"酒坛同时埋入校园的泥土之中。孩子们约定，20年后再相会于母校，迎来成熟的生命，共尝生命的醇香。

当然，以上所述毕业典礼仅仅是锦西实小为孩子们未来持续发展和终身幸福奠基工作的一个侧面。锦西实小的生命教育，不仅关怀今日生命之享用，同时关怀明日生命之发展。锦西实小关于生命成长的设计是如此精彩，如此令人向往！

三　以生命为本，首先要心中有"人"

生命教育是以人为本的教育关怀，首先要心中有"人"。这里的"人"是指所有的"人"，不仅仅是以学生为本。育人为本，也不仅仅指学生，而是包括了教师、学校后勤人员、全校的学生家长。正如李其玉校长所说的："一所学校，是教师、学生生命成长与发展的共存体。"她阐述了学校文化的育人功能："育孩子，让孩子的生命在'家园'里成长；育教师，让教师的生命在'家园'里完善与升华；育家长，让家长的生命在'家园'里走向丰富与提高！"

李其玉校长的许多话太精彩了，这是因为她心中有"人"。她在一份邮件中这样写道：

——喜欢孩子，能帮助孩子们诗意地成长，便是生命中最大的快乐了！

——到锦西的十年，看到伙伴们一天天成长了，成熟了，真是幸福啊！

李校长爱把老师称做"自己的老师""伙伴们""亲爱的老师们""我的兄弟姐妹们"等等，正如她在一首诗中所说的，"我们，是相亲相爱的一家人"。她的教师集体中的每个成员在教学设计、教学总结时都必须"三问"自己：我的孩子学得轻松吗？我的孩子学得快乐吗？我的孩子学得好吗？

因为心中有"人"，他们"追求每一个日子里生命的别样与灵动"。

教育是生命与生命的对话，是心灵与心灵的沟通。生命与生命是平等的。从 2004 年开始，李校长每年都分别给每一位教师、每一位后勤人员一份特别的新年"礼物"，即以"新年贺卡"的形式写的"新年寄语"。平日里李校长关怀着每个老师、每个员工的工作，记录下每个人的工作成绩和优点，因此她给每个职工的新年寄语都是具体生动和富有个性的。以下是李校长为一位后勤人员写的新年寄语：

"刘本梅：还记得吗？2 月 13 日，老师们在教材解读，你带领后勤组的伙伴们忙着自己的'教材解读'、添置后勤用品，思考如何为老师们提供优质的营养早餐。最让人不能忘记的，是你一盆一盆精心挑选的鲜花，它们在美丽的校园绽放了很久，阳光下，微风中，都在述说你的敬业，你的细致！10 月 19 日，作为接待小组长，你忙到晚间七点；10 月 20 日，因来访校长的高度评价，我看到你脸上荡漾着幸福的笑容……人生就是这样，那些跳跃在生命旅程中的明亮的浪花会温暖我们一辈子！"

当你看到如此饱含深情，如此亲切、温馨的话语时，你能不为之感动?！在锦西实小工作、生活，难道你不感到是最幸福的吗？

锦西实小也关怀着全校学生的家长们。在"教育•生命"主题论坛期间，我们在欣赏"十年锦西•生命花开"晚会（这是一台取材于学校生活，由师生自编自导自演的晚会）时，就有 100 多位家长志愿者参与晚会现场的组织工作。晚会期间表彰了十位优秀"家庭教育同盟小组"，表达了锦西人对家长同盟"感恩"的情怀。特别让我感动、永远铭刻在心的，是我们看到学校大门外两侧紧贴围墙的两条固定的长长的木凳，这是专为放学时在校门口等候接孩子的家长们休息设置的。也许不是每个家长都需要坐，但每个家长都看到了这长长的木凳，心里都会得到一份温暖。这是以生命为本校园文化的组成部分，它也告诉孩子们，应当怎样关心他人。

生命教育不是简单的方法、技术问题，生命教育主要是一种精神劳动，真的心中有"人"了，教育智慧就会充分发挥出来，于是就有了各种创意，各种具体的措施、办法和点子也都会自然地冒出来。在锦西实小，时时处处都表现出"以生命为本""为生命而歌"的教育精神。

"以生命为本"办学理念的践行，帮助了锦西师生感悟生命，"生命教育逐渐开展的过程，就是学生、老师、家长生命之花次第开放的历程"。锦西实小创办十年，学校团队呈现出"纯净、和谐、智慧、创新"的特质。每个生命教育者既照亮了他人生命，又升华了自己的生命；既融入了生命教育，又感悟着教育的生命。他们为生命而歌，为生命教育而歌，他们"乘上锦西的生命之舟，寻求以生命为本的教育真谛"，正如一位老师所体会的那样："教育不是牺牲，而是享受；不是重复，而是创造！""教育是提升生命质量、享受生命成长幸福的过程。"

四 关怀完整生命以精神关怀为核心，发挥生命潜能以实现美丽人生

人的生命是自然生命、精神生命的统一。人不同于其他生命，其本质在于人是精神存在。生命教育应全面观照多层次的完整的生命，以关怀人的精神生命为核心。每一个教育者都应做学生的精神关怀者，关怀学生的精神生活和精神发展。

锦西实小生命教育的校本课程类型有很多种，包括常态化生命课程、专题化生命课程、个性化生命课程和拓展性生命课程。课程内容很全面，其中有相当大的部分属于心理教育。例如，学校编写的《记忆力训练手册》《速读力训练手册》《"基础学力"培训手册》等直接就是心理教育的教材。以"基础学力"培训为例，它包括了"自控力、注意力、记忆力、观察力、思维力、表达力、想象力"的训练与培养。这些都属于发展性心理教育，是主动地、积极地培养学生优良心理品质、心理能力的教育。生命教育的核心应是精神教育。当然，精神教育有更广泛的内容，但心理教育是其中的重要内涵。

生命教育还应关注安全教育、健康教育、遭遇灾害的心理疏导和心理治疗等。但发展性、积极的生命教育远不止这些方面，而应是主动、积极地关怀整体生命的成长、发展与幸福。锦西实小递进式的生命教育，是发现生命的快乐—享受生命的快乐—传递生命的快乐—设计生命的快乐—创造生命的快乐的过程，就是让孩子主动地"发现、享受、传递、

设计、创造"生命的快乐。这就是发展性的、积极的生命教育!

我希望有更多的学校能像锦西实小那样自觉地突出生命教育的核心,更重视人的精神生活质量和精神发展问题,更重视帮助人发挥生命潜能,做最好的自己。做最好的自己,不是与他人比较而言的,而是与自身的发展比较的。就是指充分地发挥了自己生命的潜能,尽了最大的努力,创造了最大的生命价值,从自己的可能性来说,已经达到了最高水平,攀上了自己发展的最高峰。如同美国学者道格拉斯·马罗区在其富含生命哲理的《悦纳自己》一书中所说的:"如果你不能成为山顶的一株松,就做一丛小树生长在山谷中,但须是溪边最好的一丛小树。""如果你不能做一条公路,就做一条小径。如果你不能做太阳,就做一颗星星。""不论你做什么都要做最好的一名!"[①]

我们不能要求人人都成为最优秀、最杰出的人,但我们要激励每一个人做最好的自己。每个人只要努力了,潜能充分发挥了,就做成了最好的自己。他也许是一个普通人,但却是有追求的人;也许是一个平常人,但却具有一颗积极进取的心。

生命教育的最终目标应当是:强健身体素质,优化心理机能,发挥生命潜能,创造生命价值,享受人生幸福,实现美丽人生。

(原文发表在《思想理论教育》2010 年第 24 期)

[①] 黄辛隐、沈贵鹏:《撑起爱的晴空:学会关心》,河海大学出版社 1999 年版,第 10—11 页。

建设中国特色的现代德育学科

——从德育原理教材建设看德育学科建设[*]

在国庆60周年之际，回顾改革开放30年来，在德育理论建设方面的成就，展望未来的理论发展和德育学科建设，是有双倍意义的。

改革开放的30年，是向着建设中国特色的现代德育学科的目标前进的30年。

1949年前，我国有一些德育理论专著，如梁启超的《德育鉴》、余家菊的《训育论》、李湘勋的《训育论》、汪少伦的《训育原理与实施》、姜琪的《德育原理》、吴俊升的《德育原理》等。由于种种原因，在中华人民共和国成立后至1978年前的30年，德育原理基本上是作为教育学研究中的一个专题进行研究的。1978年改革开放以来，德育理论研究得到了前所未有的发展，并开始了德育原理教材建设，德育原理作为专门学科建设。可以说，这30年是德育理论实现了从作为一项课题研究，走向了作为一个学科建设的跨越；是向着建设中国特色的现代德育学科的目标前进的30年。

学科与教材建设是有区别的。本文试图从德育原理教材建设看德育理论的发展，中国特色的现代德育学科建设的进展。全文共分三个部分：德育原理教材建设概述；从教材建设看德育学科发展；结语：提高理论自觉，建设中国特色的现代德育学科。

---

[*] 本文专为中国教育学会德育论专业委员会2009年年会撰写。

一　德育原理教材建设概述

我们深知，仅从教材建设看德育理论发展和学科发展，当然是不可能全面反映学科研究成果的，因而也是不可能全面看到学科建设的进展。因为不是作为教材的德育学科编著更多，例如鲁洁、王逢贤主编的《德育新论》（1994），周之良著《德育新论》（1994），崔相录著《德育新探》（1987），李伯黍、岑国贞主编的《道德发展与德育模式》（1999），詹万生等著《和谐德育论》（2008）等。但是在教材编写过程中，编著者们总是力求反映德育原理研究的最新成果；或者编著者们在教材中就直接反映自己的先期研究成果；或者编著者们的教材建设和理论探讨是在同一过程中进行的。因此，我认为通过对教材建设的评析，能够从一个重要侧面，了解我国德育理论发展和学科建设的状况。

改革开放以来正式出版的第一本德育原理教材，是由华东师大、北京师大、南京师大等八院校组成的"德育原理编写组"编写的《德育原理》，由北京师范大学出版社1985年11月出版的。"德育原理编写组"是1984年5月工作的。编写组邀请了当时正在上海的时任教育部部长董纯才先生与编委们见面。董纯才先生在极简短的讲话中提出，希望编出有中国特色的社会主义的德育原理。从我个人来说，对指示的重要性我是认识到了，但又认为这是今后长远的目标，当下编的这本教材是不可能达到的。因此，对董纯才先生的意见，当时我在思想上还没给予应有的重视。

不过，这30年来，不论人们对"中国特色""社会主义"的自觉性程度如何，德育理论界所有的学者们编写教材、理论研究，实际上是沿着这条道路前进的。

《德育原理》出版后，紧接着的有华中师范大学等六校编写的《德育学》问世（陕西人教社1986年）。此后各院校陆续出版了一系列德育原理教材。

改革开放30年，从德育科学化探讨开始，逐步从广义德育走向道德教育的理论研究，是教材建设迅速发展的30年。学者们的研究成果很多，其著作名称类似教材，实际均系课题成果或博士学位论文。例如，李意如、明筠若著《学校德育》（人教社 1988 年），陈泽河、戚万学主编《中学德育概论》（山东教育出版社 1993 年），魏贤超教授著《现代德育原理》（浙江大学出版社 1993 年），张龙光著《现代育德学》（四川教育出版社 1994 年），袁元、郑航编著《德育原理》（广东高等教育出版社 1998 年），李萍著《现代道德教育论》（广东人民出版社 1999 年），王长乐著《自主性德育论》（吉林人民出版社 2002 年），苏振芳著《道德教育论》（社会科学文献出版社 2006 年）等，这些属于个人的专著，本文未列为教材。就个人所见，属于高校教育学专业德育原理教材的（含个别的思政专业学生用书或高校自考教材），按时间顺序排列，大体上有以下一些：

德育原理编写组：《德育原理》，北京师范大学出版社 1985 年版。

华中师大等六校：《德育学》，陕西人民教育出版社 1986 年版。

朱江、张耀灿主编：《大学德育概论》，湖北教育出版社 1986 年版。

赵翰章主编：《德育论》，吉林教育出版社 1987 年版。

李鸣琦：《道德教育的原理和方法》，江西教育出版社 1987 年版。

王殿卿：《大学德育学》，河北人民教育出版社 1988 年版。

胡守棻主编：《德育原理》（第二版），北京师范大学出版社 1989 年版。

刘继生主编：《德育与德育教学》，武汉工业大学出版社 1992 年版。

仇春霖：《德育原理》，中国教育出版社 1993 年版。

古人伏编著：《德育学教程》，华东化工学院出版社 1993 年版。

刘惊铎、权利霞编著：《德育学教程》，陕西师范大学出版社 1993 年版。

刘济良编著：《德育论教程》，河南大学出版社 1993 年版。

刘献君：《大学德育论》，华中理工大学出版社 1996 年版。

储培君等：《德育论》，福建教育出版社 1997 年版。

胡厚福：《德育学原理》，北京师范大学出版社 1997 年版。

班华主编：《现代德育论》，安徽人民出版社 1996 年版。

刘秋梅编著：《学校德育论》，文化艺术出版社 1997 年版。

戚万学、杜时忠编著：《现代德育论》，山东教育出版社 1997 年版。

黄向阳：《德育原理》，华东师范大学出版社 2000 年版。

檀传宝：《学校道德教育原理》，教育科学出版社 2000 年版。

邹群、马强主编：《德育原理》，辽宁师范大学出版社 2002 年版。

檀传宝：《德育原理》，北京师范大学出版社 2006 年版。

孙峰主编：《现代德育原理》，陕西人民出版社 2008 年版。

上述每一本教材都有各自的长处，在德育理论建设和德育思想理论传播方面，都有自己的贡献。但受篇幅限制，本文不能对上述教材一一做分析，只对其中的一部分，就其较突出方面，发表个人的评析意见。

二 从教材建设看德育学科发展

以下我试着按教材出版时间顺序对部分教材谈谈自己的评析意见。由于本人的理论水平限制，评述意见难免不当之处，恳请各位指正；特别是有关教材的作者们对自己教材的优点、长处更清楚，希望对评析意见给予批评指正。

1. 对"德育原理编写组"编写的《德育原理》的评析意见

这本教材作为改革开放以后出版的第一本德育原理教材，也是中华人民共和国成立后的第一本德育原理教材，实际上是概括地反映了1949年以来至80年代中期，高校德育理论教学和研究人员对德育思想理论的认识成果，值得我们特别关注。我们可以理解为，这是建设中国特色的德育学科的起步！

（1）该教材确立了较完整的德育学科理论框架。全书共10章，系统地阐述了德育原理的研究对象、任务、方法；德育的任务和内容；德育过程；德育原则；德育方法；德育的组织形式；班级德育工作；我国德育的发展；当代外国德育思想简介。

作为新生事物，该教材的框架当然有待改进，教材内容也有待充实，但毕竟已经形成了较为完整的理论体系，较全面地阐述了德育原理的各个方面。正因为如此，得到了国家教委有关部门的肯定，要求修订并被列为"高等学校文科教材"。

（2）在第一章第三节"德育原理的研究方法"，除阐述了常用的方法外，专门论述了"三论"对德育研究的重要意义。阐明了控制论、信息论、系统论中的反馈原理、有序原理、整体原理、动态平衡原理对德育研究的重要启示（第24—30页）。这在当时是前沿性的方法论思想。

（3）第二章"德育的地位和作用"，从德育与经济基础关系、与社会主义精神文明建设关系、与人的全面发展的关系等方面，全方位地论述了德育的地位问题。这有助于读者理解德育是什么的问题。在德育作用的论述中，一个可能没有被人注意到的思想是，教材提出的"激发学生学习的积极性和创造性"（第47—48页）问题。虽然教材对激发"创造性"方面没有更多地展开，但提出的这个问题是很有价值的。素质教育强调培养创新精神和实践能力，我们今天强调培养创新性人才。不能以为这主要是智育的任务，德育也应从自己的角度、以自己的方式承担起培养学生创造性的任务。

（4）第三章是"德育任务和内容"，值得我们重视的是专门论述了"培养学生道德评价能力和自我教育能力"（第53页）。以往德育理论大多强调道德品质的培养。关于"能力"培养大多看作知识教学的任务。其实能力与德育是有关系的，这里提出的"能力"培养问题是宝贵的。尤其是道德教育与道德学习是紧密联系的，突出自我教育很重要，任何道德教育都必须经过受教育者的道德学习才起作用。

教材提出了不同教育阶段德育内容的重点，对学校德育的实施和研制中小学德育纲要是有参考价值的。

（5）第四章的"德育过程"理论是德育基本理论，整个德育可以说是德育过程问题。理解德育过程的本质和规律，就能帮助我们理解整个德育的本质、规律，理解德育的原则、方法、德育活动的组织等。教材对近几年来德育过程理论成果作了最简要的概括，包括德育过程的概念、性质、特点规律、阶段（第71—77页）。

在论述"德育过程的本质"中，区分了思想品德形成过程与思想品德教育过程（第78页），论述了德育过程的结构，德育过程的基本矛盾、主要矛盾，指出德育过程正是在这一系列矛盾运动中展开的（第78—81页）。

教材专列一节阐明"德育过程是道德个体化的过程，是形成受教育者完整的品德结构问题。"（第81页）这一论断的重要性在于它表明了"德育"与体育、智育、美育的根本区别，也表明德育的功能是直接作用于人的德性心理。该章提出了三个带规律性的思想：活动和交往是德育的基础，必须使受教育者在活动和交往中接受教育影响；外界的教育影响通过心理内部矛盾起作用，必须使教育与自我教育相结合；思想品德的形成是长期不断塑造和改造的过程（第83—87页）。

关于外界的教育影响通过心理内部矛盾起作用的思想极为重要（第85页）。强调个人以"'自己的'方式对待外界教育影响"。"外界的教育影响是经过主体'加工'即'自己运动'，有机地纳入主体的道德系统的。"（第85页）这也就是"自我教育"的问题。

值得重视的是，这一章提出了培养和发展"道德思维"问题（第88页），"指导学生实践，实现从知到行的转化"。

（6）教材在德育过程理论基础上，以第五、六两章对德育原则和德育方法进行了系统的论述，阐明了德育实践、德育规律、德育原则的关系，阐述了基本德育原则。

在德育方法的论述中，最具特色的、不同于智育的，也就是最适合德育的方法是：情感陶冶法、实际锻炼法、榜样示范法、修养指导法。在情感陶冶法中，突出了教师爱的陶冶作用，并阐明了热爱学生是教师的天职，教师爱在培养学生品德方面的推动作用和激发学生热情的作用。在德育方法中强调让学生在完成具体任务中，培养优良品德和行为习惯。强调道德实践活动对培养品德的作用，这是符合品德形成规律的，是取得德育实效的保证。当下德育缺乏实效，其重要原因之一，就是没有对道德实践予以必要的重视。

把"修养指导法"作为专节论述，是高度重视自我道德教育的表现。教材对如何指导道德修养所作的阐述，是具有实际应用意义的。

（7）第七章"德育的组织形式"充分估计了学科教学的作用，各种课外校外活动的作用；同时重视发挥学生团队组织和学生会的作用。特别应当指出的是，专门论述了社会实践活动对培养品德的意义，这是符合品德形成规律的。

（8）"班级德育工作"是一个专章。班级是教学、教育的基本单位，当然也是道德教育的基本单位。下章具体阐述了班级德育工作的各个方面，对班主任实施班级教育尤其具有重要的应用价值。当然这样说，并不意味其他任课老师与班级德育无关，更不意味着班主任仅是负责班级德育的，班级教育是体智德美全面发展的教育。

（9）第九章是论述"我国德育的发展"，第十章是"当代国外德育思想简介"。设这两章很有必要。其一，这两章的内容是我国德育学科建设的思想理论源泉。其二，我们刚刚实行对外开放，迫切需要了解国外的德育思想理论成果。以往我们把古代的、外国的思想理论一概看作封建主义、资产阶级的，予以批判、抵制，以致我们对自己国家的德育遗产、对国外有用的德育研究成果了解很少。其三，我们建设具有中国特色的现代德育学科，必须整理分析我们已有的德育遗产；同时借鉴国外的德育研究成果。

2. 对六院校编《德育学》的评析意见

这是继上述《德育原理》一书出版后的一部重要的德育原理教材。书名表明编者是将其作为独立学科的。全书除绪论外，分两大部分共十四章。其第一部分包括第一至第六章，阐明德育基本理论；第二部分用八章篇幅阐明德育实施。

这是一本内容体系完备，理论性强的教材。

（1）该教材第一章对德育本质作了较深刻的阐述。教材吸取了中外教育史上有关德育的思想资料，阐述了德育概念，分析了德育的特殊矛盾。对"品德"概念做了较详细论述，并辨明了品德与政治品质、法制品质、思想品质的联系与区别（第19—22节）。编者没有把"德育本质"列为专节，把德育的地位、作用和德育任务分别作为专节放在章的标题下阐述。我的理解，关于德育概念的论述，也是对德育本质的直接论述，而德育本质与德育地位、作用、德育任务列为一章，表明这几方面关系密切，可以帮助我们从德育地位作用、任务等不同侧面来理解德育本质。

教材首先阐明德育本质是有着重要意义的。德育本质是德育观的根本问题，对德育本质如何认识，决定了对德育目标（本教材未设德育目标章）、德育过程、德育原则、德育方法、德育途径等一系列问题的认识。

第一章，编者以大量的史料来阐明问题，显得内容丰富、理论基础厚实，是我们建设中国特色的现代德育学科应重视的。

（2）第二章、第三章分别论述"人的本质与人的品德观"和"品德结构及形成发展的规律"。这样就使德育建立在厚实的人学理论基础上和品德哲学与品德心理学基础上。

第二章教材从人与自然的关系、人与社会的关系、人与思维的关系认识人的本质。教材结合人的本质阐明了品德产生的理论。

第三章论述了品德结构与品德要素以及品德形成发展的一般规律，从而为品德的培养提供了品德心理学基础。第五章是"年轻一代各年龄阶段品德发展的特点"，也应视作德育的心理学基础。

人生观、品德观与德育观是紧密联系的。自觉的德育工作者应当充分理解其内在关系。正是第二、三章的这些内容，使我们对该教材有一种理论的厚重感。

第三章关于品德结构的论述（第63页）。品德要素是否以知、情、意为好？是否加上"信"可再思考。信与知情意并列在一个层次上是否合适？如该教材所说："信念""是认识、情感、意志发展到一定水平并有机结合的产物，属于品德的高层因素。"（第68页）

（3）该教材没有正面阐述德育内容，但设有第四章专门阐述"品德规范"（第89页）。编者没有明确地说，以品德规范代替德育内容的论述。但我们可以对二者谈一些看法。是否可以说，德育内容是品德规范，品德规范不一定是品德内容。如同物理教学内容是物理学理论知识，但物理学理论知识不一定是物理教学内容。其一，教学内容仅是选取了理论知识中的一部分；其二，作为教学内容的物理知识，是经过了教育加工，利于学生学习的。依此可见，品德规范不等于德育内容。

（4）关于德育过程的理论，有三方面值得提出：①从20世纪50年代至六七十年代以来，我们深受苏联的理论影响，教材对此做了分析，其中较多的是批评意见。同时对我国这一时期"左"的思想影响，也进行了分析批判。②对德育过程与非德育过程，特别是与智育过程做了比较分析。这将帮助人们更好地理解德育过程。③教材较细致地比较了德育过程与品德形成过程的区别与联系。④教材阐述了德育过程规律问题。当然德育过程的规律和特点是可以再探讨的问题。例如"多种开端""同时性和圆周式发展"等并非德育过程所特有。

教材列专节系统地用"三论"思想解释德育过程（第141页）。

教材对德育过程的矛盾也做了分析，其主要内容与上述《德育原理》教材一致。

（5）教材分两章阐述"德育原则"与"德育方法"。与前一教材内容大体相同。该教材在方法上提"自我教育法"，前一教材提"修养指导法"。二者角度不同。

（6）该教材很引人注目的是对"家庭教育""社会教育"设有专章论述。此外，又设有"成人德育"专章。这些表明编者所理解的德育并非狭义的学校德育，而是包括家庭德育、社会德育的广义德育。

我们应当很好地认识成人德育的重要性。①通常，人们强调青少年儿童是祖国的未来、社会的未来，对青少年的教育具有长远的战略意义。这是很对的。但我们还应当看到，对成人的德育则更具现实的迫切意义。成人是祖国社会的"现在"，不仅是社会主义经济文明建设者，而且是社会主义政治文明、精神文明、生态文明的建设者。因此对成人的教育不仅具有未来的意义问题，而且具有更直接的现实意义。②成人占有总人口的大多数，我们建设和营造积极向上的国民心态，建设社会主义和谐社会，不能忽略国民中的大多数。③从党的十六大开始，中共中央政治局每隔40天左右，都邀请不同领域的著名学者到中南海讲课。这为全民的终身学习做出了表率。所有的人，包括成人都具有"未完成性"，都应当终身接受教育、终身学习、持续发展。④我们应当克服思想上的误区，以为年长者在思想道德方面一定高于年幼者；其实，见利忘义、假冒伪劣、坑蒙拐骗、铺张浪费、骄奢淫逸、违法乱纪等等，大多是成人所为！儿童是成人之师。儿童世界的问题是成人"教"的。

（7）该教材最后以专章论述了"德育工作者"。教材论证了德育工作者劳动性质是培养人的精神生产劳动；论述了德育工作者劳动的特点（第317页）；论述了德育工作者应当具备的素养。这些都是我们应当充分重视的。至于"加强德育工作者队伍的建设"主要是教育行政领导的任务，当然也与每个德育工作者有关。

对德育工作者包括哪些人需要进一步明确。教材称"凡是进行品德教育的人，都是这个队伍的成员，包括各级领导干部及父母等"。还有"专职或兼职承担德育工作的"人。是否包括一般任课教师呢？我们认为教师的天职是教书育人，很难分出"德育教师"和"非德育教师"。柯尔伯格在《道德发展与道德教育》一文中指出："教师有时没有意识到他们所从事的这些日常工作，就是道德教育活动，但儿童是意识到这一点的。"英国道德教育家彼得斯认为，"不管你是不是愿意，每一位教师都是道德教师"。

对《德育学》总的印象是：内容体系完备，理论性强，对建设中国特色的现代德育学科，做出了自己的理论贡献。当然，教材在论述某些问题的相互关系问题上，可以更清晰一些，逻辑上可以更完善。

3. 对胡守棻主编的《德育原理》（第二版）的评析意见

这本教材是德育原理编写组《德育原理》（1985年版）的"修订本"。根据国家教委意见，要求实行主编负责制，于是各位作者推举了胡守棻老先生任主编。

（1）全书共19章，分理论篇、实施篇、借鉴篇、方法论篇四大块，在内容的逻辑体系方面更加清晰。

（2）第一章中很重要的内容是阐明了"德育思想和德育原理的发展"，对古今中外历史上的德育思想和德育理论作了简明的考察，增强了理论性，帮助学习者更透彻地理解德育和德育原理。关于德育原理的研究任务，除阐述了探索和揭示德育规律和帮助德育工作者掌握德育理论和指导实践外，特别提出了"为政府和教育行政部门制定德育方针政策提供理论依据"（第15—16页），指出这一似乎人人皆知的道理，但实际上某些部门出台的"文件"与教育理论是有抵触的，或者说是不符合教育原理的。

（3）受到六院校《德育学》的启发，把德育本质列为专章，其重要性已如上述。对德育概念作了明确的界定。关于"品德结构"的论述（第61页），吸收了近年来一系列新的研究成果。

（4）教材的第三、四章，分别论述"德育与社会发展"和"德育与个性发展"。这两章帮助学习者更好地理解德育的本质。德育·社会·人（个性）应是三位一体的，应当以整体性思维理解德育本质。

在全面论述德育与社会关系方面，编者力求联系社会主义现代化建设，与社会主义初级阶段理论，与改革开放、与生产力标准、与社会主义商品经济相联系。这在当时来说，是与时俱进的先进的德育思想，也是中国特色的体现，是现代性的体现。

该教材首次提出了"心育"的论题，提出了"德育与心育结合"的思想（第59页）。这是德育理论建设的重要课题。这里所论的心育是发展性的心理教育，是指培养良好心理品质、包括个性心理品质的教育，不同于对心理问题或心理疾病的咨询。教材论述了德育与心育的联系与区别；教材论证了德育、心育与个性教育的关系。这应当说是德育的前沿理论。当今的心育形式丰富多彩，心理教育小报、心理俱乐部、青春对话坊、心情墙等。此外，还有校园心理网站、校园心理剧、班级心理游戏、心理教育故事、七彩节日活动等。还有各种类型的心理教育室，如"快乐小屋""心语室""阳光小屋""快乐自助园"等。这些都是学生所喜闻乐见的，都是我国的心理老师、班主任和同学们的共同创造。我们不但应使德育与心育结合，而且这些生活化、活动化、校本化、本土化、东方化、中国化的心育实施，不也是我们德育应当仿效的吗！

这一章关于德育在个性发展中的核心地位和作用的论述，关于各年龄阶段"发展课题"与德育的论述，关于个性类型与德育的论述，关于培养正确的个性态度的论述，都是富有新意的。

（5）第五章"德育目标"，首先指出了"德育目标是德育的首要问题。它制约着整个德育活动"（第83页）。这一章依次论述了德育目标体系，社会主义阶段的德育目标，我国中小学的德育目标。由远到近，由概括到具体，对帮助学习者的理解与应用都是很有好处的。

（6）《德育原理》修订版对最近十年德育过程理论的梳理，较之1985年初版时内容更加丰富了。这部分包括了德育过程的概念、性质、特点、规律、阶段等方面的内容（第100—106页）。

对德育过程的分析中，对德育过程的概念、结构与初版大体相当。但对德育过程的矛盾做了更深入的分析。德育过程"是把一定社会的思想准则和道德规范转化为受教育者个体思想品德的过程"（第106页）。但这并非是把外界的准则、规范简单地移入主体内部。教材强调了教育影响"通过受教育者的心理内部矛盾运动，而使其养成一定的思想品德"起作用，也就是外界教育影响是经过受教育者主体"加工"或主体的"自己运动"（第114—115页）而养成一定的思想品德。该教材指出，"德育过程中的主要矛盾，也是决定德育过程本质的特殊矛盾……而正是这个矛盾的特殊性质使德育过程与智育过程、体育过程、美育过程相区别，并规定着、制约着其他矛盾"（第109页）。教材还对个体道德社会化与社会道德个体化作了论述，强调了德育过程要形成受教育者完整的品德结构。这里所论品德结构不是指道德认识、道德情感、道德行为三要素的结构，而是指品德的心理形式、心理内容、心理能力的有机统一体（第111—112页）。其中的心理形式含知、情、行三者。

在阐述德育过程的组织中除强调"培养道德思维能力"（包括道德判断能力、道德评价能力、识别和抵制错误的道德观念，增加了"培养品德实践能力"（第117—119页）。这是现代德育目标应有的内容。

（7）德育过程为"德育原则""德育方法"奠定了理论基础。原则、方法分两章论述，内容与初版教材大体一致，增加了"因人因境施教"的原则（第136页）。

（8）修订版的第八章是"德育内容及其序列化"，较多地论述了内容的序列化问题，包括德育内容序列化的课题研究概况、序列化的依据、序列化的模式、不同教育阶段德育：德育内容的重点等。所论内容全面、丰富。但有两点是值得思考的。其一，德育内容体系是一个连续的变量吗？如果不是，则所确定的序列则较多的人为性；其二，不同年龄的人品德水平不一定呈逐步上升的发展趋势，怎样确定德育内容的序列才是合理的呢？

（9）修订版关于"德育组织形式"和"班级德育工作"的论述与初版教材比，没有显著进展。但令我们高兴的是修订版教材增加了第十二章"德育网络"。

"德育网络"（第222页）是编者创造的一个新术语，是该学科理论发展的一个标志。"德育网络"是指班级内外、学校内外多渠道、多层次、全方位的实施德育的组织体系。教材论述了建立"德育网络"的必要性和网络的功能。教材总结了实践中已经存在的德育网络组织形式，包括社区教育委员会，学校、家庭、社会文化教育机关协调委员会，街道教育辅导站，家长委员会；充分地阐述了网络沟通的5种方式；论证了学校在德育网络中的作用。特别应当指出的是，就全国范围而言，开展社区教育和形成德育网络的地区并不多，上海市、安徽马鞍山市是走在前面的。教材的这部分内容及时地反映了上海市、马鞍山市的先进经验，堪称德育理论的前沿。这些资料都是中国自己的。

（10）修订版教材增加了"学校德育管理"一章，把管理的理论、原则、方法用于学校德育工作中来，充实了德育学科的内容，是对学科建设的一个贡献。

（11）借鉴篇的三章分别详细地阐述了中国历史上的德育，苏联现代德育思想，现代西方德育思想，这对加强学生的德育理论修养是很有必要的，对建设中国特色的现代德育学科是很必要的。德育学科的建设要有中国特色，不能不学习自己国家已有的德育遗产。学科建设的过程，就是对德育遗产的继承和理论创新过程，这个过程也是需要借鉴国外德育理论成果的。由于苏联教育思想对我国的影响较大，专门介绍苏联的现代德育思想也是很有必要的。德育学科的发展需要以德育实践为基础，也需要有思想理论源泉。这一章内容正是提供了这方面的思想资料。

（12）方法论共有三章，更充分地论述了"三论"在德育研究中的应用问题；增加了"思想品德测量"一章，使德育原理学更加完备。

4. 对古人伏编著的《德育学教程》（1993）的评析意见

（1）最令人称赞的是该书作者在"第一章绪论"中明确地提出了"建设具有中国特色的社会主义德育学"（第11—13页）的重大课题。作者从指导思想、继承德育遗产，总结德育实践等方面论述了如何使德育学这一新的学科，实现科学化、完善化，以建设中国特色的社会主义德育学。虽然在这方面论述的内容较少，但是把问题提出来了。问题的解决，不是个人力所能及的，我们可否把它理解为向德育工作者提出的光荣的历史性任务？

（2）作者把"德育与社会和人的发展"作为第六章的内容，这是该教材的一个重要特点。它不同于有的教材，分别论述德育与社会发展、德育与人的发展的思维方式。如作者所说，"在研究思路上，我力图从系统观点出发，运用整体性观点、相互联系的观点和动态观点认识来分析德育问题，以求对德育作综合性探索"。应当很好重视的是作者提出了"德育与宗教"（第154页）"德育与科学技术"（第156页）等重要的但较少为人们关注的课题。

（3）该教材的一个最突出的特点是对德育的各方面问题都作了详尽的历史与现状的陈述。第三章"德育的历史遗产"集中、系统地介绍了中外古今的德育思想。第四章阐述了现代德育的状况和动向。第五章专门介绍"新中国德育40年回顾与展望"。如此系统地回顾中华人民共和国成立以来德育的历史，在我所见其他教材中是没有的。其他章节也根据论题，介绍了有关发展的情况。如第七章阐述德育目标，列了专门一目"建国以来中小学德育目标的演进"。第九章德育过程，除论述了德育过程的特点、矛盾等方面内容外，专列了"德育过程理论的历史发展与现状"一节。所有这些思想资料都是建设中国特色的德育学科所需参考的。

在德育历史与现状的阐述中，作者还较多地介绍了苏联、日本等和西方国家的资料。对中外德育资料的介绍，大大丰富了教材内容，体现了学习理论联系实际，有利于学生加深对相关问题的理解，对相关问题的研究也是很有价值的。

（4）该教材在第八章中的"德育的基本内容"部分，列出了政治素质、思想素质、道德素质、心理素质（第221页）四项。可见教材所说的德育外延很广。重视心理素质培养是很可贵的。但心理素质的内容广泛，包括感知、记忆、思维、想象、情感、意志、个性等方面的心理素质，教材适应照顾到各个方面。很多正式文件，把心理素质的培养、教育纳入道德内容，作为指导教育工作的文件，可以这样处理；但从学理说，心理素质不属于道德范畴。

（5）教材分别论述了家庭德育作用、社会德育作用、学校德育作用，教材认为这些都是影响学生品德发展的外部因素。但把家庭德育、社会德育、学校德育归在"德育途径"之下，似可再斟酌。家庭、社会、学校都是德育主体，都是德育实施的组织。教材重视德育网络的建构是很好的。

（6）教材在阐述德育评价中，涉及量化问题。不少人以为量化能体现"科学""准确"。但品德的"量"能反映"质"吗？汶川地震，一位百万富翁捐款10万元，应打几分？一位乞丐靠乞讨，凑足了100元全捐了又应给几分？该教材附上了《品德测评量化的"功"与"过"》是有意义的。当然我们还需要更深入地认识这个问题。这只是一个具体问题。更根本是，要从总体上考虑问题，特别是要重视关注编者在"绪论"中提出的"建设具有中国特色的社会主义德育学"的重要使命！

5. 对班华主编的《现代德育论》（1996）的评析意见

该教材系德育专业委员会应安徽人民出版社之约而编写的，1996年初版，鲁洁教授作序；2001年出第二版。

（1）书名表明编者认为适应世纪之交我国社会发展的德育应是"现代德育"，教材要反映德育理论的最新成果。教材编写总的社会历史背景，如第二版"前言"中所述：我国实行经济体制改革，我国在由农业社会向工业社会和信息社会转变过程中以及世界发展的信息化、全球化对德育和德育理论提出了挑战。根据这一新情况，提出了德育研究的 8 个前沿性的问题（第 7—8 页）。研究、解决这 8 个课题，是"历史赋予广大德育工作者的任务！"也是很好地体现了"现代"和"中国特色"的。

教材的绪论阐述了 1978 年以来的近 20 年中，德育思想理论和德育实践方面取得的前所未有的 10 个方面成绩（第 4—6 页）。每一方面内容较概括，但却是建设中国特色的现代德育学科必须考虑的。

全书除绪论外共 11 章，分三大部分：绪论和第一、二、三章，是阐述现代德育基本理论；第四至第九章，论述德育实施的理论和方法；第十、十一章阐述德育研究。

一个具体问题：学界相当多的人认为，在我国"德育"一词最早出现于 1906 年王国维《论教育之宗旨》一文，该教材出版绪论中也持相同看法。第二版作了改正，指出早在 1902 年《钦定京师大学堂章程》就已出现"德育"一词（第 9 页）。

（2）教材阐述了现代德育的特点如全民性、发展性、科学性、民主性、终身性、世界性等（第 11 页）。

教材认为"现代德育突出了人，突出了主体性、发展性"，是把人"作为发展的目的加以对待的"（第 11 页）。

教材认为"现代德育是教育者与受教育者共同参与的过程……是教育者与受教育者相互教育与自我教育活动"（第 11 页）。

（3）教材绪论专门论述了"现代德育是主体—发展性德育"问题。认为"主体—发展性体现了以人为本的精神，突出了主体，突出了主体德性的发展；以培养具有现代思想道德素质为主体人格为根本"（第 12—13 页）。

主体—发展性德育活动"是教育者的价值导向与受教育者自主结构相统一的活动；是教育者与受教育者相互教育与自我教育、教学相长、品德共进的活动"。

主体—发展性是现代德育的整体特征。作为根本指导思想，它贯穿在德育活动的始终，贯穿在德育活动的各个方面。

教材还认为主体—发展性德育是现代德育的精髓，是现代德育区别于传统德育的分水岭。

（4）除绪论外，教材的第一、二、三章都是德育基本理论。教材认为社会、人、德育是"相互作用、相互制约、共同发展"的整体（第24页），因此改变了分别阐述德育与社会关系、德育与人的关系的思路，而是把三者看作一个整体，用一个专章综合地论述三者的发展，论述三者的现代化。此外，根据我国情况，专门阐述了社会主义市场经济与现代德育问题，包括市场经济与社会、人、德育的发展；社会主义市场伦理精神与现代德育问题。

教材对德育过程的理论作了较全面论述。其中专门论述了现代德育过程的性质和特点。教材依据矛盾的普遍性与特殊性原理，认为现代德育过程是德育过程普遍性质与特殊性质的统一。

教材认为在认识德育特殊性方面，有过不少的探索："先后提出德育过程的特点有自觉性、目的性、复杂性、广泛性、社会性、可控性、多端性等。这些提法从不同侧面描述了德育过程的属性，有积极的意义，但是这些属性并非德育过程所特有，因而很难说是德育过程区别于智、体、美等育的过程的特征。"（第78页）

认为现代德育过程的特点是科学理论指导下的过程，是促使受教育者作为主体思想品德完整发展的过程，是师生德性共进的过程，是对环境开放的过程。（第87—94页）

德育基本理论还包括第三章"思想品德观与现代德育"。这一章介绍了品德观的一般理论，中国当代品德发展的研究及其对德育的意义。而尤应关注的是专节阐述了品德的时代特征及其对现代德育的意义。

（5）"德育目标与德育内容"一章，有较多的历史性陈述和中外一个资料的介绍。该章论述了教育目标、德育目标、德育内容三者的关系，在确定德育目标、内容方面提出的四个原则帮助我们更好理解问题：①社会本位与个人本位的统一；②适应性与超越性统一；③传统美德与时代精神有机结合；④民族性与全人类文化因素相融合。

关于具体目标、内容的论述，值得注意的是提出了培养"心理品质"，提出了培养、发展思想品德各种能力，包括把培养道德思维、道德判断、道德践行能力放在重要地位；关注提高思想政治辨析能力、道德判断能力、道德选择能力（第146—147，152页）。关于受教育者主体自我教育方面，提出了培养自我教育的愿望、能力和习惯问题；这是为终身道德学习奠基的教育。此外教材提"青春期性道德教育"，因为"青春期教育"内容宽泛，故教材不是一般的提"青春期教育"，而是强调青春期的"性道德教育"（第152页）。

在目标内容方面，提出了"培养现代人的心理素质"问题，关于心理素质与道德关系，培养心理素质与培养道德素质关系问题，上文已有所分析。这里需要注意的是，强调了"现代人的心理素质"（第152页）。

这一章介绍了《中共中央关于改革和加强中小学德育工作的通知》(1988)以及中小学德育大纲（纲要）中有关德育目标的规定（第146页）。中学德育的总目标是"把全体学生培养成为热爱社会主义祖国的具有社会公德、文明行为习惯的遵纪守法的公民。在这个基础上，引导他们逐步树立科学的人生观、世界观并不断提高社会主义觉悟，使他们中的优秀分子将来能够成为共产主义者"。这一段话是针对当时存在的，对学生的思想道德要求普遍过高、过空而提出的（第148页）。提倡把普遍性要求和特殊性要求区分开来，对大多数人即全体学生提出普遍性的、可能达到的要求，特殊性的要求，即更高、更严的要求，只能是对少数"优秀分子"的要求，即"将来能够成为共产主义者"。

德育大纲把心理品质和品德能力的培养，列入德育目标的一部分，是对当时德育研究成果的吸收。

考虑培养现代人德性的需要，初版教材中提出"现代意识的培养"，第二版则改为"适应社会发展的现代思想与道德的培养"。

（6）"现代德育课程"一章，教材关注的是德育的课程，并据此特别论述了"德育主义与全面主义"问题。课程类型很多，根据品德心理结构，教材分别以专节重点论述了"认识性德育课程""活动性德育课程"的特点、功能以及如何优化的问题。教材专节论述了"隐性德育课程"。相当多的情况下，人们重视显性的教育与学习，没有或很少关注到隐性的影响与内隐的学习。因此，强调"隐性德育课程"很重要，这是符合道德教育与道德学习性质与特点的。

（7）"德育网络"一章，与胡守棻主编的《德育原理》（第二版）大体相当，所增加的两个"附录"《上海市真如中学社会教育委员会章程》（第210页）和《上海市真如中学社教委与学校教育管理关系和意见沟通图》(第213页)是来自全国社区教育开展得早的也是最新的社区教育研究成果,是纯粹中国的材料。

(8) 教材的第1版第七章是"现代德育方法与工艺",第二版改为"现代德育方法与模式"。我认为应注意的关键词是:"现代""工艺""模式"。论述了两种方法论,在对传统德育方法回顾的基础上,论述了"现代德育方法的建构"。与传统方法相比,"现代德育方法是与培养自主人格、独立思维能力、批判性意识联系在一起的,以促进自律、发展理解能力,增强批判意识,尊重真理,热爱知识为特征,显示出对道德主体的高度关注。这种关注从根本上乃是对人的能动性、创造性、自由、自觉特征的重视"。这表明,以往的一些方法,现在仍然在用,但在指导思想上或德育理念上是不同的。

关于"现代德育工艺问题"教材以专节论述了其含义,工艺流程的要素,德育课题教学的设计。再版的教材,改为对德育模式的论述,介绍了西方国家主要的几个德育模式,同时阐述了我国正在建构中的价值观导向模式、情感体验模式、行为践履模式、心理辅导模式。心理辅导是一种独立的教育活动领域,作为德育模式理解是否妥当,有待进一步探讨。德育方法与模式,二者关系需辨别得更清楚。

(9) "第八章现代德育管理",较之胡守棻主编的《德育原理》中"学校德育管理"一章,在思想观念上有所前进,主要是力求体现管理的"现代性"。例如阐述了现代学校德育管理的六大要素,阐述了现代德育管理的民主性、开放性、科学性特点。较全面地阐述了关于德育的思想管理、组织管理、目标管理、计划管理、制度管理、环境管理;又专门论述了"现代班级德育管理""现代德育管理的运行"等,从而使德育学科在德育管理方面的内容更为丰富。

(10) "现代德育评价"具有管理功能、教育功能、研究功能。因此放在德育管理与德育方法与德育研究之间是合乎逻辑的。胡守棻主编的《德育原理》中有"思想品德测量"一章。评价与测量不同,测量主要"是按照法则给事物指派数字"。评价是在测量基础上对事物作出评定。现代德育评价在内容范围方面更广泛,除学生思想品德测评外,包括德育决策过程(含德育目标、德育方案、德育组织、德育措施)、德育实施过程(含德育管理、德育队伍、德育课程、德育方法、德育环境、德育实践活动)、学生思想品德的评价。

(11) 关于"现代德育研究方法"比以往的教材也前进了一步。现代德育研究趋向多学科综合研究,量化研究与定性研究结合,理论性研究与应用性研究并重。研究工作也要现代化,包括课题现代化、方法现代化、手段现代化、思维方式现代化。在研究方法论方面,依然强调马克思主义哲学方法论、"三论",但不止于此,同时指出了人文科学的方法论、自然科学方法论以及二者结合在德育研究中的运用。教材称"人文主义方法论""科学主义方法论"的表达方面似可改进。

在具体研究方法方面教材提出"活动产品分析法"和专节论述"行动研究法"是很切合德育研究需要的。而比以往教材更前进的,是较详细阐述了"德育专题设计指导",所述"班集体建设实验研究设计指导""个性教育研究设计指导""活动—体验型—模式的研究设计指导""指导自我教育的研究设计",都是很重要、很有应用价值的。

(12) 该教材为"现代德育论",在各章节的内容中,注意处处体现"现代性",最后也专章介绍了"当代国外德育理论与实践",并且论述了外国学校德育改革与发展对我国的启示。尤其应重视的是提出德育的"以人为本"问题,培养学生"道德判断与道德选择能力"问题,充分体现了现代德育精神;而关于学校德育要"弘扬民族精神",学校德育要"切实落到实处"问题也都是很有针对性、很有价值的。但遗憾的是编者虽然知道现代德育是对传统德育的继承和创新,全书的设计虽然也反映了不少中国的材料,但没有专门、系统地介绍中国自己历史上的德育,这不能不说是一个缺憾!

6. 对戚万学、杜时忠编著的《现代德育论》(1997) 的评析意见

这是一本内容充实、思想资料丰富、理论性很强的教材。全书共十章。作者的主要精力是围绕现代德育基本理论和实践中的主要或基本问题展开讨论,并作出自己的解释。作者的意图虽然不是要建立德育学学科体系,但其所论的主要问题是建立现代德育学课所需要关注的。

(1) 第一章论述了"德育本质、功能和地位",作者紧密结合学术界对这些问题的讨论,发表了自己的观点。关于德育本质,主要围绕德育是一种"超越"问题展开了讨论。

关于德育功能主要讨论了德育根本功能问题,在众多德育功能中有

没有层次问题,各种功能实现的条件问题,德育功能与个体品德功能的关系问题,关于区分事实存在的德育功能与价值状态的德育功能问题。关于德育的地位,涉及"五育并重"和"德育首位"问题(第25页)。这些问题是德育理论中的基本问题,对德育学科建设说,是应当正视的、应当认识清楚的几个基本问题,但应当怎样认识德育的地位、德育与其他各育关系,是不能满足于"并重""首位"等方式的描述的,而是需要从性质方面、从各育与教育整体的关系方面、从各育相互关系方面来认识,这些是可以、应该继续讨论的问题。

(2)第二、三章,分别对中外德育的纵向考察和横向比较研究。教材系统地阐述了中国传统德育的发展及其现代意义,欧美国家德育的历史变革及其对我们的启示。在横向比较中主要从德育模式方面进行了研究,并分别介绍了中、美、英、日、新加坡等国家的德育模式。这两章资料翔实,是建设中国特色的德育原理学科必须掌握的思想资料。阐述中国传统德育发展脉络清晰,对其基本特点的论述和批判继承问题,作者较全面地提出了看法,是我们应当重视的。

关于欧美国家德育,教材理清了德育历史变革线索。教材以丰富的资料阐明了从古希腊罗马传统道德教育的源头,到文艺复兴和启蒙时期现代道德教育思想的萌芽;中经20世纪60年代道德教育的荒凉时期,至70年代至80年代中期道德教育的复兴和发展。作者认为欧美国家德育的发展和主要特征给予如下启示:重视学校道德教育,重视学生品格培养;强调道德和道德教育的主体特性,通过儿童的参与、实践培养德性;强调核心价值;加强、深化道德教育理论建设是学校道德教育的先导;在重视经济建设、科技发展的同时,重视社会道德文化建设,营造健康的精神家园。这些启示是宝贵的德育思想财富,对当前的学校德育改革有重要的现实意义。

第三章比较全面地阐述了影响较大的道德教育理论流派、学说,并列举了18个德育模式(第88—89页)。

该章分别介绍了三个道德教育理论流派:强硬派(一种古老的道德教育传统),温和派(一种激进的道德教育思潮),折中派(当代道德教育是中间路线)。我认为从中可汲取的重要思想是:强调个人所固有的内在素质和主体权利,重视儿童的自由选择;强调道德学习。

在中、美、英、日、新加坡等国家的德育模式的比较中，帮助我们理解国外德育模式，开阔了我们的德育眼界。关于中华人民共和国成立17年的德育概况的资料，关于"文化大革命"对德育的破坏和新时期的拨乱反正资料是宝贵的。此外教材也阐述了改革开放以来的德育研究、德育的特点和问题以及学校德育工作的展望。

（3）教材的第四章论述了"道德发展论：现代德育的心理学基础"。阐述了国外和国内主要的经过实验研究的道德发展心理学思想，从而为建设中国特色的现代德育学科提供了一定的心理学理论依据。在上述理论基础上教材阐明了五条道德发展的一般规律（第199页）。这些规律是道德教育的理论基础。

（4）该教材以第五章较全面、深刻地论述了"德育目的论"。尤其应值得提出的是全面阐述了德育目的、价值结构的各个方面理论，包括价值与教育价值、个体价值与群体价值、内在价值与外在价值、目的价值与工具价值等。这帮助我们认识了德育目的价值的各个方面。

第五章还专门阐述了德育目的的不同形态的理论，包括神学目的论、个人中心目的论、社会中心目的论、实践目的论。前面三种主要是国外的德育理论；后一种即实践目的论是近期我国学者自己提出的德育目的观。教材对这一内容阐述不多，但我以为所述思想极为重要，是我们改善学校德育应当高度重视的。例如，认为活动或实践道德生活是道德教育的根本目的；例如认为实践目的论是建立在一种新的道德哲学即主体性道德哲学基础上的。主体性哲学的五项主张以及对德育的实践目的论层次分析（第246页），对改革学校德育有极重要的指导意义。这样的德育可以看作就是主体性德育，主体性是现代德育区别于传统德育的标志。

（5）"第六章德育内容论"详细阐述了不同社会阶段德育内容的发展后，论述了现代德育内容问题；编者阐述了中外现代德育内容有七项共同特点（第260—269页）。编者以专节论述了爱国主义教育和集体主义教育问题。教材对爱国主义理性基础作了深刻阐述，区分了"祖国"与"国家"（第271页），对实际工作者是很有必要的。关于开展爱国主义教育中存在问题的论述，如关于强调责任感、危机感的论述，关于克服教育中形式主义、注重常规建设、注重日常生活的论述，都是很有实际意义的。关于集体主义的论述值得重视的是：论证了"真正的集体"的含义（第278—279页），肯定个人独立性；论证了在社会主义市场经济条件下坚持集体主义原则问题。这对提高人们对集体主义的认识非常必要。

（6）该教材以大量篇幅，即以第七、八、九三章，专门论述"德育课程论"。第七章德育课程是一种特殊的课程形式，论证了德育是否可以作为专门的学科开设、道德教育的内容方法问题、道德教学与其他学科教学的关系。在论述"道德学习与德育课程"问题时以较多的篇幅论述了道德学习问题（第299页），详细地阐述了影响道德学习的自然因素、心理因素、教育因素、社会因素。其他教材很少有这种情况。这对我们有效地指导学生的道德学习是很有意义的。

教材全面地阐述了德育的学科课程、活动课程、隐性课程。编者认为学科课程是德育的基础课程，其中关于"道德越来越成为人们把握世界的一种重要形式，道德规范、道德价值更具有科学认知的价值"（第321页）的论述是应充分注意的。而关于德育学科课程的实践探讨，所提出的注重心理学上的依据、提高价值判断能力、强化情感因素等观点对指导、改善学校德育是很有帮助的。

关于活动课程，编者认为这是德育的主导课程（第329页）。为了阐明道德教育与活动、实践的关系，编者用大量篇幅论证了道德的实践本质，道德的实践特征，活动的道德发展、道德教育功能。而关于活动课程的四条基本原则或指导思想，对提高教育活动实效，是很有指导意义的。

教材对认为隐性课程的提出是课程领域的"革命"（第356页），对隐性课程的意义给予了很高的评价，并阐述了隐性课程及其特点、德育隐性课程的分类。而关于校园文化与德育关系的论述（第367页），对校园文化有现实的指导意义。

（7）该教材对德育教师专列了"第七章德育教师论"。日常有"德育教师"的称谓，暗含着还有"非德育教师"。该教材首先明确指出每个教师负有关心、引导学生道德成长的责任，在这个意义上说，所有教师都是德育工作者。日常的所谓"德育教师"，准确地说是指专职的"德育教师"（第372页）。

关于德育教师在德育过程中的地位与作用，编者介绍了不同的观点。我以为"教师权威说""教师中立说"有甚多不妥处；而"教师指导说"

"师生对话说"的思想应予重视。这对于理解师生关系，理解教师应具有的素质是必要的。

关于德育教师应具备的素质问题，教材作了较好的论述。对德育教师有没有特别的素质要求，编者较多地介绍了学者们的不同观点，可供思考。编者认为作为理想的德育教师，应当是一个道德哲学家、道德心理学家和教育艺术家（第392页）。可能有人认为这个要求太高，但编者很明确地指出了这是对"理想的"德育教师的要求，我以为是应当的，这是教师专业化的目标，"化"作为动词，也是每个教师接近目标的过程。

这本教材内容，大部分是作者的先期研究成果。因此，读了很有新鲜的感觉。编者不是要建立学科的全面框架，只是选取了若干基本问题展开论述，但对每一问题的论述是较透彻的，有丰富的思想资料，有较深的理论深度，为德育理论发展作出了自己的贡献。

7. 对黄向阳著《德育原理》（2000）的评析意见

这是黄向阳教授个人所著的一本教材，也是黄向阳教授的一项反映德育研究成果的专著。如陈桂生先生为该书所作"序言"所说：这本专著是作者"整合德育知识的新建树"。

全书共十一章，分别论述了德育概念；德育的必要性称可能性；德育内容问题；德育手段、方法、途径问题；体现德育发展趋势的几种德育模式。

（1）教材的第一、二章的内容，是论述德育概念和教育的道德目的。较长时期以来，日常生活中以及学界对德育概念的认识，存在较多的思想混乱情况，作者通过对大量文献资料的考察，详尽地分析了名目繁多的相关术语，从中帮助我们厘清了德育概念的内涵与外延，得出"德育即道德教育"的结论。

第二章作者对"教育"作了十分严格的界定。作者论证了"教育的道德性质"，包括对似是而非的"教育"定义的质疑和论证了"教育"是个评价——关系词（第21页）；并提出"教育概念是道德概念"（第29页）、"教育实践属于道德实践"（第30页）的论断。作者的独立见解是我们应当重视和思考的。第二章的题目是"德育即教育的道德目的"，作者关于德育在各育中为地位问题，"德育"与"德育工作"的论述

（第35—38页）都是值得重视的。

作者所论的各个问题，都是经常遇到的，作者的论述对我们认识问题是很有启发的，当然也是可以讨论的。例如第一章第四节论及"从德育即政治教育"到"德育即思想政治教育"。如能简略提到1957年、1958年的社会背景也许更好；又例如关于"道德教育与心理咨询"比较，详细列表说明，内容很全面，但学校心理咨询已逐渐趋向关注发展性心理咨询，其理论基础也不限于心理治疗理论、变态心理学，人本主义心理学是其新的重要的理论基础。至于20世纪末兴起的积极心理学更是应当重视的。再例如教材对德育地位的论述很周全，但如不限于从各育重要性排序的角度分析问题，从各个育的性质及其内在联系的视角分析问题，从区分学术著作关于学理的分析，与教育工作文件关于工作方针规定的角度，阐述问题也许更具说服力。至于我国最早出现"德育"术语的时间，前面已有说明。

（2）第三、四章是论述德育的必要性和可能性。这两章的共同特点是紧密联系人们实际存在着的问题做深刻的理论阐发。教材在全面阐述中外历史上各种怀疑和反对德育必要性之后，从个人道德发展取向、促进社会道德进步取向、维持学校生活秩序取向等，全面地为德育的必要性辩护。其中关于以个人道德发展为取向的辩护，不仅论述了个人接受教育的需要，而且阐明了人从事教育的需要（第49页）。这方面的论述很精彩，论证了教育是一种自我肯定的方式，教育也是一种自我发展的方式，教育也是一种自我延续的方式。

作者还论述了个人、社会、学校取向的关系，认为三者是一致的，个人取向与学校取向也有冲突，其中对"朋友考试作弊该不该揭发"问题（第56—57页），似可再说得明白些，如果揭发了，是否就是对朋友不忠诚？

这一章有关消极德育与积极德育的论述是很有意义的；而指出德育可能异化为学校管理和课堂管理的工具、手段，是很值得重视的问题。我们应坚持育人为本，德育唯一的目的和功能应是育人。

第四章德育可能性实质上是道德可教性问题。教材围绕这一古老的问题，梳理了多种历史观点，作了深刻的理论剖析，帮助人们理解何谓"教"，"教"的方式；理解"学"与"学"方式。关于设有道德专家的论述（第71页），关于教道德、教一般知识、教技能区别的论述，关于直接教与间接教的论述等对提高有关问题的认识，是很有价值的。该章分别以专节从"伦理学分歧""教学论分歧""语言学分歧"诸种不同学科视野，阐述了德育可能性问题。我尚未见到其他德育原理教材，对德育可能性问题有从不同视角做如此系统、详尽的分析。这些研究，对人们理解道德可教性问题、德育可能性问题很有益处。在论证过程中如能更好地辨明"教""可教""教会（教成功）"等将能更清晰地认识有关问题。例如"我教她游泳"是否一定意味着"她学会了游泳"？又如"教—学"与"买—卖"相比，存在"无教之学"，因为实际上"学"了；但存在"无买之卖"（第86页），卖给谁就难理解了。

（3）"德育内容"，是很有特色的一章。该章对道德类型、道德层次、品德结构都作了清晰的阐述。既有历史上德育内容的发展变化，有对不同道德层次相互关系及其与德育关系的分析；也有当代品德结构的不同流派的思想观点以及与德育实施的关系的论述。这些是系统观察和研究德育内容问题很好的框架。其中对德育层次与德育关系的分析、对品德知情行的和谐结合的论断是很精辟的，是很好体现了整体性精神的。该章提出的我国学校内容的调整与改革建议也正是建立在以上论述的基础上。

（4）该书的第六、七、八三章是要集中阐述德育的手段、方法、途径问题。我们可否理解这三章和第九、十、十一这三章关于德育模式的论述，都是德育的实施问题？德育手段包括了语言、榜样、情境、环境、体验、奖赏与惩罚六个方面。每一种手段都作了深入细致的分析，对加深认识和提高教育修养是很有益的。其中"榜样"如能将青少年崇拜的偶像人物也列入学生择定的榜样，并与教师推荐的榜样关系做分析，也许更有现实意义。论述"榜样"问题肯定了"师德的教育意义"，并指出"教育专业服务的内容与师德规范的内容存在高度的一致性"（第129—130页）。这里我们补充说一点：其他劳动服务过程，劳动者的职业道德是做好劳动服务的条件；而教育劳动，教师道德本身是一种教育资源，是进入教育劳动过程之中的，劳动主体与劳动手段是一体化的。师德就是人格化的德育目标和德育内容。

关于作为德育手段的"情境"，作者作了全面而细致的分析。各种情境的实例,作为德育教材是生动有趣的,富有魅力的,是能吸引学生参加活动的,是能激发学生道德思维的。其中一些如实验情境、体验情境等具体的操作是否也可说是方法呢?"手段"与"方法"如何区分?

第七章,德育方法论及说服、示范、讨论、角色扮演四种方法。其中区分"说服"与"说教",对不同方法之间联系和不同方法主要的功能的论述,是很有意义的。

第八章系统地论述了直接道德教学与间接道德教育。作者对直接道德教学的由来作了系统阐述。但如何看待直接道德教学,有不同的意见。所提几条质疑,似可再思考。一是直接道德教学与学科教学相提并论,是否就贬低了德育价值和地位?二是关于"难以确定谁有资格担任道德课教学"的质疑是否能成立?没有"道德专家",但因此也就没有道德教学专家、没有德育专家吗?我曾在一短文里说过:要克服几个思想认识上的误区,其中就提到不要以为老师一定比学生的道德境界要高,不要以为从事德育教学和德育研究的人一定比不从事这方面教学与研究的人道德境界更高。三是对直接道德教学或德育课教学应抱有合理的期望,不要抱过高的期望,但不能否定德育课有一定的作用;另一方面,要改进德育课教学,要让学生有实践体验的机会,不止于说理,不止于提高道德认识。四是间接道德教育更适合于道德教育,其中一个重要的机制是学生通过内隐学习获得道德品质。

(5)该书最后三章介绍了国外道德发展模式与道德教育模式,包括"认知性道德发展模式""体谅模式""社会行动模式"。作者对每一种模式都作了详细介绍,其思想资料很丰富,对各个模式也都作了简要评论。如同作者指出的,各个模式对我国学校德育改革是有启示作用的。其中,我特别赞赏纽曼提出的"环境能力""道德行为人"(第261—262页)、"社会行动能力"(第268页)等概念,对我们很有启发,纽曼的"社会行动模式",整合了道德认知、情感、行动等方面,并要求公民投入社会变革。

但我们中国学校有没有德育模式?还是我们没有予以应有的重视、探索、总结?我国自己的教育土地上是否形成着、形成了某些德育模式,例如情境德育模式、学会关心模式、情感教育模式、自主性德育模式等。1989年联合国教科文组织在北京召开的面向21世纪教育国际研讨会,提出了"学会关心"的要求，国内不少中小学都贯彻实施，例如江苏省的无锡扬名小学、吴江实验小学、南京长江路小学等都作为立项课题进行研究。

黄向阳教授所完成的是一本教材，也是一本学术著作。如陈桂生先生在"序"中所说，这项研究需要克服"整合德育知识的困难"，黄教授解决了这个难题，完成了这本"整合德育知识的新建树"，为德育学科发展和德育学科建设作出了贡献。

8. 对檀传宝著《德育原理》的评析意见

檀传宝教授在德育教育研究方面成果丰硕。我们仅选取其最具有代表性的《德育原理》作一分析。这是基于以下的考虑：一是该著反映了作者最近的德育思想理论；二是最新版本能概括以往的成果，尤其在新版本的内容中，常引用了先前的重要内容，且有不少章节后的"推荐阅读文献"中列入了《学校道德教育原理》的资料。

（1）该教材第一章是论述"德育与德育理论的发展"。长期以来我们对"德育"概念内涵、外延的理解相差甚远。该教材对"德育"概念的产生、演变作了较详细的考察并提出自己的意见，对我们求得共识是很有帮助的。

这一章的一个重要思想，是通过对德育演变的历史陈述，阐明了古代德育与现代德育的发展。特别是关于"现代德育"特征的论述（第二节），关于"德育理论的形态"（第三节）的论述对我们认识、理解、研究现代德育很有必要。

（2）第二章介绍了不同派别的德育理论：苏霍姆林斯基、科尔伯格、价值澄清理论、关怀理论、品德教育理论。多年来人们对这些派别有所了解，但教材提供了一些新的思想资料，是值得我们关注的，是我国德育改革、建设现代德育学科可以借鉴的。

（3）该教材把德育本质与德育功能并为一章，即第三章，因为作者认为这两个问题是德育理论的基本问题，构成了德育观的内核。作者首先认为要分清"本原"和"本质"。作者从对"人性"的理解论到"德性"，再到对德育本质的阐发："人性固然是生物性与精神性的统一，但人的本质却是对于生命质量或意义等精神性的祈求。在物质生活的基础上，道德生活的本质应当是人类生活意义的求索和生存质量的提升。而

道德教育的本质或本质功能也就只能是对个体在社会生活中追求其属人的精神性和精神生活的一种有意识的帮助。"（第 68 页）

该教材对德育功能的概念，主要的德育的社会性功能、个体性功能、教育性功能作了全面的论述。我想说三点，①培养人的品德是其基本的、直接的功能，人是德育对社会作用的中介。②教育性功能或育人功能不仅指道德教育，应包括育德、智、美、体各个方面。③最重要的一点是作者提出的"社会性遗传所赋予的品德的'先验性'的心理'图示'"（第 76 页）的论断，是有重要理论意义的。与此相联系的，杭州师大蒋一之博士在其所著《道德原型与道德教育》（2008 年 8 月）一书中，提出的祖先精神遗存和个体经验凝结的"道德原型"概念，是德育理论发展、德育学科建设极重要的进展。

（4）第四章德育对象与德育主体作者论证了道德教育的可能性，也就论证了接受道德教育的可能性，或者说道德学习的可能性。"新性善论"是作者的独立见解，由此论述了现代德育是主体性德育。作者认为儿童一开始就有主体性。与上述心理"图示"思想一致，作者认为"由于人类整体社会实践的作用，祖先们无数次的道德操作实践会在文化心理的道德形式方面有所遗传，形成孟子所讲的不思而虑的'良知'和不学而能的'良能'或'善端'"（第 86 页）。

关于德育可能性的论述，作者提出了两个重要思想：一是"自主建构"问题，一是文化心理"图示"问题。这是两个有重要理论价值的问题。当然对相关的概念如何理解，还可以再思考。关于一，自主建构的思想很好，但品德形成的"内因"是什么？是自主建构吗？（第 5—6 页）品德形成由外而内"转化"问题。"转化"是哲学概念，心理学多用"内化"，实际上也是转化的一种形式。关于二，"在文化心理的道德形式方面有所遗传"。"文化心理遗传只解决了道德心理形式方面"（第 86 页）。这里的"形式"不应是与"内容"相对应的。道德的心理内容是不可遗传的，但存在没有内容的形式吗？如果将"道德心理形式"改为"道德心理机能"，或者改为"道德心理样式""道德心理样态"如何？当然，教育界也有把"心理机能"理解为"心理形式"的，但我的问题是有离开内容的形式吗？

（5）第五章论述"德育目的及其功能"。第三章所论德育功能，是作为德育整体方面认识的；第五章讲"功能"是从"德育目的"方面说的，包括导向功能、调控功能、评价功能；此外有"道德功能"（第125、126页）。两章分别从不同侧面讨论功能问题的。

第五章是从教育目的、德育目的、德育目标三层次较全面地论述了有关理论。对上，可以把德育目的与教育目的联系起来，对下，可以把德育目的具体化为德育目标。这对提高德育实施的自觉性是很有好处的。

在论述我国德育目的过程中，教材分别介绍了《小学德育纲要》(1993)和《中学德育大纲》（第142页）。这是两个重要的指导学校德育的文件，也是在"7.5"研制大中小学德育大纲基础上形成的新的研究成果。德育大纲（纲要）的制定、颁发，使德育目标的组成部分更加完整，重视心理品质的培养，重视道德能力的培养。大纲（纲要）对德育目标要求有层次性，总结了以往德育目标脱离我国社会实际和受教育者的发展实际，存在普遍要求过高、过空的情况，依据实事求是的思想路线，提出了分层次的要求。

(6) 关于德育内容与德育课程作为一章（第六章），因为三者是紧密联系的。作者全面阐发了德育内容的理论，包括学校德育内容、德育内容的决定因素，我国学校德育内容的重点。在论及"我国学校德育的主要内容"时，其中提出了"信仰教育内容"是很有意义的，其他同类教材似乎没有关注到"信仰教育内容"。这可否看作本教材关于德育内容的一个特色？

关于德育课程，教材作了较全面的论述。包括德育课程的问题与特点，当代德育课程案例的介绍，德育学科课程、德育的活动课程、德育与隐性课程。后两类课程对德育尤有意义。

(7) 德育过程与德育方法，该教材认为德育过程有几个特点：计划性与正面性、复杂性与多端性、引导性与整合性；教材对传统德育过程模式与现代德育过程模式进行了述评；阐发了德育过程矛盾与德育过程的组织问题。教材所说德育过程特点，其他教育过程没有？我们如果从区别于其他教育过程，例如智育过程、美育过程、体育过程方面来思考，也许能够帮助我们更深刻地认识德育过程及其特点。

关于德育方法的论述，除论述一般的具体德育方法外，该教材的一个明显特点是论证了方法论意义上的德育方法，包括启发法、塑造法、雕琢法、树人法、系统或综合法。我认为强调德育方法"不是孤立的教育手段，而是和谐地组织起来的手段体系"（第235—237页）以及"德育方法的优化组合"（第250页）是很有见地的。在具体方法中提出"思维训练法"（第238页）也是很有意义的。

当然也有一些可再思考的问题。第251页上关于"德育方法模式"似需进一步阐明，方法与模式应是什么关系？"道德币与道德银行"的案例（第248页）是否干扰道德动机的消极暗示影响？

（8）最后一章学校德育的社会环境，作者作了全面、深刻的阐发。我认为最值得重视两个方面。一是关于大众文化与德育关系，教材有多处论及。这是富有现时代特色的课题，作者给予了高度的重视。二是高度重视网络环境与青少年德育问题。这是该章教材中两个突出的亮点。面对网络是当代青少年新的生活方式、学习方式、成长方式，面对网络是必然的、必需的，只能教育与引导，不能禁止和堵截。对大众传媒也是如此。如果把"大众传媒"（第295页）变成"大众文化"如何？

总的来说，41万字的《德育原理》，远远超过上述任何一本教材的篇幅。其中有很多新的思想见解，有丰富的思想资料，有厚重的理论感觉，反映了我国德育理论的新进展，从建设中国特色的现代德育学科来说，我们是应当认真学习与思考的。

9. 对孙峰主编的《现代德育原理》（2008）的评析意见

孙峰教授主编的《现代德育原理》是最新的成果，是吸取了30年来的德育理论思想理论的。该教材应是对多年来德育思想理论的最新概括。该书的前言所说的"也有自己的一些特色"，实际是反映了编写的指导思想或编写意图：追求理论体系的完整性，考虑德育实践的需要，具有一定的前沿性，强化了德育实践和操作层面的内容。

（1）教材的第一章论述"德育与德育理论"，包括对有关概念的界定，德育理论的发展，现代化与现代德育，德育理论的价值，德育理论的现代建构。在论及现代德育的基本特征中，提出"信息性"特征（第9页），这是很重要的，一是更能表达现代性特点，二是作为一种指导思想，对理解现代德育诸方面问题，都是有好处的。在论及现代社会、现代教育对现代德育的四方面影响，包括对德育思维方式的影响都应重视，而关于对德育内容的影响，提出生命教育、生态伦理教育、信仰教育、感恩教育、幸福教育等（第10页）尤应为我们所关注。

在论述"现代化与现代德育"中所提的要处理好"全球化与本土化""现代主义和后现代主义"的关系（第14—15页）都很重要。我们的传统文化中有宝贵的应当继承的东西，例如现代主义提出反对"人类中心主义"问题（第16页），而著名学者乐黛云指出我国古代的"生态整体主义"，就很好地回答了这个问题。

在德育理论结构方面，作者特别强调了主体性德育理念，特别重视"人"，在第25页，提出了"主体性德育观"包含的四个内容"人"（当然也应包括教师）；作者认为德育理念创新体现为人本性理念、民主性理念、主体性理念。这些都体现了以人为本思想。以人为本，不仅是对学生，以学生为本，也包括对教师。实现现代化，以人为本。社会现代化，人的现代化是同一过程的两个方面；社会与人互为目的和手段，但归根结底，人是目的。在论及现代德育功能时（第28页），对德育功能按六个方面分类很清晰。

（2）关于第二章，德育本质与功能的论述，内容很丰富，涉及的方面也很多。因此需要进一步思考的问题也较多。例如：关于德育研究的逻辑起点（第35页）问题；德育通过作用于生产技术来提高该社会的"直接生产力"（第53页）问题；学校德育通过其政治功能的发挥直接干预着社会的经济制度、经济形态的建立和发展（第54页）的提法；人的生存性需要与发展性需要和外在需要和内在需要是否为对应关系（第58页）问题等。教材提出关于德育逻辑起点问题，虽然有不同看法，但这一问题的提出是很有价值的，希望能引起关注，开展研究、争鸣，因为这对提高德育学科研究的自觉性是必要的。

（3）在第三章德育对象与德育主体的论述中，设专节论述"道德学习理论"，这可说是该教材的一个特点。这一节系统论述了道德学习的概念和道德学习的理论。介绍了道德学习的类型、道德学习模式等。道德教育必须通过道德学习起作用，现代社会要求终身学习包括终身道德学习。

（4）该教材以专章系统地阐明了"德育目标与德育内容"问题。有关内容紧密结合我国实际。尤其在"我国学校德育内容的拓展"中，较系统地阐述了"生命教育""体验教育""信仰教育""幸福教育"，既反映了我国当前青少年成长的实际需要，也充分地体现了时代性。

（5）第五章"德育方法与德育模式"对方法与模式都做了全面而系统的阐发。关于德育模式的论述，该教材不仅介绍了一些国外的德育模式，与其他教材不同的是关注"我国德育模式的新探索"，较好地介绍了国内的"欣赏德育模式""体验德育模式""活动德育模式""主体性德育模式"，从而反映了我国德育模式的研究成果。当然还可以总结概括其他的德育模式。

对方法与模式的关系，似乎可以再思考。教材中关于德育模式的阐述是明确的（第146—147页）。方法是模式的组成因素，但通观该章整体，这个关系似不十分清楚。首先章的标题"德育方法与德育模式"是并列的。途径、方法、模式三者似应进一步厘清关系。关于德育方法的具体理解也可再考虑，例如"实际锻炼法"（第39页）应如何理解，第140页"专栏"的案例："利用网络开展德育实践"可称作"德育实践"吗？关于"情感陶冶法"（第135页）除介绍创设"教育情境"，是否还可有运用文学艺术陶冶和教师人格陶冶？

（6）第六章德育课程全面系统地阐明了德育课程理论。与其他现有的教材一样，突出地阐述了德育的学科课程、活动课程、隐性课程。令人高兴的是，该教材专门详细阐述了校本课程的各个问题，包括校本课程的观念、开发，校本课程的特征以及我国校本课程的实施等问题。从德育课程说这部分内容反映了课程改革的新成果，具有创新意义。

（7）第七章，对德育环境与德育资源做了系统的论述，内容丰富，资料翔实。尤其是该章第三节对"德育资源"的全面系统论述，其他同类教材似乎较少见，这部分内容可说是该教材的特色。关于"德育资源的开发利用""德育资源配置的优化与整合"尤有应用价值。

这一章在某些问题的理解或表达方面可以力求更准确一些。如"德育环境的特征"所列4条，可否说适用于整个教育环境，不限德育环境。又如"思想品德"与"品德"是可区分开的，如同"思想道德教育"不等于"道德教育"？再如"媒介素养"（第233页）可否改为"信息素养"？

（8）最后一章，即第八章"全球化时代道德教育的课题与展望"，其标题已表明是该教材特有的一个专题，因而也是该教材的特色。其内容涉及的面较广，是现代德育应对全球化挑战必须正视的课题，如道德教育的国际化、普遍的道德危机、重智轻德。同时教材阐述了全球化时代给道德教育带来了机遇。教材提出的"多元文化与道德教育""生活世界与道德教育""公民教育与道德教育""现代性与学校道德教育"都是当前时代很实际的、应当解决的重要问题。

如在"现代性与学校道德教育"中，关于科学技术与学校道德教育（包括科学技术伦理、生态道德）、网络与道德教育、市场经济与道德教育等都是极具鲜明时代特色，又是必须重视的现实问题。

如果某些表述适当改进，也许更好。例如第 246 页"全球化削弱了道德权威"可否改为"削弱了教师的威信"？再如第 255 页"2. 道德教育的科学化"，其中"科学化"改为"科学主义"也许更好。

总之，从我们建设中国特色的现代德育学科说，这一章很鲜明地体现了德育理论的现代精神。关于道德教育的展望，对我国道德教育的改革和发展很有实际指导意义。其中有关国外道德教育的改革和发展对我国德育改革和德育原理学科建设很有启示；而关于我国道德发展的展望，更是直接地指导着我国道德教育的改革和德育学科建设。其中培养具有民族精神的公民、发展学生道德判断能力和选择能力、提升学生道德情感能力，既体现了中国特色，又特别具有时代感。

三 结语：提高理论自觉，建设中国特色的现代德育学科

改革开放 30 年来，参与德育理论研究的、编写德育原理教材的，不论每个学者的理论自觉程度如何，都是向着建设中国特色的现代德育学科目标一步一步走去的。

上述德育原理教材以及其他没有被列入评析的教材，都各自从不同的方面，为德育理论的发展，为德育学科的建设，作出了自己的贡献。当我们回顾 30 年的时候，我们的理论自觉性更高了，我们应该更自觉地、更有效地向着建设中国特色的现代德育学科的目标前进。

建设中国特色的现代德育学科，是一个复杂的系统工程，我们既然讲理论自觉，可否先考虑一个思想框架？在这个框架中，把"中国特色"

"现代德育"这两条主线，贯串始终。

（一）"中国特色"是由几方面因素决定的，也应体现在这几个方面。

1. 中国有悠久的文化传统，包括道德教育文化传统。从孔子到陶行知，都是中国特有的思想文化财富。学科建设要创新，但我们应当自觉地继承、发扬祖国宝贵的文化遗产，这样才能更自觉地进行理论创新。建设中国特色的现代德育学科，需要学习、借鉴国外的德育思想理论，但必须自觉地使其"中国化""本土化"，使其成为适合中国的，为我们的思想道德建设和中国特色的现代德育学科建设服务。我们需要讲皮亚杰、柯尔伯格、班杜拉、苏霍姆林斯基等等，但讲中国的不能少。如果研究国外的德育思想理论，同时就应研究如何使其本土化、中国化，否则我们的德育学科就不能很好地体现中国的特色了。

2. 我们中国是农业大国，农村人口占总人口的大多数。这也是我们中国的特色。科学发展，以人为本，城乡兼顾，决不能忽略农村和农民。我们的德育必须把对农村青少年教育放在突出的重要位置上。我们应当自觉到，在整个社会现代化进程中，在农村城镇化的进程中，中国农村发生了什么变化，农村留守儿童的心理状况如何，对教育的需求如何等。这些都是我们德育理论研究、德育学科建设应当充分关注的。在德育目标的确定、德育内容的选择，德育方法、德育形式的运用等等方面，都应自觉地考虑到农村的特点和需要。

3. 我们的祖国是由56个民族组成的中华民族大家庭。多年来对各民族德育的研究，也许还没有予以足够的重视；研究的对象基本上是汉文化的德育。然而，一体多元（费孝通语）的中华民族德育，都应是我们研究的对象。每个民族都有各自的特点和需要，都有各自珍贵的民族德育思想文化，都有各自的文化和教育智慧。我们的德育学科建设应当自觉地反映各个民族的特点和需要，让多元的民族德育文化并存，吸取各个民族的教育智慧，形成光辉灿烂的中华民族道德教育文化。可否设想通过专门的课题研究，出版若干"民族文化与民族德育"的专著？

4. 我国是社会主义中国，我们有中国特色的社会主义理论体系。我们要自觉地以毛泽东思想、邓小平理论、"三个代表"重要思想、科学发展观，指导德育理论研究，建设有中国特色的现代德育学科，只有真正符合了中国特色的社会主义理论体系的精神，才可能是中国特色的社会主义的德育学科,才可能编写出有中国特色的社会主义的德育原理教材。

(二)我们的德育学科是现代德育学科,应当体现"现代性"。对现代德育的含义、特点,各个教材都有所论述。我们不必重复有关的内容,但我们可以明确一些关键词。

关于时代背景的关键词,如全球化、信息化、市场化等。

关于现代德育思想方法论的关键词,如整体性、控制论、信息论、系统论、人—社会—德育的整体性等。

关于现代德育思想理论本身的关键词,如:德育现代化、以人为本、主体性、发展性、道德原型、人的现代化、心理教育、网络、大众文化、科技伦理教育、生命教育、生态伦理教育、信仰教育、信息素养、经济教育、道德思维、道德能力、情感能力、环境能力、隐性课程、自我教育、道德学习等。

学科建设要吸收各个教材的长处,避免其缺陷。

建设中国特色的现代德育学科,是德育工作者的历史使命。作为全国性的德育学术研究团体,德育专业委员会可以也应该团结全国广大的德育理论工作者,共同承担起这一光荣的历史性的任务。专业委员会可以发挥组织、支持、研究的作用,对学科建设作出应有的努力。

(原文是2009年长沙德育年会稿)

追寻诗性德育

——写在《中小学德育》首发之际

我们的德育能否成为人们喜闻乐见的教育？我想，诗性德育是具有魅力的，是美丽诱人的。

什么是"诗性德育"，我不会定义。我们看一些富含爱心和教育智慧的美丽诱人的德育案例，也许会逐渐领悟。21世纪初我负责主编初中《思想品德》教材，在《思想品德·教师用书》（人教社2003年版）中表达了我们编写教材的一个指导思想，就是"基于德育美学观，教材应是美的存在方式"，"美的教材是我们的追求"。今天，我们应当改变德育在人们心目中的形象，使德育成为诗性的德育，成为人们愿意接受、乐于接受的德育，成为一种富有爱心、给人以道德智慧和美感的教育艺术。这，应当成为我们追寻的一种理想的德育样式。

——德育本当是诗性的教育。德育是教人养成优良德性、帮助人们追求真善美的，本当是美丽的、诱人的、诗性的。德育内在的、直接的目标就是要培育具有美德的人。具有美德的人，是诗意的存在。我们崇拜历史上的许多英雄人物，我们也敬仰当今社会上许多感动中国的劳动模范们：因为他们的心灵世界是美丽的，我们赞美他们，我们崇敬他们，我们学习他们。

与德育目标任务一致的德育内容是美的。许多优秀的德目自古就被伟大的哲人们称作"美德"。亚里士多德认为知识即美德。别林斯基说过，美和道德是亲姐妹。赫尔巴特认为人类道德的基础是五种不变的观念，即内在自由、完善、善意、法权、正义。这些富有教育哲理的箴言，蕴含了真、善、美的精神。

诗性德育是学者们和教育一线老师们共同追求的审美化的德育。早在20世纪90年代，檀传宝教授的博士论文取题《德育美学观》（1996），我理解就是对诗性德育的追求。"十五"教育科学规划中，有不少学校开展了德育审美化的课题研究，其中，檀传宝教授主持的"十五"国家重点课题"欣赏型德育模式建构研究"，取得了丰硕的成果。檀传宝教授说："我们将'欣赏型德育模式'所追求的核心理想或理念感性地表达为'美丽的德育'。"他所说的核心理念，就是解放教育对象，提升教育对象，追求美丽的德育。我很赞成他说的"美丽的德育是一个最伟大的理想，又是一种最平常的风景"。[①]

德育的魅力在于诗意。诗意是一种浪漫主义情怀。诗性德育有自己的核心理念，尊重道德生命主体——道德学习者，以生活化、形象化、审美化的形式，促进道德生命主体自己学习、自己发展。

诗性德育坚决摒弃灌输、说教的方式，尤其是杜绝虚假的、反道德的方式。诗性德育绝不像当下某些公开课和名目繁多的教育检查评估那样，搞造假、搞表演。那些腐蚀人灵魂的反德育，是教育领域的灾难！

——诗性德育是人性化的德育。如海德格尔说过的，人原本就诗意地栖居在大地上；追寻诗性德育，是人性对美好事物的追求；是当下人们以诗的本真对抗功利主义等现代社会病症，力求以诗意地栖居提升精神生活质量。由于强制"灌输"和"说教"等原因，一些人不喜欢德育，甚至对德育有一种抵触心理或反感情绪。这是德育效果不佳的原因之一。因此，我们应当努力改善我们的德育，自觉地使其人性化，成为人们喜爱的、乐于接受的、可以欣赏的诗性德育。

澳大利亚教育史学家W. F. 康纳尔论断："在20世纪的课堂内，出现了一种持续而稳定的运动，即从教学过程转到教育过程"，"学校从教学过程到教育过程的转变，是一个人性化的过程，这一过程将重点由教书转至育人"，[②] 学校教育应当"从对学生的知识关怀转向精神关怀，从知

---

① 檀传宝：《让德育成为美丽的风景》，安徽教育出版社2006年版。
② ［澳］W. F. 康纳尔：《二十世纪世界教育史》，孟湘砥译，湖南教育出版社1991年版。

识本位的教育转向人本位的教育"。即"关心他们的内心世界，关心他们的情感、情绪，关心他们的精神生活"。① 这种关怀精神就是教育内在的美，就是诗性德育人性化的集中表现。20 世纪 80 年代末，面向 21 世纪教育国际研讨会提出把"学会关心"作为 21 世纪的教育哲学和伦理准则，提出要"关心自己，包括关心自己的健康；关心自己的家庭、朋友和同行；关心他人；关心社会和国家的社会、经济和生态利益；关心人权；关心其他物种；关心地球的生活条件；关心真理、知识和学习"。② 此后，一些中小学对学生进行"学会关心"的教育与研究，引导学生养成"关心"的品质。"关心"品质的内容，是极其广博、极其丰富多彩、极其美好诱人的！"关心"品质本身是一种令人喜欢的、美好的心理品质和道德品质，是富有诗性的品质。它促进人们"诗意地栖居在大地上"，如马丁·布伯说的"我们栖居万有相互玉成的浩渺人生中"。③ 这不就是诗性的德育吗？

　　人性化的德育案例很多，这里，我先说说著名特级教师斯霞的例子。斯霞老师"童心母爱"的教育就是一种诗性教育。斯霞的"母爱"是一种复杂的感情，不是单纯的"母爱"，而是融入了"师爱"的"母爱"，斯霞的"师爱"是融入了"母爱"的"师爱"。斯霞的"母爱"与"师爱"、情感与理性是一体的，难以分清哪是"母爱"，哪是"师爱"，是超越了一般的"母爱"与"师爱"的厚重的感情。在斯霞的教育世界里，永远保持着一颗"童心"，斯霞真正走进了自在的、真实的儿童心灵世界，而不是成人认为的想象的"儿童心灵世界"。斯霞与孩子的交流是"童心"与童心的沟通；"以爱心培育爱心，以童心呵护童心"是斯霞教育精神的核心。

　　——诗性德育是珍爱生命的德育。学会关心，不仅是关心人与社会，而且应"关心其他物种，关心地球的生活条件"。这在我们的教育实践中

---

① 班华：《发展性班级教育系统》，南京师范大学出版社 2000 年版。
② 王一兵译：《学会关心：21 世纪的教育——圆桌会议的报告》，《教育研究》1990 年第 7 期。
③ ［德］马丁·布伯：《我与你》，陈维纲译，生活·读书·新知三联书店 2002 年版。

有很多令人感动的故事。关心、喜爱小生命也许是儿童原始的、本然的珍爱生命的情感。而富有爱心和教育智慧的教育者，就应以此为基础、为起点，引导学生"关心其他物种"。斯霞老师在她近七十年的教育生涯中，和孩子们在一起，"有时为小鸡从鸡蛋里破壳而出发出天真的笑声，有时为小白兔的病痛而流出同情的眼泪"。①

斯霞老师所在的南京师大附小陈涓老师在实施"学会关心"课题研究过程中，让全班同学轮流照看讲台上的一盆鲜花，同学们十分细心地照料着，从中培养了自己的责任心和爱花、爱生活的情趣。用陈涓老师自己的话说，她这样做，就是让学生"每一天在心上开一朵美丽的花"。这是多么富有诗意的教育智慧和教育艺术！

著名特级教师李吉林老师描述了她和她的学生们在一起的一个镜头："阳台上，我和孩子们把伤愈的小鸟放回蓝天，我身边的小姑娘含着泪水久久地望着小鸟远去的身影。如今我还记得她写的观察日记：'小黑鸟，你为什么不唱歌？你一定在想你的妈妈了。我真舍不得离开你。但是我知道你喜欢蓝天，喜欢你妈妈垒在大树上的窝，讨厌我这狭小的鸟笼。小黑鸟，我这就打开鸟笼，你看，我已经哭了，为了让你飞回蓝天，飞向妈妈的身边……'"② 孩子和小动物说话了，人与动物的关系变得好似人与人的关系了，多么的浪漫、多么的富有诗意啊！

成都锦西外国语实验小学的校园，是云雀和锦西人的快乐家园。孩子们细心地呵护着一只受伤的名叫叶儿的小鸟，但几天后，小鸟还是死了，孩子们伤心地哭着："对不起！叶儿，是我们没有把你照顾好，对不起！""叶儿，还记得你在我们窗台上踩的脚印吗？"③ 2001年4月21日，富有爱心和教育智慧的李其玉校长带领全校师生在操场，为小鸟举行了葬礼。这是何等庄严、何等美丽、何等动人的教育诗篇！锦西人由此揭开了生命教育的第一篇章，2005年正式确定"以生命为本"作为学校的办学理念。

上面列举了一些儿童最原始的、本然的关怀与珍爱生命的情感形式。

---

① 徐文、古平：《斯霞和孩子》，《人民日报》1963年。
② 李吉林：《情境教学的理论与实践》，人民日报出版社1996年版。
③ 李其玉编著：《为生命而歌》，西南交通大学出版社2006年版。

富有爱心的教育者在此基础上进行多种方式的生命教育。这种教育不是单纯的概念化、术语化的灌输,不是把教育对象当成装载"美德"知识的口袋,使人"物化",把人—人关系变成了人—物关系;而是关爱生命、关爱儿童幼小心灵的教育,是把物拟人化,把人—物关系变成了人—人关系的教育诗篇!

——诗性德育中的人际关系是诗性的关系。诗性德育中人际关系包括师—生关系和生—生关系。例如一些学校引导学生"学会关心",不是靠说教和灌输,而是营造了一种有利于"关心"品质生成的关心性人际体系,形成一种相互关心的文化—心理氛围,其中包含着友善、关心、尊重、责任、理解、信任、合作等一系列美德。学生、教师都生活于其中,受其熏陶、感染。

江苏华士实验学校吴辰校长的办学理念就是"让校园成为师生的精神家园",在吴辰校长和全校师生努力下,形成了师生"同心、同行、同乐"的校风,"师生结伴成长"的教风和"我们欢笑,我们创造"的学风。这些就表现了一种美好的诗性的人际关系。这也是一种具有陶冶功能的隐性课程,人们生活于其中,心情愉悦,受到各种美德熏陶感染,潜移默化地形成了各种优良品性。

华士的例子表明,诗性德育中的人际关系,表现为师生们共享美好情感生活。李吉林老师描述了她和她的学生们在一起的情境:"长江边。我带孩子们踏青到江边,沙滩上女孩子拣着小石子,男孩子将小石子沿着江面掷向远处。吃干粮了,不时地有孩子给我、给班上那失去妈妈的小伙伴塞一个鸡蛋、一个苹果,说上一句悄悄话,那带着体温的鸡蛋是那样暖,那通红的苹果装着孩子多深的情意。喔,我被感动了,不,我被陶醉了。"[①] 看!这不是最具人性化、情境化、生活化的诗性德育吗?这样的德育正如李吉林老师文章题目所表达的那样——"如诗如画"!这种师—生、生—生之间的感情交融、相互激励、相互感染,是相互生成、共同成长的过程,是爱心培育爱心的美丽德育过程,是师生共同享受美的快乐过程。

---

① 李吉林:《情境教学的理论与实践》,人民日报出版社1996年版。

诗性德育过程中人—人关系就是这样的富有诗性，就是这样的令人快乐！南京市芳草园小学的郭文红老师是一位班主任，走进她的班里，你会立即感受到充满着快乐的气氛。同学们给班主任起的外号很多，但经常用的是"郭天使"。她班上的一个男孩在家里天真地对妈妈说："妈妈，我不想长大，真的不想长大！"妈妈问："为什么？"孩子说："我长大就毕业了，就不在这个班了，就不能天天和郭老师在一起了。"郭老师在武汉国培班学习的一个星期里，和学生相互间的短信、电话比平日里多得多。此外"郭天使"每天都要给班上同学写一封信，谈谈自己的见闻。什么吃到了武昌鱼啊，什么自己的发言如何成功啊，等等。我有幸看到她给孩子们的信（电子稿），真的好享受哦！我看到他们师生的情感生活，看到了教育的艺术—诗性的教育，看到了师生间的真情——世间的精神珍品。当然，还有不少类似的故事。

在前不久的一次学术研讨会上，我听了无锡市堰桥中学胡文珠老师的发言。在她外出开会的日子里，学生每天都给她短信。在她返程的火车上，夜里10点多了，仍然收到各种短信："老师，睡了吗？""明天几点到无锡？""天气很冷，我们讨论决定让某某同学的爸爸接你。"胡老师爱说"我的孩子们"。"我和我的孩子们有共同的格言：每天进步一点点……"学生们的暑期邮件当然也给胡老师许多的感动："我们心目中的好班主任。""胡文珠，我的霹雳无敌班主任，我们大家永远的妈妈！"[①] 等等。

——诗性德育是诗意地创造的教育艺术。德育是科学，德育是艺术，诗性德育是科学与艺术的统一，是我们所应追求的理想的德育境界。斯霞老师被人们誉为教育界的梅兰芳，因为她蕴含着教育爱和教育智慧的教育活动从创意到表达都是富有艺术性的。

郭文红老师为了帮助家长更进一步密切亲子关系，在家长会上，她请家长们做一件事：在孩子熟睡之后，看着他沉睡的模样，回想他儿时的情形，满怀深情地给孩子写一封信。对学生，则布置每个人听读信后，给爸爸妈妈写回信。孩子们在回信中写道："听着爸爸轻轻读完这封信，我的心已再不能平静，双眼噙满了泪花，又想起我平时对父母的不理解，

[①] 胡文珠：《让集体在自我教育中成长》，

我陷入深深的内疚，一时思绪万千，我要大声地对你们说：爸爸妈妈——我、爱、你们！"另一位同学在给班主任的信中说："（爸爸妈妈）工作很忙，为了给我送上这样一份珍贵的礼物不知忙了多久，我的心深深地被震撼了，感谢深深爱我的爸爸妈妈，希望爱我的他们也能够天天快乐。希望快乐、美好、幸福永远环绕着我的一家，这是世界上最快乐、幸福、美好的家！"只有创造如此别致的教育艺术，才能取得如此好的效果！

四川泸州七中班主任老师郭家琴，被班上的学生亲热地称为"班妈妈"。她在南京接受班主任培训期间，仍牵挂着她的78个孩子，于是特地买了78颗雨花石带回学校，分送给每个学生1颗。正是对孩子的爱激起她以这样极富创意、孩子们极喜欢的方式，接受革命传统教育。

人类以自身的诗意创造为起点。成都锦西外国语实小的"以生命为本"的教育，就是最让我感动的美丽诗篇！不久前，我有幸到这所学校学习，这所学校的生命教育是从一只云雀的逝去开始的。学校用各种方式把以生命为本的教育艺术化：编写音乐剧《生之灵》，创作锦西校歌《云雀之歌》，制作锦西标志"生命叶"，制作学校吉祥物"云雀"的卡通形象，建立锦西CI形象识别系统，营建锦西校园文化（梦想家园，有爱就有天堂等景点，锦西形象大厅，云雀电视台，云雀书屋，等等）。这里简单说一下"生命叶"，这是由三片幻化的心形图案巧妙构成的，深蓝、浅绿、粉红三种学校基本色调，将爱心融入生命，表达了锦西人对生命最可贵的珍视。三个心形之间形成一个张开双臂、腾空而起的生命造型，健康、快乐的生命，优雅的体态是锦西人对生命永恒的追求。当然，这些仅仅是锦西教育艺术的一个侧面，由此可以帮助我们推想，整个锦西教育是内涵多么丰富的美丽诱人的教育诗篇！

诗性德育在有效地提高学生品行的同时，也是教师成就自我、提升自我、完善自我，实现生命价值最大化、最优化的过程，是享受教育艺术快乐的过程，是提升自己德性和生命质量的过程。如锦西实小韩焕君老师所体会的那样："教育不是牺牲，而是享受，不是重复，而是创造！""教育是提升生命质量，享受生命成长幸福的过程。"

——诗性德育教师是美丽教师。诗性德育教师是幸福教师，诗性德育教师是美丽教师，诗性德育教师的人生是美丽人生。

今年是斯霞老师100周年诞辰。斯霞老师从教近70年，在此期间，她多次受到过不该有的不公正对待。她也有多次机会，可以从事其他工作，但她不愿意离开教师岗位，她更不想"当官"，她就是痴迷于讲台，实现她"一辈子当小学老师"的人生理想。正因为她对事业、对孩子的忠与爱无与伦比，她成为小学教育界的梅兰芳。在作为教师的斯霞那里，她获得了教育人生的幸福；在作为一个品德高尚的人斯霞那里，她获得了人生的教师幸福。斯霞的爱是本体性、给予性、坚持性的，她是以谋取学生幸福作为自己的幸福的，这是她作为教师的人生幸福得以实现的根本依据。斯霞老师实现了德性人生、教育人生、创造人生，也实现了幸福人生、美丽人生。

李吉林老师这样表述她对教育事业的热爱："我对小学教育，有一颗火热的心，有一片真挚的情，有一种强烈的责任感，这些都驱动着我的思考、探索，执着地朝着情境教育促进儿童素质全面发展这条道路上继续往前走。从1978年到现在，20多年了，我没有停止思考与探索。"[①] 李吉林称自己是"长大的儿童"。确实，她永远保持着一颗"童心"，但她是"长大了的儿童"。她说："虽然我仍像孩子那样容易动情，然而，我的情感深沉了，在理性的支撑下，稳定了，执着了。"她说："一个人的情与思似水乳一般交融在一起，总是相互影响，并构筑起每一个人的精神世界。所以，我饱含着深情，写下了近300篇论文、随笔，出了8本专著。于是便有了《李吉林文集》的问世。"[②] 李吉林老师说得好："是教师，也是诗人。""诗人是令人敬慕的。其实，教师也是在用心血写诗，而且写着人们最关注的明天的诗，——不过，那不是写在稿纸上，是写在学生的心田里。"[③] 李吉林从情境教学到情境教育，创造了独具特色的诗性教育瑰宝，实现了德性人生、教育人生、创造人生，也实现了幸福人生、美丽人生。

诗性德育是美丽德育；诗性德育教师是美丽教师。不必用堆叠的荣

---

① 李吉林：《情境教育与班主任》（见班华《发展性班级教育系统》），2000年。
② 李吉林：《情境教学的理论与实践》，人民日报出版社1996年版。
③ 同上。

誉来证明自己的成功，人本质上是诗意的生存者，我们每一个教师，只要用诗意的情怀赋予自己有限生命以无限的意蕴，就是在按照美的规律塑造自己，就是把自己造就成美丽教师。诗性德育是自己创造性的教育的艺术；而自己在创造教育艺术的过程中，成就了美丽教师。

（原文发表在《中小学德育》2011年第1期）

全新的办学理念独创的国旗下课程

——学习李唯《国旗下课程》

题记：2011年11月我初读李唯的《国旗下课程》电子稿后，在给李唯校长的邮件中说："我乐意好好学习您的书，写收获体会给《中小学德育》。"现在李唯校长的书出版了，该是我再次学习的时候了。

2011年9月初，我到深圳滨海小学参观学习，我为能有此行而感到幸运。但当时我对此行的意义估计不足。当下，我读李唯校长的《国旗下课程》，自然有一种亲切感，这让我悟出要重新感受滨海之行的价值。

在书的"前言"里，李唯校长说2007年学校开办伊始，就确立了"珍视童年价值、培育生命自觉"的办学理念。依据这一办学理念，李唯校长创建了"国旗下课程"。

"珍视童年价值、培育生命自觉"给我的印象很深，这不仅因为滨海校园里那巨大条幅"以人为本珍视童年价值，科学发展培育生命自觉"给了我深刻的记忆，而尤其是这全新的、独创的教育理念令我极为赞赏。现在李唯校长阐述办学理念的新书就放在我眼前，当然渴望着立即拜读，认真地思考，再次享受学校，享受教育。

全新的、独创的办学理念在本文的标题中我在两个短语前分别加上了"全新的""独创的"两个附加语。办学理念与国旗下课程是有区别的，但我希望把二者作为一个整体来理解：办学理念的实现，需要通过国旗下课程；国旗下课程的实施应当体现办学理念；办学理念是"全新的"，也是"独创的"；国旗下课程是"独创的"，也是"全新的"。

滨海小学的办学理念是令人赞赏的！

滨海小学的办学理念"珍视童年价值、培育生命自觉"是全新的、独创的，是令人赞赏的，是学校之魂！

许多中小学都有各自的办学理念,但有些学校办学理念在思想内容和表述上大同小异。而滨海小学的"珍视童年价值、培育生命自觉"给我以全新的、特色鲜明的感觉。也许不少学校在对教育的认识上、思想上是重视童年价值的,但教育实践上未必做到了"珍视"。不少学校在认识上、思想上也许具有"生命教育"的观念,但实践上未必尊重生命、敬畏生命,更少提"培育生命自觉"。

当下我国学校教育现状普遍受到社会病的影响,也形成了种种教育病。分数主义、升学主义、锦标主义等病症,正折磨着人、摧残着人、误导着人;谈何学习的快乐,谈何童年的幸福!滨海小学的办学理念似乎是为了避免当下普遍存在的教育病提出的。这表明滨海的办学理念极具迫切的现实意义。滨海小学办学理念的确定,是李唯校长把培育新一代人的生命自觉作为自己毕生的事业而提出的。我在 2011 年 9 月 15 日给李唯校长的邮件中曾对她说过:"您是一位充满教育生命活力,关怀生命成长与幸福,富于教育智慧,求实创新的校长。"这是我接触李唯校长和读她打印的书稿以后形成的印象,而李唯校长的办学理念更加深了我的这种印象。我赞赏滨海的办学理念,因为它符合儿童生命成长的规律,符合教育的根本目的;它不仅极具迫切的现实意义,而且是具有永久性价值的;它的思想内容不仅不会随着时间的推移而改变,而且对新一代的教育具有永久的指导意义!

(一)滨海小学的办学理念是人性化的

我在思考滨海办学理念时,曾想过用"人性化的"来表达其精神。从李唯的《国旗下课程》中,我们十分清楚地看到"以人为本珍视童年价值"中的"以人为本"绝不仅仅指作为学生的儿童,也包括学校老师、学校领导、学生家长等。从李唯的《国旗下课程》中,我们也十分清楚地看到"科学发展培育生命自觉"中的"科学发展",绝不仅仅指儿童的发展,也包括学校老师、学校领导、学生家长的发展。正是基于这样的指导思想,全书分别设专章阐述"国旗下课程与学生成长""国旗下课程与教师发展",在各章特别在"国旗下课程与学校变革"一章中,用较多的篇幅阐述家长参与学校教育和所接受的影响。

人性化的精神同样鲜明地体现在办学目标方面:"学生健康成长,教师幸福工作，学校优质示范。"滨海的办学理念和办学目标都是为了滨海人愉快地享受学校生活，健康、快乐地成长，不断地提升生命自觉，享受人生幸福。这就是滨海的学校精神，就是统领整个滨海小学教学、教育活动的滨海教育之魂。

（二）滨海小学的办学理念是童性化的

我在思考滨海的办学理念时，也曾想过用"童性化"来说明。因为小学教育对象是儿童，而"珍视童年价值"不仅仅标明了是小学的办学理念，也特别强调了童年的价值。

"珍视童年价值"意义重大！从人的生命发展全程说，童年的价值不仅仅是未来生活的准备，是为今后的持续发展和幸福奠基；而且童年本身就应当是美好的、幸福的，是不可再现的。校训"健康、尊重、诚信、责任"是对人的终身要求，也是童年时期的学生应该也可能做到的。

人们对童年价值的认识是不断深化的。且不说更长远的过去，仅回顾近100年来，人们对待儿童的认识和态度就是不断发展、不断进步的。早在1924年，《日内瓦儿童权利宣言》就有了儿童是需要特殊照顾的规定。从1959年的《儿童权利宣言》开始，国际法律确立了"儿童个体人权"理念，儿童是拥有权利的积极的、创造性的自由个体，而不是家庭的私有财产和成人的隶属物。1989年联合国通过了《儿童权利公约》，我国在1991年加入了该公约。1990年的世界儿童问题首脑会议通过了《儿童生存、保护和发展世界宣言》，指出"儿童时代应该是欢乐、和平、游戏、学习和生活的时代"。儿童包括18岁以下的任何人。但当下我们的中小学生生存状况如何呢？他们的身体健康状况、他们的心理健康水平如何呢？他们享受到童年的快乐和幸福了吗？他们早起晚眠，倍受学习压力、升学竞争压力，堪称我国社会中最苦的人群。在这样的背景下，李唯校长提出"珍视童年价值"，其意义却远远超出了滨海小学！"珍视童年价值"不但具有永久性价值，也具有迫切现实意义。

办学理念的"童性化"与"人性化"是一致的；"童性化"是"人性化"的表现，在小学教育中"人性化"也必然表现为"童性化"，表现为对"童性"的关怀与尊重。

一　全新的、独创的国旗下课程

滨海小学的办学理念和办学目标是一个整体，是滨海的学校精神，是滨海的教育之魂，它的思想或隐或显地贯穿全书各个部分。

滨海小学的"国旗下课程"是在"珍视童年价值、培育生命自觉"办学理念指导下自然地、逐渐地形成的："国旗下讲话"——"国旗下课堂"——"国旗下课程"。如作者在该书第一章中所说："创新既可以是一种全新的方法，也可以是对某事、某物所做的部分改变、变化或改进；创新既可以是无中生有的突进，也可以是对事物陈列的方式进行重组，在不变的内容中呈现出新的姿态，甚至是对原有结构所进行的部分增减。"正是在李唯校长办学理念指导下，在学校领导和老师们共同努力下，取得了"国旗下课程"这一创新的成果。办学理念的落实，必须通过各科课堂教学、各种课外教育活动、校外教育活动等教育形式实现。"国旗下课程"是其教育形式之一，但却是滨海小学创建的一种全新的、独特的课程形式。这是富有滨海鲜明特色的学校文化成果，是地地道道的滨海原生态的教育特产。

"国旗下讲话"是中小学教育的一种制度性的教育形式。讲话内容与活动形式逐渐模式化。在一些学校，从老师到学生，都感到"国旗下讲话"只是不得不经历的一种形式，当然很难估计其教育效果。如何让流于形式的、枯燥乏味的国旗下讲话推陈出新，使其成为一种能够让师生喜欢的、可供享受的教育形式？2008年李唯校长带着这样的问题，与老师们一起思考、实践。李唯和老师们深知创新应该是一种精神，一种态度，一种行动。李唯和老师们实践了这样的认识，于是形成了"独具滨海特色的国旗下课程"。

作者在阐述了"讲话"跃升为"课堂"，实现了说的方式、说的内容、说的主体三个方面的转变后，"国旗下课程"再做拓展和创新：①拓展了参与主体：校长、教师和家长都参与其中，发挥各自的作用。②拓展了时空：从国旗下扩展到教室，甚至扩展到家庭；时间从周一早晨扩展到周一下午，甚至一周。③整合了参与元素，教育形式与其他的学校活动建立联系。整合后的国旗下课程成为了一个考虑到人、物、景、事、地点和时间的大课程。《国旗下课程》多处描述了每周一的国旗下讲话如何受到学生、老师、家长的喜爱。

教育目标决定教育内容和形式，教育内容和形式为实现教育目标服务。办学理念、校训是学校之魂，国旗下课程是为办学理念服务的。国旗下课程是"人性化"的、"童性化"的，是遵循儿童发展规律和特点，以"童性的方式"实施、受到儿童喜欢的方式。国旗下课程作为一种教育形式，是符合教育规律的。强调一种综合性的影响，并且始终考虑到其影响的对象是人，是具有生命价值和生命意义的儿童，课程的安排应该充满着爱与温情，它的生成与发展过程始终坚持着生命的维度。最后，国旗下课程是从课程结构出发，课程是有序规划的，有不同的层次和内容。

国旗下课程大致可以分为三个部分，称为国旗下课程三部曲：第一步，序曲；第二步，正曲；第三步，尾曲。

校长、教师、学生和家长都同时或先后参与国旗下课程，得到共同的成长。

对"国旗下"能否作广义的理解？"国旗下课程"是超越具体时间、地点的大课程，国旗就在心中，国旗下课程就是在伟大祖国大背景下，或在亲爱的祖国怀抱中的情境教育课程。

我们的国旗是祖国的标志，"国旗下"是对我们整个教育背景的表述，国旗时时护卫着、警醒着我们的教育生活，这样的教育是神圣的，是令人敬畏的。我们时时刻刻在祖国的怀抱里生活着、学习着、幸福着。"国旗下的课堂是滨海人的精神盛宴"。

二 滨海小学的教育是独特的生命教育

滨海小学"珍视童年价值，培育生命自觉"的办学理念，是一种独特的生命教育理念，滨海小学的教育实践是独特的生命教育实践。李唯校长在书的"前言"中说：滨海小学的"变革具有生命性"，"学校变革具有生命性不仅指变革的目的指向人的生命自觉，还意味着变革的方法与途径具有生命气息"。生命性是滨海小学的教育之魂，教育之根！从教育目的说，"珍视童年价值"与"培育生命自觉"是完全一致的。"珍视童年价值"就是关爱儿童生命,就是从儿童时期开始"培育生命自觉"。换言之,"培育生命自觉"必然要求在儿童时期就要奠定坚实的基础。童年是生命发展的基础阶段;"珍视童年价值"的最终目的就在"培育生命自觉"。可以说办学理念的核心思想就是"关怀生命成长与幸福"。关爱生命必然尊重生命个体间的差异性。如同校园内一面墙上以美丽绘画衬托出的几个耀眼大字:"孩子就像玫瑰花蕾,有不同的花期。最后开的花,与最早开的花一样美丽。"该书第二章"国旗下课程中的学生"中也说:"滨海小学始终有着这样的教育观念:孩子们的差异性是教育之福、生活之福、生命之福。"

"珍视童年价值,培育生命自觉"是一个思想的整体;"以人为本""科学发展",也是一个教育思想的整体。做到了"以人为本",也就是教育的"人性化",对儿童的教育必然"珍视童年价值"。做到了"科学发展",也就是教育的"科学化",科学地"培育生命自觉"。

"科学化"的小学教育必然要求教育"童性化",即实施"童性化"的教育,以"童性化方式"实施关爱儿童生命,促进生命自觉的教育。

"童性化"的教育必然要求"科学化",以"科学化方式"施教,按照儿童身心发展规律和特点,实施"珍视童年价值"的教育。

"珍视童年价值,培育生命自觉"实质上就是生命教育。《国旗下课程》实质上是关于小学生命教育的著作。21世纪以来国内教育界日益重视开展生命教育,许多学者对生命教育做了理论探讨,并出版了有关论著。国内的小学教育也日益重视生命教育。特别明显的例子是2010年9月举行了以"教育·生命"为主题的全国小学校长论坛。成都锦西外国语实验小学2000年才建校,办学伊始学校就以儿童最初的原始的关爱生命的情感为基础,开展了生命教育。2001年4月21日,李其玉校长带领全校学生和老师为一只死去的云雀举行了葬礼,2005年正式确定了"以生命为本"的办学理念。滨海小学在生命教育实践方面做出了很好的成绩。李唯校长在《国旗下课程》一书中说的"生命性"就既简要但又全面地描述了滨海教育变革的特色。该书的基本内容就是通俗地阐述滨海小学是如何通过国旗下课程实施生命教育的,是如何通过国旗下课程促进学生成长、促进教师发展,在改变学校的实践中提高学生、教师、家长生命自觉的。

李唯校长的"培育生命自觉"命题的鲜明特色在于其立意高，培养目标高，教育理想高。"生命自觉"是生命哲学的范畴，"培育生命自觉"是教育哲学范畴。滨海小学的"珍视童年价值、培育生命自觉"之所以给我以全新的、特色鲜明的感觉，就是因为不少学校的生命教育没有提到"生命自觉"的高度。

　　"科学发展培育生命自觉"表明了其办学理念的科学性。当然"培育生命自觉"首先指向作为学生的儿童；但又不仅指儿童，也包括学校的老师、领导、学生家长等。

　　理解和达于"生命自觉"有相当的难度，对小学生来说尤其困难。但在教育实践中，李唯校长是以通俗的语言阐释、以生动有趣的故事讲述，通过参加各种活动等形象的方式、实践操作的方式进行教育。达于"生命自觉"的目标是很高的，但并非要求小学生立即就达到不可能达到的要求，而是以"童性化方式"实施"童性化教育"。即在具体的教育要求、教育形式、教育方法方面都是儿童可接受的，而且是儿童很欢迎、很喜爱的。如国旗下讲话选用的许多故事是学生、老师们都爱听的，但又是寓于深刻哲理、极富教育意义的。如对学生的理想教育，不是用"成人化方式"的理论灌输，而是以"童性化方式"帮助学生领会，在学生期盼、喜爱的缤纷节活动中，开展"种下一粒童年的种子"的科学体验活动，让孩子们在实际操作中，想象"在童年种下健康、尊重、诚信、责任的种子，你将来就会成为一个具有健康、尊重、诚信、责任等优秀品质的社会栋梁"。办学理念和"健康、尊重、诚信、责任"的校训是融通的，第二章对校训如何体现生命自觉的要求做了具体的阐述。

　　我们的时代是开放的时代，我们的生命是开放的系统，滨海的生命教育是开放的教育。开放是一个非常重要的教育思想。滨海小学的开放表现在多方面。例如，2010年缤纷节，邀请了众多的领导、专家、嘉宾、家长参与活动。著名歌唱家李光曦还参加了"温暖我们的童年"主题大队会，和同学们同台演出。又例如，我在滨海小学参观皮影室时，李唯校长说滨海通过皮影戏活动，"沐传统文化，育国际视野"。这是多么好的开放思想啊！是的，开放不限于对家庭，而应包括对社区、对社会、对外地、对外国。

　　开放的时代，教育开放是时代的必然！

三　在学校变革实践中提升生命自觉

这里我不说国旗下课程如何促进了学校多方面变化，如何铸造了滨海的特色文化，仅简略地说一点滨海人在学校变革实践中提升自己的生命自觉的情况。

人是自己创造自己的。人在变革客观世界中改变主观世界。滨海的教育变革与滨海人的变革在同一过程实现。对此该书第四章作者做了较多的阐述，其中有老师、学生、家长写的许多真实生动的感受。

滨海小学为了"珍视童年价值、培育生命自觉"，不断地实行教育变革。而变革的每一步不但改变着学校，也改变着滨海人，包括改变着学生、老师、学校领导和学生家长等所有参与实践的人。仅从创建国旗下课程说，如同李唯校长在书的"前言"中说的："三年过去了，滨海小学的国旗下课堂模式渐趋成型，而我也在这三年的实践中不断成长，更在实践中不断体悟与反思，学校变革的每一步不但改变着学校，也改变着我。当然，我相信这样的改变也发生在每一个滨海人身上。"

每一个人，都是发展中的生命个体。人类学认为，人是未完成性的生物，他的生存是一个无止境的完善过程和学习过程。滨海人参与学校的各种变革，包括参与国旗下课程，都是学习过程，都是完善自己的过程。学习是滨海人的一种生活方式，是他们生活中必不可少的一部分，这对于学校发展来说是至关重要的，对每个滨海人说是个体生命发展的需要。

学校变革的基本思路与基本思想的整体性、连续性、实践性和生命性，自然地影响着滨海人的变化。

例如，学生、老师、学校领导价值观的变革。

"珍视童年价值，培育生命自觉"和"健康、尊重、诚信、责任"校训是学生成长的需要，是教师、学校领导、学生家长都认同的教育理念，也是他们身体力行、努力要达到的境界。这种教育理念和校训精神的实践，带来了学校整体氛围和文化的更新，推动了学校的快速发展，促进了滨海人的生命自觉。

又例如，学校管理者和教师思维方式的变革。在书的"前言"中，李唯校长就指出:"学校变革具有生命性不仅指变革的目的指向人的生命自觉,还意味着变革的方法与途径具有生命气息。"学校变革的整体性、连续性、实践性、生命性,最终影响着滨海人的思维方式。如学校的规划、规章制度等各方面以新的思维方式设计和思考;又如教育、教学方面,将知识讲授与育人价值开发相结合,一切以培育生命自觉为归宿。

再例如,滨海人行为方式的变革。价值观的变革、思维方式的变革必然带来行为方式的变革。做事积极主动成为每位老师内在的行为准则。有老师概括说,参与学校的变革"修炼了阳光心态,鼓舞了业务士气,净化了师德师风"。

滨海的教育变革与滨海人的变革都取得了很好的成就,以李唯校长为首的滨海人表现了生命自觉,表现了充满朝气的生命活力。但滨海人不满足于已有的成绩,他们要继续思考,继续前进。于是该书有了"第五章"国旗下课程展望,为的是找出存在的问题,阐明向更加完善的目标前进的方向。我愿继续关注滨海的发展,但我更应学习滨海人永不停息、不断进取的精神!

(原文发表在《中小学德育》2012年第4期)

特别的教育关怀给特别的你

对特别学生的教育培养，与对普通学校学生、职业学校学生、特殊学校学生的教育培养，都是教育劳动，其价值和意义都是一样的。不同之处在于教育对象不同，教育的目标、内容、教育方式、管理方式不同，因而称特别教育。或者说，特别教育有其特别的教育目标要求、特别的教育课程、特别的教育策略等；因而需要探寻、运用特别教育的原理。而当下，要做好特别教育，需要探索应确立何种特别学生观、教育观、教育策略，探寻、研究特别教育原理，学习做一名自觉教育者。本文尝试着对特别教育的若干问题作一些初步的探讨。

一　特别教育的理念

特别教育的教师，学习做自觉教育者，应掌握特别教育原理或特别教育哲学，其教育行为是自觉地受到特别教育理论指导的。但特别教育原理或特别教育哲学，尚在探索中。应该确立什么样的教育理念也是一个探索过程。可否说这也是探索特别教育理论的一个方面？

特别教育的对象是特别学生。我们要做好把特别的教育关怀给特别的你，需要有特别的教育理念。但当下专用于特别教育的理念是什么呢？对我而言，是一个需要探索的问题。以下涉及的教育理念是具有普遍意义的，即对特别教育、非特别教育都适用的，如果说，当下我是在探索"特别教育理念"的话，仅是在对特别学生更有其特别意义上来理解。

（一）特别学生观

特别教育的对象称作"特别学生"。"特别学生"是一种特殊的学生群体。"特别"也是"特殊"的意思,其实,普通学校的学生、职业学校的学生、盲聋哑学校的学生等,也都是各不相同的特殊的学生群体。但适合特别学生的教育称作"特别教育"不称"特殊教育",因为通常人们认可的"特殊教育"对象,是指盲、聋、哑,或智障等残疾人。"特别学生"是另一类的特殊学生,是指学习性不足、社会性不足的学生。为了不与"特殊教育"对象相混而称"特别学生";如果能有更确切的术语代替"特别"将是更好的。

本文的题目是《特别的教育关怀给特别的你》,这里的"你"指特别学生的群体,也指个体。要给特别学生特别的教育关怀,首先应确立合理的"特别学生观",依此实施适合特别学生的教育。

特别学生观大体上有以下的含义:

1. 从人的生命意义上看,特别学生是人,是发展中的生命,具有和所有人同等的生存权、发展权,同等的追求快乐和幸福的权利。特别学生,作为特殊群体的人,享有所有人的权利,没有任何理由忽视他们、轻视他们。

2. 从教育的意义、价值看,特别学生的教育培养与非特别学生的教育培养具有同样的意义和价值,同样是对社会作出贡献。特别学生的心身正常、健康,其学习性、社会性发展的某些方面不足,并非是发展的所有方面都不足,没有任何理由歧视他们。

3. 从"多元智能"理论看,多元智能理论是美国心理发展学家加德纳1983年提出的。该理论认为人有八种能力:语文能力、逻辑数理智力、空间智力、音乐智力、运动智力、人际智力、自我解析智力、自然科学能力。不同的人有不同的智能组合,要尊重智能的差异和多元。不同的智能在发展水平上有高下之分,但在生命的意义和价值上无尊卑之分;应当尊重特别学生的各种智能和各人智能的差异。

对特别学生的教育培养,包括对所有不同智能组合的特别学生的培养,与非特别学生的教育培养,对社会发展和个人成长的意义和价值,在程度上有等级的不同,但在性质上无高低贵贱之分。每种智能都有其各自的意义和价值,都是个体生命成长和人类社会所需要的。我们需要逻辑数理智力发展好的理论家、科学家,也需要空间感(空间智能)比较强的建筑师及雕塑家,我们需要内省智能较强的作家,也需要体力

（肢体运作智能）较强的运动员和芭蕾舞蹈家等。特别学生有不同的智能组合，智能的差异和智能的多元，应当受到尊重，得到发展。当每一个学生只在某一、两方面的智能发展突出，在其他智能方面发展得不够好时，不应受到歧视或责罚。我们要把特别的教育关怀给特别的学生。

每一个人的心理潜能都是有差异的。应承认差异，应公正地对待每个人，即使对心理疾病患者也不应歧视，何况特别学生是身心健康的人。魏俊，男，18岁。自闭症患者，但他能说出1949年以来任意某个年、月、日是星期几；他的二胡演奏得非常好；他的梦想是上中央音乐学院（2011年11月3日录制，上海东方卫视播出）。即使这样的患了自闭症的人，也有其长处和优点，何况特别学生的心理是正常的。

（二）提高生命自觉

每个人都应该、都需要提高生命自觉，懂得生命的意义和价值，懂得珍爱生命，懂得提高生命质量。对特别学生及其教师而言，提高生命自觉更有其特别的意义。因为特别学生由于种种原因，往往缺乏自尊、自信，或者自卑、自弃，他们容易被轻视、被忽视、被歧视、被排斥；作为特别教育的教师，尤其应提高生命自觉，懂得生命是世界上最宝贵的存在；明确自己的神圣职责就是要引导、帮助特别学生懂得生命的意义和价值，引导、帮助学生学会珍爱生命，确立自信，积极进取，提高自己的生命质量。我曾被成都锦西实小"以生命为本"的诗性教育感动，写过题为《生命自觉》的短文（2011年11月24日），第一句就是："生命——宇宙间最美丽的花朵！"世界因生命而精彩，但生命不是属于一己的。初中一年级《思想品德》教材（人教版，第30页）中有一篇课文就能很好地说明这个问题："小海来到这个世界——小海的爸爸、妈妈有了一个儿子，小海的爷爷、奶奶有了一个孙子，小海的姥姥、姥爷有了一个外孙。爸爸、妈妈希望他长大后成为栋梁之材，为国效力；爷爷、奶奶希望他长大后继承祖业，从医济民；姥姥、姥爷希望他长大后掌握科技，建设家乡。"

可见，珍爱生命绝不是一己的私事。

在拙文《生命自觉》里，我也写了这几句话："生命需要珍惜，因为生命不完全属于一己；生命百花园的美丽，是一朵一朵生命之花精彩的汇合！"

（三）教育目标：做最好的自己

教育的目的是为了人，是以人为本。各级各类学校教育目标都要求学生体、智、德、美都得到发展；特别学校的教育目标也应是这样。但我还要特别地提出应鼓励特别学生"做最好的自己"。"做最好的自己"也应是所有人的努力目标，但我以为对特别学生强调这一目标更有其特别的意义。我以为提出"做最好的自己"目标本身，就是对特别学生的一种肯定、一种鼓舞、一种激励！它鼓舞、激励着特别学生提高生命自觉，他会形成一种自信："老师认为我也可以'做最好的自己'，我的生命和所有人的生命同样是有意义、有价值的。"这种鼓舞、激励作用将引导、激励学生乐观地、自信地"做最好的自己"。

"做最好的自己"，是从自己的实际出发，做好你自己，不是说一定要做人中最杰出的人。而是通过自己的努力，使自己的潜能得到了最充分发挥，从而最大限度地做一个自我完善的人。我论及心育在潜能开发中的作用时说过："心育不可能要求每个人都像历史上和现实中杰出人物那样发挥潜能，做出卓越的成就，但心育应当促进每个人提高心理机能，尽可能多地发挥自己远未发挥出来的潜能，使弱智者增智，低能者增能，智者更智，能者更能。"（《心育论》，安徽教育出版社1994年版，第48页）也就是要让学生使自己的生命质量达到自己可能具有的最佳境界。

鼓励特别学生努力做"最好的自己"是完全可能的。有的身体、心理有缺陷的人，能看到自己的长处、优势，积极乐观地对待自己，有信心、有决心"做最好的自己"，何况我们的特别学生是身心正常、健康的人呢？关键是要有积极的心态，乐观、自信。如世界著名作家、盲哑人海伦·凯勒说，黑暗将使人更加珍惜光明，寂静将使人更加喜爱声音。她还说过，我只看我拥有，不看我没有。"有人问一位盲人：'生活在黑暗中，你觉得痛苦吗？'盲人回答：'和聋子相比，我能听见声音；和哑巴相比，我能说话；和瘫痪的人相比，我能行走。我相信我自有我的存在价值、我的幸福和快乐！'"（蔡志红：《心理减压室——完美高中生活指南》，中山大学出版社2012年版，第63页）

再看看我们熟知的一些人的真实故事吧，他们能激励我们每个人

"做最好的自己"：世界上第一个完成大学教育的盲哑人海伦·凯勒做成了"最好的自己"；青年歌唱家杨光做成了"最好的自己"；世界知名的舞蹈家邰丽华做成了"最好的自己"；我国第一个轮椅上的博士侯晶晶做成了"最好的自己"。我们应当让每一个特别学生认识自己特别的长处和优势，自尊、自重、积极、乐观、自信、自强，争取做"最好的自己"。

教育过程是老师与学生共同参与、相互教育与自我教育，共同成长的过程。为了帮助学生"做最好的自己"，老师当然首先要"做最好的自己"。

为了我们师生各自都能积极地、乐观地、自信地"做最好的自己"，老师应帮助学生共同考虑掌握以下一些规则：

1. 确立目标。"做最好的自己"是总的目标，是远景目标。在远景目标的指引、激励下，根据自己实际，设置中景目标、近景目标。考虑自己的现状与目标的差距，以使有自我期待，促进成长。

2. 学会自我欣赏。老师应学会自我欣赏，特别要帮助学生、和学生一起，学会发现、欣赏自己的优点、长处、成绩、进步；学会欣赏自己，享受成功的快乐；鼓舞自己的信心，激励自我，持续前进。当然每个人也需要认清自己成长过程中的缺陷、不足，明确今后进一步努力的方向。

3. 踏实学习。在为学的路上，踏踏实实志于学。

4. 学行结合。读书、思考、实训、体验、写作结合。

5. 科学用脑。反思自己如何用脑，以提高效率；要求方法有效，珍惜时间，劳逸结合。

6. 体验成功。学会对"成功"反思、体验，以保持积极良好的心态。

7. 养成习惯。反思个人的生活习惯、日常学习或工作习惯、智力劳动习惯等是否有利于自己的成长。

只要不断地反思、学习、践行，我们一定能够"做最好的自己"。

（四）制约教育成效的因素

教育的成功、高效，受到多方面因素及其相互关系制约，这些因素包括教育爱、学科教学知识、教育理念、教育智慧；教育成效是一个函数，我曾经在给一位友人的邮件中，用了一个关系式表达我的想法：

教育成效 = f（教育爱 + 学科教学知识 + 教育理念 + 教育智慧）

这一关系式也适用于特别教育。下面我对有关因素作简要说明。

1. 关于"教育爱"。教育爱不能包括师德的全部内容，但教育爱是师德的核心，是师德的根本，是做好教育的前提。为了突出它、强调它，我把它从师德中抽取出来。所有学生都希望得到教育爱，但对特别学生而言，教育爱更有其特别的需要。有的正因为他们缺少了爱，才变成"特别"的；而且由于种种原因，他们被歧视，他们缺乏自尊、自信，他们自卑、自弃。因此，享有教育爱，对他们的成长、发展更有其特别的意义。所以，我们应尽力做到，把特别的教育关怀给特别的你，帮助他们鼓起勇气，力求上进，提升自己。

教育爱表现为对学生全面关怀，包含关怀健康、学习、生活、交往等等。但在诸多的关怀中，精神关怀是核心，我们每一位老师都应是学生的精神关怀者，教育爱最集中的表现，应当是对学生精神生活、精神发展的关怀：

因为，人是精神动物，珍爱精神生命是最根本的、最核心的。

因为，教育是育人育心的精神劳动，关怀学生的精神生活、精神发展是教育的根本任务、核心任务。

因为，教师的职业使命是对年轻一代的培养教育，关怀年轻一代人的精神生活、精神发展是自己根本的、核心的职责。

因为，当下学生的生存状况是精神压力过大，精神生活贫乏、枯燥，特别需要得到精神关怀。整体上，我们中小学教育中分数主义、升学主义、锦标主义等教育弊病致使儿童和青少年学生学习负担太重，心理压力太大，他们自嘲为"亚历山大"。招收特别学生的学校情况也许会好一些，但也有来自不同方面的压力，仍然需要给以特别的精神关怀，让他们快乐地生活，幸福地成长。

南京市建宁中学是招收特别学生的中学，朱焱先生是新接任的校长，他说他刚到建宁，首先是接触、了解学生，感到这些学生"可惜、可怜、可爱、可塑"。我听了顿觉朱校长对孩子富有教育爱，"可爱"固然是爱的表现，"可惜"也是爱的表现，因为爱，才感到"可惜"；"可怜"也是爱的表现，因为爱，才感到"可怜"；"可塑"不仅是爱的表现，也是信心的表现，因为相信通过教育培养，他们会健康成长的，这是教育爱和教育信心的表现。朱校长有"四可"的特别教育情怀，我相信建宁的所有老师具有同样的教育情怀。这是教育成功最重要的前提。某教育报刊上有一个说法："教师爱＝母爱"，我以为不妥。教育爱是师爱与母爱的融合。做好教育不是单纯的方法、技术问题，教育劳动是精神劳动，首先应具有精神前提——教育爱，老师具备了教育爱，各类教育、教学就成功了一半。

2. 关于学科教学知识。这是指老师们所任教的学科理论知识和该学科教育论知识和教学技能。这也是影响特别教育成效的重要因素。老师学科教学好，学生容易喜欢该学科，思想上更重视，学习也更认真，有助于提高教学成效；教学好，有利于提高教师在学生中的威信，学生喜欢任教的老师，促进了师生间相互沟通，更容易接受教育指导。学科教学知识是保证教育成效实际条件。

3. 关于教育理念。教育理念指导着教育行为。合理的教育理念，符合教育原理或教育哲学，适合于教育对象，是教育成功的思想理论保证。

4. 关于教育智慧。教育哲学蕴含着教育智慧；教育智慧运用于教育实践，体现在教育策略、教育设计、教育方法、形式、教育艺术等方面。

理解上面的关系式，是教育自觉的表现。教育成效不是四个因素相加，四者是相互联系、相互制约的关系。"教育爱"不是简单的"爱"学生，不是偏爱、溺爱，不是缺乏教育要求的"爱"，而是受正确教育理念指导的自觉的爱，是理智的爱、智慧的爱、艺术的爱。学科教学知识应是以教育理念为指导的，学科教学是取得教育成效的实际保证；教育理念则是教育成效的思想保证。做得好的特别教育应当是人性化的、符合教育原理的、表现教育智慧的、美丽的教育艺术，是具有魅力的、为学生所喜欢的诗性教育。

二　积极教育的策略

特别教育是适合特别学生的教育。对特别学生的教育应采用特别教育策略。但特别教育策略是什么，应包含哪些要求、原则、内容和方法，是需要很好地探索的。我只能就自己对特别教育的理解，姑且用"积极教育策略"来表述。

（一）长善救失，实施积极教育

每个人身上都有积极方面和消极方面。积极教育是相对消极教育而言的，是以鼓励、发扬积极方面为主，同时注意克服消极方面。我国最早的教育学文献《学记》提出"长善救失"，就是积极教育的主张。在我们的德育原理著述和教材中历来把正面教育放在重要位置，德育原则强调"发扬学生积极因素，克服消极因素"，"热爱、尊重、信任学生与严格要求学生相结合"等。在教育方法上首先强调表扬与奖励，强调榜样激励等。这些都是积极教育策略和方法。积极教育蕴含了我们上面所说的教育理念的精神。我们应当依据特别学生观、生命自觉、教育爱、做最好的自己等教育理念，采取积极教育方式。积极教育首先要求对受教育者抱有积极的教育态度；积极的教育态度、教育方法和教育行为具有积极性、建设性、激励性。特别学生容易产生自卑、自弃等消极心理，对他们采用积极教育方式更具有特别意义。

采用积极教育策略，首先看到学生的优点、长处、进步；尊重学生，相信学生具有向善、求真、爱美的本性。相信每个特别学生都有自尊心，都有受肯定、被欣赏的心理需求，这是他们接受教育的心理基础。积极的儿童教育观主张培养、形成学生各种积极心理品质，如积极的情绪，爱的能力，学习能力、工作能力，积极地看待世界的方法，积极的人际关系，宽容和智慧灵性，创造的勇气，审美的体验，等等，这些对特别学生的健康成长具有特别意义。

积极教育，符合儿童哲学、儿童心理学和积极心理学理论。自觉教育者，应当深谙教育哲学原理、教育心理学原理和积极心理学原理，深谙积极教育是提高学生素质，培养学生自尊、自信、积极进取，追求幸福的教养方式，自觉地带着教育爱，采用积极方式与学生对话，对学生关爱、善诱、宽容、等待。

（二）采用积极语言模式

积极教育要求运用积极语言模式。《中小学心理健康教育》的副主编陈虹老师的《写给教师101条积极心理学建议》即将问世，该书系统阐发了积极心理学的"积极语言HAPPY模式"（各字母的含义是H：Hypothesis 预想，期望；A：Action 行动；P：Process 过程；P：to the Point 关键点；Y：Yield 产品，收益）积极语言HAPPY模式，对中小学老师和学生家长的教育实践具有多方面重要意义，而对特别教育对象的特别学生更有其特别意义：特别学生自觉自己的短处较多、缺陷较多，具有自卑、自弃心理，使用积极语言模式，对他们而言，更有其必要，更有其特别意义。

对特别学生的教育，善用积极语言本身，就表现出关爱的语气、赞许的态度、尊重的表情、信任的眼神。采用积极语言的积极教育方式，会使学生产生愉快情绪，容易调动学生的积极情绪，有助于培养学生的友善、自尊和自信，有利于形成、增强教育者所期待的行为。而消极语言，如冷淡漠视性语言、嘲讽侮辱性语言、抱怨打击性语言、惩罚性语言等，则表现为对学生的消极教育方式。采用消极语言的消极教育方式，即使对非特别学生，也会使他们感到厌烦，内心抵制，产生不愉快情绪，导致学生消极地评价自己，对自己缺乏信心，过于关注自己的缺点，个人成就感降低，自我效能感下降，对学习的意义和价值的评价下降，学习变得机械化且效率低下，产生自卑心理和低成就感，教师所期待的行为不被增强，反而会被减弱。如果对特别学生采用消极语言、消极教育方式，无异于把他们推向自暴自弃、堕落、犯罪的泥坑。

积极教育为学生带来快乐、幸福的学校生活。我们让学生享受教育的幸福，不仅是享受教育结果，也要享受教育过程；享受完整教育过程的幸福。积极语言的采用，不仅仅为了学生未来能享受人生的幸福，而且在当下的教育过程中就能享受教育的幸福，即能为学生带来愉快体验和愉快情绪，能够引导学生关注生活中美好的东西，帮助学生发现和发挥自己的优势和潜能，使他们的学校生活更加快乐，享受学校教育的幸福。

（三）个性化教育

世界上没有两片相同的树叶。都是特别学生，没有两个相同的特别学生。我们不是要学生适合教育，而是要教育适合学生。特别教育，即适合特别学生的教育，不仅适合学生群体，而且适合学生个体，即适合特别学生个体。这就是说，要实施"个性化教育"的策略。

每个学生的心理生活、思维方式、学习方式、行为习惯都有其特殊性的一面。这就意味着我们要尊重每一个学生的独特个性。特殊性也意味着差异性，不同的学生在学习同一内容时，实际具备的认知基础和情感准备以及学习能力是不同的，这就决定了不同的学生对同样的内容、学习速度和掌握它所需要的时间及所需要的帮助不同。这就要求个别地、艺术地对待每个人的教育艺术。

特别学生在某些方面有不足或缺陷，但他们各自也具有不同的长处、优势。实施个性化教育，让他们认识自己特别的长处和优势，乐观、自尊、自重、自信、自强，让各自的心理潜能得到充分的发挥，争取做"最好的自己"。

特别教育的最终目的，是让每个特别学生拥有生存和发展的能力，让他们在漫长的一生中能够快乐、幸福地生活。希望学校、家庭、社会能共同关注学生的生存状况，让快乐贯穿教育过程始终，帮助每个学生学会发现快乐、体验快乐、创造快乐、享受快乐。

特别教育的教师，应当作自觉教育者。为此，应很好地掌握特别教育的原理，深刻理解特别教育策略，并自觉地以特别教育原理指导自己的教育行为，从而让特别学生学习得好，生活得好，发展得好，让快乐和幸福陪伴他们的一生。

（原文发表在《生活教育》2012 年）

特别教育的教师道德修养

做一个自觉教育者,需要不断学习教育原理、教育哲学,懂得教育策略。这也是教师专业化问题。专业化的内容很多,这里仅就师德问题谈一些个人的看法。

一 师德是教师专业化的核心

社会上的许多职业门类,都有各自的职业道德。职业道德和职业知识技术是很好地完成自己职责的前提条件,职业道德不直接参与职业活动过程,但它能影响职业活动效果,而教师的职业道德即师德作为一种教育资源,直接参与教育过程,从而具有这样那样的教育影响。因此,教师道德应是教师专业化的内容,且是教师专业化的核心内容。

与社会其他行业的职业道德不同,教师的职业道德是一种教育资源。医生的职业道德即医德是做好医生的前提,医德可能影响医疗过程,但医德不是医术,医德本身不直接参与医治过程。然而,师德作为教育资源,无论直接的还是间接的教育过程,师德都是直接参与的。对特别教育的教师而言,师德也是同样具有教育资源性质的,在具体内容要求方面,可以有一些特别的方面,但就其性质和重要性而言,是同样的。对特别学生的道德教育过程中,教师让学生知道什么是道德、不道德,什么是善、恶,教师自身的道德人格就是直观教具,教师道德形象的示范作用、榜样作用就是直观教育。如果教师的道德欠佳,就给学生提供了不良的道德示范,就会给学生消极的道德影响。《思想品德》是德育教科书,教给人们尊重人、关心人、诚信做人、爱集体、爱祖国等道德规范。与《思想品德》教科书一样,教师也是德育教科书,教师的道德人格是无字的、活的德育教科书，是人格化的教科书。在这个意义上说，我们每一位教师都是德育教师，不是专任的或专业的德育教师（如德育处主任、团委书记等），就是非专任、非专业的德育教师。因为每个教师在教育教学过程中，不是给学生以积极的道德影响，就是给学生以消极的道德影响，不是自觉地给予影响，就是不自觉地给予了影响。我们每一个教师都应该提高教育自觉，自觉地给学生以积极的影响。

我们应当自觉到德育课老师是德育老师，数理化老师也是德育老师。因为教学永远具有教育性，不存在没有教育的教学。"每一位教师都应做自觉的教育者，让教学成为道德事业。"也就是说，"自觉的教育者应当自觉地认识'从伦理上考虑'教学，自觉地'将教学视为道德事业'，坚持道德是教育教学的最高目的，教学应当为其服务"[①]。

教育性不仅仅体现在教学内容中，教学全过程的各个要素都有教育性。对贯穿教学过程始终和教学过程的各个方面、各个环节的教育作用，我曾概括为四个方面。1. 作为教学内容，教学中传授与学习的知识对思想品德的形成具有奠定科学知识基础和智力基础的作用。2. 教学中组织形式、教学方法、师生关系、课堂氛围作为隐性影响因素，对良好品德形成具有熏陶感染作用。3. 教学过程中学生学习活动，作为一种艰苦、细致的脑力劳动和体力劳动，对各种优良品质形成具有锻炼作用。4. 教师人格，思想、情感、态度、意志、性格对良好品德形成具有榜样示范作用[②]。我们需要提高教育自觉，理解教学各因素与师德关系，从而学会自如地提高教学活动诸因素，充分地发挥师德的育人育德作用。

二 特别教育对师德的要求

特别教育的教师应具备哪些师德，应当根据特别教育的要求。对特别教育是什么，我仅仅开始做了一点思考，我只能从思考中涉及的一些问题来理解对师德的要求。

---

① 班华：《教学应当成为道德事业》，《教育研究》2007年第2期。
② 班华：《中学教育学》，人民教育出版社1992年版，第169—170页。

（一）确立合理的特别学生观

合理的特别学生观，是教育自觉的表现，是决定我们对学生教育要求的基本依据，也是决定特别教育策略、特别教育方式和方法的依据。应当实实在在地做到给特别学生以特别的教育关怀，因为他们容易被忽视、被轻视、被歧视，他们往往缺乏自尊、自信，或者自卑、自弃；给以特别的教育关怀，让他们自尊、自信、积极向上、快乐成长。这是特别教育教师的基本职责，也是特别教育对教师基本的道德要求。

（二）具有生命自觉，珍爱生命

由特别学生观自然地导出应当具有"生命自觉，珍爱生命"，与下面将阐述的"教育爱"其精神是内在一致的，仅是角度与表达方式不同。生命自觉，珍爱生命，从教师对学生说，就是要珍爱学生的生命。坚持以人为本，尊重、关心、理解、信任学生，才能真正做到与学生心灵沟通。从人作为精神生命的存在，从教育作为精神劳动的性质，从教师教育职责或教育使命，从当下学生的生存状况等方面，都能理解对学生精神生命的关怀，是对学生生命关怀的根本，是对学生特别教育关怀的核心。以精神关怀培育学生的关怀精神，是教育自觉的表现，也是我们老师应具有的最重要的师德。

（三）具有真诚的教育爱

教育爱是师德的核心内容。教育爱最集中地表现在关怀学生的精神生命。从教育成效的关系式看，教育爱是教育成效的前提。即使对普通中小学生，教师的关爱也具有重要的教育功效。四川泸州中学德育主任兼班主任郭家琴是富有真诚的教育爱的老师。有时，班主任遇到难教育的孩子就送到德育处受教育。孩子被送到德育处后，郭老师不是问孩子犯了什么错，而是首先让孩子坐下，再倒上一杯水给孩子，孩子的紧张情绪顿时就消失了，孩子感受到老师对自己的体贴关心，然后开始诚恳地谈心，于是难教育的孩子也变成了容易教育的了。这就是教育爱的神奇作用。对特别学生当然更应当给以真诚的特别的教育爱，这是特别教育师德的核心内容。一则，难教育的可以减轻其难度，由难变易；二则特别学生对教育爱有特别的需要。

　　当下较普遍的教育病症表现为分数主义、升学主义、锦标主义，它的危害是折磨人、摧残人、误导人。如著名学者杨东平所说："有很多孩子在接受教育的过程当中，逐渐被毁掉了。一半是被学校毁掉的，一半是被家长毁掉的。"① 许多孩子的好奇心、求知欲、想象力都被摧残了！建宁中学，作为特别教育的学校，有可能避免或少受教育病的影响；但也有需要特别关怀的教育问题，甚至可以说真诚的教育爱，更是特别学生的特别需要。成都锦西实小原校长李其玉老师是一位自觉教育者，对当下的教育病及其危害有深刻的洞察。正是出于对孩子的爱，她看清了教育对孩子的"伤害"。她写了一首诗，题目中就有"伤害"二字：《孩子，教育是怎样的伤害了你？》她在邮件里说："很多时候，望着小学、幼儿园一个个刚刚开始生命启程的孩子，再看看随着年岁增长孩子们被扭曲，特别是那些所谓学业优秀的孩子身上出现的种种问题，我便深刻地感受到'教育的罪过'。当然，我说的'罪过'不是单指学校教育，而是指教育的全部。每到这时，我就会泪流满面。作为一个教育人，我不知道我有多大的能耐，但我愿意尽我生命的全部来思考，来实践！"是的，我们的许多中小学不就是因为教育的"罪过"致使孩子们学习性不足、社会性不足的吗？每看到这种情况，她就"泪流满面"。她用"伤害""罪过"描述我们的教育病，一点儿也不过分，这正是她教育爱的表现。至于对特别学生的教育，更是特别需要如此强烈的教育爱！

（四）努力"做最好的老师"

　　我们要求每个学生从自己的实际出发，充分发挥自己的潜能，"做最好的自己"。作为教师，当然应当首先要求自己，尽自己最大的努力，做最好的自己。对我们做老师的来说，就是努力"做最好的老师"。这是自己的特别学生对自己的要求，是学校对自己的要求，是教育事业对自己的要求，是社会对自己的要求。为实现"做最好的老师"而努力，是珍爱自己教育生命的表现，是学习做自觉教育者的表现，是优良师德的表

---

① 《读者》2012 年第 14 期。

现，因为他要满足自己学生的需要，实现学校对自己的要求，力争在教育事业上有更多的贡献，不辜负社会对自己的期望。而这一切也鼓舞着自己一定努力去"做最好的老师"，同时让自己拥有一个教育人生——幸福人生——美丽人生！

三　提高师德修养关键在自己

人自己创造自己。师德主要靠自我教育、自我修养。2011年《中小学德育》创刊，我给写了两句话："优化德育生态，让道德生命自己成长。"我强调"道德生命自己成长"！这是我作为德育理论教学与研究的一员一贯坚持的观点。人的德性成长不是靠说教、靠灌输，而是靠自我教育，靠"自己运动"（黑格尔语）。自己创造自己是我的一个教育信念。以至于我在《生命自觉》的短文中也说："生命之花的美丽是自己创造的。生命之花不能没有阳光、空气和水，但每一朵生命之花，都是自己开放的。每一朵生命之花都是自由的，每一朵生命之花都要做最美的自己！"我们每个教师，包括特别学校的教师，提高道德修养靠自己努力！

自觉教育者的重要表现之一，是按师德要求争取做"最好的老师"；而"做最好的老师"靠自己的努力也是生命自觉的表现。

一切事物的发展都是"自己运动"的结果，是自己创造了"最好的自己"。同理，"不好的自己"也是自己创造的。"路易斯·海有一个令人振聋发聩的说法——我们每个人创造了自己的疾病。"珍爱生命的重要表现之一，是通过自己的努力"做最好的自己"。

四　做一个幸福的教师

教师幸福是教师才可能享有的职业幸福，其源泉来自自己的学生和自己的教育实践。如同卢梭"亲身体会到幸福的源泉就在我们自己身上"。教师专业化就是为了孩子、为了事业，也是为了自身的发展。这是一种教育自觉，也是一种生命自觉，是一种教育生命自觉。这是师德的重要表现，因为在做一个幸福老师的过程中，自己的刻苦努力，为孩子、为事业、为社会付出的辛勤劳动是一种师德；因为把特别的教育关怀给了特别的你，幸福着学生的幸福，是一种高尚的道德；因为做成了"最好的老师"不是一己的成功和快乐，而是给许许多多的人带来了快乐和幸福。

专业化，包括师德修养，让我们有可能从经验型教师变为专业型教师，从自发的教育者变为自觉的教育者。一位富有教育爱的同行说："我心中的梦想就是希望我能很好地为成长中的生命带来福泽，我希望那些有缘与我相识或者不相识的孩子能够因为我成长得更幸福，更快乐！"

社会是不断发展的，教育实践和教育理论是不断发展的，我们的生命是不断发展的。人类学家兰德曼说"人在天性上是未完成的、不完善的、未确定的"。《学会生存》一书中说人是未完成的，"我们可以说，人永远不会变成一个成人，他的生存是一个无止境的完善过程和学习过程。"因此，人总是要不断学习，持续发展的。教师的发展是无止境的，一个目标实现了，还有更新、更高的目标在前面。教师发展有开始，没有结束。因此，我们需要终身学习：做最好的老师是我们永远的追求。

诗性德育在有效地提高特别学生的同时，也是教师成就自我、提升自我、完善自我，实现生命价值最大化、最优化的过程，是享受快乐的过程，是提升自己德性和生命质量的过程。

我衷心祝愿同行朋友们快乐生活、快乐成长，持续发展！

作家毕淑敏说："要把自己的天分潜能最大化。天分潜能是我们快乐的触媒。快乐的持久就是幸福的地基。"[1] 我们一定要也一定能帮助每个学生学会发现快乐、体验快乐、创造快乐、享受快乐，让他们拥有一个幸福的人生！我们老师自己也一定在"做最好的老师"的努力过程中，发现快乐、体验快乐、创造快乐、享受快乐，我们也会拥有一个理想的教育人生——幸福人生——美丽人生！

（原文发表在《生活教育》2012年）

---

[1] 毕淑敏：《破解幸福密码》，江苏人民出版社2010年版。

让道德生命自己成长

"优化德育生态，让道德生命自己成长！"这是我在 2011 年为《中小学德育》第 1 期写的一句话。我这样写，是因为不少人把学校德育无效或低效，归因于教师的教育不力。但我以为责任不全在学校教师，而是与整个德育生态环境欠佳关系极大，因此，我提出优化德育生态环境。当然，环境仅是人们道德生命成长的外因，人的道德成长必然有道德主体自身的因素即内因，所以提出"让道德生命自己成长"。

理解道德生命需要懂得生命哲学，即理解生命本质、生命发展的规律。教育的对象是人，人的生命是自然生命与精神生命的统一；道德生命是精神生命的核心。这是自觉教育者应有的生命自觉。道德生命成长的生态环境，包括社会、政治、经济、文化、社会与自然的关系以及教育自身。因此优化德育生态环境不单单是学校教师的责任，也是整个社会都应当关注的。

德育生态环境和教育都是道德生命成长的外因，必须通过道德主体的内因起作用。道德生命成长的内因即内在根据，如道德主体的文化心理结构，主体的道德判断和道德选择，主体对道德学习的态度和努力程度等。德育是教育者组织、启发、引导受教育者——道德主体自己道德学习，包括道德认知、道德体验、道德践行，发展道德思维、道德能力；这样的德育便是主体—发展性德育。

在现实生活中，环境和教育的影响有自觉的与不自觉的，或者说有显性的与隐性的；对道德成长影响的性质有正向的、积极的，也有负向的、消极的。正向积极的影响，促进人道德健康地成长与发展，促进社会的进步和发展；负向消极的影响，对人的成长与发展起着消极的、阻碍的作用，对社会的进步和发展也有消极的、阻碍的作用。自觉教育者应充分发挥环境与教育正向的、积极的影响作用，防止、克服其负向消极的影响作用；尤其应注意防止不易被发觉的隐性的负面影响。

道德学习也有自觉的与不自觉的，或者说有意识的学习和内隐的学习；道德学习所接受的影响可能是正面的、积极的，也可能是负面的、消极的。不论何种类型的学习，都是道德生命的"自己运动"。"自己运动"是黑格尔论述"绝对精神"的术语，我们对"自己运动"作唯物辩证的理解，道德生命的成长，必然通过道德主体内部运动实现。柏格森说过"自己创造自己"，美国学者麦克思维·梅茨等提出"自己改造自己"，而早在1859年，英国学者塞缪尔·斯迈尔斯就出版了书名为《自己拯救自己》的著作。这些表述不同，具体含义也不尽相同，都说明一个道理，即事物的发展是事物的"自己运动"。我们可以为道德生命的健康成长提供种种优化条件，但不能代替道德主体"自己运动"。好比，你可以为一个人提供富有营养、美味可口的饭菜，但你不能代替他吃，代替他消化、吸收；而需要他自己吃，由他自己消化、吸收。

这样说，道德生命成长，内因最重要了？这是从重要程度上，即从"量"的方面看问题的思维方式。然而我们必须从"质"的方面认识问题；"根据"与"条件"就是在"质"上区分了内因与外因的作用。外因作为"条件"必不可少，道德生命的成长，正是通过不同性质的因素相互作用实现的。

让教育适合道德生命！尊重道德生命主体及其成长规律，实施主体—发展性教育，让道德生命自己成长！而为了道德生命持续的、终身的发展，需要帮助道德主体养成终身道德学习与修养的能力与习惯。

（原文发表在《中小学德育》2013年第1期）

德育目标应有的要求：
民族精神与世界精神统一

时代在发展，社会在前进，我认为有必要对我们既有的德育目标理论及目标本身，再作一些审视。很多著述对德育目标的理论有很好的论述，关于"德育目标"的表述也很多，笔者不敢妄加评说，只能对自己参编的教材中有关"德育目标"问题的阐述做一些反思。

一 重新审视德育目标的意义

审视已有德育目标问题，涉及对德育目标结构的认识和表述方式。这里我说两种不同情况。一种是德育目标定位于所要培养的德性品质，其表述方式是"培养……品质"，如"培养'五爱'品质""培养民族精神"等；另一种表述是德育目标定位于培养何种德性的何种社会角色，如"培养具有……道德的公民"。因此，德育目标结构有两个基本部分：第一部分是对造就何种社会角色的规定，如培养何种"人才""建设者""公民"等，这是德育目标的核心部分；第二部分是对形成何种德性素质的规定，这也就是对受教育者思想道德素质方面要求的规定。德育目标结构是这两个部分及其相互联系。德育目标的完整表述应包括其组成部分的两个方面，其规范形式应是"培养具有何种德性的何种人（角色）"。

教育的性质表现在教育的方方面面，但是最集中的是表现在教育目的上。赫尔巴特说："教育的唯一工作与全部工作可以总结在这一概念之中——道德。"他认为"道德普遍地被认为是人类的最高目的，因此也是教育的最高目的"①。在这个意义上说,我们的教育就是为了道德的教育,德育是整个教育的核心。在这个意义上,探讨德育也就是探讨整个教育,探讨德育目标问题,也是探讨整个教育目标的问题。我们认识、研究德育目标问题,对理解整个教育建设包括整个德育建设都是具有十分重要意义的。

德育目标集中表现了德育的性质。德育目标是统率整个德育理论与德育实践的。德育的功能、德育的价值都反映在德育目标中;而德育目标又直接决定着德育内容,德育内容体现着德育目标的要求;对德育目标、内容的理解又决定着如何实施德育和德育管理等。可见,科学地、合理地认识、理解德育目标问题是何等的重要。而从时代的发展和社会的变化看,重新审视德育目标,则更具迫切的现实意义。

二 对既有德育目标表述的反思

1985年前,人们称"德育目标"为"德育任务"。例如,1984年南京师大教育系编《教育学》中的"德育"章节是用"德育任务"表述的。② 1985年出版的"文化大革命"后第一本《德育原理》教材,其第三章(华东师大余光老师执笔)也是表述为"德育的任务和内容"。③ 1986年,我的一篇论文标题也是用"德育任务"这一术语表述的。④ 直至1987年,对1985年版的《德育原理》教材修订时,"德育任务"表述为"德育目标"。⑤

1984年,南师教育系编《教育学》的德育部分是我执笔的。当时德育任务定位在三个方面:"(一)培养学生具有坚定正确的政治方向、辩证唯物主义世界观和共产主义道德品质;(二)培养学生的道德思维、道

---

① [德]赫尔巴特:《论世界的美的启示为教育的主要工作》,载张焕庭主编《西方资产阶级教育论著选》,人民教育出版社1964年版,第249—250页。
② 南京师大教育系主编:《教育学》,人民教育出版社1984年版,第239—242页。
③ 《德育原理》编写组:《德育原理》,北京师范大学出版社1985年版。
④ 班华:《思想品德结构与新时期德育任务》,《华东师大学报》(教科版)1986年第2期。
⑤ 胡守棻:《德育原理》,北京师范大学出版社1989年版,第85页。

德评价能力，使之能识别和抵制资产阶级的、封建主义的思想和道德；（三）培养学生自我教育的能力和习惯。"① 任务（一）的提法显然是依据此前有关文件和领导人讲话多次提到的。（二）、（三）方面任务的提出，沿用至今，未见其他教育学或德育原理教材有过类似提法。1985年的《德育原理》教材也采用三个方面任务的提法。这与笔者关于三维"思想品德结构"，即品德的心理内容维、心理形式维、心理能力维的看法是对应的。"思想品德结构"的理论应是确定德育目标的理论依据之一，当然，确定目标还应依据人的德性发展规律以及人的现代化和社会现代化发展的需要。

1987年，修订1985年的《德育原理》教材，我与涂光辉老师负责撰写"第五章德育目标"。我们对"德育目标"的表述，既考虑有关文件精神，又以品德结构的理论为依据。于是我们对德育目标的表述是："培养学生具有社会主义道德品质和良好的文明行为习惯；奠定坚定正确的政治方向和科学的人生观世界观基础，具有初步的道德评价能力和自我教育能力。"② 在当今社会发展条件下，如果只重视对青年一代思想道德观念是教育和行为规范的培养，是不够的，"还必须重视道德评价能力、自我教育能力和良好心理品质的培养"③。这是时代发展的要求。当然，心理与道德、心育与德育是有区别的。从德育目标范围说，可以把心理品质纳入其中。但从学理上说，心理的不属于道德的，心理的外延更大于道德的。在该教材第四章的第一节中，有"德育与心育"的论述，对其二者关系作了阐释。④ 这里不予赘述。

1996年，我主编的《现代德育论》由安徽师大钱广荣教授撰写"第四章德育目标与德育内容"。作者主要依据1995年国家正式颁布的中小学德育大纲，对德育目标做了明确的规定。教材在对其解读中，指出教材所论"德育目标的组成部分更加完整"。（1）突出了公民的法制教育、文明习惯的养成等。（2）把心理品质的发展列入了德育目标要求，在中

---

① 南京师范大学教育系编：《教育学》，人民教育出版社1984年版，第239—242页。
② 胡守棻：《德育原理》，北京师范大学出版社1989年版，第95—96页。
③ 同上书，第97页。
④ 同上书，第59—61页。

学阶段改变以往单纯规定思想、道德品质教育目标的状况。（3）改变了以往只重现成思想准则、道德规范的教育与培养，忽视培养、发展道德能力的倾向。[①] 教材提出了确定德育目标、内容的方法论原则：（一）社会本位与个人本位的统一；（二）适应性与超越性统一；（三）传统美德与时代精神有机结合；（四）民族性与全人类文化因素相融合。[②] 我以为最后两条，即（三）（四）条国内德育原理教材没有提到过，但我以为这两条尤其值得注意！这两条是德育目标时代精神、全球意识的重要体现。教材中介绍的关于亚太地区教科文组织提出的各国公认的12个核心价值观和5个工具价值观，是帮助我们理解这两个原则的极有意义的宝贵思想资料。

2001年，《现代德育论》第二版出版。南京师大李学农老师承担了"第四章德育目标与内容"的撰写任务。与第一版比较，在思想内容方面更加丰富了，在德育目标的提法和确定德育目标和内容的原则方面，精神上是一致的，仍然强调要坚持"传统美德与时代精神有机结合"，要坚持"民族性与全人类文化因素相融合"[③]。

三 民族的与世界的相统一

我们的时代是开放的时代，我们的教育是开放的教育。我们的视野必须更加开阔，我们的思想必须更加开放。这样，我们的德育目标才能更表现出时代性，才更能凸显时代精神。国外有一种全球本位德育理论，我们应当从全球视野来审视我们的教育目的，包括德育目标。在《现代德育论》中，把"传统美德与时代精神有机结合""民族性与全人类文化因素相融合"作为确定德育目标的"指导原则"是好的，但当时的思想局限也就在于仅仅将其作为确定德育目标的"指导原则"，而不是将其直接纳入"德育目标"。今天，我们的视野应当更加开阔，也就是要求受教育者思想道德上应具有全球意识、世界眼光，把民族精神与世界精神统

[①] 班华：《现代德育论》，安徽人民出版社1996年版，第122页。
[②] 同上书，第117—119页。
[③] 同上书，第141—147页。

一直接作为德育目标的要求纳入德育目标之中。进入21世纪之初的2005年，当代世界德育论坛的著名学者美国内尔·诺丁斯就出版了《培养具有全球意识的公民》，而在20世纪末年，我国著名学者季羡林先生就已经指出了："下一个世纪与本世纪不同的，是人类要具有世界眼光，做一个世界人。"①

社会的现代化，核心是人的现代化。人是社会现代化的主体，人是社会现代化的目的。人的现代化就是做现代人，就是要具有世界眼光，做世界公民。现代德育就应当培养现代人，即在思想上、道德上、思维方式以及心理素质、行为方式、知识才能等方面都现代化。英格尔斯提出的现代人的12种特征，就是指现代人应具有的心理态度、价值观和思想。②

这样的目标是否过高了？是否不切实际？对此，我们从两方面看。首先，教育目标是对人发展的期望，本应高于人现有的发展水平；而作为教育理论也应当高于教育实践、引领教育实践，作为教育研究更应立于理论的前头、领先于教育实践。其次，从学校教育实际看，我们不少学校领导的教育思想和教育实践已经走到了现有教育思想理论的前头，他们已经提出了先进的教育目标。下面，以我走访过的学校为例看看。

江苏省江阴市华士实验学校确定的学校教育目标是"做优秀的世界公民和永远的中国人"。世界公民是全球化时代，具有全球视野和国际责任感的人。

南京市游府西街小学校长万代红为21世纪的学校教育提出了"走进儿童世界，培养世界儿童"的办学理念。

北大附中深圳南山分校的办学目标，是构建一所现代化、开放式、文化型、具有国际影响的绿色学校，规定其教育目标是"培养人格健全、学力宽厚、具有中国灵魂世界眼光的现代人"。

南京市宁海中学提出以美的教育培养"具有民族灵魂和国际视野的现代公民"。

上述各校所提培养目标的具体表述不同，但其基本精神是一致的，

---

① 韩小蕙：《要具有世界的眼光——访季羡林》，《光明日报》1999年2月4日。
② 殷陆君：《人的现代化》，四川人民出版社1985年版，第4页。

即把民族精神与世界精神的融合直接内含于教育目标中,而不仅仅作为确定目标的"原则"。可以说这是关于教育目标思想的一大进步。

有的学校在培养目标上没有这样表述,但是在办学理念、办学目标方面体现了同样的精神。

江苏淮阴中学的办学目标是"具有国际视野的现代化、高质量、有特色的国家级示范高中"。

深圳宝安区滨海小学师生开展皮影戏活动,自己编剧、制作皮影和演出。李唯校长说:"我们把继承民族文化传统和具有国际视野结合起来。"

广东省中山市的烟洲小学已有138年的历史,这里原是中山市保存最完好的一座书院。作为一所有深厚传统文化积淀的学校,非常明确地以"传统文化与现代文明相结合"的思想指导学校建设;以开阔的国际视野,与国外交流,引进现代教育观念和经验,培养"传统文化与现代素养相结合的新型学子"。

以上仅是就笔者近几年走访过的学校说的,而从媒体上我们可以看到有更多的学校都提出了类似的培养目标。例如,绵阳东辰国际学校提出"培养有中国灵魂有世界眼光的现代人",成都美视国际学校提出培养目标是"有中国灵魂的世界公民",南京金陵中学河西分校的办学目标是坚持"高品位、研究型、现代化、国际化",等等。

学校教育实践表明,培养学生具有"民族灵魂""中国灵魂",同时强调"国际视野""世界眼光",就是要求学生的德性素养既是民族的,又是世界的,是民族精神与世界精神的统一。这些学校所提培养目标代表了现时代教育发展的趋势:民族精神与世界精神的统一是教育发展的必然。

以上事实启示我们反过来思考一下:我们已有的德育目标理论是不是有点儿滞后于教育实践了?我们已有的关于德育目标的研究做到了领先于教育变革吗?香港教育学院李永安教授访英,发现英国教育同人"正在致力于从国民道德操守与共同价值观慢慢地转移到提高学生的国际视野和全球意识"①。倘若我们还不把民族精神与世界精神统一纳入德育目标和内容,我们的德育思想与理论将落后于时代发展。

四 结语:自觉教育者的教育责任

全球本位德育理论是我们确定德育目标的理论基础。"全球本位德育理论发源于当代科技革命和现代化生产所带来的负面后果,如全球生态严重破坏,能源近于枯竭,核毁灭朝夕莫测,南北贫富日益悬殊社会分化明显加剧,人口超经济增长,等等。由此提出了科技和生产的道德取向,并先后产生了:(1)生态伦理学;(2)科学的人道主义学说;(3)学会关心的教育哲学。"② 自觉教育者应清晰地认识人的德性发展规律,认识时代和社会的发展对人的心理素质、价值观、生活方式、思维方式、行为方式等新的要求;应明确意识到我们的德育目标与内容应体现人·社会·自然和谐发展的伦理要求,体现时代精神的要求;能自觉地促进人的革命或人的建设,使我们培养的人既具有民族文化精神,又具有全球意识和国际责任的世界精神,造就民族精神与世界精神统一的现代人。因此,就德育而言,德育目标、德育内容需要"更新"。"更新",就不是缺少了一两项而增加一两项的问题,而是要提升对原有德育目标与德育内容的理解,考虑在原有德育目标内容基础上重视以下几方面的教育。

——全人教育。重视人的建设,解放人的体力,开发人的脑力,开发人的潜能。关怀人的精神生活和精神发展是全人教育的核心。特别重视全球都关注的人的创造性培养问题。拓宽人的宏观视野,使其具有全球意识。防止、克服、矫治现代人的种种社会心理病。重视心理—道德教育,优化心理机能,提升精神品质,促进人格和谐,服务人生幸福。

——信息素养教育。现代社会不只是社会系统,也是信息加工系统。

---

① 李永安、古人伏:《国际视野与公民教育——香港及上海中学状况调查研究》,上海社会科学院出版社2004年版,第1页。

② 王义高:《评当前西方的道德导向与德育理论》,《比较教育研究》1994年第5期。

电脑网络给人们带来了全新的生存方式、学习方式、成长方式，急需信息素养、信息道德教育，包括网络道德教育。要特别关怀"网童"（进入网络社会的"18岁以下的人"）的健康成长。

——科学道德、科学精神教育。提升科学素质，养成爱科学、学科学、用科学的道德品质，确立科学为人类服务的责任感。以科学精神对待科学的学习与研究，防止学习上的浮躁，反对形形色色的不端行为。

——生态伦理教育。珍爱生命，保护地球环境，理解人在生物系统中的位置。怀着感恩的心，处理好人与人的关系，人与所有其他物种的关系，人与整个自然的关系。倡导生态美学，走出消费代替审美的怪圈。亟须关注我们生存的家园。

——经济道德教育。重视劳动教育，发挥节约的多方面价值，包括节约的教育价值。重视消费教育，矫正奢侈性消费、炫耀性消费等社会—心理病。形成低碳生产、低碳生活的社会—文化氛围。要清楚地意识到70亿人对地区平衡发展、社会公平、可持续发展的影响。

——培育志愿服务精神。志愿者的服务活动已是具有全球影响的社会服务活动。志愿服务是道德践行的重要形式。德育的目的在践行，德性的发展靠践行。志愿服务具有社会的、经济的、教育的等多方面价值。通过志愿服务形成我为人人、人人为我的社会公德，优化人的心理素质，获得人生幸福感。

——提高品德能力。我们的时代是全球化、信息化、价值多元化的时代，在进行道德规范、道德价值观教育的同时，需要提高道德思维能力、道德辨析能力、道德情感能力。21世纪教育重点由"教"转向"学"，道德教育重点转向道德学习，帮助学生提高自我教育力，为其终身心理—道德学习和修养、持续发展、终身幸福奠定基础。

我们的德育应当珍视童年价值，应当改变当下教育的种种弊病，坚决克服分数主义、升学主义、锦标主义等教育病症，改变教育折磨人、摧残人、误导人的状况。解放儿童，还孩子童年幸福，还儿童时代应有的"欢乐、和平、游戏、学习和生长"[①] 的权利。今天的儿童就是明日世界的公民，因而他们的生存、保护与发展是人类未来发展的先决条件。

---

① 联合国《儿童生存、保护和发展世界宣言》，世界儿童问题首脑会议1990年发布。

我们依据全球化现状来设计培养目标，就够了吗？有了全球意识、世界眼光就够了吗？"小小环球"不就是太阳系中的一颗小行星吗？我们的地球和地球上的生命进化与生长、发展，就不会受到其他星球的影响吗？我们通常说确立科学的世界观，就不是科学的宇宙观吗？整个的地球是人类生存、发展的条件和背景，整个宇宙就不是人类生存、发展的条件和背景了吗？

我们这样的想法是不是太浪漫了一些？

看看学者们的见解与展望吧！

"我们已经到达什么时代，这是必须清楚的。'地球村'太狭小，人类以后必定向宇宙拓进。汉代开通陆路，明代开通海路，今后是开通天路的时代了。从'地球村'到'宇宙乡'，这是个必然的过程。"① 这并非遥远的未来，现在人们不正在开通天路吗？早在半个多世纪前的1957年，第一颗人造卫星上天，标志着人类开始进入太空时代。1961年9月，我国科学家钱学森就为中国科技大学开设了有关星际航行的课程，1963年2月，钱学森所著《星际航行概论》由科学出版社出版。2012年6月，我们的神舟九号与天宫一号相会了。作为现时代教育人的我们，难道不应当考虑教育如何先行吗？

早在20世纪60年代，著名科学家D. H. 威尔金森就曾说，应当容许物理学家的猜想："也许存在着与我们的宇宙彼此渗透的其他宇宙，它们也许是结构至为复杂的，也许还包括它们本身的有知觉的个体……"②

自觉教育者难道不应考虑教育如何先行吗？

（原文发表在《教育研究》2013年第2期）

---

① 季蒙、谢永：《胡适论教育·导言》，安徽教育出版社2006年版。
② D. H. 威尔金森：《宇宙作为人的创造物》，载亨利·哈里斯编《科学与人文》，商务印书馆1994年版，第142页。

提高小学品德课效果的有效方式

当下学校德育、包括德育课的无效、低效、负效的现象，是人所共知的。如何改变这一现象，使其能切实有效地促进学生的德性成长，是每个教育者（教师和家长）都关心的问题。我们许多教师也尽了自己的努力改进自己的工作，但效果往往不尽如人意。因为德育效果不佳的根源是多方面的，包括社会的病症、教育的病症、德育自身的病症。要从整体上改变德育低效的现状，必须优化德育生态，切实改善德育自身。但从整体上优化德育生态，不是教育者个人力所能及的；当然这不意味着教育者个人就没有教育责任，或者就无所作为。作为教育者，总是具有教育使命或教育责任的；教育者个人不可能改变德育无效的病根，但可以在自己的职责范围内，在力所能及的情况下，尽自己最大的努力，对自己所实施的德育做一定的改善，力争使德育收到一些实效。我高兴地看到谷力主编的新书《新修订后的课程标准下的小学品德高效教学》（以下简称《品德高效教学》）。这本书对提高小学品德课教育实效提供了切实可行的教学改革措施。

《品德高效教学》是对改善学校德育、提高德育实效所做的探索，其最主要的思想，是表明教育者应遵循教育规律，真心地关爱儿童，使道德教育适合于儿童。具体有两个方面：一是遵循人的品德形成规律；二是符合儿童道德生命成长规律。

一　符合道德学习的机制，也就是遵循了人的德性成长规律

人的德性可以"教"吗？我们通常说"道德教育"，但"道德"是

可以"教"的吗？或者说，可以"教道德"吗？这里的关键是如何理解"教"或"教育"。"教"或"教育"并非是"说教"，并非是"传输"道德知识、道德规范，不是像传递一个物件那样，由教育者把"道德"这个物件传递给受教育者。受教育者不是"知道"了道德知识、道德规范就形成了德性。《品德高效教学》采用"主题事件"指导下的教学，改变了以往简单说教、强制灌输的教育方式，而采用生动、活泼、让学生参与的教学方式。在教育过程中，道德学习者在活动和交往中，运用自己的视觉、听觉、嗅觉、触觉等多种感知器官，去观察、感受、体验、理解、操作，使道德认知与道德情感结合，使道德知情与道德行为结合，从而体现德性成长规律的要求，或者说遵循了德性成长的规律，于是就有可能使受教育者的品德得以形成，或者说使受教育者的德性得到成长、发展。也就是在外界影响作用下，受教育者的德性是通过自己的认知、体验、践行而成长、发展的。

这样的过程，是任何人包括儿童的品德形成，都必须遵循的。

二　实施童性化教育，是符合儿童道德生命成长规律的

《品德高效教学》最突出的优点就是主张实施童性化教育，这符合儿童生命成长规律。让教育适合儿童，以儿童的方式实施儿童教育，就是实施童性化教育。完整的儿童生命包括自然生命、精神生命。道德生命是精神生命的核心。符合儿童生命成长规律，从德育角度说，就是符合儿童道德生命成长的规律。儿童需要爱，遵循儿童道德生命成长规律，即尊重儿童的道德生命，关爱儿童的道德生命。这是实施童性化教育的根本指导思想；在这一思想指导下，依据儿童成长规律和特点实施为儿童所乐于接受的诗性德育。为此，我们可否把握以下几个要点。

第一，珍视童年的生命价值。

这是童性化教育最根本的教育理念。关爱儿童集中表现在珍爱儿童的生命价值，这是自觉教育者基本的生命自觉。深圳滨海小学的办学理念是"珍视童年价值，培育生命自觉"。我曾对该校李唯校长说，滨海小学是"以'童性化方式'实施'童性化教育'"。童性化教育的根本指导

思想应是"珍爱童年生命价值"。这至少包括两个方面：一是珍爱童年的幸福，二要为儿童的持续发展和终身幸福奠基。"主题事件"教学可以让儿童在快乐的教育活动中幸福地成长。童年是人生宝贵的阶段，"儿童时代应该是欢乐、和平、游戏、学习和生长的时代"（联合国1990年《儿童生存、保护和发展的世界宣言》），基础教育应让儿童享受童年幸福；而只有保证他们享受童年幸福、健康成长，才是他们持续发展和终身幸福的基础。

第二，根据儿童成长规律和特点施教。

让教育适合儿童，而不是要儿童适合教育。教育设计和教育实施，在教育目标要求、教育内容、教育方式等方面，应遵循儿童心身发展规律和依据儿童心身发展的水平。依据儿童特点和发展水平的教育，就是尊重儿童生命成长的规律。儿童是自己生命的主人，是自己德性成长的主体。在儿童的成长过程中，在"主题事件"教学中，教师的作用是组织、引导、指导，让儿童在参与教育过程中感受、体验、理解，而不是也不能包办、代替儿童自己的成长。这就是让儿童的道德生命自己成长，是教育自觉的重要表现。

第三，实施具有童真、童趣的诗性教育。

这是儿童所乐于接受，也是儿童积极参与的诗性教育。童性化教育富有教育爱是根本，同时是富有教育智慧、教育想象、教育艺术的，因而也是充满童真、童趣、富有魅力的美丽的诗性教育。自觉教育者深深地理解，应让儿童生命自己成长，别人是不可能代替的。因此，应当让儿童自己参与教育活动；而为让儿童自己参与教育活动，"主题事件"教育活动的设计和实施应具有艺术性、富有魅力，这样儿童喜欢参与；儿童自己在参与活动中、在与人交往中，学习、感悟、体验，通过自己内部心理活动而成长。儿童精神生命的发展，包括德性的成长，是内部心理活动过程，是生命主体"自己运动"（黑格尔语）的结果。"主题事件"的设计就是为儿童德性成长提供良好的道德学习空间，为儿童更有效地进行道德的感悟、体验、理解、践行。

《品德高效教学》对品德课的设计，不论是真实的情境，还是模拟的情境，都是综合性的、活动性的、开放性的。这些特点也正符合了儿童道德生命成长规律和特点。教育活动的特点与儿童德性成长的特点协调一致，这就是"主题事件"教学能提高品德教学实效的密码。儿童德性成长过程与童性化教育过程如此协调地发展，从而有效地提高德育效果。

教育者应具有生命自觉，把握生命的本质和发展规律；教育者也应做自觉教育者，把握教育的本质和原理。这样，在童性化教育实践中，就获得了"自由自觉的活动"（马克思语）的可能。

《品德高效教学》的一个特点是该书的编者们都是来自小学品德课教学第一线的。其教学设计是从实践中来，再用以指导教学实践，或者说是从第一线教师中来，再到第一线教师中去。这样的思想认识路线是符合辩证唯物主义认识论的，是正确的、科学的。

该书的编写出版必然促进广大一线教师教学和教育研究的积极性，必然促进他们专业化水平的提高，必然鼓舞着他们对教育事业的热爱。因为该书是来自第一线教学实践的，也必然容易为一线教师所接受、所运用。当然，《品德高效教学》所提供的案例，都是一种借鉴，教师们运用来指导自己的教学、教育活动，不能简单模仿、如法炮制，而应借鉴成功案例的启发，根据自己施教对象和条件，发挥自己的创造性，把教育设计和实施做得更精彩！

（原文发表在《课程·教材·教法》2013年第5期）

师德的特殊意义

师德的特殊意义是相对于其他行业的职业道德说的。但在其重要性上，是不宜与其他行业作比较的，因为各个行业都有自身特点，不具可比性。夸美纽斯说教师是太阳底下最光辉的职业，是以文学语言描述教师职业的意义，并非是对其重要性作的科学判断。若据此推论出与其他行业比，教师职业最光荣，教师职业道德最重要……这样的推论合理吗？与师德比，食品行业、建筑行业、制药行业的职业道德，就没有师德重要吗？师德就比医德更重要？师德比公务员的职业道德更重要吗？

对师德的意义，不是从与其他行业职业道德重要性排序来理解，即不是从"最""更"的意义上理解，而是从教育劳动的性质，教师在其中的角色地位、作用方面的特殊意义方面理解；不是从量的方面理解，而是从质的方面理解，即从教师教育劳动性质方面理解。也就是说，不是从重要程度上理解，而是从意义的特殊性上理解。

教师的"教育劳动"是有目的地培养人、发展人的社会实践，是教育者与受教育者心灵互动过程，是一种精神劳动。这是决定师德特殊意义的根本。

师德的特殊意义在于它是影响学生生命成长的重要因素。教育活动是师生的社会心理交互活动过程。教育者不是自觉地给予了学生道德影响，就是不自觉地给予了学生道德影响；不是给予了积极影响，就是给予了消极影响。在这个意义上说，不论您意识到与否，实际上做了学生的德育老师；也不论您意识到与否，所有的教育过程都具有道德性，因而也都是育德过程。

师德的特殊意义在于师德是教师的灵魂，处于教师素养结构的核心地位，是教师素养的核心成分，是教育行为的导向，是教育行为的内在动力。作为教育行为导向，师德引领学生向着积极、健康的人生发展。作为教育行为的内在动力，师德应是促进学生努力学习，积极进取的精神力量。

师德的特殊意义，是教师在教育劳动中的角色决定的。教育劳动中，教师是劳动主体，也是劳动工具，是劳动主体与劳动工具的统一体。工业生产中，工人是生产主体，机器是生产工具，主体与工具是分离的。教育劳动中，教师是劳动主体，教师以德育德，以人格育人格；教师自身就是人格化的教育工具。医德也是医生的人格属性，但医德不具有治疗功能，不是直接参与医疗过程的因素。

教育中师生间存在一种道德关系，教育活动也是师生间的道德生活。师德是影响师生道德关系、影响师生道德生活的直接因素；而学生的道德生命正是在道德关系中形成，在道德生活中发展的。教师道德修养状态必然影响着受教育者健全人格的形成，必然影响着受教育者道德生命的发展。

不论我们意识到与否，一切教育活动都有道德性；不论我们意识到与否，所有教育者都是事实上的德育教师。作为教师，我们必须做到：加强师德修养，提高道德自觉；努力学习教育哲学，提高教育自觉；使自己的教育实践遵循教育规律，符合道德要求。

自觉教育者具有开放的胸怀，自觉地坚持终身的道德学习，包括向自己的学生学习，吐故纳新，与时俱进，让自己的道德生命持续地发展。

（原文发表在《中小学德育》2014年第1期）

生态道德教育的意义与实施

2012年我在一篇文章中说过重视生态德育是"自觉教育者的教育责任"！对其内涵及其重大意义，我作了这样的概括："生态伦理教育珍爱生命，保护地球环境，理解人在生物系统中的位置。怀着感恩的心，处理好人与人的关系，人与所有其他物种的关系，人与整个自然的关系。倡导生态美学，走出消费代替审美的怪圈。亟须关注我们生存的家园。"①本文对此作展开论述。

我为什么做出上述概括，需要先回顾我对生态道德教育的认识与实践过程。

一 我对生态德育的认识与实践过程

（一）初始的认识与实践

20世纪90年代初，我开始涉及生态教育问题。应江苏省吴江县吴江实验小学要求，我担任了当年国家教委"八五"教育科学规划项目的重点课题"理科教育中的STS研究"的子课题负责人。总课题负责人是北师大附中的朱正威教授。我负责的子课题是"面向21世纪'STS·四个关心'素质教育"研究，参加该课题的还有南师大的丁源教授以及郝京华、乔建中老师。

"STS"是英语"科学·技术·社会"的缩写。"四个关心"即"关心健康、关心他人、关心环境、关心学习"。这是根据1989年联合国在

---

① 班华：《德育目标应有的要求：民族精神与世界精神的统一》，《教育研究》2013年第2期。

我国北京举行的面向 21 世纪国际教育研讨会发表的一项会议报告《学会关心：21 世纪的教育——圆桌会议报告》[①] 提出的。会议报告提出学会关心的内容有：

——关心自己，包括关心自己的健康。

——关心自己的家庭、朋友和同行。

——关心他人。

——关心社会和国家的社会、经济和生态利益。

——关心人权。

——关心其他物种。

——关心地球的生活条件。

——关心真理、知识和学习。

"四个关心"是从这八个关心中抽出的。将报告中第 4、5、6、7 项关心概括为"关心环境"。我们正是依据圆桌会议报告精神确定了课题研究内容和研究的指导思想的。正是在这一文件精神的指导下，我们和吴江实小师生共同努力，研究工作顺利开展，取得了很好的成果，由钱一舟主编的《面向 21 世纪"STS·四个关心"素质教育实践》一书[②]，集中地反映了该课题的成果。

学习会议报告，我们对环境教育和生态道德教育的迫切意义，有了较为充分的认识。"四个关心的提出，是以当代社会和科技发展、人与自然关系面临若干重要问题，以及未来社会对人的素质要求为依据的。"[③] "'关心环境'同样反映了在应用科学技术过程中的利益和道德的关系；人类经济利益与环境道德的关系，人类局部利益与全球整体利益的关系，人类自身利益需要与自然界生态系统需要的关系，人类眼前利益与长远利益的关系。"[④]

在课题实验方案中，对"关心环境"的研究，做了如下阐述："世界

[①] 王一兵译：《学会关心：21 世纪的教育——圆桌会议报告》，《教育研究》1990 年第 7 期。

[②] 钱一舟主编：《面向 21 世纪"STS·四个关心"素质教育实践》，科学出版社 1999 年版。

[③] 同上书，序言二第 3 页。

[④] 同上书，序言二第 4 页。

已面临非常严重的生态危机。经济迅猛发展、人口猛增、高度城市化、交通现代化、高消费等带来环境污染、大气变化、臭氧层破坏、酸雨、核电站放射性核素污染、土质下降、动植物物种急剧灭绝，森林遭受破坏等直接威胁到人类生存，迫使人们不得不检讨人类在地球上的生活和生存方式。人是环境的一部分，要确立环境道德。人们要从'改造自然，征服自然'转向与'自然和谐相处'。"[1] 今天看来这些表述，也许不很准确，但基本说清了生态危机的种种表现，危害了人类的生活与生存条件；另一方面强调了确立环境道德的重要，指出了人类应从征服自然转向与自然和谐相处。

在课题研究设计中，我们以四个关心的内容为一个维度，以关心的意识、关心的情感、关心的行为为一个维度，制定了"四个关心"实验目标体系。其中"关心环境"的目标[2]是：

关心的意识、关心的情感、关心的行为

认识空气、水、土壤、热爱自然，热爱生命，宣传维护环境

动物、植物和人的相关体验，大自然的美，具有相关知识

确立保护社区环境的社会责任感

实验方案是20世纪90年代初设计的，实验时间规定为1991年9月—1995年7月。从方案的目标和内容看，当时对生态教育的认识、理解是能适应时代发展要求的。在阐述课题背景时指出："本课题是STS教育的一项子课题，是根据21世纪对教育的要求，针对当代社会与科技发展的关系、人与自然的关系所面临的若干重要问题，并结合我国实际提出的。我国教育改革也开始从唯升学教育转向素质教育。因此该课题是顺乎世界潮流，符合时代要求，也是面向未来，具有超前意义的。"[3]

（二）向心理—道德教育领域的拓展

1999年我主编了"心理与道德教育读本"丛书，从小学四年级至初

---

[1] 钱一舟主编：《面向21世纪"STS·四个关心"素质教育实践》，科学出版社1999年版，第2页。

[2] 同上书，第4页。

[3] 同上书，第1页。

中三年级，每一年级 1 册，共 6 册。河海大学出版社 1999 年第一版，2000 年第一次印刷。初二年级分册《撑起爱的天空——学会关心》的内容正是根据 1989 年《学会关心：21 世纪的教育——圆桌会议报告》的精神确定的。该分册是黄辛隐、沈贵鹏二位老师负责编写的。全册书共 16 课，第 16 课的课题是"热爱共有的家园——关心环境"。这个主题，是我们学习圆桌会议报告确定的。课文首先引用了文件中一段极重要的话："我们需要尽快在一代人的时间内创造一个生态上持续的世界。在 21 世纪，人们应该把他们的第一忠诚奉献给地球的生态环境。"[①]

丛书是江苏省"九五"哲学社会科学研究规划项目《中小学生道德教育与心理教育相结合的研究》的成果之一。丛书的初二年级分册表明，我们对生态道德教育，由开始阶段的认识自觉地向"心理—道德教育"领域拓展了。

为什么说是自觉地拓展？"八五"期间，我们在吴江实小"四个关心"的研究实践中已经融入了很多心理教育的内容。例如在《面向 21 世纪"STS·四个关心"素质教育实践》中"操作篇"专列了"五、心理素质训练操作例话"，有培养谦虚和自尊心理品质的例话（见第 75—80 页）。在"案例篇"中的"三、吴江的水环境"一节的"教学目标"中专门列出的"爱家乡、爱自然环境"培养目标，既是环境道德素质，也是心理素质（第 121—125 页）。再如案例"十一'GMDSS'在呼叫"把"培养学生不怕艰苦、不怕困难的坚强意志，顽强的毅力，艰苦的体魄，以适应艰苦条件的生活"列入教育"目的要求"的第一条（第 155—159 页）；"十二、救救银杏树"是"'GMDSS'在呼叫系列活动二"（第 160—165 页）。该书"背景篇"中"三、科学教育中的德育"一文，在阐述通过科学教育培养各种道德品质中也蕴含了各种良好心理品质的培养（第 286—296 页）。此外，该书的"经验篇"中总结了通过各科教学和各种教育实践活动培养学生优良心理素质的经验，如在"七、数学教学中发展学生的形象思维"（第 251—254 页），在"十三、数学教学中培养学生的批判性思维"（第 270—272 页）等。吴江实小在 1991 年 4 月 7

[①] 黄辛隐、沈贵鹏：《撑起爱的天空——学会关心》，河海大学出版社 1999 年版，第 155 页。

日世界卫生日挂牌宣布吴江实小是"无烟学校";在创建"无烟学校"的实践中培养"学会关心"的各种道德品质和心理品质。"八、在心理转化过程中发展学生的写作能力"一文中,更是把提升心理素质教育与写作能力教学有机地结合起来了。该文论及四个转化:1. 平静心理转化为波动心理;2. 自高心理转化为认真探索心理;3. 消极心理转化为积极心理;4. 积极心理转化为自强心理(第 255、256 页)。

上面所列举的这些事例,确实表明我们在吴江实小"四个关心"教育的研究实践中已融入了不少的心理教育内容,但心理教育自觉性不高。"九五"期间,我们承担的省哲社课题,是专门探讨心理教育与道德教育结合的问题。基于对学校道德教育和心理教育实践的观察,以及对心理与道德各自特点和二者的共同点的理论探讨,对心理教育与道德教育关系的理论探讨,逐渐形成了"心理—道德教育"这一新的心理教育形态或道德教育形态。课题研究表明,"心理—道德教育"是适合我们国情的教育模式。我们编写心理与道德教育读本,自觉地引进了生态教育;在我们看来这既是生态道德教育也是生态心理教育,是生态道德教育与生态心理教育的有机融合,是生态教育向"心理—道德教育"领域的拓展。既然"在 21 世纪,人们应该把他们的第一忠诚奉献给地球的生态环境",那么把生态教育拓展到"心理—道德教育"领域,则是教育者应有的教育自觉,或者说是自觉教育者应有的教育使命、教育责任。

在"热爱共有的家园——关心环境"这一课中有三方面内容:关心地球——我们共同的家园;关心环境——退化、失落、濒危的家园;保护环境——建设我们的家园[①]。在这一课的"心灵自助餐"一栏里,提供了 5 个供学生自己学习的资料。首先是提供了《中国 21 世纪议程》(1992)产生的背景,该文件对保护环境的主要要求。提供了余谋昌著《生态文化的理论阐释》(1986)关于"生态道德"内涵的说明,对这一概念,我们应予高度重视,充分理解!此外,还提供了余正荣著《生态智慧论》(1996)一书中关于"自然价值对人类精神价值的意义"的论述。全面地指出自然价值对人类具有知识价值、美学价值、道德价值。

[①] 黄辛隐、沈贵鹏:《撑起爱的天空——学会关心》,河海大学出版社 1999 年版,第 154—167 页。

（三）向生态教育哲学的高度提升

1. 20 世纪 70 年代以来生态教育的发展

20 世纪 30—60 年代，发生了全球性"八大公害"①，造成生态危机，威胁着人类和一切生命的继续存在和发展。发生危机的重要原因，除自然力，就是人为因素，与人类自己没有善待自然有关。有人基于 60 年代后出现的环境、资源、能源、人口、粮食危机，发起了生态学派运动，建立国际性绿色和平组织，力求解决世界性的环境危机等问题。20 世纪的 1972 年 6 月联合国召开了环境与发展大会，发表了联合国《人类环境宣言》。1989 年联合国在我国首都北京召开面向 21 世纪教育国际研讨会，并发表有《学会关心：21 世纪的教育——圆桌会议报告》。1989 年 12 月 22 日联合国第 85 次全体会议作出《关于召开环境与发展大会的决议》，1991 年 6 月，在北京举行了"发展中国家环境与发展部长级会议"并通过了《北京宣言》。1992 年 6 月在里约热内卢举行了联合国环境与发展会议，有 187 个国家政府首脑或代表参加。会议制定了 20 余万字的重要文件《21 世纪议程》，签署了《生物多样性公约》，发表了《里约环境与发展宣言》。

在我们国内学界，吴国盛主编的"绿色经典文库"出版了一大批翻译的生态问题的著作，如《新文明的路标——人类绿色运动史上的经典文献》，收录了 34 个世界性的环境合作的文献。1985 年出版了《展望二十一世纪——汤因比与池田大作对话录》。

国内学者们有关生态问题的研究，也取得了很好的成果，如 1986 年余谋昌就发表有论文《生态文化的理论阐释》，1996 年余谋昌又出版了专著《文化新世纪——生态文化的理论阐释》。又如，1995 年王伟主笔的《生存与发展——地球伦理学》出版。又如，1996 年余正荣出版了专著《生态智慧论》；再如，1998 年方志军等出版了《生态伦理学》等。

此外，国内也有学者开始了环境教育实践，如南京师大环境科学研究所 20 世纪 80 年代初，就开展了环境教育调查，编写了《环境教育概论》，编写了高中选修课教材《环境保护》；90 年代初南京师大进行了专

---

① 方志军等：《生态伦理学》"序"，南京师范大学出版社 1988 年版，第 2—3 页。

项课题研究，编著了一套环境科学教育丛书，建成了多个教学型实验室。

2. 道德教育者应重视生态德育

以上简要说明20世纪70年代以来，在世界范围内发生了一系列有关生态危机问题和力图解决好生态危机所作的努力。但是生态教育、生态道德教育没有得到我们教育工作者，特别是德育工作者普遍的、应有的重视。我随机查阅了身边的高校教材"德育原理"（德育学）或有关著作共27册。其中80年代出版的3册，90年代出版的13册，21世纪以来出版的11册。其中大多数教材（或著作）论及德育内容时，没有列入生态教育，包括本人主编的《现代德育论》1996年版仅提及培养"环境意识"一词，2001年第二版，关于培养现代思想与道德也仅提到"生态德育"一词，没有对其作阐释。其他的教材或著作，多数未涉及环境教育，少数的也只是提到"保护环境"，或"保护环境和资源""爱护环境教育"，一带而过。当然，有的学者做得很好，如刘秋梅编著、1997年出版的《学校德育论》对"环境道德教育也叫生态品行教育"做了专门的论述，虽然简要些，但毕竟作为一项独立的德育内容。刘济良编著、1993年出版的《德育论教程》对"环境道德教育"单独做了更详细的论述。尤其值得一提的是，高德胜2008年出版的著作《道德教育的时代遭遇》，对"生态危机"做了专题论述。此外更值得提出的是李太平1999年出版的博士学位论文《科学教育和道德教育》多处论及环境教育、生态教育，且注意其与科技发展、科技教育的关系。而李太平2002年出版的《全球问题与德育》，更是一部从全球视野全面地、系统地阐明全球生态环境与道德问题的专著。

以上简要的概况表明：有的教育学者充分地关注了生态道德教育，或在德育教材中列入相关内容，或在自己的著作中做了专门论述，更值得一提的是有生态教育的专著。这些是令人高兴的！但就其总体情况而言，生态道德教育是没有得到普遍的、应有的重视的。这是我们应予高度关注的大事！

生态问题有多重要，生态教育、生态道德教育就有多重要！

3. 生态道德教育需要宇宙观统领

作为道德教育者，应当提升自己的教育自觉，充分理解自己的职责和使命！我们不仅需要充分地、高度地重视生态问题与生态道德教育的重要性、紧迫性，而且必须提升到生态教育哲学的高度，用科学的宇宙观来统领生态建设和生态道德教育建设。

多年来，由于对生态问题的研究，生态教育的开展，我们同在一个"地球村"的人，对自己所处的时代，对解决生态危机的重要性、紧迫性已经有所认识。整个地球就是人类共同的生活家园，生态文明建设直接关系到人类社会的发展、直接关系到人类生命的存在和发展；这已成为"地球村"人们的共识。与此相关人们也认识到生态道德教育的重大意义，绝不是局限于某一地区、某一国家，而是关系着整个人类的生存、发展、幸福的问题。因此，生态文明教育、生态道德教育是形成学生良好生态道德的客观要求，是时代发展的要求，是社会发展的要求，是人类生命继续存在、发展的要求！

当下我们说的世界是指全球人类世界，我们已经具有了全球意识，有了世界视野，我们的德育目标要求"民族精神与世界精神统一"[1]。但我们应如何理解我们已具有的"全球意识""世界视野"呢？"我们依据全球化现状来设计培养目标就够了吗？有了全球意识、世界眼光就够了吗？'小小寰球'不就是太阳系中的一颗小行星吗？我们的地球和地球上的生命进化与生长、发展，就不受到其他星球的影响吗？我们通常说确立科学的世界观，就不是科学的宇宙观吗？整个地球是人类生存、发展的条件和背景，整个宇宙就不是人类生存、发展的条件和背景了吗？"[2]

随着时间的推移，随着社会的发展，随着人类科学技术的发展，随着人类生命本性的不断翻新，对生态问题的认识，对生态教育的认识有必要再提升。"地球村"已经是太狭小了，人类已经到达开通天路的时代，到达从"地球村"到"宇宙乡"的时代了。我这样说，并非是虚幻的浪漫的想象。美国1977年9月5日发射"旅行者1号"探测器，共花费了36年时间到达距地球116亿英里（约187亿公里）的星际空间（《光明日报》2013年9月14日）。这不是事实吗？不论是科学技术的发

---

[1] 班华：《德育目标应有的要求：民族精神与世界精神的统一》，《教育研究》2013年第2期。

[2] 班华：《德育目标应有的要求：民族精神与世界精神的统一》，《教育研究》2013年第2期。

展,人的生命素质发展,包括科学素质、道德素质的提升,都依赖于教育,而教育应当走在时代发展、社会发展的前面,走在人的发展的前面。

对社会的未来发展,对人类未来情境的估计,对教育的期望,并非是虚妄的幻想,而是符合人的生命本性的,是符合人的生命需要的。梁漱溟先生说:"生命本性可以说就是莫知其所以然的无止境的向上奋进,不断翻新。""须知生命本性……争取其活动能力扩大,再扩大,灵活再灵活,自由再自由。"①

思想无疆!世界上还有什么比人的思想更宽广、更无边无际的呢?!

我们不妨回顾一下伟大诗人雨果的格言:

> 世界上最浩瀚的是海洋,比海洋更浩瀚的是天空,比天空还要浩瀚的是人的心灵。

还有什么比人的心灵更浩瀚的呢?!

就我国的情况而言,早在1961年,钱学森就为中国科技大学开设了《星际航行概论》课了。这不就是教育走在发展的前面吗?

思想无疆!当下,我们就应当要超越"小小寰球",我们要无止境地向上奋进,我们要飞跃到新的宇宙观。思想无疆!我们具有了这样的宇宙观,我们的生态道德教育就能得到应有的重视,我们的生态德育就能做到位!

二 生态德育对生态建设和德育自身的重大意义

用"重大"来描述生态道德教育的意义,是否强调得太过了?不!上文关于生态道德教育哲学的论述已经表明,对生态德育的意义怎么强调都不为过!生态德育的重大意义是由生态建设的独特性及其重大意义、由生态道德的独特性及其重大意义决定了的。以下我们再从生态文明建设和道德教育建设方面做一些具体说明。

---

① 梁漱溟:《人心与人生》,学林出版社1984年版,第22、106页。

(一) 对生态文明建设的意义

生态德育本身是生态文明建设的组成部分，而且是应居核心地位和发挥导向作用的组成部分。生态德育意义重大，因为生态建设问题关系到全球人类命运问题，关系到宇宙中一切生命非生命存在物的尊严问题，关系到人们应确立什么样的宇宙观，应具有什么样的生态人格的重大问题。

生态道德教育是极具显著时代精神的教育。实施生态道德教育，促进生态建设是时代发展的客观要求，是国家可持续发展的必然。党的十七大首次把"生态文明"同物质文明、精神文明、政治文明写进了报告；党的十八大提出了政治建设、经济建设、社会建设、文化建设和生态文明建设五位一体的社会主义建设。生态建设在五位一体中具有特殊的重要功能，为政治建设、经济建设、社会建设、文化建设创造良好的社会环境和自然环境；生态道德教育应当与未来整个社会建设相适应。

(二) 对培育现代生态人格的意义

人是五位一体的社会主义建设主体；仅就生态建设而言，人是生态建设主体。生态教育的直接目标是培养现代生态人格，促进生态建设。现代生态人格是具有科学的宇宙观，具有科学的生态意识、生态道德观念以及生态道德行为的人。生态道德教育的目标，就是培养人的生态发展宇宙观和生态道德观，正确地认识人与自然的关系，具有对自然的道德感和责任感。

生态道德教育是一种新型的道德教育活动，生态道德教育过程即培养生态人格的过程。在生态德育中，教育者依据生态德育目标要求，以人与自然相互依存、和睦相处和互惠共生的生态道德观启发、引导受教育者为了人类长远利益和更好地享用自然、享用生活，自觉养成爱护自然环境，确立生态保护意识，确立自觉维护生态平衡、珍惜资源、保护环境的道德意识和相应的道德行为习惯。

(三) 促使人类道德与道德教育的飞跃

生态道德教育的实施，促使人类道德和道德教育的一次飞跃。生态德育培养人的生态道德；生态道德是关于人类社会活动与自然生态之间相互关系的道德。在新宇宙观统领下的生态道德对象从人扩展到人之外的一切存在物，包括一切生物的与非生物的，或者说包括一切有生命的和无生命的存在物。以往人类以人的利益为道德标准，而生态道德以尊重、维护包括所有生物、非生物的整个自然界存在物的生态系统为标准。这也就是说人类有了一个新的善恶标准，即以人与自然和谐发展为善恶标准，这是人类道德发展的飞跃。这就是说，原先的人—人道德，扩展到人—自然系统的道德。这是人类道德的重大突破，是人类道德发展的飞跃！

生态道德是人类道德发展的飞跃，把这样的生态道德纳入道德教育，从而使整个的道德教育，更凸显了现代德育的时代精神。也就是说，把生态道德纳入道德教育，其重大意义不只是德育内容量的增加，而且是使道德教育有质的提升，即实现道德教育的一次飞跃！

（四）对德育学科建设的意义

生态德育具有促进生态思想发展，从而也具有促进德育学科发展的的价值。生态德育是一种社会文化遗传方式，做好生态德育，从而使我国古代生态思想、生态道德智慧得到很好的继承和发扬。我国古代文化思想中的生态理论表现出了独特的东方智慧，是人类生态伦理智慧的重要部分。儒家的"天人合一"思想就是主张天道与人道、自然与人为合一。儒家的天道观把宇宙看成一个生命体，人也是大自然的一个成员，要热爱大自然。老子哲学由"道"推衍出的宇宙观，认为天、地、人等万物是一个整体，崇尚万物和谐。

理论来自实践。丰富的生态德育实践，必然促进德育学科思想理论的发展，即必然促进德育学科建设。把生态德育作为德育学科对象，是现代德育理论建设的创新。德育学科将以新的宇宙观为统领，探讨、研究生态道德教育的思想与理论，包括不同年龄、不同教育阶段生态道德教育的目标、内容和实施方式。这是新宇宙观统领下德育学科建设的重大进展，形成包括现代生态道德与生态道德教育的现代德育学科，从而实现德育学科发展的飞跃！

三　生态德育的内容与实施

（一）对生态德育内容的建议

生态德育的目标，应是尊重自然，保护自然，确保世界可持续生存和发展，这是确定生态德育内容的直接依据。李太平总结出环境道德的"四条主要规范：热爱自然，珍惜资源，维护生物多样性，学会欣赏自然、美化自然"[①]。这也是我们确定生态德育内容应考虑的重要依据。我根据自己的理解对生态德育内容提出以下建议，供作参考。

1. 尊重自然万物。学会尊重自然万物的存在和发展的权利，学会感恩自然，履行对自然的责任。尊严是最高的价值。"宇宙全体，还有其中的万物都有尊严性。它是这种意义上的存在。就是说，自然界的无生物和无机物也都有尊严性。大地、空气、水、岩石、泉、河流、海，这一切都有尊严性。如果人侵犯了它的尊严性，就等于侵犯了我们本身的尊严性。"[②] 而尊重自然万物，关键是尊重生命，保护地球上的生命。

2. 珍爱生命。尊重自然万物，就必须尊重生命。池田大作说："必须把生命的尊严看作为最高价值，并作为普遍的价值基准。"[③] "生命是尊严的。就是说，它没有任何等价物。任何东西都不能代替它。"[④]

珍爱生命。池田认为："人的生命是没有什么东西可以代替的。这本身就是尊严的。"[⑤] 又说："我认为爱的产生，除了深刻理解自己的生命，理解宇宙的生命外，没有别的办法。有了对自己生命的深刻理解，才能产生对其他生命的理解和尊重。"[⑥]

3. 适度消费。生态道德的基本准则之一是尊重自然、保护自然，珍惜自然资源；之二是合理的、适度的消费应。必须纠正"地球资源无限"

[①]　李太平：《全球问题与德育》，华中科技大学出版社2002年版，第127页。
[②]　荀春生等译：《展望二十一世纪——汤因比与池田大作对话录》，国际文化出版公司1985年版，第429页。
[③]　同上书，第428页。
[④]　同上书，第430页。
[⑤]　同上书，第431页。
[⑥]　同上书，第425页。

的认识误区，变革消费观念。"物质上的适度消费，就是在注重消费的经济效益和消费的生态效益的基础上，保证基本的物质需要。"① 文明、科学、健康的生活方式是丰富的物质生活和高尚的精神生活相统一的生活方式。人是自然生命和精神生命的统一。科学合理的简朴生活有利于健康和幸福；消费主义、享乐主义过度消费导致富贵病。美国的爱琳·詹姆斯著有《生活简单就是享受》，以亲身经历告诉我们，在俭朴的物质和单纯的心灵中享受返璞归真的生活乐趣②。在俭朴生活中自我修养，形成、巩固绿色生态理念和良好的生态道德行为。

4. 践行生态美。践行生态美与适度消费精神是一致的，如本文开头所说的，我们应"倡导生态美学，走出消费代替审美的怪圈"。"生态美是充沛的生命与其生存环境的协调所展现出来的美的形式。"③ 生态美是生命与环境在共同进化过程中生成的。生态美包括自然生态美和人工生态美。"在自然美中众多的生命与其生存环境所表现出来的协同关系与和谐形式，就是一种自然的生态美。……生态美的另一个领域就是人所创造的第二自然（人工自然）的美。"④ 生态道德教育帮助学生学会体验、享受生态美，学习践行生态美。人对生态美的审美体验不同于对艺术的审美体验，对生态美的深刻感知不能止于外在的颜色、形态等直观形式，而是要遵循生态规律、美的法则直接参与到生态系统中去。"生态美是天地之大美，自然之大美，也是人与环境和睦相处之大美。人对这种大美的体验，必须由主体参与到生物多样性的繁荣及和谐的情景中去，和生命整体打成一片，同呼吸、共命运、与天地万物融为一体，以达到'天人合一'的崇高境界。"⑤ 践行生态美与适度消费精神是一致的，生态道德教育要引导、帮助学生践行生态美，融入宇宙万物生命总体，不断追寻天人合一的崇高境界！

---

① 方志军等：《生态伦理学》"序"，南京师范大学出版社1988年版，第177页。
② [美]爱琳·詹姆斯：《生活简单就是享受》，吴达译，内蒙古文化出版社1997年版。
③ 佘正荣：《生态智慧论》，中国社会科学出版社1996年版，第258页。
④ 同上书，第257页。
⑤ 佘正荣：《生态智慧论》，中国社会科学出版社1996年版，第266页。

(二) 生态道德教育实施方式

1. 生态道德教育实施应遵循的要求

生态德育的实施，首先要求学校领导重视。这是做好生态教育、生态道德教育的重要保证。如成都锦西小学的孩子们为校园内一只死去的小鸟伤心，李其玉校长便召集全校师生为小鸟举行葬礼，并确定"以生命为本"作为办学理念。孩子们对死去的蚕，不忍心随意丢弃，用一只火柴盒，放进一片桑叶当被子，小心翼翼地把蚕放进火柴盒，最后他们把蚕宝宝葬到校园的一个角落里。深圳市滨海小学李唯校长，在"珍视童年价值、培育生命自觉"办学理念指导下，布置生态的校园环境，让孩子们在校园内开展种植活动。

普通教育学和教学论所提出的教育原则、教学原则，也适用于生态道德教育。但是生态道德教育自身的性质特点，生态道德教育目标内容的特殊性，决定了应当还有更切合自身性质特点的教育原则和教育方法。方志军等《生态伦理学》提出了三项生态教育原则[①]：以维护人类利益为主旨，以科学技术为依据，以客观实际为出发点。三者体现了生态教育、生态道德教育特点，可用于指导生态道德教育的实施。

我们在具体实施生态教育时，还应当高度重视思想提升与具体行为统一，宏观指导与微观践行相结合。

2. 吸取已有生态教育经验，采用多种形式和方法

（1）"学会关心"。20世纪90年代初，吴江实小学会关心教育在"关心环境"方面有丰富的内容；其教育活动方式也是多种多样、生动活泼的。例如，一、二年级通过环城郊游，进行"我的家乡有多美"教育，并围绕这一主题，开展儿歌、字画、美工作品比赛。三年级做吴江公园地形小考察，征集活动纪实摄影作品。五年级到无锡游太空城，为孩子们打开探索宇宙奥秘的窗口。六年级教室设有绿化角，通过管理绿化角，亲近自然，爱护生命。该校仅6亩地面积，除建筑用地外，所余无几，但都得到充分利用。校园边角空地设有"百鸟林""猴山""种植园"，墙壁设有养鱼缸，地底下则开挖"沼气池"，屋顶上则建有风力发电和太

---

① 方志军等：《生态伦理学》"序"，南京师范大学出版社1988年版，第269—271页。

阳能装置等。

（2）乐活教育。2008年，南京市龙江小学开始引进"乐活"理念为办学的核心思想。该校承担的省级重点规划课题《城市小学环境教育EIC模式的理论与实践》做得很好，2010年被评为全国首批"国际生态学校"。2008年开始的乐活教育其核心思想与EIC环境教育模式精神是一致的，是环境教育课题的继续和提升。乐活教育在内涵方面包括了环境教育的要求，而在外延方面却大大地拓展了。乐活龙江的十大主张中包含有：快乐阳光　强健身体——每天运动，均衡饮食；亲近自然　生活简约——热爱自然，崇尚节约，倡导自然、简单的生活方式，养成自然而然的节约身边各种资源的习惯。龙江小学有四大生态园，即"春华、夏韵、秋实、冬沁"。不仅种植了适应四季的植物，让学生四季都生活在花园、乐园中；更于不经意的品红赏绿间教给学生春天的展望、夏天的耕耘、秋天的收获、冬天的坚持。四季皆有风景在，快乐健康每一天！在学校体育馆上的一大块平台，专门辟出一块"乐活体验园"，给各年级的孩子在此进行蔬菜种植。

《我的乐活宣言》内容大部分是有关生态道德的，如：少让爸爸妈妈开车外出，减少废气污染；减少制造垃圾，实行垃圾分类与回收；一水多用节约用水；随手关灯，在电脑、电视等电器不使用时关闭电源；夏天尽量开窗，减少使用空调；向家人、朋友宣传环保知识，推荐有益环境的有机产品；随身携带环保筷、环保购物袋、手帕；会节约粮食，尽量喝完每一瓶已打开的矿泉水等。

（3）"地球村"实践基地。当今孩子们（其实是所有现代人）都疏离了自然，不少学校便拓展课程，构建开放式实践教育。江苏海门东洲小学于1998年年底，筹建了"人与自然""人与生活"和谐发展的综合实践教育基地——21世纪"地球村"，有土地15亩，池塘15亩，同时能充分利用附近的水厂养殖、大棚蔬菜基地、民兵训练基地等资源。全校师生轮流到"地球村"学环保、学种植、学养殖、做航模、受军训、钓鱼、野炊、举行篝火晚会等等。"地球村"设立的"夏令营""冬令营""三日营""星期营""二日营"等丰富多彩的营地生活深受广大学生和老师的喜爱。因为他们在这里，能尽情地自由呼吸。

（4）"亲子俱乐部"生态文化。南通市的心理咨询师王年平等，建立了校际"欣欣然亲子俱乐部",开展了多种多样的"微环保"系列活动,如"青草行动"的社区环保活动等。而尤其值得赞赏的是,让亲子家庭在远离城市喧嚣的南通剑山开辟了"欣欣然梦想种植园",开展"种植梦想,呵护生命"活动,种植园活动跟着二十四节气的脚步运作,让孩子们在种植过程中体验四季的变化。他们重视生态文化建设,创造"欣欣然亲子文化",根据二十四个节气,设计并制作了24张明信片,每张明信片有不同季节的美图和有关节气的简介。

(5) 校园节庆文化。很多学校设有独特的校园节日,例如爱鸟节、植树节等,形成了校园节庆文化。江苏省无锡市荣巷中心小学的校七彩节日文化活动办得很出色。该校全年设置了12个校节,其中的废品艺术节、野外求生节、护鸟节、小鬼当家节、节水节等,就是直接的生态道德教育活动。其他的如风筝节、书香节、小儿科技节、友谊节、音乐节也都可以作为不同形式的生态道德教育。依据12个校节制作的"七彩节日"年历,受到了师生家长的喜爱,从中学习生态道德,享受生态美。

学校实践中有着丰富的、生动活泼的、富有诗意的生态道德教育方式,以上仅就我曾所见,选其若干做一些简略介绍。当然,自觉教育者需要进一步提高生态教育自觉,把生态教育做得更好!

(原文发表在《中小学德育》2014年第4期)

《十班史记》给我们的启示

南京外国语学校的柳咏梅老师让我给《柳柳十班的班级史记》（下简称《十班史记》）写序，该书全名为《每一个起舞的日子——柳柳十班的班级史记》，现代教育出版社2015年出版。当我仔细通读了《十班史记》后，感到确实应当好好学习柳老师！学习史记中蕴含着的她的敬业精神，她的创新精神，她的教育智慧！以下我具体讲讲《十班史记》给我的一些启示和教育。

班级文化建设的创新

看到《十班史记》书名，自然想到两千多年前，司马迁完成的巨著《史记》——那是一部不朽的史籍；因此，在人们心目中，"史记"是个大论题，此后少有以"史记"为书命名的。而今，记载柳柳十班的班级生活，用了"史记"是大胆的创新。这是小题大做吗？以一个学校的组织来说，班级似乎是一个小单位，但它是人的生命成长发展的教育单位！审视对象的意义和重要性，不是从其量的方面即空间大小来衡量，而是应从其质的方面即从其意义和价值来衡量。班级是人的生命成长的教育单位，以人为本，旨在促进人的生命健康发展的班级建设，具有何等重要的意义和价值！难道教育人性化不正是21世纪教育发展的趋势吗？这样的小题大做有何不妥呢？

学生班级组织是实施教育的基本单位。班级教育系统是由班级教育目标、班级集体、班级活动、班级文化、班级管理、班级教育合力、学生发展评价等各子系统有机构成。我曾见过内容丰富、形式生动多样的班级文化，我也见过不同形式的班级日记，但《十班史记》以"史记"

方式，用"章回"体连续记载班级生活，是班级文化建设的一种了不起的创新！《十班史记》不是一个人闭门造车；也不是造完就束在高阁，保存在橱柜中；《十班史记》每天都有"史官"负责观察班级生活，是用心思考后写成的；《十班史记》的每一回都在晨读时在全班分享，让学生朗读、议论，自己教育自己。从《十班史记》的编纂和实际运用方式说，也是一个很好的创新！

柳柳老师懂得学生的发展与需要，懂得教育的哲理，是一名自觉教育者。她自觉意识到班级教育目标就是要"带领所有同学携手前行。我们的评价标准是品行、健康、合作、学业"（我理解这里的"学业"是个很宽泛的概念，但不包括个人的健康、品行的成长等，而是指各个学科课程的学习）。她也掌握了教育路径、教育方式，运用"十班史记"就是实现班级教育目标的一种有效方式。

在《十班史记》第27回中，"柳柳按"说："这班级史记不仅让每一个人都不再觉得写作是困难的，而且正在改变着我们的生活面貌……每一位史官都努力地表现出自己认真观察和用心记录，把属于自己的书写的那一天精心地描绘。不让每一个日子虚度和飘走，这是我们班级史记的宗旨。"

《十班史记》受到学生家长的热情欢迎与喜爱。因此，自然地形成了班主任、各科教师、学生家长以及学生共同构成的"班级教育合力"。这样整合起来的教育资源必具更高的教育效益！学生家长们为什么欢迎《十班史记》？喜欢到何种程度呢？我简单举几个例子。

王天翼同学的家长列举了《十班史记》的九个作用：锻炼观察能力，锻炼表达能力，记录校园生活，发现日常生活中的乐趣，促进同学间融洽，增强集体观念，留下孩子成长足迹，便于家长了解孩子在校的生活，给孩子留下珍贵记忆。

曹浩然同学的家长自称"是'十班班级史记'的超级粉丝"。

庞行舟同学的家长说："作为一名学生家长，《十班史记》像吸铁石一样吸引着我认真地阅读每一篇，读着读着，乐从中来——我仿佛成了他们中的一员，和他们一起去亲历书中的每一处场景。"

李翌辰同学的家长称："《十班史记》完成了108回，二十万字。这是孩子们青春的记忆，也是柳老师心血的投入……在平凡的生活挖掘细微闪光的点点滴滴，这份珍贵的记忆值得我们细细品味与珍藏。"

这样的家长群体的参与，难道不是一支极强的教育力量！这样的家长群体参与的班级教育合力，难道不是极强的教育合力！

快乐的师生情感生活

从《十班史记》看出，柳柳在班级里实施积极快乐的教育。由于柳柳倡导、引导、鼓励积极快乐的班级生活，因而，师生们同心、同行、同乐，老师和学生一起享受着积极快乐的情感生活。积极快乐是十班班级生活的鲜明特色。柳柳说："班级规划压根不提违纪、处罚，不说'不准'怎样，只说'希望'怎样……非常喜欢大家上课的状态，有点调皮，但又不失分寸感。在有限的时空中创造快乐，给生活添加了更多值得回味的内容。真好！"曹浩然同学的家长说："十班的每一天在孩子们的笔下，都是那么活色生香，那么激情四射，那么简单快乐！好喜欢这样的每一天，好喜欢乐观向上的孩子们，好喜欢这样的班级氛围！孩子们，你们真幸福！"

《十班史记》告诉我们，十班师生间的情感生活能达到相互关爱、共同成长的境界，关键是柳柳老师敬业爱生，不论学习、生活、玩乐，柳柳都置身于学生之中，与孩子们打成一片。史记第27回记载了同学们快乐午餐的情景。"柳柳按：这一顿饭，让我见识了什么叫'茄子王'。欣源同学因为吃了满满一盒盖的茄子还使本班午餐历史上诞生了第一个'女王'。"多么快乐、多么美好的师生共同生活情景！体育课自由活动，柳柳也参与到同学们打羽毛球的行列中，同学们夸她力气大，打得准，技术高超；冬季长跑，柳柳跟着大家一起跑步，她想体验运动量到底有多少，自己能否始终以跑步的方式完成整个跑步过程，并想示范一种跑步姿势给学生们学习。

班主任对学生的精神关怀，是师生双向的情感交流过程；是师生双方相互悦纳、相互学习、共享快乐、共同发展的过程。这是班主任的精神劳动，也是班主任的情感生活。通常人们以为学生受到老师的教益，学生应当感恩老师。当然这是师生关系的一个重要方面，而柳柳多年来坚守着一种教育信念："每一位教师都应感恩学生，这是这么多年我一直持有的态度。因为学生陪伴并推动着教师的成长。没有哪一个职业的人能获得像教师这样的来自学生的成长力量了。所以，感恩所有的孩子！"

　　师生的情感生活，也体现在《十班史记》中。每日史官撰写史记，都是非常快乐的。柳柳每天都仔细"悦读"史记，以"柳柳按"的方式交流思想感情。不仅写史记快乐，晨间老师和全班同学分享史记也快乐。第38回的史官写道："班会的内容是：史记荟萃。主持人PPT上打出每一回史记的内容，让负责的'史官'亲自朗读自己认为写得精彩的片段。还展示了记录我们十月生活的许多照片，同学们笑得不可开交。"柳柳点评："每一张照片都有故事。照片中看似不起眼的细节，是那么生动有趣呢！有记录多好！"撰写史记是快乐，分享史记也快乐。王捃儒"史官"说，如果同学迟到，"错过十班晨间的精彩《史记》分享，那可是人生损失啊！"太阳每天都是新的，同学们期待着"每一个起舞的日子！"

　　《十班史记》记录着十班同学和老师们每天的精彩生活。每一天，在欢声笑语中落下帷幕，同时期待着新的一天给十班带来新的惊喜，新的快乐！柳柳说："十班的孩子们都会找出让自己快乐的元素并充分发挥出它们价值来。""十班孩子联想能力实在丰富，会在不相干的事情中找笑点……生活的乐趣要靠自己去找。"为什么能在不相干的事中找出笑点？除了联想丰富，关键在有一个积极、乐观的心态主导着。有了这样的心态，就会发现快乐，生产快乐，享受快乐！

　　在史记的第42回，柳柳说："这么一本厚厚的黑皮本子已经被十班的42回史记填得满满的了。这42天的生活，每天都不一样；这42回文字，每篇都有特色；这42位'史官'，每人都有风格；于是便有了我们越来越热爱的十班的班级生活！42回史记，75600多字，这是我们十班的历史，也是我们十班建设的一大奇观呢！要把这个伟大的史记事业发展下去！"

　　史记的第108回，柳柳"史官"亲自捉笔，记录了2015年2月6日的精彩生活。柳柳说，我们初三的第一学期史记就以第108回结束。寒假后，自觉学习者们再来充分享受师生的情感生活。

班级生活即班级教育

　　班级教育即班级生活，班级生活即班级教育。柳柳的教育智慧与教育艺术，表现在日常班级生活中。

　　班级文化育人。班级文化是日常班级生活的重要方面。班级文化是教育资源，班级文化建设过程就是教育过程。作为班级文化的一种形式，《十班史记》的编纂、分享过程就是重要的育人过程。《十班史记》作为育人方式，是师生对话、心灵沟通最经常、最便捷的方式。史记的每一回，有史官写作，有班主任通过按语方式点评。这就是彼此交流、相互沟通；加之全班分享，史记发挥了很好的教育、引导作用。

　　第23回史记报道了柳柳告知同学们钱老师的婚庆大事，让同学们祝贺。柳柳就此讲了婚庆大事对钱老师的人生意义，教导同学们合乎礼节地表达祝福的心意。柳柳让同学们从班级生活实际中，受到一次人生观的教育和礼仪的训练。

　　学生的任务是学习，学习目的、学习动机教育极重要，但动机教育并非只是做报告、讲道理。柳柳对待考试的态度，是要求同学们确立热爱学习、终身学习的思想。"月考虽已结束，革命仍需继续。不论分数、排名如何，永葆对学习的热爱、对生活的热情才是最重要的！"

　　热爱学习必然尊敬老师、关心老师、感恩老师。柳柳很重视培养学生们的尊师观念。通过钱老师的婚庆喜事，进行人生观教育，但更多的是日常班级生活教育。教物理的余老师经常带病走进课堂，并满怀激情地讲课。每次下课时，同学们都向余老师鼓掌，表达感恩与敬意。正是在这些日常学习生活中养成了尊师、感恩的习惯。珍惜时间，就是珍惜生命。柳柳十分重视培养孩子们的时间观念。"守时"是现代人应有的素质。柳柳与全班的每一个成员，甚至以"秒"来计算时间。史记经常记载同学们计较分分秒秒的事儿。例如第42回"史官"记载道："早读之前，本'史官'环顾四周，发现还有几位同学没来，又看了看钟，已是24分54秒。正当此时，赵可鉴同学以迅雷不及掩耳之势，一个箭步冲进来，紧随其后的是张静岑同学……"柳柳认为养成孩子们应有的时间观念是现代人必须具备的素养；她要求学生能惜时如金："金贵的十分钟，可以读 20 首诗，或者读几篇文言文呢。"

珍惜时间，做事必须讲究效率。柳柳甚至要求收交作业也讲究效率："不按照规则行事，效率自然就低。希望大家努力。"柳柳要求事事讲究效率促进了学生养成惜时如金的好习惯——关注个体微小时间，正符合微时代要求！

柳柳强调中午吃饭时不要剩饭是"铁条规"。如史记第 17 回"史官"所言：为此，柳柳强调动勺子之前进行民间调配，大家都要能"空盒"。日常班级生活养成了"空盒"习惯，走进社会自然能成为"光盘"的榜样！

柳柳坚信"细节见精神！"柳柳重视让孩子们懂得"细节"的重要。写第 2 回的"史官"说："坐姿也是礼仪的一部分。"听老师或同学说话，只有端坐的姿势才能体现对人的尊重。柳柳说："坐姿是展现一个人精神风貌的一个重要方式。塑造自己的形象是要通过这些细枝末节来实现的。"柳柳老师要求全班同学养成饭前都排队去洗手的习惯。礼仪素养成为习惯，就是一种修养、一种美好的气质。关于写字的姿势，柳柳提出："头正身直足平，眼离纸面一尺，手离笔尖一寸，胸离桌沿一拳。"以同学们生活中照片作直观教材，强调什么样的坐姿是不正确的，什么样的坐姿是正确的。

柳柳总是携带着她挚爱的小伙伴 iPad 进入教室。录入学生中"勤奋刻苦"的身影，录入多彩的班级生活画面，用直观的方式在全班展示，帮助同学们自己教育自己。

由以上所述可见，柳柳的班级教育包含有人生观教育、珍惜时间教育等，但绝不是灌输、说教，而是班级生活教育。柳柳十班的学生是在平等、友善、幽默、快乐氛围的班级生活的感染、熏陶下，在享受班级教育的幸福中成长的。柳柳和柳柳十班正实践着朱永新教授提倡的"过一种幸福完整的教育生活"的理念！

语文教育与班级教育的融合

作为中学语文教师，柳柳做到了热爱语文、享受语文、创造语文！她是全国初中语文"十佳教改新星"，是"全国优秀教师教研能手"。柳柳同时是优秀的班主任，她发挥自己的创造性，发挥自己的教育智慧，把语文教育和班级教育融合在一起，她的语文教学和班级教育都做得很出色！

在语文教学中，柳柳自然地融进了班主任对学生的素养要求。例如柳柳在讲解《词五首》过程中，穿插讲述了她的一位刚去世的老朋友，让同学们理解生命的脆弱与可贵，勉励他们要好好爱自己，爱可以活着的每一天。在班级教育中，柳柳也自然地融进了语文教育。例如，在《十班史记》的点评中，就结合着教育学生热爱祖国的文字："汉语的精致、雅韵是任何其他语言无法比及的。"柳柳以自己的行为给孩子们以积极影响。她说："每每欣赏汉字，每每朗读诗词，我总是对古人充满了敬仰，便愈发挚爱汉语。"对史记写得生动、有趣的语句，柳柳给予肯定。在第 28 回中，"柳柳按：看似平淡的文章，给赵'史官'一读，充满了乐趣。语音、语气、语调对表现文章也是极有特殊的力量的！"第 57 回，记载了师生共游六朝博物馆，结合参观中遇到的字词，"柳柳还为我们细心讲解了'衢'这个典型的形声字，并告诉我们'行'字在古代指的就是十字路口。在这里，我们认识了曾经的名片——'名刺'，昔日的信封——'分检'……"有时班会课的内容是"电影鉴赏"，柳柳就依据学生对电影的点评，教导同学们如何把电影评论与语文课上学习的欣赏小说、戏剧等关联起来。

敬业乐业享受教育人生

《十班史记》告诉我们，包括班主任在内，十班的老师们都敬业、乐业。师生相互尊重、相互关爱、幽默诙谐、富有情趣、快乐成长。

政治课老师被同学们称作"夏男神"。班上的章老师精通英法日三门语言，对各学科都有涉猎，荣获"全能男神"称号。

余老师一直带病坚持上课。而且总是"充满激情"。柳柳写道："晨间听余老师说，昨儿挂水就是为了把感冒早点压下去，不耽误课时，颇为感动。中午跟孩儿们说起余老师身体不舒服，听课时不可吵闹，一定要心疼老师。"

余老师的教学语言相当生动有趣，在第 48 回，平"史官"写道："余老师的幽默风趣总是让物理课堂充满活力。或许我们真的应该制作一本《余老师语录》，把各种小段子都记录下来。""柳柳按"写道："编辑《余老师语录》，好主意！它们会带给我们丰富而又快乐的美好回忆！"第 75 回汪"史官"写道："余老师一上来便给我们下发了三张他精心整理的复习提纲，并带领我们逐字逐项复习。"余老师说他写完复习提纲大约已是凌晨三点，他说："我一想坏了，明天万一上课头脑不清醒怎么办，但今天中午突然脑子灵光得不得了。""柳柳按"中这样评论："我每读到这里，就会情不自禁地眼含热泪……身体再疲乏，可是一想到学生、想到课堂，人的活力就被激发了，这也许就是教师的一个特点吧！学生的利益会影响教师的精神状态、身体状态的！"

当下教育领域的流行病，如分数主义、考试主义、锦标主义等，正折磨着人、摧残着人、误导着人。柳柳的《十班史记》为我们提供了积极教育、快乐教育的典型。作为具有教育自觉的班主任，柳柳老师懂得班级管理的目的不是要把孩子管死，管理的目的在于解放人、教育人、发展人。长期以来，柳柳以这样的教育理念引导学生，让学生成为自觉学习者。

柳柳老师充满着教育信心，充满着对自己学生的信任，快乐且自豪，享受着教师幸福。

我非常赞赏朱永新教授提出的"过一种幸福完整的教育生活"的说法。教育的目的就是让人们生活幸福。朱永新教授提出享受幸福完整的教育，就是强调不限教育结果给人以幸福，教育过程就应当是享受幸福的过程！柳柳和她的十班就是享受着完整的教育生活。

柳柳说："开学到现在，大量的文字、照片、视频记录了我们十班初三第一学期的生活，这些是我们成长中最宝贵的资源，看着它们，越发觉得时间如梭，越发得意我在用心记录孩子们的健康成长，见证和陪伴孩子们的这独特年份的生命之旅！"教育实践表明：柳柳的教育人生，就是幸福人生，就是美丽人生。

柳柳这样的教育工作者们，作为优秀教师、优秀班主任之所以优秀，之所以能享受幸福完整的教育生活，不是依赖方法、技巧，而是源于他们的教育境界高远，具备卓越的敬业精神、教育智慧、教育艺术，因为教育实践的美好是教师人格美好的外在表现。

（原文发表在《中国德育》2014 年第 15 期）

学校教育实践中的"心理—道德教育"

"九五"期间，我主持了江苏省哲学社会科学课题"中小学道德教育与心理教育相结合的研究"；同时，我主持的"九五"教育部重点课题"中小学班主任与学生素质发展的研究"中，也有一个"心育与德育结合"的子课题。在"九五"研究的基础上，"十五"期间，我继续了学校教育实践中的心理—道德教育探索，分别承担了江苏省哲学社会科学课题"中小学'心理—道德教育'校本课程开发的研究"和教育部课题"学校心理教育原理与实施的研究"。在此，我简略介绍在各个课题实施期间，参加课题学校在"心理—道德教育"实践方面所作的一些研究。

一 心理—道德教育的初步探寻

1. 初步探讨了德育与心育的异同

如果说实施"九五"省哲社课题，我主编《心理与道德教育读本》（共6本，河海大学出版社1999年出版），在"前言"中所说，"试图为探寻适应我国国情的心理教育和道德教育结合的模式，即'心理—道德教育'作一点实际的尝试"，那么，南京师大出版社2002年8月出版的《心理教育》系列读本，则是这一探寻的继续。该系列共26本，其中小学、初中、高中共22本，教师用书3本，职校1本。在该书"总序"中，我阐述编写指导思想时，归纳丛书的特色有以下四方面：育人重于知识学习；内容新颖体现时代性；自觉地与道德教育结合；考虑本土性要求。丛书编写开始，我们就把心理教育与德育结合作为编书的重要指导思想，因此，在所阐述的四个特色中，对"自觉地与道德教育结合"

阐述所占篇幅最多。"总序"对心育与德育从教育宗旨、作用指向、内容性质、概念范畴四个方面作了区分，同时阐述了心理素质和道德素质具有的共同性。共同性有四个方面：两者都以客观现实为源泉；两者都以实践活动为产生的基础；两者都以人脑为产生的器官；两者都属于个体的精神范畴。总序指出，"心理教育与道德教育结合，不是机械相加，而应是有机地结合。其理想的状态应是育心、育德融为一体，做到以心育心，以德育德，以心育德，以德育心"。为了简便，"我们可以把'心理教育与道德教育相结合'表述为'心理—道德教育'"。在教育实践中，二者的相互结合，有两种情况，一是在心育课中融入德育内容，心育与德育有机结合；二是在德育课中融入心育内容，德育与心育有机结合。这两种情况都有可能达到"育心育德融为一体"的境界，都可称作"心理—道德教育"，属于心理教育的一种形态或道德教育的一种形态。

2. "育心育德融为一体"的可能与好处

我们探寻了心理素质和道德素质具有共同性，从而表明心育与德育具有内在联系，有可能实现心育与德育相互有机结合，即可能做到"育心育德融为一体"。此外，下面我们将说到的各个课题试点学校实施心理—道德教育情况，也可证明这一点。各校教育实践中涉及的责任感、进取心、友爱、协同、合作、关心环境、热爱生命等，既是心理品质，又是道德品质。即这些品质具有心理的和道德的双重属性，这是德育与心育可能融合的基础。

"育心育德融为一体"很有好处。心理素质是中性的，在人的体、智、德、美整体素质中，道德素质处于核心地位，对整体素质的发展具有两个作用，一是有促进发展的内在动力作用；二是具有发展导向作用。也就是说一旦心理教育融入了道德教育，心理的发展，以至整体的其他各项素质的发展，都有了合乎道德的内在动力和导向。"育心育德融为一体"对道德教育也有积极作用，一是为德性（也为体、智、美素质）的形成、发展提供优良的心理基础；二是促使德育也采用多种多样、生动活泼的教育形式。这在下文我们阐述各个学校的经验，特别在最后阐述各种课外心理—道德教育形式中，便能得到很好的说明。

3. 课题试点学校心理—道德教育的经验

不少参加课题的试点学校除参与丛书的编写外，还自编了校本教材。

例如，苏州的觅渡中学、苏州三十三中、南京五中、南京金陵中学、南京孝陵卫中心小学、无锡荣巷中心小学、海门东洲小学等。东洲小学参编的《心理教育》小学部分12册，直接用作了校本教材，供一到六年级学生使用。

南京五中杨静平老师编写了教师指导用书《高中心育活动》（江苏美术出版社2003年出版），是心育与德育结合得比较好的范例。该书有两个特点：一是学习内容是高中生日常学习生活所关心的、希望得到回答的问题，如怎样培育集体荣誉感，如何合作共事，如何培养责任感、进取心，如何友爱同学、尊老爱幼，如何珍惜时间、热爱生命，如何做一个成功的职业人等，较好地体现了心育与德育的相互结合。二是本书的活动目的明确，教材"留白"甚多，教育内容多通过小组活动、师生互动生成。五中在德心融合教育方式方面，重视通过合作学习，通过故事、名人名言等形式，把心理品质与道德品质的培养密切结合在一起。

南京金陵中学以苏华老师为首，开发了"班级心育—道德教育活动课程"。他们的做法是：

（1）修订"九五"期间自己制定的《班级心理教育纲要》（打印稿）。纲要在分析初中、高中各个年级学生心理特点基础上提出教育的主要内容，作为班级心理教育主要依据。（2）研制"班级心育活动设计"，开展系列主题班会活动（如"欣赏我自己""从黑洞中走出——高考复习效率大家谈""直面困难"等）。（3）开掘学军、学农、社会调查中的心理教育和思想道德教育潜能。可见该校重视把社会实践作为实施心理—道德教育的很好方式。（4）创建"绿荫网站"，为中学生的网络学习、心灵沟通提供了很好的平台。该校重视运用现代技术实施心理—道德教育，表明老师们具有符合时代特点的教育新思维。

苏州市觅渡中学徐洁老师自编了德育与心育结合校本教材《心灵的成长》。内容包括关心、帮助朋友，形成和谐人际关系，塑造美的青春形象，学会正确认识、处理早恋，爱父母、尊重父母，理解和尊重老师，学会面对人生的艰难和失败，学会关心自己的环境，做环境的朋友等。全书18个专题，融入了较丰富的道德教育内容。此外，徐洁老师编写的《故事告诉你》中，每个故事后面的"故事感悟"都蕴含道德哲理和人生智慧提示。这是运用故事作为心理教育与道德教育相融合的一种好形式。

苏州市三十三中以班级心理游戏为载体实施心理—道德教育。该校经过两年的探索实践，研制开发了班级心理游戏这一深受学生喜爱的心理—道德教育新形式。华意刚校长编印的《心理教育游戏活动》共编入了 22 个游戏。这些游戏富有趣味性、创造性、社会性（契约性、互动性），受到学生的喜爱。这是实施心理—道德教育校本课程的又一好形式。这里的思想教育、道德教育不是通过语言方式进行，只要参与了游戏活动，学生就经受了一次学习和训练。例如，游戏的组织是团体形态的，因此，参加者就受到成员之间协同、合作、配合的训练。游戏要经历的几个阶段也都具有教育价值：建立伙伴关系—共同承担义务—相互信任互助—分享领悟（合作的价值、友谊感、成功感）—正确认识自我（萌发改变自我的愿望，建立新目标）。

4. 探索中国自己的心理教育之道

这里要特别提出并应该给予高度重视的，是赣榆县 17 所中小学积极探索心理—道德教育的实施问题。该县教育局先后编印了《德育与心育相结合初探》（内部印刷，2000 年）、《德育与心育相结合再探》（内部印刷，2001 年）。他们在课堂教学、课外教育、校园文化建设等方面，为实施心理—道德教育积累了不少经验。赣榆县的实践表明，即使在经济、文化、教育不很发达的苏北农村，学校也可能实行心理教育。我在《再探》一书的"序"中，提出了应当重视的两个问题："一个是积极地在广大农村学校开展心理教育和心理教育研究问题；二是积极探索中国自己的心理教育之道的问题"，并认为"赣榆县的心理教育就是在农村学校开展的，而他们所探讨的心理教育经验，也应该是适合中国农村学校的，在这个意义上说，他们实际上是在探寻中国自己的心理教育之道"。

这虽然是一个县对农村心理—道德教育的初步探讨，却代表着我们心理—道德教育发展和研究的方向——本土化、东方化。我们难道不应当给予特别关注和高度重视吗?!

二 班级教学中的心理—道德教育

2000 年，我在《班级心理教育与班主任》（《江南时报》，2000 年 6 月 26 日，第 3 版）一文中曾说："'班级心理教育'是以班级为单位，以班主任为主导，面向全体学生，旨在促进学生发展的心理教育组织形式……在我们课题试点学校中，有的在部分班级，有的在全校范围内（如南京的金陵中学）都采用了班级教育的形式。"当然，除金陵中学外，还有其他一些课题试点学校，也把心理教育课列入了课程表，全面实施班级心理教育。

班级是学校教育的基本单位，班级组织的功能和目的就是育人。班级作为"社会—心理"组织，是学生心理与道德成长最切近的环境。班级教育系统即班主任为实现既定班级教育目标的特殊操作系统，当然也是实施班级心理—道德教育的特殊操作系统。其各个子系统，包括班级教育目标与计划、班级教学、班级集体、班级活动、班级文化、班级管理、班级教育合力等，都可作为实施心理—道德教育的子系统。班级教育目标与计划可以包括育心育德的内容；班级教学可作为心育固定的形式；班级集体可以成为学生个性心理—道德发展的舞台；班级活动是心理—道德品质成长发展的基础；班级文化对心理—道德具有熏染、儒化的隐性教育作用；班级管理可以为学生的心理—道德成长发挥管理运筹职能；班级教育合力一旦形成，就可拓展教育时空，把班级内外、学校内外，包括家庭与社区教育资源变为整合一致的心理—道德教育网络。

当然，班级教学中的心理—道德教育，不应当仅限于心理课程的教学，它还可以也应当通过其他各个学科的教学来实施。

课题试点学校的实践表明：中小学师生具有丰富的教育智慧和主动创造精神，能根据学科课程和教学中的相关内容，进行心理道德教育，这是实施心理—道德教育的一种基本方式。说它是基本方式，是因为学科教学是学生在学校学习生活中占时间最多，计划性强，组织严密，有时间保证。

如何通过学科教学实施心理—道德教育，老师们的做法多种多样。我们应关注以下两个方面：（1）提高心育、德育相互融合的自觉性。有的老师上心育课举例时，用了品德方面的例子，没有意识到这就是心育内容融进了德育的成分。我们听德育课时，也遇有老师阐述品德的内容时，融进了心理的内容，他自己没有意识到这点，但表明了德育是可以与心育融合在一起的。如果我们具有了自觉性，就不是自发而是自觉地进行心理—道德教育，其效果就更好。作为心理教育者，可以帮助其他学科老师确立通过学科教学进行心理教育、道德教育的教学理念，即形成在学科教学中进行心理—道德教育的自觉意识。有的老师反思自己的语文学科教学，发现该课程中含有丰富的心理—道德教育因素，如尊重、关爱、平等、开拓进取、砥砺意志、爱祖国、爱人民、社会责任感等。学科教师一旦确立了心理—道德教育的教学理念，就有可能自觉地发掘、运用教学中有关心理的、道德的教育内容进行教育。（2）除教学内容外，教学的各个环节都有可能进行心理—道德教育。如在教学目标设计中，纳入心理—道德教育的要求；作为教学内容的学科知识，对优良心理—道德品质形成具有奠定科学知识基础的作用；教学组织形式、教学方法、师生关系、教学氛围等，都对良好品质的形成具有熏陶作用；学生的学习活动对其优良心理—道德品质的形成具有训练作用；教师人格对学生形成优良心理—道德品质具有榜样示范作用；教学的过程性评价、终结性评价都可能成为促进心理—道德品质成长、发展的有效手段。

通过学科教学实施心理—道德教育是一种基本的教育形式；但是，实施心理—道德教育的形式是多种多样的，教学以外的各种类型的教育活动，都能够结合有关的内容加以实施。

三 多彩的课外心理—道德教育活动

课题试点学校的实践表明，中小学师生具有丰富的教育智慧，具有主动创造精神，他们多种多样的心理教育形式，并非是从书本上拿来的，而是自己创造发明的。只要我们到中小学去看看，就一定会为他们的主动创造精神所鼓舞、所感动！

校园心理网站。金陵中学的心理绿荫网站已创办很多年。苏州市三十三中于2001年开始建立校园网站，其指导思想为"开放网络，引导学生；借助网络，走进学生；贴近网络，师生互动"。在网上设立了"心晴苑·心理—道德教育"等专栏。

校园心理剧。苏州中学、南京孝陵卫中心小学、南京市五中等先后开展了校园心理剧活动。多为学生、老师们自编、自导、自演。心理剧题材取自学校生活实践，结合学生实际，富含心理—道德品质教育内容。有的还组织家长观看，学生、家长都写观后感，家长也成为学校心理—

道德教育的力量。

　　班级心理游戏。苏州市第三十三中学把班级心理游戏作为校本课程开发，编印了几十个心理游戏并发给学生。无锡荣巷中心小学对我国传统游戏加以巧妙开发利用，变成了受学生喜爱的心理训练的好形式。

　　校园节庆文化活动。不少试点学校设有自己的校节，如文化艺术节等，形成了校园节庆文化，心理—道德教育则贯穿其中。荣巷中心小学设置有"公益童话节""野外求生节""节水节""护鸟节""书香节"等。多么富有时代特色！与生态德育结合得多么好！该校每个月都有自己设定的校节，学校据此设计、制作了十分美观的"七彩节日"年历，深受学生、老师、学生家长的喜爱！多么好的教育艺术！多么好的创造！

　　快乐心灵家园。无锡荣巷中心小学多功能心理教育中心，是集心理训练、心理宣泄、心理咨询、心理自助于一体的心育活动场所。其心育活动内容丰富、活动形式多样，如"心灵自助餐""碰碰打击小屋""音乐轻松小屋""直抒胸臆墙""朦朦跟你谈""心理热线""心网聊吧"等，这样多彩的快乐家园，怎能让同学不喜欢？

　　快乐小屋。南京孝陵卫中心小学的"快乐小屋"，是充满童趣的、美丽的、温馨的、快乐的"小屋"，是很有特色的心理—道德教育模式。同学们进到快乐小屋，学到了知识，扩大了眼界，解除了烦恼，获得了快乐，直夸奖其是个"神奇的小屋"。该校总结了《"快乐小屋"心理—道德教育的研究》成效。

　　（1）用快乐小屋的形式对学生进行心理与道德教育符合小学生的年龄特点。快乐小屋是心理教育的一种设施，有温馨的环境布置，富有童趣的设置。从创办的第一天起，就吸引了全校学生。（2）快乐小屋为小学心育与道德教育的交融提供了经验。该校先后四次承办了市、区的心育工作现场会，多家媒体对该校德育特色作了报道。（3）快乐小屋附设了"快乐自助园"，让更多的同学参与了自我教育。（4）学生综合素质得到提高。

　　其他小学、中学也有类似"快乐小屋"的"心语小屋""轻松小屋""阳光小屋"等等。

　　心理—道德教育有如此丰富多彩、生动活泼、富有诗性的教育形式，远比单纯、呆板的道德说教、道德灌输受欢迎。

以上这些活动方式，从内容到形式都是老师们和同学们共同创造、共同参与的，并且都力求童性化、活动化、校本化、本土化、东方化。

　　学校教育实践中创造的心理—道德教育，是如此美丽，如此诱人！这些美丽诱人的心理教育，难道不是中国特色的心理教育吗？

（原文发表在《中小学德育》2015 年第 4 期）

实现德育与教学的融合

《让教学成为道德事业》——这是我 2007 年刊发在《教育研究》第 2 期一篇文章的题目。文章阐述了自己对德育与教学关系的思想，文章的基本精神是：做自觉教育者，让教学成为道德事业。文中指出了人们在认识方面存在的诸多误区。如：认为教学就是智育，智育就是教学；认为通过教学实施德育就是把德育"渗透"到教学中去；认为教学处是管学科知识教学的，德育处是负责学生思想道德教育的；认为一个班级的教师中有负责学生德育的教师，也有负责学科教学的教师；等等。此外还有其他一些似是而非的认识问题。

这类误区迄今仍然存在，有的人仍没有正确理解德育与教学的关系，没有把教学当成道德事业。这是客观实际问题，也是理论问题。这里，我对德育与教学关系的理解，用"融合"一词来概括。教学的教育性或育德功能贯穿教学过程始终，体现在教学结构的各个方面。对"融合"的理解，我曾在《中学教育学》一书中简要概括为四点，可供参考。

第一，"教学中传授与学习的知识对思想品德的形成，具有奠定科学知识基础和智力基础的作用"。当下我们的教学应重视社会主义核心价值观教育，将相关的核心价值观教育内容，与原教学计划中既有的教学内容有机结合，即"融合"而不是把与既有教学内容与要求无关的内容，"渗透"进去或"外加"进去。当然，教学的教育性或教学的立德树人功能，绝不止于教学内容。

第二，"教学中组织形式、教学方法、师生关系、课堂氛围作为隐性影响因素，对良好品德形成具有熏陶感染作用"。要防止种种教育功利主义，如"分数主义""考试主义""锦标主义"等教育病症对德性形成负面影响。如为了对付上级有关部门检查，制定"阴阳课表"；为了应对

"专家"来校听课,能看到活跃的课堂气氛,师生事先多次进行排练;将学生的考试成绩在班级、年级公布;等等。这些做法的隐性作用就是让学生学会做假,与爱国、敬业、诚信、友善等核心价值观完全相悖。

第三,"教学过程中学生学习活动,作为一种艰苦、细致的脑力劳动和体力劳动,对各种优良品质形成具有锻炼作用"。学生道德品质正是在实践中形成发展的,也在实践中表现出来。教学中学生的学习活动有多种形式,包括生产劳动、志愿公益活动等各种社会实践。学生正是在如此多种学习活动中得到锻炼成长。教师的使命是创造条件,让学生自主学习、自己锻炼。也就是说,教师的责任是创造优良的教育生态,让道德生命自己成长。

第四,"教师人格、思想、情感、态度、意志、性格对良好品德形成具有榜样示范作用"。教师的榜样示范是直观的道德教育。每一位教师都是德育教师,都会对学生发生某种道德影响。只是有的影响是自觉的,有的是不自觉的,有的是正面积极的,有的是负面消极的。可见,教师提升自己的道德人格素养至关重要。教师本身就是一本道德教科书!

总的来说,教学结构各要素,包括教学内容与要求、教学方式与氛围、学生的学习活动,教师的人格素养等,都具各自不同的育德功能。我们每个教师都应努力提升教育自觉,做一名自觉教育者,更好地实现德育与教学的融合,真正让教学过程成为有效的道德教育过程,让教学成为道德事业!

[原文发表在《现代教学(思想理论教育)》2016 年第 3 期]

礼赞国旗下课程

2015年12月6—7日，我有幸参加了"全国中小学德育课程创新实践展示会"。这次活动是深圳市宝安区滨海小学承办的。我曾到滨海小学感受过学校的教育精神，也曾学习过滨海小学李唯校长有关国旗下课程的著作，但还觉得不满足，自然产生了一个愿望：亲自参加一次滨海小学升旗仪式，亲耳聆听李唯校长的讲话。这次展示活动，让我实现了这个愿望，我真高兴！

通过这次展示活动，我对国旗下课程有了更多的了解，也有了更多的感悟。

独特创新的课程

我在小学生、中学生年代，参加过无数次升国旗仪式，也听过校长或有关校领导讲话，但没有产生如同滨海小学人"期待着每一个周一"那样的心情。如今，各个中小学制度规定中仍然都有升旗仪式，但没有听说过把这项活动作为一门课程加以实施与研究的。李唯校长为了提高这项活动的教育实效，便和老师们一起，把它作为一门课程来研究。李唯校长提出"珍视童年价值，培育生命自觉"，这是多么好的办学理念！正是这个理念成为设计、实施国旗下课程的指导思想。经过三年的努力，《国旗下课程》一书正式出版了。此后，《在国旗下种一颗童年的种子》《国旗下微课程》等著作又出版了。作者舒心，读者喜欢，大家高兴！

全国中小学德育课程创新实践展示活动，促使我再思考，我更感到国旗下课程是滨海小学的一门独特的创新型课程。我之所以要用"独特"和"创新"来描述，是因为与中小学教学计划所规定的学科课程比，国旗下课程确实是一种新型课程，确实有不少独特之处。

"国旗下课程"中的"国旗下"有着丰富的教育意蕴，那便是爱祖国，好好学习，成长为对祖国有用的人才！

课程的性质属校本课程。这是以滨海小学办学理念为指导，反映学校教育文化特色的课程。

课程的内容，不是教学计划预先规定的，而是来自学生生活又回归学生生活的；是依据学生发展的需要而制定的《"国旗下讲话微课程"课程标准》实施的。课程的内容，不仅仅是国旗下讲话的显性的教育内容，还包括"升旗仪式"这一特定场景，包括特定的环境、乐曲、氛围等隐性教育内容。正是这样的仪式长年累月熏陶着、感染着每个参与者。

课程的实施，不是以班级为单位进行的，全校学生和老师、学生家长都是参与者——学习者。序曲—正曲—尾曲构成了完整的课程教育链。这是富有魅力，让人们期待、让人们享受的教育课程！

参加这次展示活动，让我感到：国旗下课程，作为一类定型的课程，其影响早已拓展到全国许多地区和学校。

河北沧州各小学根据各自情况，实施国旗下课程。沧州市实验小学的3800名学生中，1/3的孩子需乘公交车上学，乘车时各站点秩序混乱且存在安全隐患，学校结合国旗下课程开展了"争做博雅少年"主题活动。"争做博雅少年"，多么美丽！连学校保洁员也参与到活动中来了。学校与公交公司合作，通过活动引导学生做到了文明乘车。

内蒙古鄂尔多斯市东胜区第七小学在学习滨海小学国旗下课程中，创造性地纳入了少数民族传统风俗、民俗文化，丰富了国旗下课程内容，为国旗下课程增色，从而形成了具有自己民族特色的国旗下课程。

国旗下课程是滨海小学首创的，但当我们说到国旗下课程时，如果仅仅理解为是滨海小学的，就太局限了。国旗下课程已是国内各地学校共有的、独特的新型课程了！

全面教育的课程

滨海小学承办的展示会，激起我的思考，让我更全面地理解了国旗下课程全面教育的性质。最初，我把国旗下课程作为新型德育课程理解。

这是对的，但又是很不全面的。国旗下课程既是德育课程，又是智育课程、美育课程，也是体育课程。这就更彰显了国旗下课程的独特性、创新性。

滨海小学从高楼由上到下悬挂了一副美丽耀眼的对联，上联是"以人为本珍视童年价值"，下联是"科学发展培育生命自觉"。滨海小学的办学理念正是体现了"以人为本""科学发展"的教育精神，国旗下课程正是以这样的办学理念指导的，因此，它必然是实施全面教育的课程！如果仅仅看作德育课程，就太局限了。

面对现代化、国际化、信息化，深圳市提出了人才素质要求，制定了《关于进一步提升中小学生综合素养的指导意见》。滨海小学以该文件做指导制定了《"国旗下讲话微课程"课程标准》。国旗下课程，不仅是德育课程，而是实施体、智、德、美全面教育的课程。

国旗下课程作为德育课程是很容易理解的，各个学校首先是把它作为德育课程实施和研究的。对此不需多说。关于它也是智、美、体教育课程，在李唯的著作中都有反映。我们只需从《在国旗下种下一颗童年的种子》中举一些实例就可说明。

关于智育课程。有的毕业生回忆说：国旗下课程"给了我课堂上学不到却同样重要的知识"，"在滨海小学的两年里，我收获的除了知识的积累、校园生活的快乐之外，更多更宝贵的是心智的成长！"一个五年级学生说：有一次国旗下讲话的主题是"学习贵在积累"，我把校长的话"运用到了学习中，我专门准备了一个课内笔记本"。他们懂得"学习，是我们自己的事"。

关于美育课程。一位2011届毕业生回忆国旗下讲话时写道："在嫩粉色的春季，我们不仅收获到候鸟的吟唱，亦收获到'春种一颗粟，秋收万颗籽'的至理名言……在生机勃勃的春季，我们不仅仅收获到拂面而过的轻柔，亦收获到拾金不昧、助人为乐的好习惯。"他们还收获到"锲而不舍，金石可镂""助人为乐，手有余香"等名言警句，体悟到"句句良言伴我行""讲文明从身边做起"等道理。所有这些收获，都是因为他们接受了美的熏陶，使行为美、心灵美。正如一位家长称赞的那样，国旗下课程是"德育美育的示范田"。

国旗下课程也是体育课程，这可以从滨海小学重视"健康自觉"方面来理解。滨海小学教育把办学理念、校训、培养目标有机结合起来。学校将校训"健康、尊重、诚信、责任"和培育生命自觉结合,提出"健康自觉"。当然,这是与体育直接相关的概念。健康内涵包括躯体的、心理的、社会适应方面的。这里我们主要指躯体健康或生理健康。国旗下课程在健康自觉方面要求能充分认识健康的重要性,关注健康,养成良好的健康习惯。国旗下讲话中,还有教导学生注意安全,防止意外事故伤害的内容。五年级一个学生说,一次国旗下讲话的主题"不怕一万,就怕万一"给自己印象很深,一次溜旱冰没有戴护具,受了伤。当然,如果讲话有一些身体锻炼方面的要求与方法内容,健康自觉的含义就更丰富、更全面了,作为体育课程就更完备、更积极了。

生命教育的课程

滨海小学的办学理念"珍视童年价值,培育生命自觉",实质就是生命教育的理念;在这一理念指导下的国旗下课程,实质就是生命教育课程。

这个办学理念的提出,本身就是生命自觉的表现。"珍视童年价值"的提出,正是符合生命成长、发展的规律。"童年价值"即童年的生命价值,表现在两个方面:其一,童年是生命发展的早期阶段,童年的发展为人的终身发展打基础;其二,童年价值在于享受人生的童年幸福,并为人的终生幸福奠定基础。

童年价值有如此重要意义,能不珍视?!珍视童年价值就是珍视生命价值,就是珍视人的价值!这样的国旗下课程,必然是充满爱的,是理性与情感融为一体的课程。

"珍视童年价值",对整个人生发展说,有重要的、长远的意义;就童年发展本身而言,不仅具有理论意义,同时具有迫切的现实意义。当下我们的教育存在着分数主义、考试主义、锦标主义等病症。于是出现了"阴阳课表"、公开课前的反复演练、考试作弊等弄虚作假现象,还有名目繁多的补习班、特长班,还有高考状元游街等。这些教育病症正折磨着、摧残着、误导着人们。其主要受害者,正是儿童。"珍视童年价值",就是要改变儿童的生存状况,就是要解放儿童!"培育生命自觉"

是重要目标。生命自觉就是理解生命本质，理解生命的意义、价值，理解生命成长发展的规律和特点，努力做最好的自己。这是依据儿童成长、发展规律，逐步实现的过程。"童年价值""生命自觉"是生命哲学的概念，如何"珍视"，如何"培育"，是教育哲学的命题。这些都不是要求儿童一下子就理解的。滨海小学的国旗下课程在这方面已创新了很多经验。我们是用"童性化教育"来概括的。童性化教育是用充满教育爱的、遵循儿童发展规律、符合教育原理的，充满童真、童趣，富有魅力的诗性教育，让儿童们具体地，逐渐地弄懂"生命自觉"，随着年龄和思维能力的发展，逐步加深对问题的理解。

当儿童懂得了问题的意义，就会努力学习，争取做最好的自己。做最好的自己是根据自己情况，努力学习，让自己的潜能得到最充分的发挥。做最好的自己，不是和别人比，不是和别人竞争，而是和自己比，自己尽了最大的努力了，自己的潜能得到最好的发挥了，就是做成了最好的自己。在努力过程中，加深了对问题的理解，会更加努力，做得比原先更好。

成人与儿童共享的课程

朱永新教授倡导"过一种幸福完整的教育生活"，我很赞赏朱教授的这一教育思想。参与国旗下课程的人们，正享受着这样的教育生活，我钦仰这美好的教育生活！教育的目的是人生幸福。获得人生幸福不应仅仅是教育的结果，教育过程也应是享受幸福的过程，这才是幸福完整的教育生活。

我用"成人与儿童共享的课程"来表达我对国旗下课程的赞美，因为国旗下课程，包括其进行过程，都是一种享受幸福的教育课程；因为国旗下课程是由序、正曲、尾曲构成的完整的教育链，随着时间与空间的拓展、参与者—学习者的拓展，享受这一教育课程的人就更多了。与通常教学计划规定的课程不同，国旗下课程"不是以班级为单位实施的，全校学生和老师、学生家长都是参与者—学习者"。也就是说，这是成人与儿童共同参与、共同学习的课程，即成人与儿童共同享受的课程！参与国旗下课程的成人包括校领导、职工、老师、学生家长。参与者—学习者的拓展，当然不仅仅是滨海小学，也包括参与该课程研究的其他学校和地区；拓展的范围不止于学生的家庭，还包括社会。上述沧州实验小学延展国旗下课程，与公交公司合作开展"争做博雅少年"文明乘车主题活动，就是生动的一例。

国旗下课程"序曲"是全校员工师生都参与的。有时学生要求自己的家长也参与。如果说"序曲"与"正曲"，家长不一定参加的话，那么"尾曲"是家长必定参与的。参与者也是学习者，也是受教育者。国旗下课程是学校师生员工和学生家长共同参与、共同学习、共同成长的课程，是师生员工和学生家长共同享受的过程，当然，不同的人享受的内涵有各自的侧重点。

学生们实现童年价值，享受儿童时代的"欢乐、和平、游戏、学习和生活"。

老师和员工们实现自己的职业价值，享受教育服务的过程，也享受继续学习，享受持续发展。

家长们实现自己作为父母的价值，享受学习，享受亲情，享受天伦之乐。

我感到幸运，我能再次走进滨海小学，我崇敬和赞赏国旗下课程，我衷心祝愿国旗下课程越来越精彩！

（原文发表在《中国德育》2016年第10期）

给特别学生以特别教育关爱

——优化心理机能，服务人生幸福

特别学生应施予特别教育。对特别学生与特别教育，国内学者陈善卿教授、姚文忠教授等人已有多年的研究。按陈、姚教授的理解，特别学生是指身体健康、智力正常，但学习性发展不足、社会性发展不足的学生；通俗说法是"学校难教，家庭难管，社会难容"的学生。我是极少接触这个题目的，今天我就这个问题，谈一点肤浅的认识，不当之处希望能得到指正。

一　特别学生应得到特别教育的关爱

先谈我对"特别学生"与"特别教育"的理解。特别学生与特别教育两者是紧密联系着的。对特别学生需施以特别教育；特别教育的对象是特别学生。要理解这两个概念的内涵，可与特殊学生、特殊教育的比较来理解。特别学生是特殊学生中的一类，特别教育是特殊教育中的一类。广义的特殊学生与广义的特殊教育，包括三种类型：

第一种类型是狭义的特殊学生，是指身心发展有缺陷的学生，即盲、聋、哑、智力落后或肢体残疾的学生。与此相应的，对其施行的适宜的教育，称为狭义的特殊教育。日常所说的特殊教育，大多是指狭义的特殊教育。

第二种类型是智力超常的学生。与此相应的，对其施行的特殊教育，通常称之为"超常教育"。

第三种类型称特别学生，指身体健康、智力正常，但神经系统或心理发展存在某种不正常，表现为学习性发展不足、社会性发展不足的学生。与此相应的，对其实施的特殊教育，称作"特别教育"。

对不同类型的特殊学生，都应相应地实施不同类型的特殊教育。超常学生与特别学生都是广义特殊学生中不同类型的学生，或者说都是不同类型的特殊学生；超常教育、特别教育都是广义特殊教育中不同类型的教育，或者说都是不同类型的特殊教育。

所有不同类型的特殊学生与普通学校的学生都是国家公民，都应享有公民权利，包括受教育权利。国家对所有青少年都应给予教育关怀，给特殊的学生以特殊的教育关怀，对其中的特别学生给予特别教育的关爱。

给特别学生以特别教育的关爱，体现了国家对公民受教育权利的保护，是国家法律的要求。

给特别学生以特别教育的关爱，体现了社会成员人人平等，是教育伦理精神的要求。

二　特别教育应是一种积极教育

特别学生的特别教育，应是一种积极教育，其根本指导思想是"发扬积极因素，克服消极因素"。"发扬积极因素，克服消极因素"是普通教育学中的一项教育原则。我国古代《学记》所主张的"长善救失"，就是这一精神的体现。特别教育也应遵循这一原则，并作为特别教育的根本指导思想。现今的"教育学"，无论是翻译苏联的教育学，还是我们国内编写出版的教育学教材、德育学教材，在论及教育原则时，总是把"发扬积极因素，克服消极因素"作为一条重要的教育原则提出来。当然，语言表述可能不同，如有的表述为"发扬优点，克服缺点"的原则。表述方式可以多样，但其根本精神是积极教育。我们对特别学生的教育，应当、必须遵循这项重要教育原则，作为我们实施特别教育的重要、根本指导思想。

特别学生在某些方面发展不足，存在着某些消极因素，但在他们身上也必然存在着很多积极因素，即存在某些优点、长处、进步。特别教育者应高度重视发扬他们身上所具有的积极因素，克服消极因素；利用积极因素克服消极因素。对特别学生的特别教育，遵循这一指导思想，体现了对特别学生的特别教育关爱，体现了积极教育的精神，既符合教育原理，是教育自觉的表现，又体现了对特别学生的尊重、爱护，是珍爱生命、具有生命自觉的表现。

三　运用积极语言施教

对特别学生实施积极教育，是特别教育的根本指导思想！积极教育的根本原则，是发扬积极因素，克服消极因素；积极教育以积极语言HAPPY模式进行施教。

特别学生身体健康、智力正常，学习性发展不足、社会性发展不足，与同龄孩子比，学习心理能力差，不善适应社会生活。我理解这是特别学生心理发展中非智力因素存在某种问题或缺陷导致的。因此，需要重视心理教育和道德教育，若把心理教育与道德教育有机结合，融为一体，形成心理—道德教育更好。不论心理教育还是道德教育，都应是积极教育。1987年我第一次提出心理教育，"把培养良好心理品质、包括个性心理品质的教育简称心育"[①]。此后我作了更完整的表述：心育，即心理教育，是有目的地培养受教育者良好心理素质，提高心理机能，充分发挥心理潜能，进而促进整体素质的提高和个性发展。这样表述的心理教育不是消极的矫治性的教育，不是一般的心理疏导、心理治疗，而是重"培养""提高""发展"，这就是发展性的积极心理教育。道德教育也应是发展性的积极的教育，不仅要培养优良道德品质，而且要培养、发展道德认知能力、道德情感能力，还应培养、提高道德践行能力，培养、发展学生的道德思维，道德辨析能力，辨析真善美与假丑恶的能力。因此心育、德育融为一体的心理—道德教育也是发展性的、积极的道德教育。21世纪初，从国外引进的积极心理学，为我们的发展性心理教育、道德教育乃至整个学校教育提供了科学心理学理论基础。

积极教育的实施，应使用积极语言。我国心理学界著名学者陈虹博士经过深入思考和研究，在中小学普及和应用积极心理学理论的基础上，和语言学家们一起，提出了"积极心理学的积极语言HAPPY模式"。陈

---

① 胡守棻：《德育原理（修订本）》，北京师范大学出版社1989年版，第59页。

虹在全国四个直辖市、12 个省、2 个自治区、24 个地市区县与一线老师共同研究积极语言 HAPPY 模式的应用，并编写出版了《给老师的 101 条积极心理学建议——积极语言 HAPPY》①。这一模式在学校教育、家庭教育中都取得了很好的教育效果。我们的特别教育应采用这一积极语言模式。

运用积极语言教育模式蕴含着积极的学生观和积极的教育观。HAPPY 中的 H：Hope（预想、希望）；A：Action（行动）；P：Process（过程）；P：Point（关键点）；Y：Yield（产品、收益）。

例如培养学习成绩差的学生爱上学习的心理品质，我们就可运用积极语言施教。

H：Hope（预想、希望），期望他有学习自觉性，有学习的内在动机，学习到新东西会开心，感到满足、快乐。

A：Action（行动），老师通过积极语言，以多种方式激发学生想学、爱学。

P：Process（过程），用积极语言提供具体指导，让学生在学习过程中体验到学习挺有意思、有快乐体验、有成就感。

P：Point（关键点），抓住起决定作用的语言，具体指导。

Y：Yield（产品、收益），学生开始喜欢学习，喜欢上学，喜欢看书等，学习成为自愿行为，乐意为之。②

我想强调，用积极语言施教，应在每一环节，注意：我强调的是每一环节都应高度重视学习者的主体作用，即充分调动他们的主观能动性，促使他们自己努力学习。

H：Hope（预想、希望），教师、家长重视把自己的预想、期望转化为孩子自己的预想、期望，成为孩子自己内在的动力。学习者是学习主体，应充分发挥学生自己的主体作用。

A：Action（行动），不单单是教育者行动，这一环节同样要充分发

---

① 陈虹：《给老师的 101 条积极心理学建议——积极语言 HAPPY》，南京师范大学出版社 2012 年版，第 301—305、340—344 页。

② 陈虹：《给老师的 101 条积极心理学建议——积极语言 HAPPY》，南京师范大学出版社 2012 年版，第 301—305、340—344 页。

挥学生的主观能动性，重视学生积极参与行动。

P：Process（过程），教师充分发挥自己对学生学习的指导、引导作用，但指导、引导只有通过学习者内因起作用，即通过学习者自己主观努力才能实现预想的要求。

P：Point（关键点），让学习者自己充分理解关键点，如果在学习过程中还没能充分理解的话，在学习某方面内容后，引导学生通过反思，悟出其关键作用。

Y：Yield（产品、收益），高度重视让学习者自己对产品、收益的自我欣赏、体悟、享受收益的快乐！

对特别学生的教育，运用积极语言本身就体现了对特别学生的尊重、信任，体现了对特别学生的特别教育关爱；因而，运用积极语言不仅仅是教育方式问题，在背后支撑的还有积极的学生观和积极的教育观。积极学生观，相信每个学生都有积极向上的本性，相信每个学生都有自尊心，都有受肯定的心理需求，这是特别学生接受教育的内在基础。积极学生观主张培养、形成学生积极情绪，提高爱的能力、学习能力、工作能力，掌握积极看待世界的方法，形成积极人际关系，具备宽容和智慧的灵性、成长的勇气、审美的体验。

运用积极语言教育模式，有利于促进特别学生的自主成长。教育是学生与老师积极语言的互动过程。老师使用积极语言指导学生改变某种行为或形成新的行为过程中，抓住期望中的品质特征和行为与形成这种品质的行为之间有关联的关键点，使学生向着期望的目标发展。教师的教育引导是学生发展不可或缺的"外因"即外部"条件"。而采用积极语言的教育过程，让学生想到接受教育将获得某种产品、某种收益，对教育结果有一定的预想、期望，这是特别学生接受教育、努力学习的"内因"或内在"根据"，对学生发展起着"内在动力"的作用。运用积极语言教育模式，能不断地让学生体验实现学习期望的满足和快乐，从而增强学习的内在动力，促进特别学生的自主成长。

运用积极语言教育模式，对学生在教育态度、教育方式方面具有积极性、建设性、激励性。受教育者会产生积极的、愉快的情绪，从而有助于培养学生友善、自尊、自信的品质，有利于形成教育者所期望的行为。运用积极语言教育，可以使整个教育过程是和谐的、愉悦的，从而享受教育幸福。要纠正"不能输在起跑线上""为了明天的幸福,必须牺牲今天的快乐和幸福"的思想误区!采用积极语言教育,不仅仅为了教育结果能让学生享受到人生幸福,而且在教育过程中就有愉快的体验、享有愉快的情绪。也就是说,积极语言教育不仅为了学生未来享受人生幸福,而且在当下教育活动中就能体验到、享受到快乐和幸福的生活。

运用积极语言教育特别学生,遵循心理哲学,按照积极的特别学生观和积极教育观,以特别方式实施教育。特别教师怀着特别教育的爱,采用积极语言与学生对话,关爱、引导、宽容、耐心等待学生。因此,做一名特别教师,应提高教育自觉,深谙特别学生心理,懂得积极心理学原理,深谙积极语言功能,从而实施积极的特别教育方式。

四 特别教育的终极目的是人生幸福

"教育目的即人的目的。教育本体的、内在的、直接目的是提升人的生命质量,让人成长为自由的、全面的、幸福的人。人生幸福是教育的终极目的。教育要为社会培养各种各样的人才,包括经济、政治、文化等多方面的人才,这些也是教育的目的,但教育的终极目的是为了人生幸福。人是社会发展的主体,社会发展是为了人的幸福。归根结底,人是目的,以人为本。"[1] 这一段话同样适用于特别教育,特别"教育的终极目的是为了人生幸福"[2]。

多年前我们提出心理教育宗旨,也是心理—道德教育的宗旨:"优化心理机能,提升精神品质,促进人格和谐,服务人生幸福。"我们的特别教育可以吸取这一宗旨的精神。

"优化心理机能"。特别学生的智力正常,但非智力心理发展方面可能存在某种问题,在促进心理机能或心理能力提高的同时,应有针对性地进行维护心理健康的教育。人的心理潜能无限,我们应相信特别学生

---

[1] 班华:《享受和班主任朋友共同成长的快乐》,南京师范大学出版社2014年版,第227页。

[2] 同上。

同样具有无限的心理潜能，善于发现并帮助他们发展其所具有的心理潜能。

"提升精神品质"。人的生命不同于动物的生命，人的生命主要是精神生命。这是人与动物的本质区别。精神生命包括心理的、道德的、价值的等方面。我们应把提升精神生命作为特别教育的主要任务。

"促进人格和谐"。通过心理—道德教育促进学生人格和谐发展；而人格和谐有助于学习性发展、社会性发展。这两方面可以互相促进。

"服务人生幸福"。上面我们说过"教育的终极目的是为了人生幸福"。特别教育也应帮助特别学生学会追求人生幸福。特别教育要实现这样的目标，其任务当然是艰巨的；但只要我们具有了应有的教育自觉，理解了教育原理，通过努力，是可以实现的。

幸福是快乐与意义的融合。毕淑敏说"幸福并不是单纯的生理反应，而是一种快乐和意义的结合体"[1]。快乐的感觉来自神经分泌的内啡肽。内啡肽也称胺多酚或脑内啡，是一种内成性（脑下垂体分泌）的类吗啡生物化学合成物激素。"意义就是指你在整个生命过程中，你知道方向，你有你的理想，你知道所有的步骤都是在向那个方向前进。"[2] "真正幸福的人，不仅指的是他生活中的每一个时刻都是快乐的，而且是他的生命的整个状态，即使有经历痛苦的时刻，但他明白这些痛苦的真实意义，他知道这些痛苦过后，依然指向幸福。甚至可以说，这些痛苦也是幸福的一部分，他在总体上仍然是幸福的。"[3]

对特别学生实施积极教育过程中，应对从 H：Hope（预想、希望），到 Y：Yield（产品、收益）的每一环节都加以关注，从而让学生产生快乐体验，明了学习的意义，就如朱永新教授倡导的"过一种幸福完整的教育生活"，不仅教育结果具有人生幸福，而且产品和收益的过程就是享受教育幸福。

（原文发表在《中小学德育》2016 年第 9 期）

---

[1] 毕淑敏：《破解幸福密码》，江苏人民出版社 2010 年版，第 24 页。

[2] 同上。

[3] 同上。

享受做自觉教育者的幸福

《江苏教育（班主任）》与读者见面了！这对班主任和每个关心教育、热心教育的人来说，都是一件大喜事！对广大班主任而言，则是多了一处他们快乐学习教育理论，交流班级教育经验，不断提高教育自觉的学习园地。当然，刊物也是所有热爱教育事业的同行朋友们相互学习、交流思想、沟通感情、享受教育生活的精神家园！

在学校班级中设置班主任，是中国教育的特色。做好中国教育，不能不关心班主任队伍建设。班主任自身需要不断学习做一名自觉教育者，即理解教育本质和规律、懂得学生身心发展特点、掌握班级教育原理，其教育实践建立在理性自觉的基础上。

班主任首先需要具有自觉的教育角色意识和清晰的教育使命感，懂得班主任是负责班级组织、班级管理、班级教育的主任教师，是学生主要的精神关怀者，是学生成长发展的重要他人；班主任需要掌握实施教育的特殊操作系统，即发展性班级教育系统。这就表明班主任需要不断地学习，学习教育理论，包括学习《江苏教育（班主任）》，还要认真研读教育实践这本无字的教育学。不论理论学习或在实践中学习，班主任都需认真思考，都要把学、思、行、写结合起来，从而不断地提高教育自觉。学习成果通过《江苏教育（班主任）》与全国的同行朋友们分享，这样也就充分地发挥了刊物作为全国同行朋友们享受教育生活的精神家园的作用！

班主任作为自觉教育者，应清晰地认识到，现今时代在对学生实施体、智、德、美全面发展教育过程中，应重视创造性的培养，即重视创新、创业精神与能力的培养。因此，班主任自己需具有超越现实的精神和开放的胸怀，在教育科学的指导下，勇于教育创新。也就是说，班主任不应满足于已有的班级教育经验，不能停留在已有的教育理论，包括班级教育理论的水平上；力求在班级建设、班级教育中不断有所发展、有所创造。

　　教育过程中向学生学习是教育自觉的重要表现。班主任对学生的精神关怀，不是居高临下的施舍。20世纪末我在一篇短文中说过："关怀与爱是双向的，师生互爱，相互切磋、相互砥砺、教学相长、品德共进，这也就是师生共有的精神生活和情感生活。以爱心培育爱心，以精神关怀培育关怀精神，是班主任劳动的主要方面，是班主任劳动的内在价值，也是作为教育者的班主任的生命价值。"

　　不同的职业人有不同的职业幸福。班主任是教师，其特有的职业幸福被称为"教师幸福"或"教育幸福"；幸福源泉来自教育实践，来自学生的发展；幸福是快乐和意义的融合。教师幸福表现在多方面，从《江苏教育（班主任）》这一教育者的精神家园中，学习教育理论，增长教育智慧，提升教育自觉，收获同行友情，是自觉教育者享受人生幸福的一个方面！

[原文发表在《江苏教育（班主任）》2016年第42期]

道德教育的全球视野

这样的道德教育论题是不是过于空泛了一些？是不是脱离了学校教育实际？

对此，我不做判断，我只想就这个论题本身作一些初步的探讨。

全球视野德育的内涵

道德教育的全球视野，亦即全球视野的道德教育。从全球视野探讨道德教育的确实不多，但视野开阔的学者早在20世纪就开始了相关的探索。比如，1998年李太平在华中师范大学博士后的研究选题就是《全球问题与德育》；王啸在北京师范大学博士后的研究为《全球化与中国教育》，其中也研究了全球性道德与道德教育问题。

时代在发展，社会在前进，人类在进步。这是我们探讨问题的大背景，无论是社会的经济建设、科技发展，还是人的教育，都是在这样的大背景下运作的。我们进入了"全球化"时代，整个"地球村"是人类社会，"地球村"社会成员是全人类。道德教育的全球视野也即全人类共同发展的视野。

提出道德教育的全球视野，因为人类面临着全球问题。"全球问题是决定人类共同命运而又只有通过全人类的共同努力才能解决的问题，如环境污染、人口爆炸、能源紧张、粮食匮乏、战争威胁等问题。"[①]"全球问题包括三大类：一类是自然环境问题，包括环境污染、生态失衡、资源枯竭等。""二类是社会问题……在当代主要是国家和国家之间、民族

---

① 李太平：《全球问题与德育》，华中师范大学出版社2002年版，第2页。

和民族之间关系问题。""三类是人的问题,即人自身的身心发展问题。"①由全球问题感受到道德教育对全地球村、对全人类发展的重大意义。

习近平在2015年9月3日纪念中国人民抗战暨世界反法西斯战争胜利70周年大会上,提出"要牢固树立人类命运共同体意识"。我们的道德教育就是应当站在全世界和全人类的高度上理解问题。

20世纪中叶,毛泽东在他的诗词中称"地球"为"小小寰球"。这当然是一种文学浪漫,但换个角度理解,也是一种科学论断!当今,人类活动已经拓展到外太空。当我们说道德教育的全球视野时,绝非局限于小小"地球村"范围。借用歌手王蓉唱的《火了火了火》歌词中的一句话说,我们要"冲出亚洲,冲出世界,冲向外太空"!我们就是要从"地球村冲向外太空",奔向"宇宙乡"!通常说道德教育的一个重要目标,是确立"科学世界观",我们为什么不可以说确立"科学宇宙观"呢?!整个地球是人类生存、发展的条件和背景,整个宇宙就不是人类生存、发展的条件和背景吗?!

道德教育的全球视野,意味着我们的道德教育要对全地球村、对全人类做出贡献,同时应吸取全球各个国家先进的教育理念和教育经验。如朱永新教授倡导的"过一种幸福完整的教育生活",这在国内许多"新教育"实验学校已成为现实。从全球视野看,在发达国家"一部分学习者继续更高层次的学习,不只是为了投资学历学位或渴求未来薪酬增长,而是出于自觉,即某一时间段内,学习所带来的个人满足感和幸福感高于结婚生子、旅游购物、技术培训等其他活动",即教育成为"发展性的精神消费"。② 我们的道德教育乃至整个教育就应当让全人类"过一种幸福完整的教育生活",让全人类成为幸福的人类!

幸福,包括物质生活和精神生活,而作为精神生命的人,精神生活幸福是根本!道德教育乃至整个教育都是以人生幸福为目标的。整个教育,包括体育与心育是相互融合的,或者说道德教育与体育、智育、美育,都是相互融合的,都应是让人类享受幸福而完整的教育生活。

"地球村"是人类的生活家园。从全球视野理解、实施道德教育,应

---

① 李太平:《全球问题与德育》,华中师范大学出版社2002年版,第4—5页。
② 周海涛、李虔:《世界教育的供给走势》,《中国教育报》2016年3月18日。

有哪些要求与内容，我就与现时代全球化关系较大的问题作一些肤浅的探讨。

世界公民教育

国内研究"公民教育"的不多，探讨"世界公民教育"的更少。檀传宝教授研究了不少国家的公民教育，他领衔著述的《公民教育引论》是一项很好的成果。我对"世界公民教育"没有研究，因为从全球视野看道德教育问题，世界公民的道德教育是题中应有的内容，我不能回避。"世界公民"是有全球视野和人类发展责任感的现代人。教育一方面受时代发展、社会发展、人的发展制约；另一方面，教育应是引领时代发展、社会发展、人的发展的。自觉教育者应考虑教育先行。2012年，我在《德育目标应有的要求：民族精神与世界精神的统一》一文中说的"世界精神"，就是关于全球视野的思考。

世界公民教育是否空泛？是否脱离学校教育实际？在教育实践中，已经有不少学校提出了培养人的要求，具体表述上不同，但其精神实质与培养"世界公民"是一致的。仅以我到过的学校看，就完全证实了这一点。

深圳的北大附中深圳南山分校，教育目标是"培养人格健全、学力宽厚，具有中国灵魂世界眼光的现代人"。

深圳市滨海小学重视传统文化中的皮影戏活动，如李唯校长所说："我们把继承民族文化传统和具有国际视野结合起来。"

南京市宁海中学重视以美的教育培养"具有民族灵魂和国际视野的现代公民"。

南京市游府西街小学万代红校长的办学理念就是"走进儿童世界，培养世界儿童"。

有的学校从办学要求方面体现了世界公民教育精神。如江苏省淮阴中学是"具有国际视野的现代化、高质量、有特色的国家级示范高中"。也就是为了培养"国际视野"，要从办学方面做出样子。

走进江苏省江阴市华士实验学校，就看到远处高悬着大横幅"做优秀的世界公民和永远的中国人"。为培养世界公民应具有的全球意识和对人类的责任感，华士实验学校在设置相关课程、加强国际教育交流方面做了大量工作。2010年，华士实验学校正式成为江苏省教科院基地学校，并被正式授予"世界公民校本课程研发中心"。华士实验学校与美国、加拿大、日本、韩国、乌克兰等国的世界著名学校合作，联合办学，相互交流。不仅领导、教师出访，也组织学生到国外学习、考察。

以上是仅就我去过的中小学举的几个例子。事实上，大量的学校在其培养目标或办学理念方面，均重视"中国灵魂""世界眼光""国际视野""全球意识""国际化""人类发展责任"等。

上述学校"世界公民教育"情况告诉我们，提出道德教育的"全球视野"是时代的要求，是人类发展的要求。当今，如果我们不从"全球视野"来理解和对待道德教育问题，就是落后于时代，真的就脱离了学校教育实际！

科学道德教育

从全球视野看，人类正处在科学迅速发展的时代，重视科学道德教育、热爱科学是时代的要求，是社会进步的要求，是人类发展的要求。

热爱科学是科学道德教育重要的内容。在20世纪50年代，我们国家就倡导"爱科学"国民公德，对青少年，更要求他们爱科学、学科学、用科学。

科学道德，最根本的是要求科学为人类造福。这是人类共同的要求。即在全球飞快发展的今天，人类，包括不同种族、不同国家、不同民族的人们利益的共同要求。科学技术给人类带来了很多好处，对人类发展有重大贡献。当今人类社会面临着一系列全球性问题，如生态问题、气候变化、空气污染等，也需借助科学技术予以解决。

但科学技术使用不当也会给人类带来灾难。爱因斯坦得知1945年8月6日日本广岛遭原子弹轰炸的消息，感到极度震惊，他说他"后悔当初不该给罗斯福总统写那封信……我当时是想把原子弹这一罪恶的杀人工具从疯子希特勒手里抢过来。想不到现在又将它送到另一个疯子手里"。① 爱因斯坦又说过:"通往人类战争毁灭的道路,是由我们这个世纪第一流的科学家亲手铺就的。"② 当然,战争的社会原因是根本,科学技术是提供了杀人的工具。这表明确立科学为人类造福是最根本的科学道德。

科学要为人类造福,必须培养人文关怀精神。即使和平年代,科技的和平应用也必须具有人文关怀精神。"20世纪死于交通事故的人数远超过20世纪死于战争的人数。"③ 这从另一个角度表明,科学家——使用现代科学技术的人,人文关怀的精神需渗透到自己的血液中。

现实生活中,由于"利"与"欲"的驱使,科技的不当运用,给人们带来很多伤害。人类需求量远大于自然供应量。人用科技创造的各种激素、催生素满足人的需求量。例如,鸡鱼鸭猪都有自然的"生物周期",利用现代科技人为地改变"生物周期",以满足人的需要,违背了万物生长规律,危害人类健康。使用各种催生素、激素、食品添加剂,也给人类带来了各种疾病。

科学精神和创造性的培养,是科学道德教育的重要内容。要引导学生在学习科学的过程中确立科学宇宙观,学会科学思维。

信息道德教育

我们的时代是信息时代,我们的社会是信息社会。也就是说,我们人类生存的空间拓展到了一个新的领域,即拓展到信息世界。信息资源是经济发展和社会发展的首要资源,信息传递迅速、信息覆盖全面。借助现代媒体,全地球村的人们,包括青少年,都可以了解全地球村发生的各类事情,甚至了解外太空的事;借助现代媒体,全地球村的人们,包括青少年,都能够自由地交流思想、文化。

信息时代价值多元,有积极信息、消极信息、中性信息。信息时代急需信息道德教育,包括网络道德教育。电脑网络给我们以全新的生存

---

① 邹广文:《技术时代的人文关怀》,《光明日报》2016年4月7日。
② 同上。
③ 同上。

方式、学习方式、成长方式。我们要特别关怀"网童"（进入网络的0—17岁的未成年人）的健康成长。

信息时代我们必须重视培育信息道德主体、培育信息道德自觉。

培养信息道德意识。理解信息道德是信息领域中用以规范人们相互关系的思想观念与行为准则。要培养人们的信息道德观念、道德情感、道德意志、道德信念、道德理想等。这些是信息道德行为的深层心理动因。信息道德意识集中体现在信息道德原则、道德规范之中。要帮助学习者了解具体的信息道德原则和规范。

积极参与信息道德活动。参与包括信息的采集、加工、存储、传播和利用等信息活动。遵循信息活动各个环节中的道德规范，履行信息道德、参与信息道德评价。提升信息道德辨析能力，能分辨信息中的真善美与假丑恶，自觉汲取正能量，识别、抵制负能量。

自觉加强信息道德修养。能自觉地对自己的信息意识和信息行为进行剖析，发扬优点、长处，克服缺点、不足。信息道德活动主要体现在信息道德实践中，自觉地通过自己的分析、判断，规范自己的信息行为，在信息活动中提高信息道德辨析能力，提升信息道德自觉。

生态伦理教育

"生态伦理教育要求人们热爱自然、珍惜自然资源、维护生物多样性、欣赏自然、美化自然。"[①] 生态伦理教育，首先要求人们珍爱生命，提高生命自觉。理解人作为一种生命体，在自然界、在整个生命系统中的位置，自觉地处理好人与自然的关系。怀着感恩的心保护人类生存的环境，不仅仅保护地球环境，包括道德地对待自然环境整体，道德地对待一切生命。珍爱生命，即珍爱一切生命，包括地球内极端生命和地外生命。

党的十八届五中全会提出的五大发展理念，其中包括"绿色"。我国长江经济带坚持绿色建设，"不搞大开发，共抓大保护"，是生态伦理的极重要的体现。《国民经济和社会发展第十三个五年规划纲要》也专列了

---

① 李太平：《全球问题与德育》，华中师范大学出版社2002年版，第127页。

"第十篇加快改善生态环境"。

全球视野的生态伦理教育，也完全有可能很好地结合青少年学生发展实际施行。

早在20世纪90年代初，吴江实验小学承担了国家教委"八五"教育规划重点课题"理科教育中的STS研究"。其中一个子课题为"面向21世纪'STS·四个关心'素质教育"研究。"四个关心"中的"关心环境"，其内容要求是依据《学会关心：21世纪的教育——圆桌会议报告》提出的"关心社会和国家的社会、经济和生态利益""关心其他物种"[①]而来的。在课题的研究过程中，学校以及学生，甚至家长，都充分认识到了生态伦理教育的重要性。

1998年底，江苏海门东洲小学开始筹建以"人与自然""人与生活"和谐发展的综合实践教育基地——21世纪"地球村"。有土地15亩，池塘15亩，同时能充分利用附近的水厂养殖、大棚蔬菜基地、民兵训练基地等资源。全校师生轮流到这里学环保、学种植、学养殖、做航模、受军训、钓鱼、野炊、举行篝火晚会，等等。"地球村"设立的"夏令营""冬令营""三日营""星期营""二日营"等丰富多彩的营地生活，深受广大学生和老师的喜爱。

南京市龙江小学2008年开始引进"乐活"理念，实施"乐活教育"。"乐活"作为一种新兴生活形态，其核心理念是"健康、快乐、环保、可持续"。"乐活教育"包括体、智、德、美各育，当然也包括心理教育。龙小设置了乐活轮滑、生命教育、绿色环境等多种乐活课程。"十一五"期间龙小承担了省级重点课题"城市小学环境教育EIC模式的理论与实践"，并荣获"国际生态学校"称号。龙小校园环境建设，处处显"乐活"景象。我特别赞赏校内的"城市小农夫"百菜园，以及"春华""夏韵""秋实""冬沁"等景区。龙小四季皆可闻花香、赏树绿。"乐活教育师生"科学地认识个人与自身、个人与他人、个人与环境、个人与宇宙四种基本关系，从而形成了龙小学校教育文化特色。

生态伦理教育和生态美学教育是内在联系着的。无论是华士实小和吴江实小的绿色校园、东洲小学的"地球村"，还是龙江小学的"城市小

---

① 班华：《生态道德教育的意义与实施》，《中小学德育》2014年第4期。

农夫"菜园,都充盈着绿色的自然美。

经济伦理教育

经济伦理与生态伦理是相互融通的;经济建设和生态建设是紧密关联的。

随着科技的发展,物质生产力的提升,人类物质财富极大丰富了。物质财富的丰富,导致精神产品的丰富,进而人类需求也开始多样化,人类需求量大于自然供给量,便出现了"生态赤字"。因此生态伦理教育与经济伦理教育相互配合很有必要。

全球视野的生态伦理教育关系到整个人类的利益。我们国家大力推进"一带一路"的实施,从经济伦理角度看,全球视野的道德教育的意义,超越了种族、超越了国界。这正是符合人类命运共同利益的道德表现。人类面临着资源紧张、环境污染、气候变化等挑战。

面对这类挑战,生态伦理教育与经济伦理教育相互配合,才能为加快建设资源节约型、环境友好型社会做出更大贡献。

重视劳动教育和勤俭节约教育。劳动教育和勤俭节约教育的价值决不限于生态和经济方面,而且直接有益于人自身的发展。当下,利令智昏,欲令智昏。"利"与"欲"使"人性善"受到了最大的污染。要矫正奢侈性消费、炫耀性消费等社会心理病,就要低碳生产、低碳生活,防止环境污染,形成低碳生产低碳生活的社会—文化氛围。重视道德教育、心理教育,以高尚的精神境界控制物质享受,以无私的奉献精神来应对社会索取。

科技道德教育、生态伦理教育、经济伦理教育是相互融通的。2016年3月25日,中央政治局通过的《长江经济带发展规划纲要》体现了创新、协调、绿色、开放、共享五大发展理念。《纲要》提出要实现自然规律、经济规律、社会规律、人文规律的真正统一。科学伦理教育、生态伦理教育、经济伦理教育是促进人们体、智、德、美发展的全面教育。我们要热爱自然、保护自然。

全球视野德育的实施

科学伦理、信息伦理、生态伦理、经济伦理的要求,是现代人必须具备的道德素养。道德教育与心理教育是融为一体的,在全球视野道德教育中,心理潜能得到发挥,相应的心理品质也得到提升,包括思维与想象都得到更充分的发展,人格得到更好的发展,人生得到更大的幸福!

思想无疆!如诗人雨果所说:"世界上最浩瀚的是海洋,比海洋更浩瀚的是天空,比天空更浩瀚的是人的心灵。"思维和想象具有无限性,但日常受既有知识和思想的束缚,心灵没有达到可能有的开放程度。心理潜能是无限的,发展其潜能就是要超越既有的思维和想象。开放型思维应是超越性的。如前所说,道德教育的全球视野,绝不能理解为仅仅限于"小小寰球"这一有限空间。中国科学院的吴季说:"爱因斯坦曾经预言,自然科学将逐渐向宏观和微观两个前沿转移。而空间科学的研究正是既瞄准天空和宇宙,又瞄准微观的粒子和生命起源。"① 我们要用我们的思维和想象理解天空和宇宙的科学,理解极端微观世界和生命起源科学,要防止、克服、矫治现代种种社会心理病。

开放型思维和想象是现代科学发展所要求的,又是在科学研究中得到发展的。我们的道德教育与心理教育是融为一体的,科学研究向宏观和微观的拓展,要求我们具有高度抽象的思维和高度发达的想象。通常,人们想象宇宙空间有多大,都用"无穷大"来形容,说到微观世界有多小,都用"无限小"来形容。但具体想象过"无穷大"是"多大"吗?你想象的"无限小"是"多小"呢?我们想象过距离地球最远的星球有"多远"吗?当科学家于2015年9月14日发现了"引力波",那是距离地球13亿光年之外由两个黑洞作用引起的。这么遥远的星球是我们想象到的吗?我们想象过有比太阳更亮的星球吗?能有"多亮"呢?有比太阳质量更大的星球吗?大几倍呢?以中国科学家为主的国际科研团队发现了距地球128光年、中心黑洞质量约为120亿个太阳质量、比太阳亮430亿倍的超亮类星体。这些是我们想象过的吗?科学研究要求我们有高

---

① 齐芳:《绘制中国空间科学发展路线图》,《光明日报》2016年3月18日。

度的思维力和想象力，研究的过程与结果又提升了我们的思维力和想象力！

本文开头提出过：道德教育的全球视野论题是不是过于空泛？是不是脱离学校教育实际？上述实际做了回答。

教育是科学，教育也是艺术。全球视野道德教育不是必然空泛和脱离实际的。如果我们具有高度的教育使命感，真诚关怀教育对象的成长，充分发挥教育智慧，我们就会科学地设计、科学地实施，就会有种种创新的教育艺术。我们必须尊重生命，敬畏生命！我们必须尊重自然，敬畏自然！这是道德教育全球视野或全球视野道德教育的必然要求！

如果我们具有道德教育自觉，依据道德教育规律施教，就能让受教者接受；

如果我们具有生命自觉，实施童性化教育，就会受到学习者欢迎；

如果我们具有开放的胸怀，博采众长，精心设计，就能做成富有魅力的审美化道德教育；

如果我们充分发挥学习者主体性，创造条件，就能让道德生命自己成长；

总之，实施全球视野的道德教育，是有困难的，但尽心尽力地做，一定能做得很好！

（原文发表在《中国德育》2017年第2期）

没有学生就没有老师

"没有学生就没有老师"是师生对立统一关系的一个方面,是自觉教育者的教育信念。这一教育信念越坚定,教师越能自觉地向学生学习并持续发展。

一次我给博士生上课,开课时我说了一句"没有学生就没有老师"。一位博士生立即回应:"老师,您怎么能这么说呢?应当是没有老师就没有学生。"我回答说:"你说得对,我说得也对。这就是师生关系的辩证法。"

"没有学生就没有老师"——这是一个平凡的真理,是自觉教育者应有的教育信念,是教育自觉的重要表现。多年来,我坚持这一信念,并继续思考、丰富其中的意蕴,使得我越发坚信。

"没有学生,就没有老师。努力学习,提高生命自觉,让师生享受幸福的教育人生。"随着岁月积累,我坚持的这一教育信念,其内涵也日益丰富。

哲学家马丁·布伯说:"我们栖居在万有相互玉成的浩渺人生中。我的学生铸造我,我的业绩抟塑我。"师与生就是这样相辅相成、相互玉成的。

没有学生就没有老师,当然没有老师也就没有学生。任何一个人首先是做学生,然后才可能成为老师。成为老师后,随着社会发展、科学进步、学生成长,老师必须继续学习,也就是继续当"学生"。唯有如此,才能适应教育的需要。

没有学生就没有老师,多年来我思考着、体验着里面的多种意蕴。例如:

没有学生就没有老师:我们无论是在大学还是在中小学任教,学生是我们的衣食父母。

没有学生就没有老师：在日常的教育教学活动中，学生给予老师快乐和幸福。

没有学生就没有老师：教师专业化成长的途径之一就是向学生学习。

没有学生就没有老师：老师业余生活与学生共同活动，是一种快乐和享受。

没有学生就没有老师：老师与家人、朋友一起开展活动，学生的参与、陪伴又是一种享受……

古代教育家早就具备这种辩证的思想，如《学记》中说过"教学相长也……学学半"。韩愈说"弟子不必不如师，师不必贤于弟子"等。自觉教育者能充分理解教育本质与规律，理解教育过程的哲学原理，懂得教育过程中师生对立统一关系；理解"没有学生就没有老师"是其教育自觉的表现。

准确理解老师与学生关系，需要防止、克服理解上的混乱。"学生与教师"是对立统一关系，在教育、教学过程中具有"主体与客体""主导与受导"关系等，在一定条件下，矛盾双方可相互转化。矛盾即对立统一，每一对矛盾的两个方面有着必然的相互对应关系。因此，师与生矛盾的两个方面从不同的维度看，对应关系的内涵应有不同：如从教育维度看，有施教与受教关系、教与学的关系；从伦理关系维度看，有尊师与爱生关系，有相互尊重、相互关怀关系；从年龄维度看，师生间有长、幼关系。我们不能把师生关系中不同维度构成的矛盾的两个方面拆开，然后任意拼成一对，如果这样，它们是无法构成对立统一关系的。

"以学生为主体"，即教育活动或教学活动中，学生是学习主体、认识主体；与学生主体对应的客体不是"教师主导"，而应是认识的对象、学习的内容等。"以教师为主导"，不是对教学过程中学生学习活动的主导，而是对学生学习活动的指导、引导。简言之，教师对学生的学习活动应该起引导、指导作用，而不是起"主导"作用；学生成长主要靠学生自己的学习活动，教师应该给予指导、引导，而不应该起"主导"作用，即不可能代替学生的认识活动。

"没有学生就没有老师。"我们做老师的，不仅应做自觉教育者，还应做自觉学习者。教师的教育自觉应表现为学习自觉，做一名自觉学习者；自觉学习者具有学习的自觉意识，理解学习机理，具有学习欲望，遵循学习原理进行学习。

在教师专业成长途径中，重要的一条就是"向学生学习"。国外学者曾经提出"儿童是成人之师"，我国著名教育家陶行知提出"向孩子学习"。这表明，长辈向晚辈学习是符合人类持续进化的、必要的、自然的事，老师向学生学习也是如此。

在现实教育中，我们已经有许多教师树立了向学生学习的好典范。江苏省南京市芳草园小学教师郭文红，在她的《发现班主任智慧》一书的自序中说了自己的体会："学生也是教育者……当我们在教育学生的时候，学生也随时在教育我们。"郭文红平时注意向学生学习，她与学生是亲密朋友，学生给她带来了许多快乐。

浙江温岭二中教师莫素君，30多年的班主任工作实践使她深深感受到："班主任需要向学生学习……"时代发展让她更深刻认识到"向学生学习，是因为生活在信息时代的学生已经有能力影响我们成人的世界，他们接受新事物的意识和能力非常强，思维独立，有批判精神，有较强的平等意识，有自我保护意识，具有积极的休闲态度"。莫素君还从"文化反哺"的理论说明，为什么要向学生学习。

魏书生在做班主任时自知爱发脾气的缺点，于是在班上公开请学生帮助他控制情绪，除请大家帮助外，还请一位学生具体负责。要这位学生"发现老师的脸色多云转阴时，便及时提醒、劝告"。他还向大家表示决心："只要这位同学一提出警告，老师一定听从，立即控制住自己的情绪。"

总之，"向学生学习"是教师从思想、专业等不断提高自己的一条重要途径，是自觉教育者—自觉学习者的重要教育信念。

（原文发表在《中国教师报》2017年6月21日）

德育的重要任务之一是
培养道德能力

德育的重要任务之一是培养道德能力！

2016年4月，我撰写了《道德教育的全球视野》一文。文中有一标题为"开放型思维的培育"，强调了培养道德思维和道德想象是德育应承担的重要任务之一，这是该文题中应有之义，是该文的一个重要思想！但有一些德育原理教材没有把培养道德能力作为德育目标或德育任务提出。多年来我坚持着这一思想：道德教育的任务绝不仅仅是教给受教育者已有的道德观念、道德规范，培养道德能力是德育任务的一个重要方面！完整的品德结构包含有品德能力；教育培养全面发展的人，缺少应有的品德能力，品德结构残缺不全，是全面发展的人吗？

早在三十多年前，南京师范大学教育学系编写《教育学》（人教社1984年8月出版），我执笔"德育"（思想品德教育）部分的三章。在论及德育任务时，我将其归纳为三个方面：（一）关于思想方向、世界观、道德品质具体要求。（二）培养学生的道德思维、道德评价能力，使之能够识别和抵制资产阶级的、封建主义的思想和道德，识别和抵制各种腐朽的思想影响。该文并作了如下一些阐述："培养学生的道德思维能力，就是要发展学生对道德现象的比较分析、综合、抽象、概括的能力，教给学生正确的思想方法，科学地看待政治问题、社会问题、人生问题，正确地理解道德的社会意义和共产主义道德规范"；"培养学生的道德评价能力，就是要发展学生用正确的道德准则，对道德行为的是非、善恶、美丑进行判断的能力。""通过对道德思维、道德评价能力的培养，必然提高学生抵制精神污染、抗拒腐蚀的能力，使他们能在纷繁复杂的社会道德现象中观察、分析、比较，辩证地思考，看清事物的本质，认识社会发展的方向，坚定对党的信念，对四化的信心，对共产主义的信仰，做有觉悟、有道德的人。"（三）培养学生自我教育的能力与习惯……①

两年后，我在《华东师范大学学报》（教育科学版）1986年第2期发表了《思想品德结构与新时期德育任务》一文，提出新时期德育任务应是培养人完整的思想品德结构，其中包括培养思想品德能力。文中特别指出，以往"对学生的德育要求，仅限于思想认识方面的提高，既无对情、意、行方面的要求，更谈不上对品德能力的培养与发展，因而不符合形成学生完整的品德结构的要求"。"思想品德完整的心理结构应当是三维结构，即由品德的心理形式维，品德的心理内容维和品德的心理能力维三个方面有机结合，每一维又都有自己的亚结构，形成多方面、多层次的统一体。"②该文对三维分别阐述了其内涵，说明三维相互渗透，有机结合，融为一体；明确指出了不关注品德能力的培养与发展，是不符合培养完整品德结构要求的，强调了培养道德思维能力是新时期德育的重要任务！

20世纪末，我主编的高校文科教材《中学教育学》（人教社1992年版）中，再次明确提出"思想品德能力发展目标"具体分三类，包括"1. 思想品德认识能力"，"以道德思维为主"；"2. 情感能力"；"3. 品德践行能力"。在页注中指出"思想品德能力是现代人的重要能力……是使学生终身受益的东西……"③

进入21世纪，我更强调思想道德能力是现代人必须具有的极其重要的能力；培养开放型思维和想象，是道德教育极其重要的任务之一。1996年我主编的《现代德育论》，提出中小学德育大纲对德育目标"改变了以往只重现成思想准则、道德规范的教育与培养，忽视培养、发展道德能力的倾向。中小学大纲明确地把思想上分辨是非能力、道德评价能力、自我教育能力，列入德育目标要求"④。2001年1月出的第二版，再次指出中小学德育大纲改变了以往的倾向，"明确地把思想上分辨是非

---

① 南京师范大学教育学系：《教育学》，人民教育出版社1984年版，第87—88页。
② 班华：《思想品德结构与新时期德育任务》，《华东师范大学学报》（教育科学版）1986年第2期。
③ 班华：《中学教育学》，人民教育出版社1992年版，第102—103、87—88页。
④ 班华：《现代德育论》，安徽教育出版社1996年版（第一版），第22页。

能力、道德评价能力、自我教育能力列入德育目标要求"①。

2007 年，我在《让教学成为道德事业》一文中明确强调："自觉的教育者应当明确地认识到，在全球化、信息化条件下，在多元价值观冲突情境中，最重要的不是在课堂上要'教'给学生多少道德原则，而是要掌握教育艺术，学会帮助学生提高道德判断和道德选择能力，以及道德行为能力。"②

2012 年我主编的《中学教育学》第二版，在阐述原有思想品德能力发展目标的 1、2、3 类的同时，增加了"4. 终身道德学习能力"。提出"确立终身道德学习的意识，懂得道德修养的方法，为学生终身自主道德学习，养成自主道德修养的习惯奠定基础"③。没有终身自主道德学习能力，是不能适应现今的学习化社会的！

2016 年，在《道德教育的全球视野》一文中，强调"开放型思维的培育"时，我用了"思想无疆"来说明思维和想象具有无限性。但日常生活中，由于受到已有知识或生活惯性的影响，我们的思维和想象，没有达到可能有的开放程度，我们的道德学习也受到局限。我们更不懂得开放型思维的意义。不说远的，仅就我们已有的小学教育实践说，没有开放型思维，就不能理解上文所说到的华士这样一所小学，为什么要实践"世界公民教育"的要求；没有开放型思维，我们也难以理解上文说到的东洲小学为什么要建设 21 世纪"地球村"；更不用说，没有开放型思维和想象，我们如何能确立道德教育的"全球视野"，我们又如何能适应"人类利益共同体"④ 发展的要求！

歌手王蓉唱的我们要"冲出亚洲，冲出世界，冲向外太空"！即使对教育而言，也并非是空想、幻想，早在北京时间 2013 年 6 月 20 日上午 10 点，神舟十号航天员王亚平，就已经在太空给地面的学生上课了，我们要用我们的思维和想象理解天空和宇宙的科学，理解极端微观世界和生命起源科学；我们又在这种理解过程中，进一步提升我们的思维力和

---

① 班华：《现代德育论》，安徽教育出版社 2001 年（第二版），第 147—148 页。
② 班华：《让教学成为道德事业》，《教育研究》2007 年第 2 期。
③ 班华：《中学教育学》，人民教育出版社 1992 年版，第 102—103、87—88 页。
④ 班华：《道德教育的全球视野》，《中国德育》2017 年第 2 期。

想象力。美国的一位博士曾说:"伟大的人生开始于你心里想象你做什么样的事、成为什么样的人。"① 我们的生态道德主张人类与自然友好和谐,我们尊重生命,包括尊重极端生命和地外生命,具有了开放型思维,才能具有全球视野,才能确立科学宇宙观,才能自觉地尊重自然,敬畏自然,尊重生命,敬畏生命。一定要重视道德教育的重要目标之一,就是培养道德能力,包括培养开放型思维等,这是道德教育全球视野或全球视野道德教育,乃是人体、智、德、美全面教育的必然要求!

(原文发表在《中小学德育》2017年第6期)

---

① [美]麦克思维-梅茨等:《自己改造自己》,梁春、刘嘉宁编译,中国商业出版社2000年版,第51页。

师德：宝贵的教育资源

社会上各行各业都有自己的职业道德，这是各行业的人们做好本职工作的前提条件。师德是教师的职业道德，也是做好教育工作的前提，但又与其他行业的职业道德性质与作用不完全相同。其他行业的职业道德是做好本职工作的前提条件，但并非是其专业或工作的构成因素。与此不同，师德不仅仅是做好教育工作的前提，而且是宝贵的教育资源，是教师专业的构成部分。

师德的特殊性也表现为劳动主体与劳动工具一体化。医生治病需用各种医疗器具，医疗主体和医疗工具是分开的。工人是劳动主体，和劳动工具如车床是分开的。但是，师德是教育过程的因素，教师以自己的师德为榜样示范，给受教者以直观教育，因此，教师主体与作为直观教育工具的师德是一体的。

师德对教育劳动有特殊意义，教师应做自觉教育者，其专业素养应具有生命自觉与教育自觉，其中包括道德自觉。教师应是道德自觉者。

自觉教育者的道德自觉，首先表现在具有"教育爱"。"教育爱"是超越父母对子女的"亲子之爱"，也超越教师对学生单纯的"师爱"。"教育爱"是"亲子之爱"与"师爱"相融合的爱，是教育理性与教育情感相统一的爱。认为师德中的爱"不是教师职业的专业特质"是错的。

自觉教育者的道德自觉，也表现为"教育使命感"，即认识到自己的事业对学生发展、社会发展和国家未来都具有极其重要的意义，因而产生了对教育工作的责任感、自豪感和荣誉感。

而关怀人的精神发展是教育使命的根本！生命自觉洞悉人的本质是精神生命，教育自觉明晰教育的根本使命是促进精神生命的成长与发展。教育最根本的任务是对受教育者的精神关怀，即引导、促进受教育者精神生命的成长与发展。

自觉教育者在培育人的过程中，是自觉地、有意识地、有目的地对学生施予影响的，这是显性教育；也可能不自觉、无意识、无目的地产生某些影响，这是隐性教育。隐性教育中可能有积极的、正面的影响，也可能有消极的、负面的影响。自觉教育者在实施教育的同时，应避免和防止隐性的、消极的、负面的影响。

自觉教育者的道德自觉，也表现在充分发挥师德这一宝贵教育资源的作用，运用自己的教育智慧、教育创造性，让教育富有艺术性，师生共同享受教育的快乐和成长的幸福！

在学习化社会，自觉教育者也是自觉学习者，不断学习教育思想理论，不断重视心理—道德修养，享受自觉教育者终身学习的快乐！

（原文发表在《中小学德育》2017年第17期）

后 记

根植教育泥土，思系中国特色
——班华先生学术人生侧记

作为中华人民共和国第一代教育学人，班华先生以其对德育原理、心理教育、班主任研究的丰富思考成为中国德育理论研究中一面引领性旗帜。2012年始，跟几位学长一起，带研究生们一起听先生聊他的学术人生，从中看到中国德育学科羽翼渐丰的过程，看到前辈先贤们披荆斩棘的学术拓荒之路，更看到班华先生根植教育泥土，关注现实问题，思系中国特色的学术风骨。

亲近实践的教育思考

班华先生总是说，"我的思考有两个大的局限：其一是不懂任何一门外语，也没出过国门，对国际社会的理论与思想潮流不了解；其二是在上学时没有打下扎实的中国古文阅读的基础，对中国优秀文化传统的理解不深入"。先生求学时代，国内得以流传的国外理论没有当下如此多元，主要是马克思主义哲学和苏联的教育理论，辩证唯物主义思维方式是先生思考问题的主要方法论，他还深入学习了《矛盾论》《实践论》等中国特色的马克思主义哲学著作，苏联教育学家的理论是他的文稿中引用率很高的文献。而先生的思考并不停留于理论层面，联系实践、亲近教育实践成为他独特的学术风格。

在帮先生整理文稿时，发现除了期刊文章外，先生还为一线教师的研究写了大量的书评、序言，在他的文稿中，也随处可见他对教育实践者的思考与探索的尊重。先生时常从这些教育实践者和一线教师的工作中发现其教育意义，发现教育理论的实践形态，乐于帮助他们实现从经验到思想的转变。初看到这些文字时，我是不解的，觉得先生把这些在一般的理论研究者眼中只能归为经验总结类的文字给予那么高的评价，多少有失理论研究者的高度。作为理论领域德高望重的前辈，先生完全可以拒绝这些一线老师的请求——有些老师先生在见到他们的作品之前其实并不认识他们，然而先生总是认真阅读一线老师的案例与做法，从中发现教育思考中遗漏与偏离的问题，给一线老师充分的鼓励。先生总说，教育理论源于教育实践，脱离教育实践的理论是没有生命力的。

细梳理后发现，先生之思穿行于教育实践与教育理论之间，他对关于德育模式的思考，对心理—道德教育形态的思考等，无不是一边有着理论的依据，另一边则直通教育的现实。在他眼中，正是一线教师在创造和践行着现实状态的教育，他们的教育行动决定着教育和德育的现实状况，是教育理论和德育理论的重要源泉。正是源于这样的理论与实践的定位，他跳出从概念到概念，从逻辑到逻辑的纯理论思考，将向实践学习、向实践者学习当作一种重要的教育思想者知识生产的根本方式。因而，先生的思考总是贴近教育与德育实践的，文风朴素平实，看上去没有深奥的理论，但对中国教育与德育现实有着更直接的解释力。

实际上，如先生所讲，他享受跟实践者（原文是班主任）朋友共同成长的过程，他把这当作一种学术的快乐。因而，对于教育实践，先生从没有把实践当作自己验证自己理论的实验田的工具性态度，更没有把自己当作真理的传播者，要求教师按自己的想法行动的居高临下的学术权威姿态。走近一线教师时，先生是一个虚心的学习者，总是看到老师在教育实践中的努力与创新，心甘情愿地为他们鼓掌喝彩！很多一线教师为先生的亲近感动，结成忘年交，成为至亲的朋友。时至今日，耄耋之年的先生还积极参加班主任中心的"随园夜话""大国母亲"等活动，即使活动安排在晚上，他也主动参与。因为对教育实践的亲近与重视，还特别写了适合中学一线教师使用的《中学教育学》，由人民教育出版社出版（2002年）、再版。

先生对教育实践的亲近，不止于中小学的教育实践，也体现在自己的教育生活中对学生想法的尊重与鼓励。我在做博士后研究期间，有幸跟在读的博士生一起听先生的德育原理课。先生习惯将课程要讲的问题先进行梳理，然后问我们大家关于这些问题的想法，再在追问与对话中阐明自己的想法。记忆中在讲到自己的想法时，总是说"这是我个人的想法，不一定对"，从来没有真理在握的"理直气壮"。在听到不同意见时，总是先以理解和对话的方式说，"这样想也有一定的道理，但是……"即使对我们即兴的想法，也会大大的鼓励，然后再引导进行视野的拓展与深入的思考。在他的课堂上，更多感觉到的是被鼓励后的兴奋，而非知识的权威。期间，先生有文稿写好，总是打印出来发给我们，请我们提些修改意见。因为交流中的鼓励消除了权威的压力，我们也会"不客气"地谈自己的想法，包括一些概念与用语的推敲。后来才发现，其实任何一个概念与说法，先生都事先认真推敲过，看上去非常朴素的语言，往往包含着几经斟酌的深意。偶有讨论后真正需要修改的个别词语，他总是非常爽快地接受，并向我们致谢。交流中，感觉到先生好像没有把学生当学生，而是当成对话的朋友，当成一起思考的伙伴。到后来，我们逐渐理解，这样的做法，并非只源于他"谦虚好学"的人格特点，更是源于他心中"没有学生就没有老师"的教育理念，先生把"向学生学习"，看作"教师从思想、专业等不断提高自己的一条重要途径，是自觉教育者——自觉学习者的重要教育信念"。

先生眼中的教育实践是广泛的，除了一线教师和自己的教育生活外，还包括身边儿童的生活经验。他由衷赞同"儿童是成人之师"的说法，在生活中总是抓住跟儿童接触与聊天的机会。先生对儿童的喜欢，也与他"向儿童学习"的教育观念一体。在学期间，一位同学偶尔带女儿参加我们的沙龙和春游等活动，先生总是在过程中跟她攀谈，了解她的想法，引导和鼓励孩子理解学习生活。后来孩子到另一个城市学习，跟妈妈讲自己内心的变化，先生听到非常高兴，并对孩子妈妈说，这是孩子学习思想或学习动机的变化，从"要我学"到"我要学"的转变。

关注教育问题的理论创新

在德育界，关注道德教育理论研究的年轻人，也许如我当初一样对先生并不是非常熟悉；长期关注大德育的研究者，都清楚心理教育与班主任工作研究在先生的思想中占有相当重的分量。应该说，自二十世纪八十年代中期以来，班华先生是中国心理教育独树一帜的研究者，是中国班主任工作研究的先导。而这样的两个研究主题，到目前为止，依然还没有进入德育研究的主流视野。

在追忆其学术人生时，先生说："我也很清楚我做的两个研究都是不受重视的。一个是心理教育。教心理学的人可能认为我是个外行，我又不是学心理专业的，把筷子伸到人家碗里来干什么？从事教育研究的人可能认为，你把自己的田种好就行了啊，你不要种别人的田。种了人家的田，荒了自己的地，何苦呢？二是做班主任研究，花的时间比较多，也是吃力不讨好的。早些时候，班主任研究论文不算成果，我花了不少时间。"

三十多年来，先生依然坚持着他对心理教育与班主任研究的关切，在当任江苏省心理教育专业委员会理事长期间，以自己的思考与热情推动、参与江苏省心理教育实践、班主任研究工作，卸任后依然每年参加江苏省心理教育专业委员会的年会、班主任工作专业委员会的各种活动，笔耕不辍。

先生对心理教育的思考，理论上源于上学时高觉敷先生的心理学课堂和自己自学的一些心理理论，现实中源于一个给他触动的事件："有一次（1985年），我在一个校园里散步，看到学校的球场旁贴着一张关于开除政教专业一个学生的布告。发现这个学生宿舍的箱子里全部都是女孩子的胸罩、卫生巾等用品。这些都是他从旁边晒夜场捡回的。当时学校认为他是思想堕落、道德败坏，就开除他了。我觉得这个不妥。据理这孩子家是苏北农村的，他所在的乡的干部和群众对他评价都很好，在学校还是学生干部，怎么就思想道德堕落了呢？这个是心理问题，是心理疾病，不是道德问题。在心理学上，有个专门的名词，叫'恋物癖'。但当时认为他思想堕落、道德败坏便开除了他的学籍。我感到非常可惜，一个农民的孩子，受到这样的处分不仅影响他的当前的学业，对他的这个处分还会改变他一生的命运。这件事让我感到心理教育非常重要！"

这件事先生讲过几次，在他看来，这件事也还不只是对学生的不公正的处理，还说明了教育管理观念与现实中存在的误区，误把心理问题当作思想道德问题。可见先生对心理教育的关注，并非源于理论逻辑推演与学术潮流推动，而是植根于中国教育现实中的问题。而他对班主任工作的关注，也如出一辙。

先生对班主任工作的思考，始于二十世纪九十年代初期，在他的倡导下，南京师范大学教育系于1994年成立了班主任研究中心，至今已二十多年。长期以来，虽然班主任是学校教育中非常重要的一个角色，但班主任工作研究，因为偏重于教育实践，其研究成果是不计算在学术成果中的，所以很少有人关注，长期处于被忽视的境地。

当谈及为什么会关注倍受理论界冷落的班主任工作时，先生说："设班主任是我们中国教育的特色。当然别的国家也有班主任，比如说苏联。我们的很多东西实际上是从苏联过来的。苏联有一本书，是伯格涅夫写的，书名就叫《班主任》。苏联的教育学教科书中都有班主任这个主题。但是大多数西方国家，没有班主任这个角色。"在他眼里，班主任是中国教育现实，教育思想者的目光要追寻中国教育现实中的问题，这是教育学人的学术担当。当然，在先生的思考中，这样的学术担当出于对教育研究的实践关注。

先生说："理论要与实践相结合。班主任是班级教育的组织者、管理者，而班级教育是学校教育的一个细胞，教育的所有矛盾，在班级教育中都反映了：师生之间的矛盾，目标要求与学生现有水平的矛盾，同学之间的矛盾，目标要求和采用的教育方法的矛盾，这些所有的教育的基本矛盾都发生在班级教育里面，所以研究班级教育对理解整个教育是有好处的。"在这个意义上，先生把班主任工作研究当作理解中国教育现实问题的支点，给予特别的重视与关切。先生陆续提出了班主任是学生的精神关怀者、发展性班级教育系统、班级心理教育理论等至今仍有现实意义的班主任理论。

思系中国特色的学术理想

先生不只关注中国教育的现实，他的学术理想是建构中国自己的德育理论，这是贯穿在先生教育理论、道德教育、心理教育等思考中的国家情怀与学术方向。

早在1996年的《对建设我国现代化教育学的几点想法》一文中，先生就谈到了"教育学中国化"的问题。他提出，"我国社会主义现代化建设的实际，要求我们建设自己的、现代化的教育学"。在他自己的、现代化教育学的概念下，包括两方面的含义："一是教育学的现代化，使教育学达到现代科学和现代社会发展要求的高度；二是教育学的中国化，即现代的教育学又应具有我们中华民族自己的特色。"同时，先生提出，教育学的中国化，就是要立足于中国现代化建设的现实情况，立足于中国人口多的实际情况，立足于中国思想文化的历史与现实，"反映马、列、毛的教育思想和理论，继承祖国的教育思想遗产，总结自己的教育实践经验"，既要体现多民族社会主义国家的教育现实，也要重视独生子女问题这一受教育者的现实问题。

在先生的德育研究中，也始终关注中国特色德育理论的成长，在2009年长沙中国教育学会德育专业委员会年会上，先生发表《建设中国特色的现代德育学科》的报告，系统梳理了中国改革开放30年间德育原理研究的思路变迁，呼吁德育理论界关注中国特色德育原理研究，并把这提升为中国德育研究的理论自觉，对中国特色德育理论的内涵归结为"自觉继承、发扬优秀传统道德教育文化""中国农村社会背景中的道德教育研究""多民族国家背景中的民族德育的研究"以及"中国特色社会主义德育问题研究"四个不可忽视而在当时却重视不足的方面。2013年，在《德育目标应有的要求：民族精神与世界精神的统一》中，重申了我们德育目标中对传统美德与民族精神的一贯主张。

在2010年的《对心理—道德教育的探索——兼论中国自己的心理教育之道》一文中，提出"心理—道德教育"作为中国文化与教育实践的土地上形成的新的、积极的心理教育形态，以区别于心理学化价值中立的心理教育和现实中局限于心理咨询室和心理诊所中以矫治为目的的消极心理教育。2016 年，先生进一步提出了"整体融合型心理教育"，将心理教育的现实实施领域扩展到校内外各种教育活动之中。

1991 年和 2001 年，先生发表《心育刍议》和《心育再议》，阐明了心理教育的概念及其五育（德智体美劳）的关系，将中国大德育视野下的心理教育研究推到新的高潮，2007 年先生提出了他的心理教育宗旨："优化心理机能，提升精神品质，促进人格和谐，服务人生幸福。"他所讲的心理教育，是积极的、发展性的心理教育，完全不同于西方立足于病态心理矫治的心理辅导、心理咨询，在他看来，那只是一种"消极的心理教育"。他也不赞同把心理教育等同于心理学知识的传递。先生强调，心理教育，是整体教育的一个方面，而非一个与德育、体育、美育、智育相并列的关系。即在德育、体育、美育、智育中都有心理教育，优良心理素质的养成是在心育与上述各育中实现的。

先生所提的发展性心理教育也就是积极心理教育。近些年，西方积极心理学的理念传入国内，对中国的教育理论与实践产生了积极影响。当然，发展性心理教育不是积极心理学引进后才发生的想法，更不是积极心理学框架下的教育观念。

如上所述，对班主任工作的长期关注，也与关注中国特色的教育问题分不开，如先生反复强调的："我重视班主任研究、班级教育，主要是基于两个理念：一个是班级教育是整个教育的一个细胞，或一个基本单位，教育的所有矛盾在班级教育中都有体现，通过研究这个基本单位，可以认识整个教育；第二个，它体现了中国教育的特色。"

先生将中国教育实践作为思想源头之一，把教育现实问题作为自己思考的重要命题建构自己的研究领域，重视中国特色的教（德）育理论研究。但他对教育的思考，从来不停留于文章与著作中，而是融入他自己的教育与人生实践里。先生主张学、思、行、写融为一体，相互滋养，为人、为学、为师互为表里，在学界树起扎根教育泥土、思系家国特色的学术风范。

先生文集的整理工作，陆续进行了几年，迄今终于完成，也是一个心愿。其间有多名研究生参与了文集的整理工作，认真查找与核对，把这当作自己学习的好机会。他们是王雅丽、叶贞芹、贾冰等。在此一并感谢！文集的最终出版，也感谢南京师范大学教育科学学院各位领导的关心与大力支持！

南京师范大学道德教育研究所

孙彩平